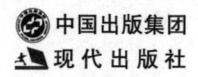

左宗棠与曾国藩

徐志频 —— 著

中国出版集团
现代出版社

图书在版编目（CIP）数据

左宗棠与曾国藩/徐志频著. —北京：现代出版社，2022.8
ISBN 978-7-5143-9889-2

Ⅰ.①左… Ⅱ.①徐… Ⅲ.①左宗棠（1812-1885）-生平事迹
②曾国藩（1811-1872）-生平事迹 Ⅳ.①K827=52

中国版本图书馆CIP数据核字（2022）第124289号

左宗棠与曾国藩

作　　者：徐志频
责任编辑：邓　翎
出版发行：现代出版社
通信地址：北京市安定门外安华里504号
邮政编码：100011
电　　话：010-64267325　64245264（传真）
网　　址：www.1980xd.com
印　　刷：三河市宏盛印务有限公司

开　　本：710mm×1000mm　1/16
印　　张：24.75　　　　　　　字　　数：370千
版　　次：2022年8月第1版　　印　　次：2025年3月第5次印刷
书　　号：ISBN 978-7-5143-9889-2
定　　价：69.80元

版权所有，翻印必究；未经许可，不得转载

目录 / Contents

前言　带头大哥曾国藩与左宗棠 ………1

第一章　相识之初 ………………1

　　曾、左第一次见面，没有预想中的惊艳夺目，反倒是出人意料的平淡。一个"乖乖孩"，一个"调皮鬼"，彼此性格、气质不投。左宗棠"人伦、礼教"的旧事，被曾国藩当作反面教材。1838年同场进士考试决出胜负，曾居庙堂，左处江湖，日益陌路。

　　点头之交 / 3
　　人伦异见 / 6
　　科场揖别 / 12

第二章　再度相交 ………………19

　　广西几个地方官，朝廷两任钦差大臣，不约而同大胆蒙骗咸丰皇帝，终于酿成太平天国运动席卷全国。原本最无理由为朝廷担军事之责的左宗棠、曾国藩，却相继承担起万斤重担。曾、左见面相互如何评估？曾国藩看左宗棠信心十足，左宗棠看曾国藩犹疑不决。

　　事起广西 / 21

湘勇出世 / 37

印象长沙 / 44

第三章　首度合作　·················· 49

　　左宗棠成功推荐曾国藩出山办团练，曾国藩却试图挖来左宗棠帮自己办团练。左宗棠凭才干守住长沙，曾国藩用智术办成湘勇。左宗棠待曾国藩的方式很特别：曾国藩面临生死考验，左宗棠劈头盖脸痛骂；曾国藩陷入经济困境，左宗棠倾一省财力相助。

曾左互挖 / 51

陶家风波 / 56

抽身之计 / 63

崩溃疗法 / 73

雪中送炭 / 86

第四章　首次断交　·················· 99

　　曾国藩说：能干的人才需要坚守"职业精神"；左宗棠说：所有人都要坚守"职业精神"。左宗棠批评曾国藩自私、怕死，曾国藩心痛得夜夜失眠，两人首次"断交"。曾国藩从"法家斗士"摇身变成"道家柔士"，甘居第二，成功消解危机，两人复合如初。

负气相持 / 101

"变身"续交 / 111

首论雌雄 / 118

第五章　再次合作　·················· 129

　　左宗棠本意进京赶考，却变成了去军营与曾国藩、胡林翼开一场"头脑风暴会"。左宗棠本来已被朝廷下达"斩首令"，却一夜之间翻身成湘军副统帅。曾国藩凭政治加学问，左宗棠用军事加实干，联手开创出湘军黄金时代。谁料成功之日，却是决裂之时。

宿松密谋 / 131

智定楚军 / 142

才定战场 / 152

合谋浙江 / 162

蜜月阴云 / 183

第六章　对簿朝堂 …………… 187

左宗棠向朝廷举报曾国藩放走幼天王，曾国藩反举报左宗棠放走十万太平军，曾、左"失和"，自此断绝书信往来。曾国藩去世后，左宗棠在《铜官感旧图序》中客观评价其人，引来非议。曾、左"失和"真相到底是什么？左宗棠在家书中最终隐秘披露。

强宾弱主 / 189

划地为利 / 197

双簧自保 / 220

生死激评 / 251

如此"失和" / 261

第七章　矛盾与分歧 …………… 267

曾、左性格同样刚强、倔强，因所处位置不同，此后越走越远。坚守"拙诚"的曾国藩顺应时势，抱紧理学；坚信"朴强"的左宗棠听从内心，践行实学。两人如一枚硬币的两面，左宗棠站到阳面，曾国藩守住阴面。两人均做到极致，最终形成四大区别。

理学的隐衷 / 269

"卫道"与"创新" / 282

"礼治"与"法治" / 295

"自律"与"自由" / 296

"圣人"与"神人" / 308

第八章　轶史与身后 …………………… 315

　　理学家曾国藩天性中有幽默的一面，他只在维持个人政治形象时一本正经；实干家左宗棠平时心性自由洒脱，他只在人生庄重的场合才严格恪守古礼。一对原本各自独立相互成就的诤友，因为中国传统"名分"的拘限，曾氏高度在左宗棠晚年及身后成为天花板。

....

　　玩笑与客套 / 317

　　回报与非议 / 324

　　二等侯之谜 / 331

附录一　清史稿·左宗棠传 …………… 340

附录二　清史稿·曾国藩传 …………… 348

后记　热闹与安静 …………………… 356

前言

带头大哥曾国藩与左宗棠

近代以来，中国盛传一句话："中兴将相，什九湖湘。"

在中国广袤的版图上，湖南省的地图是一颗人头形象。这个百分之九十以上人口生存在丘陵之上的中部省份，虽然历史悠久，但一直被国人所忽视。处古、近之交的曾国藩、左宗棠出现之前，在有信史以来的三千多年里，湖南一省的人才，事实上已经历数十代抑郁，有志不展，在中国历史上始终无足轻重。

唐朝是自由开放的朝代，人才多如过江之鲫。但整个唐朝，湖南籍进士区区二十五人，不及外省一个零头。唐大中四年（850年），长沙士子刘蜕考取进士，被士林称作"天荒解"，后世还专门为他发明了一则成语——"破天荒"。

"湖南"一词，最早见于唐朝。湖南人才首次出现全盛势头，已到清朝中后期。清前三千余年，湖南始终是个陪衬。

清朝沿袭明朝旧制，在两湖地区设立湖广行省，包括湖北、湖南两省，省会设在湖北武昌。直到雍正元年（1723年），两湖首次分闱，湖南作为独立一省，在中国的版图上才首次亮相。

清朝中后期，以湖南安化籍进士陶澍担任两江总督为发端，该省人才开始酝酿全面崛起。

自大清道光、咸丰两朝起，曾、左联袂并肩，卓然成功，此后百余年里，湖南人才风云而起，沛然而出，前后接力，一度主导中国时局。

本书主角曾国藩、左宗棠，是联手开创晚清人才首次全面崛起的主推手、领路人，两人又同是身后六七代湖南人才崛起的渊薮。半个世纪后，青年毛泽东总结本省历史，对两人的开创之功，仍满怀感佩之情："曾左，吾之先民。"

曾国藩生于嘉庆十六年（1811年），左宗棠生于嘉庆十七年（1812年），曾国藩比左宗棠只大一岁，属同龄人。曾国藩老家在湖南省长沙府湘乡县，左宗棠老家在湖南省长沙府湘阴县，两地相距仅百余公里，属地道的湖南同乡。

出人意料的是，这对同龄、同乡好友，虽然对晚清中兴、湖南人才崛起同有开创首功，但四十岁前依然英雄陌路，稀有交集。

因大清国咸丰朝时势风云骤变，曾、左同时抓准时机，一时联手带出文臣如云，武将如雨。其个人的轨迹与国家的命运，从此都完全改观了。二人不避时势艰难，肩负国家重责，在洋务开放中带头开荒拓路，不但刷新了晚清大变局时代萎靡颓败的旧气象，更兼培植、提携了身后数代改变中国命运的人才。

曾、左生前拜相封侯，同列为"清朝二十四大名臣""晚清中兴四大名臣"，居同时代中国名人之冠。两人在生时功名之盛，声威之烈，身后影响之大，传播之广，在湖南历史上前所未有。

今人对于曾、左各自生平事业，了解已经较多，但对于曾、左生平交往故事，却大多只见一鳞半爪，流于片段，囿于轶史。尤其对他们如何成就首功的轨迹，往往闻道于途，捕风捉影。

因为正史评述严重缺席，曾、左交往中的真事实迹一直深埋于故纸堆中，轶史见缝插针，填漏补缺，自由生长。经夸张、想象、移接的各式"民间脸谱"形象，如今已经蔓延进一些学者的作品，谬悠流传，真相渐远。曾、左身后，"曾左失和""凶终隙末"的声音，百余年来不绝于耳。

正耶误耶？是耶非耶？

因"曾国藩热"近四十年来持久不衰，站在曾国藩的角度片段式研究曾、左关系的短篇已不乏其多。但站在左宗棠角度去还原历史本来面貌，全面比较两人一生合作、分歧，剖判其间的是非得失，百余年来，仍多处留下空白。

本书凭借典籍文物，对遗迹实地作田野考查，以故纸考证为依托，从左宗棠的角度切入，以曾、左生平的交往为主线，围绕两人相识、相交、合作、断交、共事、绝交的六段经历，逐一深入剖析，点滴还原两人关系全部的真相。

俗话说，盖棺论定。历史人物的评价，身后基本都可以确定下来。对历史人物相对稳定的历史评价发生改变，一般只有在两种情况下才有可能发生：一是伴随新的史料出现；二是时代已经出现重大变化。以当代眼光评价曾、左，历史评价发生变化，主要是因为后者。

以左宗棠的角度去看曾、左一生交往情形，会有哪些不同以往的新发现？

我们现在即回到曾、左第一次交往的历史现场中去，逐一细看。

第一章

相识之初

　　曾、左第一次见面，没有预想中的惊艳夺目，反倒是出人意料的平淡。一个"乖乖孩"，一个"调皮鬼"，彼此性格、气质不投。左宗棠"人伦、礼教"的旧事，被曾国藩当作反面教材。1838年同场进士考试决出胜负，曾居庙堂，左处江湖，日益陌路。

点头之交

| 一 |

左宗棠与曾国藩生平第一次见面结交，开始于何时？

答案不免令人感到意外。今天离曾、左去世已近一个半世纪之久，无论是正史记述，还是轶史传闻，依然缺乏一个完全明确的结论。

唐浩明先生研究曾国藩三十余年，洞悉无遗，在《冷月孤灯·静远楼读史》一书中，他这样推测：

> 曾左二人的接触，最晚也应该在道光十五年的北京会试期间。在此之前，曾忙于在湘乡应付秀才与举人的考试。经过七次秀才试，在二十三岁那年曾国藩考中秀才，第二年道光十四年中举。左则是在二十一岁那年即以纳资的方式成为监生直接参加举人考试，并一举而中。第二年，即道光十三年，左进京会试告罢。道光十五年，左再次进京参加会试。此时，曾也以甲午科举人的身份进京会试。同为湖南举子，应该有见面的机会。三年后，两人又同时参加戊戌科会试。这一次，曾高中进士点翰林，左第三次告罢。按常理，也会有见面的机会。但见没见面，现今已找不到文字根据。不过彼此都会知道对方，这一点应该是毫无疑义的。

上述文字无疑具有相当的准确性。笔者遍查各类研究文本，最终在《左宗棠全集·书信三》中发现左宗棠一则自述，可以比照印证。这段迄今最有说服力的文字，证实曾、左第一次见面结交，不晚于道光十六年（1836年）。

光绪二年（1876年），左宗棠去信好友吴大廷[①]，回忆历任两江总督对西征

[①] 吴大廷，1824—1877年，字桐云，湖南沅陵人，历任福建盐法道、台湾兵备道、福州船政局提调等职，是左宗棠手下的得力干将。

军军饷的支持态度，其中有这样一段话：

> 尊论若使旧交处得为之地，断不支绌至此。诚哉是言。然默察晚近人心，亦有不尽然者。即以两江言之，曾文正独非四十年旧交乎？而乃先专东征之饷，继尼西征之饷。

这里的"即以两江言之，曾文正独非四十年旧交乎"一句至为关键，将曾、左初交时间，推回到 1836 年。

如果"四十年旧交"只是大数，那说曾、左于道光十五年（1835 年）已经知道对方，符合历史当事人的披露。

如果此事属实，我们不免要问：曾、左为什么在 1835 年时第一次见面结识了？

最直观的推测，这年全国举行三年一届的会试，左宗棠第二次进京参加。曾国藩在道光十四年（1834 年）乡试过关后，于这年首次进京应试。两人在北京相会了。

湖南乡试每三年举行一次，中榜举人五十名左右。加上往届举人，本届进京会试的湖南同乡有百十来名，在京期间，一般租住在湖南会馆附近。就是说，曾、左即使缘悭一面，此时至少已经相互知道对方姓名。

| 二 |

两人第一次见面结交的情形，据史实推测，有两种可能：

第一种可能，两人这年在北京相交。虽然曾、左会试均告落榜，但根据京城惯例，会试之后，士子之间流行互发名刺（用毛笔写上个人信息的纸片，相当于今天的名片），曾、左作为湖南籍同乡，同在北京湖南会馆落脚，很可能在那里第一次见面，相互发了名刺。

为什么亲历者没有将如此重要的场景用文字记录下来？这不难理解，曾、左此时均尚未发达，同行士子没有格外留意他们。加之两人这段时间的行迹，本人记录留白，后世人只能根据当时书信、事后传闻，做一些史料勾连，去想象推测。

1835年，左宗棠在京期间遇到过什么人，想了些什么事？

左宗棠方面的史料，可以从他跟大舅子周汝充的通信中找到。其时，左宗棠将家寄托在湘潭隐山桂在堂周家。到京后，他跟周汝充在书信中叙及行迹，同时向岳母、妻子通音信、报平安。

这年4月19日，左宗棠给周汝充来信，提到在京同乡有李石梧、汤海秋、丁伊辅、何仙槎等人，并没有曾国藩的名字。推测缘由，两人阴差阳错，有可能并未见到面。或者虽然见面了，但没有留下特别印象，可能止于点头之交。因此，左宗棠才没有突兀地在家书中写出曾国藩的名字。

第二种可能，两人这次在北京确实见面了，但因为某种原因，并未详细聚聊，会试返乡之后，应朋友之约，曾、左在长沙首次结交。

后一种可能性更大，且有曾国藩的行迹可供追溯：据《曾国藩年谱》，道光十六年，曾氏"出京返家，至长沙，与刘蓉、郭嵩焘在湘乡会馆相聚两月"。左宗棠跟郭嵩焘是湘阴同乡兼发小，郭嵩焘对这位在书信中以"今亮"（当代诸葛亮）自署的左大哥比较心仪，曾经极力保举他应朝廷"孝廉方正科"。因此，史实有可能是，通过郭嵩焘从中牵线搭桥，曾、左第一次在长沙结交了。从时间上来说，这更贴近左宗棠本人前面"四十年旧交"的表述。

如果这种可能成立，便可以很好地解释，曾、左结交之后，为何其后十七年不见书信往来。从左宗棠后来跟刘蓉、郭嵩焘的交往看，彼此气场不甚相投。刘、郭跟青年时代的曾国藩都偏文气，左宗棠则偏理工味。两者朋友圈也多有不同，曾国藩的朋友多为进士、官员，左宗棠的朋友圈大多是江忠源、王鑫、刘典这种接地气、偏武人气的民间士人。

不论曾、左相识于何时，结交于何地，大致弄明白即可，过细就成了掉书袋子。我们只需要凭借上述史实确定一点：虽然身处乱世前夕，曾、左首次结交并没有达到一见如故、从此长相交往的程度。

得出这一结论最为重要，是前面不厌其烦查证的全部意义。

从1835年或1836年首次结交，到两人咸丰二年（1852年）年底再次见面，中间十六七年里，正史记载中，唯一可以确定两人隔空发生过的交集，在道光末年。

交集缘起于曾国藩对左宗棠跟陶澍结为儿女亲家，颇有微词。

人伦异见

|一|

左宗棠跟陶澍结为儿女亲家，不说在当时，即使放到今天，仍称得上惊世骇俗。

两江总督陶澍（1779—1839年）是贺长龄、林则徐、魏源的顶头上司，也是曾国藩、胡林翼、左宗棠共同的尊长。论年龄，陶澍大曾国藩三十二岁，大胡林翼、左宗棠三十三岁；论辈分，他是曾、左、胡共同的长辈。

陶澍是有清以来湖南第一位通过科考奋斗出来的高官。在科考录取率低于今天彩票大奖中奖率的古代，他是同乡读书人的"第一学习榜样"。其人一生官拜两江总督，为官期间，曾督办海运，剔除盐政积弊，兴修水利，改革大清货币政策，开中国经世致用学风之先。

年龄相差三十三岁的陶澍、左宗棠结为亲家，有着很大的偶然性因素。道光十七年（1837年），两江总督陶澍回老家湖南安化县小淹镇为父母扫墓，在湖南株洲驿站停歇，醴陵县令安排左宗棠题联欢迎。陶、左在渌江书院一见如故，彻夜长谈，引为知己。次日，陶澍提议相约结为姻亲，将左宗棠五岁的女儿左孝瑜，许配给陶澍七岁的独子陶桄。

陶、左论年龄相差三十三岁，虽然两家先辈没有交往，难定辈分，但以家族世交类推，也有一层转折关系：左宗棠的父亲左观澜，跟胡林翼的父亲胡达源，是岳麓书院的同班同学。陶澍与胡达源早在十七八年前，已结为儿女亲家，陶澍的女儿陶静娟，许配给胡达源的儿子胡林翼。根据胡、陶两家这层姻亲关系类推，比胡林翼还小三个多月的左宗棠，应该称陶澍为"世伯"。

陶、左结亲，不但辈分不合理，地位也严重不相称。陶澍是两江总督、获赠"太子少保"（其"太子太保"系去世后朝廷追封）；左宗棠是乡下举人，渌江书院山长。

清朝时期的人没有现代人的平等观念，家族之间根据儒家伦理，讲究等级。儒家伦理，首重正名、尚礼。陶、左结亲家，明显属于"门不当，户不对"，严重不合儒家礼制。何况，二人年龄相差三十三岁，属上下两辈人，却以平辈结亲，已经严重违背长幼有序的儒家礼仪，属于"名不正，言不顺"。

陶澍、左宗棠同是读书人出身。大清国的读书人不只为自己读书，还肩负一项十分重要的使命，以儒家伦理、道德教化群众恪守礼义、遵守道德。大清四亿人口，读书人不超过三百万人，群众文盲率高达百分之九十以上，他们根本不知孔孟之言、朱子学说，之所以还相信读书人的道德、礼义教化，最主要是看读书人的身体力行。群众不懂，便跟着有样学样，礼义教化风气自然形成。眼下，湖南安化、湘阴两位最具名气的读书人，竟然同时置儒家人伦、礼义于不顾，甚至还带头破坏被读书人视作"精神生命"的礼制、名分，无异于在严格恪守儒家礼制的青年官员曾国藩平静的心湖里，投入了一枚"精神原子弹"。

让曾国藩其后不愿看到的是，道光十九年（1839年），陶澍果真在临终前委托贺熙龄做媒，为陶桄、左孝瑜定亲，两家联姻终成定局。

陶澍将独子陶桄托付给左宗棠，可能有要他既当岳父，又代替"生父"管教这层用意在里面。

陶、左结亲木已成舟，在北京翰林院工作的曾国藩，对这场"不伦"的联姻耿耿于怀。

曾、左隔空对话，在左宗棠听不到的地方开始了。

|二|

因为刺激实在过深，在家人、朋友面前，曾国藩开始拿陶、左作反面教材，以尽到礼部侍郎应尽的义务，来维系自周朝以来中国三千余年里不变的封建人伦、帝国礼教。

但令曾国藩深感头疼的是，陶、左在湖南既然开了这个头，后面根本刹不住车，省内效仿者越来越多。

九年后，援陶、左故例者，是左宗棠城南书院的恩师贺熙龄。

道光二十六年（1846年）12月12日，贺熙龄在长沙逝世，享年五十八岁。去世之前，他同样通过遗命，托付黄雨田、丁叙忠、罗泽南三人前去左家说媒，将三女儿贺氏许配给左宗棠才出生不久的长子左孝威。

关于这段情节，左宗棠本人在《冢妇贺氏圹志》一文中记述得较为详细：

> 贺氏为吾师蔗农先生季女，道光二十六年，孝威生，师闻喜甚，谓"宜婿吾女"。师殁，黄文学雨田，丁文学叙忠，罗忠节公泽南，以师遗命告，遂盟婚焉。

对曾国藩来说，这叫好事无双听，坏事结伴行。

他既然一开始就不赞成陶、左结为亲家，对贺熙龄与左宗棠再结亲家的反对之情，不问已经可知，免不了又是一番议论。

但令曾国藩做梦也想不到的是，城门失火，殃及池鱼。自己躲在水里，也会被远火追上脸。

咸丰元年（1851年），陶、左先例没有任何预告，就像高楼落石，突然降临到他本人头上：大曾国藩二十六岁的原云贵总督贺长龄托人前来定亲，要将庶出的女儿贺氏许配给曾国藩的嫡长子曾纪泽。

贺长龄是贺熙龄的哥哥，跟陶澍是平辈，是曾国藩的长辈。为了坚决反对这门亲事，咸丰元年（1851年）6月29日，曾国藩在致诸弟的信中，专门将"陶左故事"找出来，作为反面教材：

> 罗山前有信来，词气温纯，似有道者之言。余已回信一次。顷又有信来，言纪泽未定婚，欲为贺耦庚先生之女作伐，年十二矣。余嫌其小一岁，且耦庚先生究系长辈。从前左季高与陶文毅为婚，余即讥其辈行不伦。余今不欲仍蹈其辙，拟敬为辞谢。现尚未作书复罗山，诸弟若在省见罗山兄，可将余两层意思先为道破，余它日仍当回书告知一切耳。

曾国藩在信中说，罗泽南前段时间给我来信，说起我的长子曾纪泽，与贺长龄老先生庶出的女儿订婚一事，我以为这件事不可行。原因有两点：一是贺长龄的女儿比曾纪泽小一岁；二是贺长龄先生是我曾国藩的长辈。这两点原因，我还没有回信跟罗泽南说，老弟们如果在家乡碰见他，可先将我的意思明白地告诉他，我过段时间再写信给他，表明这两点反对意见。

对于陶澍、左宗棠两家结亲，曾国藩在这里说出了令他无法释怀的心结：陶、左联姻，属"辈行不伦"。"辈行"即是辈分，"辈行不伦"就是根据儒家伦理，陶、左辈分一上一下，严重不对等，强行将两家联姻到一起，已经搅乱公序良俗，非但不值得自己效仿，反而是反面教材。

在北京城住宅接到贺家托媒人送来的一纸婚约，曾国藩一时间内心五味杂陈，木然到已经不知该作何表情。十四年来，他一直提醒自己，不要重蹈左宗棠的"覆辙"，没有料到"覆辙"如今主动来套自己的脚。

因为抵触心强烈，一开始，他找出各种理由、借口，试图阻止这门违反辈分伦理的婚事。

曾国藩之所以要不遗余力地抵制，因为曾、贺两家联姻，情况比陶、左两家结亲还要严重。这次除了两家"辈行不伦"，还有一个令曾氏说不出口的尴尬，贺长龄的女儿系庶出，也就是妾所生。

妾在古代地位极其低下，其子女只能称之为"生母"。嫡长子曾纪泽迎娶贺家的庶女，明显属于"门不当，户不对"。贺长龄曾做过云贵总督，贺家是长沙的名门望族，这些固然不错，但曾国藩此时已是礼部侍郎，朝廷副部级官员。两家门户既然相当，当然就更没有理由让嫡长子迎娶贺家的庶女。

但曾国藩本人反对归反对，他的家人却一致看好这门婚事，最终让他的反对无效。到咸丰六年（1856年），经过两家热心人的全力撮合，这门亲事终归是办成了。可想而知，曾国藩内心极不愉快。但他也没有因此而尴尬太久，曾纪泽与贺氏婚后一年，贺氏便因病猝死。

有了这门确定的姻亲关系，曾国藩避免了援陶澍辈分而称呼左宗棠为叔叔的尴尬。因为贺长龄、贺熙龄是亲兄弟，贺氏兄弟相继与曾、左结下姻亲，曾、左之间论辈分仍是平辈。

同龄人胡林翼没有关系可以援引了。作为陶澍的女婿，陶桄的姐夫，他必须在公开场合规规矩矩称呼左宗棠为"季丈"(季高岳父)。至于左宗棠日后在书信中称呼胡林翼为"仁兄大人阁下",那仅仅是出于礼仪谦让,是长辈对晚辈的客气尊称。在曾、左面前,胡林翼成了名副其实的"晚辈"。

|三|

湖南自宋朝本土学者周敦颐首创理学,到清朝时俨然已是"理学之乡"。理学首重古礼,尤其重视朱熹规定的"三纲五常",清朝湖南人对人伦、纲常秩序的信守,达到了执着的程度。

曾、左在青少年阶段同样经历过严格的礼教规训,成年后又同是持身严谨的人,为何在对待跨越辈分、人伦的姻亲方面,两人态度会有如此之大的不同呢?

主要有两个方面的原因:

其一,跟两人所习学问不同,有较大关系。

曾国藩早年攻读的是理学,理学根基对应下的政治伦理,是天理、人伦,也就是名教纲常。青年时代的曾氏自然以"卫道士"自居,以诚应世,不敢轻易越雷池半步。

左宗棠早年读的是先秦儒学跟实学技术,《中庸》有言:"天命之谓性,率性之谓道。"先秦儒学主张率性,"修道之谓教",也就是完全尊重人性。再则,先秦儒学讲究"有经有权",经是原则性,权是灵活性,也就是在原则性与灵活性之间作变通,遵守人伦,但不拘泥于人伦。

其二,跟两人天性有异,也有一定的关系。

据《曾国藩年谱》,曾国藩两岁那年,"每天依祖母王太夫人纺车之侧,花开鸟语,注目流眄,状若有所会悟"。童年时代的曾国藩,是这样一个喜欢思考、安分守己的"乖乖孩"形象。

童年时代的左宗棠,说不上安分守己。据《左宗棠年谱》记称,左宗棠八岁那年,"即知慕古人大节,稍长,工为壮语,视天下事若无不可为"。也就是说,他从小就向往那些节操高尚的名人志士,喜欢关心大事,说话口气大,认

第一章　相识之初

为天下没有自己不能做的事。这是一个舍我其谁的"调皮鬼"形象。

成年后,"乖乖孩"曾国藩"尚拙","调皮鬼"左宗棠"用智",在这里可以追溯到根源。

此外,虽然同出身于湖南乡下的耕读家庭,曾国藩父亲曾麟书与左宗棠父亲左观澜在学问、经历方面各有不同,对两人言传身教的影响,也有所不同。曾麟书一直在家乡种田,到四十三岁才考取秀才;左观澜二十多岁时便取得秀才功名,常年在乡间设馆教书。

曾、左青年时代,在是否按辈分定姻亲关系这件事情上态度不同,反映出两人应变观念的差别:曾国藩固守古礼,拘泥于此;左宗棠与时俱进,适时应务。一般来说,古代大家族繁衍三代后,侄子大过叔叔的情况已比较普遍。比如日后成为湘军偏师统帅的刘坤一、刘长佑,两人是同族叔侄关系,刘坤一是叔叔,刘长佑是侄子,但叔叔刘坤一比侄子刘长佑小十二岁,大侄子带着小叔叔,照样一起共事。

家族社会里,真要按族谱论辈分,五服之外,孙辈娶奶奶辈、爷爷辈娶孙女辈的情况,肯定不少。事实上,男婚女嫁只按年龄,不论辈分。辈分在古代的作用,主要是维系人们日常生活的礼仪秩序,此外并没有更多实际性的作用。过分固守辈分陈规,未免有冬烘古旧之气,对正常生活造成妨碍。

青年时代的这些观念的差异,在曾、左日后办事过程中会陆续体现,后面我们可以看出来。

在少年时代,左宗棠天赋、资质表现得超出曾国藩,他的科场之路,早期无疑要相对顺利一些。十四岁那年,左宗棠参加湘阴县童子试,考取全县第一名。二十岁前,左宗棠虽因相继为父母守孝,前面耽搁了六年,还是在这年一举高中湖南省乡试正榜第十八名举人。

比较而言,曾国藩属于功名晚而发达早的人。他迟至二十二岁才考中秀才。但到二十三岁,他也一举考中湖南省乡试正榜第三十六名举人。

大清"以德治国",因为德治是典型的人治,人情自然而然渗透进社会各个方面,包括会试。人情既然影响考场,那获取功名除了需要平时的实力,还要依靠考场内外的"运气"。

曾、左自结交之后,两人在科场上的顺逆,戏剧性地换了个位置。

科场揖别

|一|

从道光十三年（1833年）到道光十八年（1838年），左宗棠先后三次参加会试。他在考场上发挥得最好的成绩，是与曾国藩第一次同场参加的那次会试。

道光十五年（1835年），左宗棠与曾国藩各自从老家出发，赶往京城应考。

这是左宗棠第二次参加会试。在写给大舅子周汝充的家信中，左宗棠出考场后如此回忆考试印象：

> 会试已毕，头场三题俱极平正，头题是"大德不逾闲"一句。二题是"夫孝者善继人之志"一节，三题是"吾身不能居仁由义"二句。兄文颇妥惬，可望。然近日风气，中与不中，则又不在乎此也。

可以看出，左宗棠对考场发挥感到比较满意，也抱了较大的中榜希望，但同时隐约感到，似乎哪里有点不对劲儿，对当年京城的考风，流露出一些不满。主要原因是，左宗棠与曾国藩一样，属于朝中无人的积极进取青年，没有多少关系可以攀附，能否中榜，全凭考卷实力。但当时的科场风气，会试能否上榜录取，除了需要考卷展现文章能力，还需要依靠一定的人情关系的运作。

左宗棠出考场后的直觉无疑是准确的。这场考试发挥得不错，主考官温葆深怜惜其才，评价他"立言有体，不蔓不枝"，也就是论点鲜明，逻辑清楚，已经列入预录名单，在湖南省上榜进士中，排在第十五名。但待到发榜前夕，却发生了一点儿小意外。温考官发现，湖南省多录了一人，湖北省少录了一人。自雍正元年（1723年）两湖分闱之后，湖广行省已经一分为二，湖南、湖北需要分开录取。作为湖南省预录榜单上的最后一名，左宗棠的名字在最后一环被生生给刷了下来，改为"誊录"。

第一章 相识之初

在北京看完榜单，左宗棠虽然有点儿失落，但并没怎么当回事儿，他在写给妻子周诒端的家信中，不无诙谐地借项羽兵败垓下的典故来自我调侃："非战之罪也。"

但左宗棠考运不佳之时，却是曾国藩功名逆转之日。左氏在家信中说的"然近日风气，中与不中，则又不在乎此也"这句话在曾、左下届会试时得到了应验，也成了曾、左应试求仕路上的一道分水岭。

道光十八年（1838年）会试，曾、左照旧克服沿途困难参加会试，左宗棠直接落榜，曾国藩如愿高中。

左宗棠为什么反倒不如上次？读左宗棠道光十八年（1838年）会试原文可以发现，他这次考场发挥出来的水平，确实赶不上上回。

按说，考前已经做过一年的渌江书院山长，有了切身的教学经验，再加上前面两次的临场应考经验，第三次照理会发挥得更好一些。

成绩每况愈下，究竟是什么原因？

最直接的原因是，左宗棠分心了。他于道光十八年（1838年）3月6日前赶到北京，租下房间复习应考。因为家眷仍寄居在湘潭，社会人事渐杂，不但自家有一堆事，岳母一家老小也有一摊子事，需要他远程安排处理。人在北京，还需要挂念渌江书院老师、学生待处理的繁杂公事。诸事分心，行程略显仓促。左宗棠跟周汝充在家信中的自述是：

兄孟浪进京，全无佳想。客中景况，殊不为快，未知何日是归期耳。

俗话说，"事不过三"。连续三次参加会试，他已经考疲劳了。左宗棠的精气神明显有些耗散，考场上注意力不够集中。这从他在考卷上接连出现的几处错字、漏字可以看出来。

落榜后，左宗棠应亲家陶澍前信之邀，去南京两江总督府会面，在那里继续读科考之外的实学书籍，以充实提高动手办事的能力，兼与陶澍商议子女订婚一事。

道光十八年（1838年）本是曾国藩第二次会试，但他因中间参加过道光十六年（1836年）的朝廷恩科考试，这次同样是第三次。

静坐方寸考室之内，曾国藩心态比左宗棠明显要好。这可能跟他之前经历过七次秀才考试，已经磨砺出相当的心理承受能力存在一定关系。

赶在道光十七年（1837年）冬，曾国藩动身赴京。这次曾、左并没有邀约同行。

曾国藩本次在考场内发挥得不错，考运也出奇的佳，以首试第三十八名中取进士。5月殿试，曾国藩发挥得又比较一般，仅取中三甲第四十二名，朝廷"赐同进士出身"。

但其后朝考，曾国藩仿佛时来运转，从三百余名新科进士中脱颖而出，列一等第三名。

道光皇帝阅后格外赏识，又拔置为一等第二名。

在本届成绩佼佼的进士中名列前茅，历年科场挫折不断的曾国藩，颇有点"春风得意马蹄疾，一日看尽长安花"的快意。

曾国藩首试与殿试成绩一般，朝考却能一路过关斩将，究竟是什么原因？

| 二 |

正史不会记载这类故事。

据轶史记载，会试榜单公布后，曾国藩情绪低落。按清朝考制，一甲为"进士及第"，二甲为"进士出身"，三甲为"赐同进士出身"。三甲位列进士末等，一般不能进翰林院。

就在他准备启程回湖南老家时，湖南同乡郭嵩焘去信中的一句话点醒了他。

郭嵩焘提醒他：那次我们拜访御史劳崇光时，他很赞赏你的才华。你何不去找他？他或许有办法。

曾国藩当即照做。见面后，劳崇光告诉他，三甲第四十二名固然不理想，但以三甲进翰林院的考生不是没有，要想破例得有依靠的人，或者花钱。对农家子弟曾国藩而言，常年经济拮据，拿钱几乎没有可能。

是不是还有更加切实可行的捷径呢？劳崇光建议曾国藩不妨试一试"行卷"。

所谓"行卷",就是应试者在考试前将所作诗文写成卷轴,投送朝中显贵,以提前博得"文化圈"内的美誉。

曾国藩立即照做,他将场中诗文誊抄了十份,及时投递给朝中十位达官显贵。这一招果然出奇地见效,第二天,曾国藩诗文出色的消息,在京城官场迅速传开。主持朝考的大学士穆彰阿特地找来试卷,读罢为之击节,引曾国藩为知己:与自己一样的谦逊、低调。穆彰阿当即将曾国藩圈定为翰林院庶吉士,列为一等第三名。

穆彰阿当着道光皇帝的面褒奖曾国藩,道光觉得文章确实不错,遂将曾国藩点为一等第二名。

此事真伪已不可考。但晚清科场流行"行卷"风气,则可以确定。

另一则流传甚广的轶史,可以从背面看出曾国藩为何其后能够十年之内七次升迁,在三十七岁便做上从二品高官。

故事说,穆彰阿因经常在道光皇帝面前提起曾国藩,夸曾国藩记忆能力强,"遇事留心"。道光皇帝听后,对这位新科进士留心了。

一次,道光下旨,命曾国藩在养心殿等候,至于具体什么事情,并没有透露。曾国藩立即前往。谁料在养心殿等了半天,一直没有等来皇帝召见。曾国藩越想越感到不对劲,因为养心殿是用来收藏历代名人字画的场所,皇帝召见大臣,不可能选在这里。正在疑惑间,一名太监进来说,皇帝今天不来了,让他回去。

回去后,曾国藩越想越感到蹊跷,便将这件事汇报给了恩师穆彰阿。穆彰阿一听,随手拿出四百两银子给了养心殿看守太监,让他将殿内有关于乾隆皇帝六巡江南的图画、文字全部抄录下来。

曾国藩不解其意。

穆彰阿说,道光皇帝希望像乾隆皇帝一样巡游江南,可惜一直没有机会,今天叫你去养心殿等候,很可能是让你看这些内容,明日必然问你。

曾国藩连夜将太监抄录的文字熟记于心。第二天道光皇帝召见,果然问起乾隆六巡江南之事。曾国藩因已有准备,娴熟应对,道光十分满意,从此对曾国藩青睐有加。

因为人情关系的运作已经影响到成绩,所以,曾国藩会试的真实水平如何,只有会试三甲第四十二名最能看出真实才学。这跟左宗棠在道光十五年（1835年）的成绩大体上相当。也就是说，曾、左做八股文章的能力，在青年时代基本处在同一水平线上。

因为会试不是水平测试，而是科场竞技，加之运气与关系，在清朝人眼里被看作能力的一部分，能够得到社会的承认，因此算是比较公平的竞争。

生在大清朝，会试入仕是读书人的主流途径，其他选择都是旁门小道。三试落榜之后，左宗棠见入仕已然无望，便依然寄居在湘潭周家，靠教书谋生度日。随着年龄日增，子女渐多，社会人事关系日趋复杂，他很难再找出时间来温习功课，继续专心从容会试。加之左氏心气高强，原本没有多少社会关系可以仰仗，又看不惯考场人情运作，接连三次在现实面前受挫，倔强心被强烈激发，他单方面宣布从此罢考了。

左宗棠不得不开始考虑转移人生志向，从此勤俭兴家、耕读传家，预备做一个潜心乡下著书立说的民间文化人，通过一代人的努力打好家底，为子孙后代发迹培植元气。

那段时间里，为白手起家积淀家底，左宗棠工作起来确实特别发狠，他在湖南乡下承包了二百多亩水田，与普通老百姓打成一片，亲自下田指挥农民科学种田，以实现增产增收。

书生左宗棠从书房走到田间地头，看秧苗茁长，听流水淙淙，闻时鸟变声，见草新土润，生活别有一番乐意。左宗棠逐渐喜欢上了这种"农夫、山泉、许多田"的宁静田园生活。为了强化读书人种田这个比较特别的形象，那段时间，他给自己起了个"湘上农人"的雅号，雕刻一方印章加盖，供亲密朋友来信时称呼用。

在乡下读书、务农、跟农民打成一片的这段独特经历，给左宗棠带来意外的收获是，既积累了丰富的民间生活经验，也结交了像罗泽南、刘典、王鑫这样一大批活跃在民间的中下层读书人。左宗棠没有料到，这两点积累，在他出山办事后都派上了大用场。

曾国藩通过朝考进入翰林院之后，从此告别了祖辈种田读书的日子，开始了在皇帝身边崭新的词工文臣生涯。曾家在湖南扎根六百余年，从衡阳搬迁到

第一章　相识之初

湘乡，也经历几代人了，祖祖辈辈面朝黄土背朝天。父亲在爷爷的规范下，使尽洪荒之力念书，接连考了二十多次，直到四十三岁，好不容易考取秀才。自己功名受阻，他将金榜题名的希望，寄托到下一代身上。

曾国藩会试高中，成了湘乡曾家首名进士，家族全指望他加官晋爵，将来光宗耀祖。曾国藩是积极追求上进的青年，他节假日在京城广泛活动，拜访名师，既结识了像唐鉴、倭仁这样一批名望显赫的学问大师，也结交了像穆彰阿这样位高权重的官场显贵。因为进取心强，办事扎实，做学问勤奋，人缘极佳，他成了湖南自有历史以来升迁速度最快的官员，三十七岁便升任从二品侍郎，一个与湖南巡抚平级的高官。

随着曾、左人生道路的不同，社会地位差距也日益拉大，两人从最初的点头之交，逐渐变成仅仅是朋友间言谈才会偶尔提及的人。

如果不是其后太平天国运动兴起，在等级森严、官绅分治的大清王朝，曾、左几无可能比肩合作，举人左宗棠顶多只能在有事时登门求访。可以预见，左宗棠一生将像他的湖北知己王柏心那样，在乡下民间耕读、著述一生，待年高岁暮，作品敝帚自珍，藏之名山，传之其人；曾国藩则以其良好的学问，日益娴熟的政治才能，即使通过体制内的正常升迁，也完全可能官至后来的武英殿大学士、太子太傅，像本朝的陶澍、明朝的李东阳那样，成为湖南历史上为数不多的官场显贵，为湘乡曾家增光添彩。

太平天国运动爆发之时，曾、左双双已入不惑之年，毕生大局基本已定。

咸丰二年（1852年）7月，礼部侍郎曾国藩充任本年度江西乡试的正考官。这是他做京官多年以来第一次外放，不禁心怀无限期盼。

他盼望去江西主持考试，是想借机赚笔大钱。清朝"以德治国"，官员是社会廉洁的道德榜样，所以薪资极低。县令的基本年薪，约五十两白银；总督的年薪，在一百八十两白银左右。这笔钱还不够一笔人情开支。官员养家，主要靠养廉银。县令每年养廉银可达二千余两，总督则多达四万两。因为这些都是地方实职，所以油水较足，根本不靠年薪养家。

京官套用地方官标准，按级别发薪水，导致京官俸禄极低，曾国藩年薪加各种补贴，不超过五百两。如果没有额外收入，一般要贷款借钱才能养家。前面做京官十四年，虽然升迁迅速，但曾国藩因为人正派，为官清廉，已经背下不少债务。

离开清水寡淡的京城，到江西地方做主考官，有望借助这一身份，名正言顺地收受几千两银子，一举解决家庭多年来困窘的经济状况，他的心早已飞到了南昌城。

但曾国藩的发财梦很快就破灭了。他的坐轿刚走到安徽太湖县小池驿，便突然接到母亲病故的噩耗。他只能临时改行，奏请朝廷放弃本届江西乡试正考官的委任，匆促改道回湖南湘乡荷叶塘，以布衣身份为母亲奔丧。

曾国藩刚回到湖南境内，太平军已经冲杀进来。洪秀全高举"洪氏基督"的大旗，将儒学、儒生一律视为敌人，下令大肆捕杀读书人。曾国藩带着一班随从，自然格外小心谨慎，以免被太平军迎头撞上，做乱世开端的冤死鬼。

湖南湘阴举人左宗棠，其时文名已经在省内传开，此时也不幸躺着中枪，入了太平天国搜捕的黑名单。咸丰二年（1852年）8月中旬，为安全计，左氏被迫将一家老小及亲朋好友数十口，从湘阴柳庄迁居至湘阴东山白水洞，"诛茅筑屋，为自保计"。发小郭嵩焘也举家迁到了东山邻近的梓木洞，以躲避熊熊战火。

"宁为太平狗，莫作离乱人。"此时，左宗棠由栖居乡下凄惶无助的白衣举人，不幸变成了隔山避世的岩穴隐士，四顾无援，不知路在何方。

曾国藩家乡湘乡荷叶塘，跟左宗棠所住的湘阴白水洞，中间相隔不过一百余公里山路，同属长沙府管辖。两地此时一同陷入了兵荒马乱，虽然此时，两人对对方情况，还一无所知。

时势是改写个人轨迹的魔术师。兵凶战危的乱世既然已经开头，没有人知道下一秒会发生什么。

连曾、左本人也无法预料到，原本地位天壤之别且无甚交往的两位同乡旧识，因为太平天国运动的骤然爆发，将要迅速走到一起：一个从北京远道赶回湘乡，又从湘乡赶到长沙；一个从湘阴柳庄躲进东山白水洞，再从白水洞赶去长沙。

长沙见面的具体地点在天心阁，湖南巡抚衙门署内。转眼之间，仅是点头之交的两位，将要坐在同一个屋檐之下，成为合作共事者。

第二章

再度相交

广西几个地方官,朝廷两任钦差大臣,不约而同大胆蒙骗咸丰皇帝,终于酿成太平天国运动席卷全国。原本最无理由为朝廷担军事之责的左宗棠、曾国藩,却相继承担起万斤重担。曾、左见面相互如何评估?曾国藩看左宗棠信心十足,左宗棠看曾国藩犹疑不决。

事起广西

| 一 |

将曾国藩与左宗棠第一次骤然间拉拢到一起的，是办理湖南团练。

团练来源于保甲。作为中国古代地方民兵制度，始于周朝。

在曾、左办理团练之前的两百多年里，清朝一直将团练当作一种地方基层社会的控制组织，由官方督导，地方士绅领衔组建，以村寨为基点，筑墙设防，坚壁清野，采用"寓兵于农"的形式，目的为加强地方武装以实行自卫。

清朝的经制兵（国家正规军队）实行的是"八旗"加"绿营"体制，这是大清最根本的军事制度。

八旗将士来源于八旗子弟，军队由满洲贵族统领，人数在二十万左右。

绿营建制采取军区制，军区以镇为单位，全国共设十一个军区、六十六个镇，人数达六十万之多。

绿营士兵分为三类：标兵、协兵、营兵。标兵是作战部队；协兵是防守军事要塞的部队；营兵则是守卫一城一邑的部队。

曾、左出山办理团练之前，湖南官方共有绿营兵一万八千人。

按理说，以八十万的八旗和绿营来扑灭其时人数不过三万的太平军，实力绰绰有余。但朝廷没有看出，国家军制在设置之初，便存在一个致命的缺陷：各省、各地的绿营兵，平时分属不同系统，互相之间不能统属，所有调配权，又集中在皇帝一人手上。

咸丰皇帝不同于在战火中成长起来的康熙皇帝，也缺少像雍正皇帝四十五岁前丰富的社会生活体验，他生于深宫之中，长于妇人之手，并没有多少实践经验。既不懂统率三军，又不能御驾亲征，一旦发生战事，只能从各地抽调部队，临时组成一支军队，再任命一人做将官，以钦差大臣身份统领。

康熙皇帝当初如此设置绿营军制的本意，是为了防止地方军事山头坐大，造成朝廷跟地方政府之间实权移位,"外重内轻",让地方威胁到中央皇室安全。但这样的军制设置,无形中又导致另外的弊端,造成"将不知兵,兵不知将"。

军队管理不同于平常的社会治理,社会治理需要的是环境宽松,让民众心性得到舒展,以保证民间的活力跟创造力;军队必须是一个令行禁止、恩威并施的地方。因为平时练兵是为了打仗,养兵千日,用兵一时,上了战场士兵必须卖命。将领要士兵听命,多靠将士之间平时相互熟络,将领之间以人情联结。士兵平日里知感恩、懂畏威,与将领上下同心,上了战场便会舍命相拼。相反,如果将领之间平时陌路,一旦有事便钩心斗角,士兵之间则功利算计,"胜则争功,败不相救"。

生肖属兔的咸丰皇帝,在二十岁那年接任登基。比起诸多在童年登基的"儿皇帝",他已经足够幸运,因为这是上任执政的最佳年龄段。但他的不幸在于,他一手接过来的是自乾隆末年起便朝政严重腐败,在嘉庆、道光两朝国力日渐颓丧的一个烂摊子。

青年皇帝原本想有一番振兴的大作为,以刷新大清日渐凋敝的气象。但太平天国兴起之初,青年皇帝还没有反应过来。他显然还没有看出朝廷军制的弊端,更无法预见将造成的严重后果,加之也没有魄力来一番大刀阔斧、彻底的军事旧制改革,以适应迫在眉睫的战场需要。

这一军事设置首次让青年皇帝尝到苦头,是在太平天国运动爆发之后。

太平军冲杀进长沙城前,面对两年来无数官僚之间相互推诿,军队之间彼此扯皮,青年皇帝早已不堪其扰,有了掩饰不住的疲惫跟颓丧。

关于这点,从他对刚刚走马上任的湖南巡抚张亮基的态度,明显可以看出来。

张亮基(1807—1871年)字采臣,号石卿,江苏徐州铜山(今徐州市区)人,道光十四年(1834年)举人。

因为只是举人,根据清朝规制,张亮基原本没有资格入朝为官。

道光二十六年(1846年),云贵总督林则徐响应朝廷"举荐地方贤良之士为官"的号召,向道光皇帝举荐张亮基出任云南临安府知府。张亮基花了几千两银子,买来地方实职。

第二章　再度相交

一年后，因治理地方出色，朝廷调任张亮基为永昌郡郡守。其时，云南边患日益严重，张亮基委派云南本土武官左大雄前去剿敌，一举擒获了敌军首领，为朝廷消除了边患。林则徐及时向朝廷奏功，道光皇帝览奏大喜，张亮基一年之内连升三级，被破格晋升为云南按察使，主管一省公检法。

不久，张亮基又因治理有功，升任云南布政使，负责一省民政，与云南巡抚平级。

道光三十年（1850年），原云贵总督林则徐在镇压广西天地会途中不幸病故，四十三岁的张亮基再次被朝廷破格提拔，代理云贵总督，兼任云南巡抚。

两年后，在云南巡抚任上正干得风生水起的张亮基，突然被改调作湖南巡抚，什么原因？

张亮基这次骤然易地为官，出于时任贵州省贵东道员的胡林翼在咸丰皇帝面前的极力保举。

清朝规制，地方督抚才有权直接给皇帝上奏折。胡林翼道光十五年（1835年）与左宗棠一道进京会试，二十三岁那年考取进士，被选为庶吉士，授编修，属于京官，所以虽是从三品道员，但有直接奏事权。

太平天国兵临城下，湖南军情万分紧急。胡林翼说，张亮基在云南有平息边患的经验，可以为朝廷排忧解难。咸丰皇帝听信，临时将张急调进湖南。应该说，青年皇帝对他能平息太平天国运动，寄托了一定的期望。

张亮基其时四十五岁，年富力强，干劲十足，正是建功立业谋求升迁的绝佳年龄，自然不愿辜负青年皇帝这份特别的信任。接到任命书，他马不停蹄地从昆明出发，火急火燎地经水路在湖南常德登陆，换快马赶往湖南省会，于咸丰二年（1852年）10月9日前，及时到达天心阁，接印任事。

新晋湖南巡抚到任后，立即投入紧张的军事部署工作。本着竭力为朝廷分忧的赤诚忠心，经过前期一番快速摸查，他赶在10月18日，距到任仅仅十天，便抓紧上了一道《筹办军务据实直陈折》，将湖南的军事布置详细向朝廷上报。

他之所以如此尽心卖力，是出于对皇帝高度信任的回应，内心里当然期盼听到建议跟鼓励。不想，咸丰皇帝阅后，竟懒洋洋地朱批了一句：

>知道了。布置尚属妥善，第恐贼到兵散，徒劳无补。

这是一份口气十分消极的最高批示，像百米赛跑时头上被浇了一瓢冷水。将这段文字换成白话，我们能明确感觉出来："知道了，老张你对于湖南的军事布置还可以，只怕到时太平军一杀进城来，你手下的那一万八千个绿营兵逃得比兔子还快，让你目前用心做的一番防务全都泡了汤。"

问题是，张亮基上任后的第一场大仗都还没有正式开打，青年皇帝便事先预言湖南绿营兵会寻机开溜，而远在北京遥控的他，又只是选择听天由命。言语之间，弥漫的是一种极具传染力的消沉与沮丧。

张亮基可能会感到纳闷儿，自己对打仗还是比较有自信的，咸丰皇帝为什么要带头如此悲观，先在自己头上浇一瓢冷水？

倒不是皇帝少年老成，更不是他对新任湖南巡抚全不信任，这一切都不是。原因仅仅是，早在张亮基到来之前，青年皇帝已经接二连三地被自己高度信任的大臣用消极、庸懦的态度给弄怕了，也被他们接二连三的粉饰欺蒙给害惨了，如今有如惊弓之鸟，草蛇灰线，看谁都觉得可疑，很难再对某个具体的官员绝对放心。

大清官员如今普遍不作为，这皇帝还真没法当了，这是咸丰压在心底的真实感受。因为，令咸丰皇帝疑神疑鬼而不敢信任的官员，前面随便一数，已经有广西桂平县知县王烈、钦差大臣赛尚阿、两江总督徐广缙等人。

[二]

二十二岁的咸丰皇帝在张亮基到任后稍作回想，会感叹臣属实在是太可怕，因为总有庸官想误朕。

追溯天下大乱的源头，桂平县原知县王烈，是放任太平天国运动失控的第一罪臣。

如果他当初稍微有点为皇上分忧的责任心，这场席卷而来的农民起义战火，原本可以熄灭在萌芽状态。

第二章　再度相交

道光二十七年（1847年）12月28日，在太平天国火热酝酿之际，突然遭遇灭顶之灾。广西武宣县团练头目、秀才王作新，带领一班团练兵，突然袭击"拜上帝教"总坛，抓走了太平天国"南王"冯云山，送交官府秘密关押起来。

次年1月17日，王作新如法炮制，再次带领几千名团练兵实施秘密抓捕，一把将洪秀全、卢六、曾玉珍等头目全部一网打尽。这批头目相继被押送到大湟江口司（相当于现在的派出所）关押审查，再移交到桂平县监狱听审。

王作新将太平天国首批核心骨干人员全部抓到后，立即向桂平县衙门公开举报：洪秀全、冯云山一众人，"阳为拜会，阴谋叛逆"。

举报信里有这样一段令县令触目惊心的话：

> 为结盟借拜上帝妖书，践踏社稷神明，乞恩严拿究办事。缘曾玉珍窝接妖匪至家教习，业经两载，迷惑乡民，结盟聚会，约有数千人。要从西番旧遗诏书，不从清朝法律。胆敢将左右两水社稷神明践踏，香炉破碎。某等闻此异事，邀集乡民耆老四处观察，委实不差。

王作新没有料到，他本着对朝廷积极负责的忠诚举动，随后却为自己招来诸多意想不到的麻烦。

引得麻烦缠身的直接原因，跟大清的国家体制有关。清朝实行的是帝国制度，这一制度有三个基本特征：一是皇帝中央集权，二是官员代理皇权，三是郡县制。

根据官员代理皇权一条，帝国官员守土有责、守土担责，官员责任层层分摊。从省城到州县到村镇，谁的辖区内出了责任事故，第一责任可以具体追查到人。因为官员个个责任在身，遇到各种事故，第一反应想到的不是赶紧上报，而是能瞒便瞒。因为据实上报朝廷，等于自找苦吃。

如果据实报告上去，上级官员也有责任，他们会责问：为什么别的地方都平安无事，偏偏就你管辖的地方出了问题？而且听说还是要命的谋反？不管起因是什么，至少是该地方的父母官平时教化群众不得力。否则，一帮被教导得遵纪守礼的良民，怎么可能有胆量想到要谋害君父、推翻朝廷？

"以德治国"的大清王朝，官员日常最基本的工作，是以道德、礼义教化群众，让帝国子民全体遵纪守礼，全国上下同心维护皇权。群众中出了刁民、乱民、暴民，便是地方官德礼教化不力最直接的证明。管教辖内子民不力，导致官逼民反，这是帝国官员最严重的德治失职，朝廷认真追查下来，责任官员轻则流放，重则抄家杀头。

正因为责任是如此之重，桂平县知县王烈害怕承担，他第一反应不是想着清查太平天国余众，趁势一举处决，一网打尽，而是心存侥幸，首先选择将事实否定，将责任隐瞒下来。

果然，接到秀才王作新的举报，王烈非但没有派人前去调查取证，反而回转视线，先解决掉这个"挑刺者"。他痛斥王作新举报自己辖内有人谋反，是一派愚蠢、荒谬的狂妄胡言。

在王作新呈上来的举报信里，王烈怒火中烧地作出这样的批示：王作新作为地方读书人，应该知道大清国的规矩，如果真有冯云山等人"阴谋叛逆"之类的确凿证据，你也应该先秘密报告上来，只让我这个县长大人一个人知道。现在好了，你在写给县衙的公开举报信中，一开口就说我的地盘里有人想造反，经你这么大声一嚷嚷，弄得全国上下都听到了。你凭空捏造这种唯恐天下不乱的谣言，已经涉嫌给桂平县父母官添乱生事，本官应该对你彻底追查责任。

批示原文为：

> 阅呈殊属昏谬。该生等身列胶庠，应知条教，如果事有实迹，则当密为呈禀，何得辄以争踏社坛之故，捏饰大题架控。是否挟嫌滋累，亟应彻底根究。候即严提两造人证质讯，确情办理，以遏刁风而肃功令。

王烈这边忙于在官场内削刺、消音，太平天国那边也没有闲着。此时，东王杨秀清正在积极展开秘密营救行动。他摸准大清地方官怕事、贪财的软肋，下令烧炭的教徒每卖一百斤木炭即抽部分炭税上缴"拜上帝教"，名曰"科炭"，作为营救冯云山的专项贿赂公款。

道光二十八年（1848年）6月，接替王烈（此时已回乡丁忧）的桂平县知县贾桂收到杨秀清秘密送来的一笔贿赂巨款，当即公开宣布冯云山等人组织的"拜上帝教"教徒是在"教人敬天，劝人为善"，他们都是大清帝国遵纪守法的良民，并无为非作歹的情事。然后派两个差役将洪秀全一众押解回广东花县，交原籍地方官了事。

颇富戏剧性的是，就在被押解的途中，冯云山施展他稻草变金条的一流口才，大讲上帝"次子"洪秀全的神迹，两个差役对他讲述的天国故事深深着迷，不知不觉深陷其境，当即脱下制服，换上教徒装束，跟着冯云山到紫荆山入伙去了。不出意外，这两名差役成了太平天国元老。

知县王烈欺上压下的伎俩最终穿帮，要等到金田起义爆发之后。

俗话说，大风起于青蘋之末。大祸一经酿成，平息绝非朝夕之间可以实现。盛怒之下，咸丰皇帝发布圣旨，将全体涉事官员一律从重从严处理。

最后一个得知地方欺蒙真相的咸丰皇帝，在圣旨中恼羞成怒地痛骂：广西武宣县秀才王作新之前举报冯云山等人聚众谋反，浔州府知府顾元凯、桂平县知县王烈这两个昏虫蠢蛋，事前居然毫无察觉！即使王作新举报到桂平县衙门，这两个蠢蛋也不委派人员前去调查取证一下，争取一网打尽。给朕捅出这么大的娄子，必须将这两个蠢蛋重新严加查办！还有，已经调派到广东省的前桂平县江口司巡检王基，捉拿太平天国要案人员本是他的专职工作，此人事前既不前去捉人，事后又贪图贿赂随意放人。必须将前列涉案官员全部捉拿归案，严刑拷打，问得实情后，再按大清律法办。

咸丰在批示中公开宣布了系列治罪官员的名单。《咸丰实录》保留的这道圣旨原文是：

> 广西武宣县生员王作新前经呈控冯云山等在桂平习教结盟一案，已革浔州府知府顾元凯、丁忧桂平县知县王烈，事前既毫无觉察，迨经控告到案，又不赴乡亲查、严行究办。江口司巡检调补广东省巡检王基专司缉捕，乃既疏于查拏，又复任听贿嘱。吏治废弛，至此已极。必应彻底根究。王

烈、王基均著革职,同已革知府顾元凯一并挈问。交邹鸣鹤提同府县幕友人等严讯确情,按律惩办。

待怒气冲天批完这道圣旨,冷静下来的咸丰皇帝已经意识到太平天国问题的严重性,不敢再有丝毫的疏忽大意。杀鸡必须用牛刀!他决定按照高射炮打麻雀的规格,当即委派在北京城的宰相赛尚阿作为钦差大臣,代表自己从京城带兵数万,并督同两广总督等相关要员,部署地方兵力近二十万,前去扑灭这场正席卷而来的农民运动。

青年皇帝事先没能料到,考验大清官员能力跟人品的紧要关头,自己坐镇朝堂之上遥控指挥,发号施令于他们,不但没能遏制住太平军,反而被几位大员连带节奏,最终鬼使神差地被动成为拍摄《真实的谎言》连续剧的总导演。

|三|

赛尚阿字鹤汀,阿鲁特氏,蒙古正蓝旗人,是咸丰皇帝身边难得的亲信大臣。咸丰元年(1851年),赛尚阿官拜文华殿大学士(相当于首席内阁宰相),分管户部。

在委派赛尚阿统帅三军出兵之前,咸丰皇帝已经安排了三拨大臣负责剿敌,但全都无功而返。

第一拨是广西巡抚周天爵、提督向荣。两人联手会剿,非但毫无实际作用,反将太平军越剿越多。

第二拨,不得已,咸丰皇帝起用云贵总督林则徐。但林则徐率兵出发不久,便因腹泻于中途病逝。

第三拨派出的大员,是原两江总督、湖南湘阴人李星沅。李星沅督师有方,但因前述大清国军事制度弊端的原因,各地临时组织起来的官军,根本不听从他的指挥,最终也只能无功而返。

赛尚阿是咸丰皇帝紧急派出的第四拨大员。

与以往不同,赛是首个从京城直接派出的宰相级别的大员,所带的军队是

第二章　再度相交

大清入关时曾以一敌百威震八方的八旗军。赛尚阿领命担任"前敌总司令",他亲自统带数万八旗大军从北京赶往广西,接替李星沅,承担防堵太平军的地方工作。

因赛尚阿是皇帝亲信,是八旗军"压箱底"的牛刀、高射炮,不到关键时候不用,这次自然被咸丰皇帝当作撒手锏在使用。为了给到赛充足的临机事权,离京前夕,青年皇帝亲手赐予他一把"遏必隆"刀(尚方宝剑);同时,皇帝从大清国库里特批二百万两白银作预备军饷,并派出副都统巴清德、达洪阿率京军随行,由姚莹、严正基负责参谋军事,另调湖南在籍知县、楚军首领江忠源赴营配合。

军力阵容之所以要安排得如此庞大,财物配置之所以要准备得如此充足,推测咸丰皇帝的用意,是要毕其功于一役,灭此朝食。青年皇帝相信,只要赛尚阿办事能够尽心得力,起事之初的几千太平军就是全部化作蚂蚁,也爬不进湖南。

但战事结果,再次大出朝廷意料。赛尚阿代表皇帝去广西前线镇压太平军起义,不但没能如愿扑灭太平军,反倒像火上浇油,将太平军队伍镇压得如狼似虎,红红火火日益庞大。

洪秀全、冯云山率领五千太平军,突破层层防线,一路如入无人之境。起义军边打仗边招兵买马,队伍迅速壮大到三万人,大队人马从广西一路浩浩荡荡冲杀进湖南。除了南王冯云山在全州蓑衣渡被楚军首领江忠源用大炮打死,太平天国从此永久性失去了一位堪比石达开的文武全才,此外再没受到过明显的军事重创。

赛尚阿钦差防堵行动接连失败,除了前面说到的朝廷军制弊端老问题,还有一大原因,出在赛尚阿本人身上。咸丰皇帝命令他尾追太平军,从广西后方急赴湖南前线,已经犯下策略错误。他此时事实上老大不情愿,干脆采取消极拖沓的策略来避事,希望地方政府能够在朝廷压力下平定战乱。因大清承平两百年,赛尚阿之前只在书本上见过打大仗,一旦亲临战场,不免担惊受怕,心里在不断打鼓。赛钦差的这些想法付诸行动,其胆怯拖沓,有如笨熊。左宗棠事后将这段情节记述了下来:作为代表皇帝统率八旗跟数省绿营共近二十万大军的前敌总司令，他"走一路，停一路，直到 11 月 24 日才到湖南衡州"，"12 月 3 日已到达湘潭，但却仍不来长沙"。

前敌总司令镇压太平天国起义军不力，后果异乎寻常的严重。《清史稿·赛尚阿列传》对于这一时期太平天国强悍发展的劲头，作了一番令当事人惊心动魄的描述：

> 贼遂入湖南，连陷道州、江华、永明、嘉禾、蓝山、桂阳，赛尚阿尾之，抵衡阳。

可以看出，在塞尚阿的消极督战下，太平军一路攻城略地，不加停顿，指哪儿打哪儿，所向披靡。十倍于他们的官军，好像成了追在后面拍战争纪录片的超大型导演组。

太平军气势凶猛，就这样冲破沿路所有防线，浩浩荡荡杀到长沙城边。

起义大军兵临城下，湖南境内的情况骤然间变得复杂。

湖南省内，此时除了有钦差大臣赛尚阿直接统带的数万人马（停驻在湖南后方衡州），本省官军也集结各地兵力达三万多人。五千太平军从广西杀出，此时也达三万人左右。太平天国内部的问题是，真正能指挥军事的将领，仅杨秀清、石达开两人。萧朝贵在骆秉章主军时已被绿营用乱炮打死。洪秀全不大懂得军事，他主要起着"精神领袖"的作用，维系天国内部上下人心。论武器装备和士兵素质，官军相对要高得多，毕竟是朝廷正规军队。太平军都是些地方教会的信徒，不少是不事生产的流民、矿工，包括一些刚刚洗脚上岸的淳朴农民，不说使用的武器粗糙，简陋的武器到手上还不一定能拿得稳。

尽管环境跟条件对太平军如此不利，但一切因一路追剿的钦差大臣赛尚阿庸懦、畏缩而迅速改观了。太平军杀到湖南巡抚衙门（长沙天心阁）城墙下时，赛尚阿因害怕担责，作壁上观，仍滞留在湘潭躲兵。

赛尚阿的算盘打得很精，让湖南巡抚骆秉章独自承担全部军事压力，自己在后方坐收渔翁之利。所以，官军虽然声势浩荡十面包围，但基本上是空架子，更像是在办一场轰轰烈烈的超大型军事表演秀。

第二章 再度相交

　　长沙城外此时统兵的官员有一位中堂（宰相）、三位巡抚（相当于现在的省长）、三位提督（相当于现在的省军区司令员）、十二位总兵（相当于现在的地方军分区司令员），城外还有两位总督，领导军事不乏其人，但因为彼此都属于不同的军事系统，根本无法做到统一调配指挥，结果造成更为荒唐的局面：太平军在湘江上方搭起三架浮桥，每天在官军的眼皮子底下调兵遣将，数万官军睁一只眼闭一只眼，任由太平军走来走去。这些吃国家军饷的职业军人，好像是心不在焉的战争纪录片场记兼看热闹不嫌事大的"吃瓜群众"。

　　因为钦差大臣赛尚阿是代表皇帝的最高军事总指挥，其人不在前线，湖南军事便缺乏统一规划，整体部署一塌糊涂。朝廷认真追究的话，第一责任人当然是赛尚阿。原湖南巡抚骆秉章因年老不擅军事，已暂时退居二线，暂代湖南巡抚职事的罗绕典，处于大兵压境的风口浪尖，顿感"压力山大"。他不愿为钦差大臣背黑锅，便赶紧将赛尚阿在湖南庸懦、畏葸的举动，一五一十上报朝廷。

　　坐镇朝堂的咸丰皇帝，那段时间做梦都在盼望听取赛尚阿的最后捷报。接到罗绕典的奏报后才得知实情，美梦瞬间被炸成泡沫。诧异绝望之余，不禁大发雷霆，他当即下发圣旨，指责赛尚阿"调度无方，号令不明，赏罚失当，以致劳师糜饷，日久无功"，就地免除一切职务，逮捕押送进京治罪。

　　赛尚阿之所以令咸丰皇帝感到如此绝望，原因远不止他"统军不力"这点。如果他仅仅因惧事而"内卷"起来，躺平在衡州、湘潭后方躲兵，还根本不足以抵消青年皇帝送别前的高度信任。最不可饶恕的是，他一路上专心致志地用写长篇连载小说的虚构手笔，绘声绘色地来跟皇帝描写奏折。就在太平军一路激流猛进，攻城略地如切瓜菜时期，咸丰皇帝收到他寄来的奏折，清一色是官军捷报。在这一系列捷报中，夹杂有不少太平军俘虏的供词，现场描写真切细腻，读之如临其境，不容皇帝不信。

　　青年皇帝读报不禁眉开，他已经预备在北京为赛凯旋接风，根本没能料到，什么捷报，什么供词，全是赛尚阿闭守军中编造出来哄自己开心的真实谎言，除了奏折署名，几乎没有一个字是真实的。

　　事前寄望越大，事后报复越重，这是人之常情。咸丰皇帝拟定治赛尚阿"大辟罪"（死刑），一家老小发配边疆与披甲人为奴，三个儿子全部削职为民。

赛尚阿坐囚车回京，吓得伏倒在皇帝脚下，痛哭流涕。他声称，军事失败不是因为自己无能，而是不愿辜负皇帝素来爱民的菩萨心肠，不忍心对皇帝治下的子民大开杀戒，以殃及无辜百姓。

咸丰皇帝脾气发作起来固然辞气凌厉，但内心其实像其父皇道光一样仁慈柔软。赛尚阿一番涕泪俱下，他突然心软，改判入死牢。没过多久，赛尚阿便通过关系运作成功出狱。这个使太平天国得以迅速壮大的"第一恩人"，最终成功活到了光绪元年（1875年），成为乱世里难得的福将。这是后话。

四

赛尚阿既被罢免，咸丰皇帝不得不另简拔钦差大臣接任。

选谁合适呢？两广总督徐广缙进入了青年皇帝的视线。

徐广缙（1797—1869年）字仲升，一字靖侯，安徽太和大新镇徐寨人，嘉庆年间进士。

咸丰之所以高度信任并寄望于徐广缙统兵剿敌，是因为太平军攻城略地之际，徐在两广总督任上，曾大义凛然地指责当时负责督剿太平军的统军将领郑祖琛，说郑将军缺乏军事将领应有的硬气跟担当，"专事慈柔"，长于粉饰太平，手下的各地州官员，又多不敢担当责任，出了漏洞不去想如何解决问题，反而先去解决发现跟提出问题的人，事后再设法弥补漏洞，对上敷衍塞责了事，最终导致局面一塌糊涂。

徐广缙总结说：正是郑将军一误再误，最终才酿成这场已经地动山摇的朝廷劫难。

徐广缙这番话，可是句句说到咸丰皇帝的心坎里了。青年皇帝对他的信任感瞬间飙升。但正如民间俗话所说："来说是非者，必是是非人。"青年皇帝没有料到，完全置身事外站着说话不腰疼的徐广缙，只想到以言语猛攻郑祖琛来获取皇帝好感，有点儿以批评他人来刷存在感，进而博取道德优越感的心理。他压根儿没想到，自己身处后方，也会被皇帝点将来统率三军。

事后比较，徐广缙跟郑祖琛本质一样，同是衰世官场上的"滑吏"，在敢于担责方面，甚至连前者还不如。

咸丰二年（1852年）9月，咸丰皇帝授命徐广缙为钦差大臣，徐钦差接过前敌总司令的权杖，带兵赶往湖南长沙，阻止太平军北上。

徐广缙接任第一天，便开始暗暗叫苦不迭，悔不该当初痛快淋漓地批评郑祖琛。他之前用"嘴炮"猛烈攻击郑祖琛，固然可以大义凛然，颐指气使，反正站在后面说话不需要花费多大力气。当一旦万斤重担结结实实地压到自己肩上，他才感到戴总司令的帽子原来比背负南岳还重。做实事比耍嘴炮可要难得多，他瞬间变得畏手畏脚。

因为一开始便无心为朝廷担责，徐广缙接任后的一系列表现，从第一天起，就像是要准备接受朝廷治罪的节奏。

但青年皇帝此时还毫不知情。

肩负重任却怕得要死的徐广缙，带领数万官军，跟在太平军屁股后面，浩浩荡荡地追赶，却从来不敢派一支敢死队抢到前头去拦截，毕其功于一役，更像是在搞一场大摇大摆的军事长途拉练演习。如此追追停停，到咸丰二年（1853年）1月13日，他总算带兵抵达湖南岳州湘阴县，但太平军已过洞庭湖。

徐广缙不知道的是，太平军早在一天前已经攻下了湖北省会武昌城。

坐拥数万大军停驻湖南湘阴县城，隔着八百里洞庭湖水面，每天负责眺望太平军远去背影的钦差大臣徐广缙，摊开纸笔给皇帝这样写报告：

武昌追剿贼匪，迭次进攻，大获胜仗。

这又是一副常胜将军的姿态。青年皇帝看报，眉头再次舒展。

直到武昌城破四天后，躲在湘阴县静观时局变化的徐广缙，这才得知武昌城丢了。出了这么大的事，再瞒是肯定瞒不住了。他不得不来个一百八十度的大转弯，将战败实情老老实实上报朝廷。

他虽自知重责难逃，但仍心存侥幸，向朝廷主动申请，可否将自己留在湖南省岳州境内，理由是这样可以防止太平军往广东方向回逃。

咸丰皇帝接报才得知，徐广缙历次打下的胜仗，又是一堆专门用来哄骗自己一个人开心的真实谎言，内心再次感到崩溃。尤其是他这次南辕北辙的申请，令皇帝感到无比气恼。总司令统兵追剿无功也就算了，丢了武昌城，他不想将功补过，仍想畏缩避事，这哪里有半点担当？对郑将军要求苛刻严格，对自己没有要求的徐广缙没有去想，青年皇帝就是脑筋再不灵光，也知道一路斩杀官军如入无人之境的太平军既然已经乘胜东进，目前根本没有可能再顺着湖南逃回广东。前敌总司令驻军岳州的申请，无异于头痛却医脚指头。

咸丰皇帝稍作对比发现，不敢打仗却专心将奏折当长篇连载小说写的徐钦差，跟赛尚阿简直像是一个师傅带出来的。两任钦差大臣同时不敢担责，广东、广西、湖南、湖北四省地方督抚忙而无功，咸丰皇帝开始有点无可奈何了。他只好下发圣旨，将徐广缙一顿痛骂：

"你身为钦差大臣，说话根本不负责任。开始在我面前吹牛担保，说武昌城的守兵自己可以退敌，这话说过才几天呢，武昌城就丢了，你怎么解释？身为前敌总司令，你对于前线茫然无知，一切军事战况，全靠坐在中军帐里看报告。连朕这种从来没带兵上过前线的人都知道，战场情况瞬息万变，总司令必须站在前线临机应变做决断，你这种光凭看报告打仗的军事官僚主义作风，怎么可能打胜仗呢？朕看你是白天晚上全在梦游。"

其痛骂原文是：

　　该大臣前次奏报尚云武昌自可解围，乃数日之间，遽报失陷，岂军情缓急，但凭禀报，如在梦中耶？

在这道无可奈何的圣旨里，咸丰皇帝难得一见地将自己一起批评了，说自己重用徐广缙是看走了眼，如今既感到惭愧，也深感悔恨。

前敌总司令前线避战，必须论罪。覆巢之下，焉有完卵？因为徐广缙的拖累，广西提督向荣跟着他一起倒霉，向虽然在湖北省内打了胜仗，但也跟着一道受到处罚。

心绪如麻的青年皇帝在圣旨中这样批示：

第二章　再度相交

> 徐广缙自长沙前赴湖北，本已迁延，向荣为军营统领，虽经赶到获胜，乃不能乘势择要攻巢，迟延数日，致误失机，均属罪无可逭。

徐广缙被提交刑部议罪，判处入狱，咸丰三年（1853年）4月关押。但仅仅两个月后，他也成功出狱了，最终活到同治八年（1869年）。这也是后话。

被广西几个地方官、两任钦差大臣相继用谎言骗得如同天天在坐过山车的青年皇帝，心情在天堂与地狱间已经几番来回。

青年皇帝内心之所以日益变得灰暗，并不是他内心阴暗不正常。这皇帝才当到第三个年头，全天下最荒唐离奇的人和事，几乎都经历了一遍。大员的劣根性，人臣的小心思，在他眼前全都暴露无遗，这届臣属简直比《西游记》里冒充天界神仙下凡的妖怪还要多，足够他写一本庸官"厚黑学"了。

被对上敷衍、颟顸，遇事退缩、琐屑的大臣用防不胜防的花式欺骗误导的次数多了，咸丰皇帝逐渐清醒了过来。他一下子像年长了二十岁，早早步入沉稳中年，变得务实起来。他对前线不再存奢望跟梦想，对于自己心里没有绝对把握的事，基本不再对大臣作惊喜指望。

残酷的现实已经逼得青年皇帝学会了一条：尽量将人往坏处看，将事情往坏处想，这样就不会希望越大，失望越大。做皇帝之前，几位德高望重、满腹经纶的师傅，每天拿着书本教他孔孟之道，什么仁民爱物，德配天地，父慈子孝，君仁臣忠，句句像是至理名言，但现实中根本不是那么回事。自己够信任臣属了吧，大臣们忠于自己了吗？没有。一个也没有。三年来，自己好话说尽，仁心用尽，连半点儿效果都没有。他发现，只有将大臣抓起来砍头的那一刻，他们跪下来求饶的内心才是真实的。其余时间，自己根本就没办法知道，他们对自己到底安的什么心。

所以，在一头儿热情的新晋湖南巡抚张亮基面前，青年皇帝本能地警惕。他以务实到完全消极的态度，本能地预判最坏的可能，目的当然不是给他传播消极情绪，诱导他自取其败，而是预先告诫他：朕已经遥控指挥军队两年，地方的军事布置，朕虽然没有看到，但大多能够想象得到。你新来乍到，可别再学他们前面的坏样，老老实实将前线的实情报告上来就可以了。不能再误导朕了，朕的信任很贵，经不起误导。

问题是，张亮基虽然有在云南平定边患的战争经验，但也没有对太平军作战的实战经验，他指挥全局的能力，据事理推测，比赛尚阿、徐广缙这两任钦差高，但是骡子是马，总要经过战事检验，才能作数。

新晋湖南巡抚第一次来到人地陌生的三湘大地，怎么才能更大程度地提高胜仗率，以不辜负青年皇帝的殷切寄望？

举人出身的张亮基，不看学历看能力。经贵东道员胡林翼提醒，他想到大胆起用民间能人，作为镇压太平天国运动的一种崭新尝试。

左宗棠就是他慕名要找的民间能人。

早在从云南赶来的路上，张亮基看胡林翼在举荐信中几次提到左宗棠是举人出身，已经感到几分亲切。两人有着相似的举人出身，彼此一旦合作共事，更能知根知底。

湘勇出世

| 一 |

俗话说："知屋漏者在宇下，知政失者在草野，知经误者在诸子。"

在湖南湘阴东山白水洞里蜗居的左宗棠，其时正在看书。再过一个多月，他就要满四十岁了。在草野民间待到不惑之年，他的功名之路虽然一无所进，但是并没有浪费一天时间。他扎实自学舆地、农学、水利已经二十三年。

在乡下蓄足一身"清气"与"正气"的左宗棠，经历前面一月的惊乱，此时已经稳定下来。野居幽山丛林，四周夜静山空，他的心态逐渐变得悠然，像诸葛亮出山前那样，吟咏着"大梦谁先觉，平生我自知。草堂春睡足，窗外日迟迟"，在静观乱局变化。

左宗棠待在湘阴白水洞将家安顿稳当，每天通过朋友间书信往来，时刻在密切关注时局，但内心依然无动于衷。

洪秀全颁布的一道政策，很快让他确定了去从。

作为乡下举人，左宗棠打小读的是四书五经，属儒学门徒。洪秀全因四次府试落榜而恨屋及乌，将儒生作为发泄对象，规定将儒家读书人一律列为太平军捕杀的对象，这让左宗棠确定开始倾向朝廷一边。

为了防备遭遇太平军意外抓捕，左宗棠深居简出，在白水洞课书教子。接到张亮基发来的兵幕邀请函，他看后一言不发，放到一边。

此时，他还无意帮助正处于风雨飘摇中的大清朝廷。毕竟满汉藩篱，王船山反清复明，虽过去两百年，此时在湖南民间仍若隐若现。加之左氏自负才高，却三次会试落第，朝廷于他实在无恩。何况，大清皇权不下乡，他已经习惯了农村生活，乐得在乡下自由自在。李鸿章后来写过一副憧憬乡居民间的对联："享清福不在为官，只要囊有钱，仓有粟，腹有诗书，便是山中宰相；祈大年无须服药，但愿身无病，心无忧，门无债主，可为地上神仙。"这不是李鸿章的个人感受，而是当年乡下读书人最为普遍的心态，是仕途无望的读书人毕生的向往跟追求，左宗棠此时就在长作此想。

但湘阴县境此时已卷入战火，家乡父老、邻居亲戚都朝不保夕。国家一天不稳，平静一天不复，这点让左宗棠十分纠结。

救乡亲性命要紧。他开始动了组织团练民兵，以保卫家乡不被太平军占领的念头。

这一想法跟张亮基发来的兵幕邀请函观念已经接近，张亮基要他将乡下用作自保的团练民兵，纳入湖南巡抚衙门的统一管理跟指挥，二者之间差别不大。

左宗棠最终答应张亮基出山任事，一方面因为，知己胡林翼在这位新晋湖南巡抚面前不遗余力地举荐自己，再加上好友江忠源几次三番地来信火急敦促；另一方面，身边的二哥左宗植、发小郭嵩焘等人也极力劝说他出山任事，保卫湖南。

一番斟酌之后，左宗棠慨然允诺，同意担任张亮基幕僚。

咸丰二年（1852年）10月8日，张亮基派亲兵从常德出发，前来湘阴接应，左宗棠先坐轿，再乘船，从湘阴柳庄风尘仆仆赶去长沙城，趁夜色突破太平军防守外围的薄弱环节，摸进天心阁城楼下。

已从湖南常德抵达长沙城不久的巡抚张亮基接到暗号，亲自放下绳索，用竹篮将他吊进天心阁城内。张、左首次见面，"握手如旧，留居幕府，悉以兵事任之，至情推倚，情同骨肉"。

左宗棠虽然答应出任张亮基幕僚，却不同意跟湖南巡抚衙门签订官方聘约合同（"关聘"），所以尽管人已经到岗，但身份仍是民间人士。

左宗棠属于那种轻易不答应别人，一旦答应便不轻易放弃的人。当他全身心投入湖南军事，便忧时事如忧家事了。

在长沙天心阁积累了一些指挥实战的经验之后，左宗棠开始从战略高度上来总结军事见解。

他分析湖南目前的总体战略，不外是："守仕长沙城内，堵仕长沙城外；河西作为主战场；以远防为主，近防为辅；以合堵为主，分堵为辅；联合各路官军，毕其功于一役；着眼全局，不求片面战场一时一地的胜利。"

第二章 再度相交

大清官方体制等级森严，当时长沙城内外驻扎的三品以上的军政大员，已达数十人之多，幕僚左宗棠随意议论军事全局，不被允许。他只能对张亮基一人负责。左宗棠吐告无人，选择将这些真知灼见跟好友江忠源私下说。江忠源其时正带领楚军，协助八旗军在前线作战。

如果这一战略能及时汇报朝廷，咸丰皇帝听信采用，授命一人真正能够统率三军，事权归一，令行禁止，大概也确实如左宗棠跟江忠源所言，官方坐拥十余万大军囤积长沙，太平天国的历史将止于长沙，没有后来湘军什么事了。

但左宗棠初到长沙，连巡抚聘书都没有，身份"非绅非幕"，居然敢以钦差大臣的眼光来考虑全局，在清朝体制里，是严重的政治错误。历代儒家士子严格遵守"不在其位，不谋其政"，"唯上智与下愚不移"，从来不敢越俎代庖。

在咸丰一朝，左宗棠这些战略主张，也不能通过参政、议政渠道上达咸丰皇帝，因为帝国体制不允许"民教官""乡绅教官员"。

因"民教官"闹出人命案，前朝不是没有过教训。乾隆一朝，一个叫吴英的民间士子一时兴起，向乾隆皇帝上了一道建议书，提了四条治理地方的建议，广西布政使朱椿看后，迅速将吴英抓捕，就地处决。因为乡绅建议父母官治民，已经属于"僭越"，同时涉嫌批评朝廷现行政策，又有"叛逆"之嫌，被杀头一点儿不冤。

左宗棠此时的政治眼光与独到战略，官场大员中多数人没有，也不懂得，什么原因呢？

不是官员们智力、见识皆不如左宗棠，很大程度上是当局者迷。官员习惯了大清官场经年累月的规矩与文法，思维已无能力从固化的体制里跳出来，做更宽泛的全局性思考。加之，多位大员同时分头负责，大家都没想实心负责，也懒得去深入思考。

左宗棠战略大局眼光深，除了他之前系统读过舆地、农学等实学技术，还因为此时的他是独立身份的"民间客"，既获得了大量巡抚才能掌握的军事机密，又能站在第三方的角度客观审视，比他人多了一个维度，容易看出问题要害。

但做乱世"清醒客"无疑是痛苦的。因为看出了问题，也有解决办法，却无职无权，只能站在一边干着急，最终还得跟着一班遇事颟顸退缩，处事敷衍塞责的官员同进退、共沉浮。

在指挥湖南绿营兵抵抗太平军的最初一月里，民间人士左宗棠很快发现了朝廷军制在指挥、调遣方面存在的制度性缺陷。作为熟谙湖南地理经济、民情民风的乡下读书人，左宗棠有了基本判断，湖南绿营已经腐烂入骨，根本上难以依靠，必须另找渠道，寻求支持。

他建议张亮基，不妨仿照胡林翼在贵州安顺、镇远、黎平三地办团练民兵的经验，于朝廷经制兵（国家正规军队）之外，在湖南创办团练，以弥补绿营的不足。

办理团练，首先需要有地方号召力和有声望的领头人。

两人将人选逐一盘点，最终锁定四人：罗泽南、江忠源、郭嵩焘、曾国藩。

初列精筛，结论是：罗泽南功名止于秀才，号召力不够；郭嵩焘偏文气，震慑力不足；江忠源已经在湖南巡抚帐下，以道员身份，正带领楚军征战。

最终，两人不约而同将目光聚焦到曾国藩的名字上。湖南之内，没有第二个比他更合适的人选，既有进士功名，又是布衣身份。

自咸丰二年（1852年）秋，曾国藩开始在母亲坟前搭茅棚守孝。按规定需守上三年，最短要住满二十五个月。作为科班进士、前朝廷大员，曾氏在湖南声望最高，最能凝聚四方人才。守孝期间，原有一切官职事务解除，无疑是办理团练军最为理想的人选。

时局危急，不容犹豫，必须尽快将曾国藩请出山来主事。

张亮基行动了。

|二|

两人商量妥当后，张亮基当天便给曾国藩亲笔去信，诚恳邀请他金革变礼，出山任事：

> 亮基不才，承乏贵乡，实不堪此重任。大人乃三湘英才，国之栋梁，

第二章　再度相交

皇上倚重，百姓信赖，亟望能移驾长沙，主办团练，肃匪盗而靖地方，安黎民而慰宸虑；亮基也好朝夕听命，共济时艰。

意思是说，我张亮基作为江苏徐州人氏，来到您老曾的家乡省当父母官，能力有限，实在吃力。老曾您是湖南真正的大才，在朝廷皇上离不开，回家乡老百姓拥护。如果您能移步来到长沙，主持湖南全省的团练工作，对外可以肃清土匪，对内可以治邦安民，我可以早晚侍候在您身边，共同度过当下的艰难时岁。

考虑到曾国藩是前礼部侍郎，虽然论官衔与巡抚平级，但到底是北京中央大员，张亮基谦恭地将曾国藩置于湖南主人的地位，表示自己甘当"幕后客"。

令他略感意外的是，曾国藩在回信里委婉拒绝了他的盛情。理由是，自己在母亲坟前守孝还欠两年，如果此时"弃孝求忠"为朝廷办事，不但令自己于心不安，也会惹天下读书人笑话。

曾国藩这样回信：

国藩自别家乡，已历一纪，思亲之情，与日俱增，几欲长辞帝京，侍亲左右，做一孝子贤孙而终此生。岂料今日游子归来，王父王母，墓有宿草；慈母弃养，远驭仙鹤。百日来，忧思不绝，方寸已乱，自思负罪之深，虽百死亦不能赎也。明公雅意，国藩再拜叩谢。然岂有母死未葬，即办公事之理耶？若应命，不独遭士林之讥，亦己身所深以为耻也。国藩此时别无他求，唯愿结庐墓旁，陪母三年，以尽人子之责，以减不孝之罪。乌鸟之私，尚望明公鉴谅。晚生曾国藩顿首。

大意是，我曾国藩以前常年在做京官，离开家乡已经十二年之久，一直没有机会在父母身边服侍打点。谁料待自己返乡，母亲已经离开人世。回到湖南湘乡老家这三个多月里，每天想到这件事我就感到后悔，痛恨自己没有在母亲的晚年尽到应有的孝心，所以，老张您的一番盛情，我只能心领了。再说了，世上哪里有母亲的丧事还没办完，就匆匆出山做朝廷命官的道理？不说这事在文化界是个笑话，我自己良心也会不安。我现在满脑子里想的是在母亲的坟前陪伴满三年，其他的想法断然不能再有，请老张给予充分理解。

中国古来为礼仪之邦，礼教为大清国家根本，官员遇事有谦让、辞谢的传统，所以曾国藩回信中既然并没有列明更多实质性的理由，可以看作以退让先预息舆论的官样词章。

事实也正是这样。朝廷大难当头，曾国藩已经没有时间作三辞三让的礼仪，左宗棠代张亮基保举曾国藩的奏折拜发不久，咸丰二年（1853年）1月2日，曾国藩便接到了湖南巡抚张亮基转达而来的朝廷圣旨：

> 前任丁忧侍郎曾国藩，籍隶湘乡，闻其在籍，其于湖南地方人情自必熟悉，着该抚传旨，令其帮同办理本省团练乡民、搜查土匪诸事务。伊必尽力，不负委任。

咸丰皇帝以命令的语气告诉曾国藩，你是湖南人，最知湖南事，湖南遭此患难，你作为曾经的礼部侍郎，责无旁贷，理应积极为朕分忧。所以，在湖南带出一支民兵，配合巡抚衙门打击地方土匪，是你的当务之急，想必你会尽心尽力，不至于辜负朕对你的一片信任。

透过圣旨可以看出，朝廷根据湖南巡抚衙门的保举，最初任命曾国藩出任的职务是"湖南帮办团练大臣"，宗旨仅仅是让他带领一支民兵，配合湖南巡抚张亮基，职事集中在协助绿营、"搜查土匪"这一点上，而不是像八年后那样，民兵全面取代八旗、绿营，充当朝廷正规军，成为剿灭太平军的核心主力部队。

圣旨既已下发，曾国藩不便再作推托。他从湘乡荷叶塘起轿，于咸丰二年（1853年）1月29日傍晚时分到达长沙。其时，左宗棠正在长沙城中，以巡抚幕僚身份帮助湖南巡抚张亮基办理全省军政要务，相当于"军政秘书"。

1月29日这天，是曾国藩与张亮基、江忠源、左宗棠为团练事宜首次聚面的日子，也是曾、左在时隔十六七年之后的再次见面。大家平日里远隔山岳江水，闻其名而不能见面，如今群英风云际会，都有一种似曾熟悉的新鲜感。各人扑面而来的自带朝气，也让湖南官场的陈腐气象为之一新。

第二章　再度相交

　　四人当中，以张亮基为长，四十六岁；曾国藩其次，四十二岁；江忠源、左宗棠同为四十一岁。他们同值办大事的最佳年龄。曾、左十六七年不见，考生时代留在印象中的青涩早已褪去，两人在完全不同的环境里又摸爬滚打了这么多年，彼此经历沧桑世事，此时不但阅历足够丰富，阅人也识见不俗。

　　时隔十六七年之后再次见面，曾、左不免又是一番重新打量。

　　各自印象究竟如何？

印象长沙

曾国藩是个有心人，平日里有记日记的习惯。

他通过日记、书信，记下了四人首次见面的场景。

咸丰二年（1853年）2月，曾国藩在写给胡林翼的书信中这样说：

> 廿一驰赴省垣，日与张石卿中丞、江岷樵、左季高三君子感慨深谈，思欲负山驰河，拯吾乡枯瘠于万一，盖无日不共以振刷相勖。

曾国藩向胡林翼这样陈述事实：我于咸丰二年（1853年）1月29日从湘乡紧急赶到了省城长沙，每天跟张亮基、江忠源、左宗棠三位先生聚在一起，感叹国家艰难，深入商谈时事，我们都恨不能将湖南的责任全部担在自己肩上，以挽救摇摇欲坠的时局，我们四个人每天都相互打气，互相鼓励。

可以看出，曾国藩在胡林翼面前，只是概要性地描述自己首次与张亮基、江忠源、左宗棠三人见面聚谈的经历轮廓，并不涉及对具体个人的观感与判断，侧重表达的是自己的志愿与抱负，颇有物以类聚、同气相求的欣喜之情。可见，此时的他，心思还集中在以一己之身，担当全省军事急务上，尚没有考虑到具体人事合作方面的规划。

跟曾国藩这种感奋于"长沙结义"的担当心境不同，左宗棠属于操心比较重，顾虑也比较远的人。他通过与女婿的书信，将其时的情境与观感，更加详细地记录了下来。

咸丰二年（1852年）岁末，左宗棠在答女婿陶桄的书信中说：

> 琦善已署河南巡抚，并授钦差大臣。此人才具，似比各督抚为优，然

> 事势决裂至此,恐亦非伊所能了结。罗苏溪现往荆州西北一面,圣意即属之伊与将军台涌,如何济事?曾涤生侍郎来此帮办团防,其人正派而肯任事,但才具稍欠开展,与仆甚相得,惜其来之迟也。

意思是说,琦善最近被朝廷任命做河南巡抚,兼作钦差大臣,这个人比他省的满洲贵族总督、巡抚能力似乎要高些,但太平军已经将各省军队打得四分五裂,琦善即使有本事,恐怕也难有大作为。前湖南代理巡抚罗绕典[①]现在带兵在湖北荆州西北面防守,咸丰皇帝将湖北的军事全部寄托在他跟荆州将军台涌两人身上,这两人怎么可能有本事保全湖北省呢?曾国藩最近来到长沙,出任湖南帮办团练大臣,此人作风正派,也颇有担当精神,但通过他的言谈,我感觉他具体办事的能力还有所欠缺。但总体上看,属于不可多得的人才,他跟我非常聊得来,我们已经认识多年,我真遗憾跟他私下交往得太晚了一点。

可以看出,左宗棠在给女婿的信中,先谈全国军政大局,于大局里观照自身所处时势方位,有一种洞明时局的透彻感。这封信是他首次谈到对曾国藩的印象,包括总体评价,全部内容集中在最后一句:"曾涤生侍郎来此帮办团防,其人正派而肯任事,但才具稍欠开展,与仆甚相得,惜其来之迟也。"

这句话可以分四个层面来理解:

第一,"帮办团防",是明确湖南巡抚衙门绿营兵与曾国藩湘勇团练的主客之分。

第二,"其人正派而肯任事",是充分肯定曾国藩的学问修养好,道德人品高,担当意识强。

第三,"才具稍欠开展",是担心曾国藩办事能力方面,还存在一定程度的不足。

第四,"与仆甚相得,惜其来之迟也",指虽然担心曾国藩能力方面有所欠缺,但两人第一次交谈的契合度较好,无论做朋友还是合作共事,彼此均相互认可,有相见恨晚之感。

---

① 罗绕典,1793—1854年,字兰陵,号苏溪,湖南省安化县大福镇浮山村人。

左宗棠跟晚辈女婿在私密的书信中透露自己内心的观感，是他此刻最真实的内心想法，因为无须顾忌人情世故。不得不说，左宗棠眼力很准。观曾国藩其后十余年的军事作为，没有超出左宗棠这次判断标注的范围。

因为四人见面相聚还是头一回，所以左宗棠这次不但评价曾国藩，对江忠源、张亮基也同样有过一番考量评价。目的当然不是臧否人物，而是让闭门读书的女婿提早了解湖南官场人事，为将来学成后入仕做官积累经验，做好准备。

咸丰三年（1853年）初，在有过一段时间的交往之后，左宗棠在答女婿陶桄的书信中首次谈及江忠源：

> 江岷樵奉旨以湖北臬司帮办军务，此君与仆至好，在当今允推第一流。若早使此君办贼，何至猖獗至此！惜已迟也。

意思是说，江忠源以湖北按察使的身份带领楚军在湖南帮办团练，他跟我的私交最好，他杰出的军事才能，在我目前接触的能人中属于第一流。如果朝廷在太平军刚兴起时就派他去剿敌，太平天国哪里可能还有今天这么猖獗！可惜他对太平军作战在时间上出现得有点晚。

显然，左宗棠对江忠源的评价比曾国藩要高。对自己钦佩的至交朋友江忠源，左宗棠毫不掩饰地评价他"在当今允推第一流"，对曾国藩则点到为止，"才具稍欠开展"。

然而大能人往往命不长。江忠源因为刚烈重情，观念过于忠于朝廷，一心思图报答青年皇帝的厚恩，全然不顾个人安危，咸丰四年（1854年）春便殉节于安徽巡抚任上。其人身后无论学问还是事功，皆远不及曾国藩。

左宗棠眼下得出这一判断，仅仅是基于当时观感。军事非常时期，左宗棠以军事能力为第一标准，而不以学问修养、道德人品为标尺，事实上并没有看走眼。

如果将时间推后再反过来看，我们可以发现，左宗棠早年有两个军事"先师"，军事实践先师是老湘营创始人王鑫，军事理论先师是楚军创始人江忠源。左宗棠咸丰十年（1860年）所创立的楚军，旗号便借自此时的江忠源。后面会详细说到。

江忠源、曾国藩单就早期军事能力而论，差距确实不止一点点。

这年，左宗棠在答女婿陶桄的书信中，同样谈及他与张亮基的亲密配合关系：

> 贼攻江西，我军设防田镇。制军于军谋一切，专委之我，又各州县公事禀启，皆我一手批答，昼夜无暇，故不及通信也。

左宗棠在这里表达的主要意思是，太平军攻打江西时，湖南绿营跟团练兵在湖北省武穴市田镇一带设防，张亮基将一切军事战略与具体战事，全部托付给左宗棠，湖南、湖北两省各市州县的政事公文，也全由左宗棠一手批示。因为两湖的战事实在太多了，所以他基本上是白天晚上连轴转，抽不出时间给女婿写信。

信中的"制军"，即是总督。左宗棠写这封信时，张亮基因守长沙城之功，已经从湖南巡抚晋级为湖广总督。信中"军谋一切"，指军事战略与具体战术；"各州县公事禀启"，指在湖南、湖北两省的地方行政工作。

通过书信记录，可以看出张亮基对左宗棠信任之深，仿佛是后任骆秉章一切大小事务专门委托给左宗棠的前奏。

四十一岁的举人左宗棠，虽然此时肩任湖广总督"军政秘书"的重任，但因没有接受"关聘"，论身份地位仍是布衣。这种民间人士的身份，与他行使湖广总督部分实权的地位，发生严重错位。

名分与实际地位既然已经严重错位，曾、左在合作共事之初，不免发生一些戏剧性的小插曲。

出人意料的是，曾、左再次相交之初，曾国藩便被左宗棠的过人才气深深打动，在他身上动起了念头。

曾国藩想干什么呢？

第三章

首度合作

左宗棠成功推荐曾国藩出山办团练，曾国藩却试图挖来左宗棠帮自己办团练。左宗棠凭才干守住长沙，曾国藩用智术办成湘勇。左宗棠待曾国藩的方式很特别：曾国藩面临生死考验，左宗棠劈头盖脸痛骂；曾国藩陷入经济困境，左宗棠倾一省财力相助。

曾左互挖

| 一 |

让我们从曾、左的个人印象再次回到集体记忆。

曾国藩与张亮基、江忠源、左宗棠四人首次见面商谈的核心内容，据罗正钧编著的《左宗棠年谱》记载，张亮基与左宗棠邀请曾氏，仿明朝戚继光"束伍"的现成办法，带出一支两千人的队伍，平日里加强操练，以备不时之需。

咸丰二年（1853年）1月27日，张亮基上奏《筹办湖南堵剿事宜折》，详细记录下其中的具体情节：

> 臣再四思维，除调绥靖镇保靖营、永顺协、乾州协官兵共八百名，及调回原防永州四百四十九员名相机派拨外，再委明干官绅，选募本省有身家来历、艺高胆大之乡勇一二千名，即由绅士管带，仿前明戚继光束伍之法行之，所费不及客兵之半，遇有缓急，较客兵尤为可恃。前遵旨传知丁忧在籍侍郎臣曾国藩帮办团防，俟其到省，当面相商榷，妥为办理，务期饷项节省，战守可资，以期无误防剿要务。

张亮基向咸丰皇帝汇报说：我再三考虑，湖南巡抚衙门除了可以从湘西绥靖镇调遣保靖营兵、永顺协兵、乾州协兵八百人，以及从永州镇总兵手下调遣四百九十名兵前来剿敌，还可以挑选本省有名望的乡绅，再组织一二千名团练兵，由乡绅本人统领，按照明朝戚继光办团练的方法组织。团练兵军费开支少，还不到外省援兵的一半，比外省援兵更能打胜仗。前段时间，我按照朝廷的要求，已经通知在家守母孝的曾国藩，出任湖南帮办团练大臣，等他到长沙，我就将大家约到一起，来商谈这件事。我办团练坚持的基本原则是，一定能够帮朝廷省钱，其人同时在军事上能够靠得住。

两天后，也就是前面说到的咸丰二年（1853年）1月29日傍晚时分，曾国藩从湘乡荷叶塘赶到了长沙城，跟张亮基、左宗棠、江忠源三人见面。

一番会谈下来，张亮基同意曾国藩将罗泽南训练的三营一千余名团练兵，纳入湖南巡抚的旗下，作为湘勇最初的班底。稍后，罗泽南学生王鑫所带的一营团练兵也加盟进来，总人数约在一千五百名。

颇富戏剧性的是，这次的四人见面会，不但是场合作共事的"交友会"，也是一次"人才互挖会"。

左宗棠在前面通过让张亮基出面，向朝廷举荐曾国藩，如今已经心想事成，但他自己其实还没有明确的着落。作为不受体制约束的民间士人，左氏才高气足，人品端正，属于那种才气外露，一见面就让人倾心，并本能想去接近的人。

民间士人左宗棠身上流淌的"清正之气"，确有一种无形的魅力。这里不妨稍作梳理：

左宗棠十七岁那年，贺长龄、贺熙龄兄弟见面后惊异其天资，当即收作学生；二十一岁那年，胡林翼跟他在北京会试期间一番交谈，两人结为知己；二十五岁那年，两江总督陶澍仅凭一面之缘，跟他结为忘年交，约为亲家；三十七岁那年，云贵总督林则徐仅因久闻左宗棠之名，便不惜借拜访老友贺长龄之名，从贵州绕道来到长沙橘子洲边，约他"湘江夜话"。

现在，曾国藩与左宗棠第一次深入交流，听了左宗棠对时局的一番条理剖析，不禁"脑洞大开"，当面叹为惊奇。急需用才之际，他动了将左宗棠挖到湘勇团练阵营来工作的念头。

四十二岁的曾国藩，前面已有十余年的京官经历，在京城官场多年历练下来，他已经擅长整理人事。作为中年政治家，曾氏懂得，要挖到左宗棠这种才大气大、习惯指点一切的人，得先将自己降低到尘埃里。

|二|

从湖南巡抚衙门分别后，曾国藩当即去信左宗棠，盛情相邀。他低调写道："接过朝廷帮办湖南团练的任务，压力很大。我能力欠缺，办不好团练，所以

很想请左先生前来助我。您来营后，专心帮我出谋划策、练兵打仗即可。至于官场关系方面的纠葛，由我帮您出面处理好了。您想听就听，不想听就捂起耳朵走开；您想看就看，不想看就闭上眼睛移步。加盟湘勇军营后，我保证不委屈您，不勉强您，让您每天都干得开心。我保证不会像庄子笔下的倏和忽两位帝王一样，给中央大帝混沌主动制造多余的需求，给您徒增烦恼。"

原信内容如下：

> 弟智虑短浅，独立难撑，欲乞左右，野服黄冠，翩然过我，专讲练勇一事，此外，概不关白于先生之前。先生欲聋两耳，任先生自聋焉，吾不得而治之也！先生欲盲两目，任先生自盲焉，吾不得而瞽之也。

令曾国藩略感意外的是，当面谈笑风生，似乎让人容易接近的左宗棠，却像一条时现时隐无法网住的野龙，背后居然不客气地拒绝了。

左宗棠拒绝的理由，没有直接的记录。根据间接、分散的史实梳理推导，大致出于三个方面的考虑。

第一点，左宗棠在前面给女婿陶桄的信中，事实上已经说了出来：曾国藩是个正直的官员，也有担当办大事的想法，但"才具稍欠开展"，不一定能办得成大事。

第二点不方便说出口的原因是，曾、左见面之前，左宗棠同张亮基协力向朝廷推荐曾氏，看重的是他前礼部侍郎身份。大清朝"以德治国"，朝堂命官的学问修养、道德人品，足以为天下范式，可以最广泛地凝聚人才。说得再直白些，左宗棠最看重的，主要是曾国藩可以在湖南振臂一呼应者云集的旗帜作用。

第三点原因，左宗棠在咸丰四年（1854年）的书信《与夏憩亭观察》中，同样委婉地说了出来：

> 弟居距县城五十余里，当贼踞县城之时，游氛四出，风谣迭起，从贼中脱出者并言贼将入梓木洞，得吾而甘心焉。筠先所知也。今幸暂免，是

又得一生也。涤公正人，其将略未知何如？弟以刚拙之性，疏浅之识，万无以仰赞高深，前书代致拳拳，有感而已。

这封信主要是左宗棠回忆他跟曾国藩交往的印象，总体给予读者的观感，是左宗棠对去曾国藩手下办事，有一种看不见摸不着的担心。

信中"其将略未知何如"一句，是说不知道曾国藩指挥军事的能力怎么样，这是前面跟女婿陶桄评价曾国藩"才具稍欠开展"的具体化。

其时，左宗棠以"今亮"（当代诸葛亮）自称，他对自己的军事才干，有着充足的自信。何况，诸葛亮是一个通达人性，善于把握他人心理的人，与善于"神交古人"的左宗棠相比，两者这方面能力十分相似。凭借前面几次交谈的印象判断，左宗棠担心曾国藩的军事战略与指挥能力不足以统领全局。

左宗棠在信中自称"刚拙之性"，其实是看出了曾国藩刚强、倔强的性格，与自己极为相似。常年在乡下读书自学舆地、农学的同时，他研究历史、神交古今，已经懂得一条道理，彼此刚强的人，最适合做朋友，不大适合做同事。原因是，朋友可以自主选择调整友情距离，能够做到"亲密有间"，彼此还可以做到相互欣赏。做同事则不然，每天坐于同一个屋檐之下，大小事务全连在一起，彼此之间被动接受"亲密无间"。刚强能干的人，办事往往雷厉风行，风雨无阻，身上必然带刺，很容易因观点不合而发生直接对撞，这就不但办不好事情，弄不好连朋友也做不成。

不到刚强之人手下工作，是左宗棠多年遵循的一个基本原则。

关于这点，我们通过左宗棠道光二十六年（1846年）拒绝做性格刚强的林则徐的幕僚，却在咸丰四年（1854年）答应跟性格宽和的骆秉章合作，比较之下也可以看出来。

左宗棠常年生活在底层民间，通达人情世故，他十分看重合作伙伴之间性格的融洽度，尤其注重相互之间的性格、才能互补。

左宗棠之所以委婉拒绝曾国藩，还有一个原因，很可能出在曾氏前述的邀请信里。曾国藩给予他的定位，不被接受。

照曾国藩邀请信中的意思，左宗棠加入湘勇的职务，是做"首席专家"或

第三章　首度合作

"特别顾问"。这完全不符左宗棠既定的个人职业规划。他一心要做"今亮",连到手的誊录、知县、道员都可以放弃,此时当然不会委曲求全,答应在曾国藩的阵营里做个"书呆子专家",或者"老头儿顾问"。何况,左宗棠凡事喜欢亲力亲为,不喜欢做幕后顾问。

这次委婉拒绝,对曾、左后面的冲突,是一次铺垫。"布衣举人"左宗棠代表湖南巡抚,担任官方绿营总指挥,与办团练办成"湖南民兵团长"的曾国藩进行军事合作,两人的职务、身份,此时完全错乱,曾经的职务跟身份标签,统统不管用了。

这是一种危险的人事关系。孔子有言:"必也正名乎……名不正,则言不顺;言不顺,则事不成。"人事次第有序是内部和谐的保证。此时,唯学历则曾国藩为上,凭能力则左宗棠为上。"名"与"实","能"与"权"双双错位,注定两人后面会有磕碰。

事实上,还没有等到两人合作共事,围绕曾国藩逼捐陶桄一事,两人已发生第一次不愉快的摩擦。

陶家风波

| 一 |

陶桄是左宗棠的女婿，道光朝名臣陶澍的儿子。

陶澍于道光十九年（1839年）逝世后，虽有女儿诸多，但只留下独子陶桄。两江总督年薪加养廉银约四万两白银，他在身后积累了数十万两银子，这些钱大部分买了田产。作为湖南安化有史以来第一位高官，陶家在湖南属于名副其实的第一乡绅富户。

俗话说："人怕出名猪怕壮。"安化陶家田多钱裕，不单令本地乡人垂涎，湖南历任官员对陶家的巨资产业也经常惦记。

左宗棠既有陶澍托付在先，自然对女婿格外照顾。陶澍妻妾虽多，且在陶澍去世后都从江宁回到了安化，在小淹旧居分房住了下来。但根据古礼，妇女不能主持家外事务，正妻不行，地位低下的妾更不能发声，因为"夫死从子"。陶桄其时还是个少年，左宗棠安排他在安化居家读书。在二十岁举行"弱冠"礼之前，陶桄不能参加社会性的事务。陶家一大摊子事，全由亲家左宗棠与女婿胡林翼包揽下来。

因为明清两代"皇权不下乡"，清朝形成一个不成文的规定，朝廷一旦发生天灾人祸，各地方乡绅有捐纳的义务。

所谓捐纳，就是花钱买功名（秀才、举人、进士）、官衔（知府、道员等职）。捐纳不是政府强制性的政策，具体方式，一般是由朝廷批准地方政府售卖，乡绅向朝廷捐赠一定数目的银两，充分彰显"以德治国"的温情关怀。因为它不是政策性的规定，乡绅捐赠的数目，往往需要根据自家实力而定，少则数百两，中则三五千两，多则一二万两白银不等。

朝廷的捐纳，每次分给各省有具体指标，因带有很强的自愿性质，所以具体捐款，需要具体商量。碰上乡绅家里有钱，又爱好虚职官衔，与地方官员自然一个愿打，一个愿挨。但如果乡绅本人对花钱买官衔的意愿不强，又或者已经买了许多挂在家里，暂时没有这个荣誉需求，而地方财政又急需用钱，则难免发生地方政府倚仗权力"逼捐"之类的情况。

曾国藩逼安化陶家捐款，正是在这样的情况下发生的。

咸丰三年（1853年）底，曾国藩在衡阳练成湘勇水师后，开始面临严重的军饷困难。因为地方团练兵的经费全部自筹，朝廷不负责承担，湖南省藩库（财政厅）也没有财政资助的义务。

为了筹集到足够的军饷用于前线作战，曾国藩尝试通过骆秉章的官方渠道，在湖南发起一次全省性的捐纳行动。其基本方式是，湖南省官府负责免费提供给曾国藩一些功名、官员的头衔，由曾国藩派人到各地州去卖，所得收入大部分归湘勇营，少量归湖南巡抚衙门。

巡抚衙门出面，来头虽大，但要办成难。原因是，捐纳的唯一作用，仅供乡绅买个官帽充门面，在地方上显得有面子，可供家人拿出去显摆炫耀而已。如果说多少有点实际用处，便是拥有虚名虚衔，可以在地方上享有一点特权，比如见官员不用下跪，每年适当减免税收，此外就是一个摆设。太平时世，地方乡绅固然爱慕虚荣，但乱世最看重的却是钱财、实物，唯有这两样东西可以救急。

曾国藩赶在这时办捐纳，地主家也没有多余的钱粮。加之乱世交通阻隔、物价飞涨，乡绅为自保计，主动响应者寥寥。

治乱世，用重典！杀鸡骇猴是最行之有效的手段。

曾国藩其时信奉"申韩法家"，在长沙城内成立"湖南审案局"，以霹雳手段反腐打黑。他在捐纳上也利用"湖南审案局"原班人马，拿安化陶家开第一刀。

曾国藩为什么要执着锚定陶家？因为陶家作为有清以来湖南的第一显宦之家，全省的乡绅大户都将陶家当作风向标，亦步亦趋，跟着学样。只要陶家带头，湖南中下乡绅会跟着排队。

曾国藩要陶家捐五万两银子，这无疑是笔天文数字。陶家能不能立即拿出这么一大笔钱先不说，即使能拿出来，也没有对应的功名、官衔可奖。

一般来说，地州道员虚衔，五千两银子便可以买到。譬如胡林翼守孝后复出，朝廷准备任命他做京官，他却自愿买贵州安顺知府实职，花了一万六千两银子。但那是特例，因为地方实职一般不卖。除非是巡抚的位置，才能值得三五万两，但清朝还没有将巡抚官衔公开拍卖的先例。

再说了，左宗棠以"名臣之后"的身份严格教育陶桄，告诫他不慕虚名，陶桄本人天资、学问不错，目前又还是个少年，因此根本没有这个需求。强求陶家花费巨款，买个相当于荣誉证书之类的虚衔，明显有点勉为其难。

曾国藩实在想不出要安化陶家捐款的理由，但陶家处众目睽睽之下，又必须带个头。情急之下，他派人将陶桄先抓到长沙，送给骆秉章拘禁起来。

曾国藩安排人对陶家人放出狠话：限三日内捐赠五万两银子，如果不能送来足够数量的银子，湖南巡抚衙门绝不放人。

左宗棠其时已经离开张亮基幕府。离开的原因是，张亮基因被同僚使绊子拆台，惹咸丰皇帝不高兴，湖广总督遂降格为山东巡抚。张亮基邀左宗棠去山东继续做幕僚，左宗棠一方面感觉，山东人生地不熟，难以办成事，再加之见证了湖北官场互相倾轧，心有余悸，当即辞别张亮基，重新隐居湘阴白水洞。

时间在咸丰三年（1853年）10月25日。

在湘阴白水洞，左宗棠接到长女左孝瑜从湖南安化发来的紧急求助信，他感到事态严重，连夜骑马赶到长沙，找到湖南巡抚骆秉章，要求放人。

这一段故事情节跌宕起伏，经作家精心提炼，名曰"计赚左宗棠"。

这段隐史，实情到底怎样？读正史可以发现，因牵涉当时在世的当事人过多，正史大多选择为尊者讳，将细节全部隐去。这也是正史常见的问题，隐恶扬善，春秋笔法，平直稳正，大而无当，聊胜于无。

轶史的价值，因此凸显。

|二|

据《左宗棠逸事汇编》收录的《苏庵杂志·卷一》（宋联奎著）记载，左宗棠营救女婿陶桄的前因后果跟具体细节是：骆秉章接替张亮基继任湖南巡抚之后，得知左宗棠重新归隐湘阴白水洞，便几次邀请左宗棠出山主持一省军政。不见左

宗棠积极答应，他便让曾国藩以陶桄拒捐为借口，将人捉到长沙，引左宗棠前来营救。待左宗棠走进湖南巡抚衙门，骆秉章便解释其中情由，再对左氏极力挽留。左宗棠被骆秉章的大义情怀所感动，最终答应留下来出任巡抚幕僚。

《苏庵杂志·卷一》关于这一情节的原文是：

> 相国（骆秉章）廉得湘阴（左宗棠）才，思大用。左匿迹不出，无如之何。乃以抗捐事，逮其婿陶某而系之。左大愤，入督署（抚署），攘臂而争。相国闻声至，急下阶抵手大笑曰："此正所以逼公之出也。安有陶文毅之子、左季高之婿而可以被逮者乎！"乃解其缚，留左于署，而商大计焉。是为骆、左交欢之始。

这段轶史事实不诬，但捕风捉影，不乏夸大、添加的成分，细节出入较多。《骆文忠公自述年谱》中的一段话，为我们今天最大限度地还原此事的本来面目，侧面提供了正史参照：

> 上年冬，左季高先生已自武昌回湘阴。屡次函请到省帮办军务，不就。咸丰四年三月同伊婿陶桄到省捐输，极力挽留，始允入署襄办，仍不受关聘。

这段文字记述的故事是，咸丰三年（1853年）冬，左宗棠离开湖广总督幕府，从武昌城直接坐船回到湘阴白水洞。接任湖南巡抚的骆秉章探得实情后，立即去信邀请左宗棠加盟湖南巡抚幕府帮办军务，左宗棠推辞了。咸丰四年（1854年）4月，左宗棠陪同女婿陶桄来湖南巡抚衙门捐款，骆秉章得知后马上邀请左宗棠见面，一番长聊下来，骆秉章极力挽留左宗棠留任。左宗棠考虑后答应了请求，以幕僚身份赞助骆秉章军事，条件是仍不接受"关聘"，即不跟湖南巡抚衙门签订聘书合同。

骆秉章这里只说了左宗棠入幕的经过，压根儿没有谈到曾国藩绑架陶桄一事。事情果真这么平淡无奇？真是这样，也许就不会有那么多逸闻，纷纷前来聚焦凑热闹。显然，骆秉章只说出了他想说出的轮廓的真实，没有说出前因后果中全部的细节真实。

为什么只字不提"逼捐"？

因"逼捐"毕竟是不光彩之事，虽然是曾国藩派人前去捉的陶桄，但陶桄被关押在湖南巡抚衙门的官署里。骆秉章选择自隐其事，不只是为了自己，也是为曾国藩保留一份体面。因为此事最终以皆大欢喜收场了，所以无论他怎么记，都不会有人再来挑毛病。

要更大程度地接近历史的本原，我们还得听听当事人是怎样一番说法。

左宗棠自述第二次进入湖南巡抚幕府的经过是：

> 自是匿居深山，誓不与闻时事，而籲门中丞（骆秉章）及司道府县诸公三遣使币入山，敦促再出。时逆贼被猖，已陷岳州而南，距长沙七十里耳。不得已勉为一行。四年三月初八日入署，至九年腊月二十日出署。

也就是说，左宗棠自离开湖北武昌城后，隐姓埋名住在湖南湘阴东山白水洞，发誓再不关心任何政局、军事。但湖南巡抚骆秉章安排地州市县各级官员，多次派人带聘书、聘礼到白水洞来，动之以情，晓之以理，邀请左宗棠再次加盟湖南幕府。

当时湖南的军事形势已经不容乐观，太平军已经攻占了岳州城，将军队驻扎在离长沙城只有七十里外的宁乡一带，准备南攻长沙，湖南安危近在旦夕。考虑到保全湖南家乡免遭战火涂炭，左宗棠勉强答应骆秉章，在咸丰四年（1854年）4月5日再次入湖南幕府，这一干又是六年，直到咸丰九年（1860年）1月12日才再次离开。

看到这里，我们发现了一个更有意思的现象：左宗棠只重点说了骆秉章"三顾'左'庐"一事，对陶桄捐款之事同样避而不谈。骆秉章既然专门在年谱中记载了这件事，到左宗棠本人这里已经根本没有这回事，无论如何解释不过去。

这到底又是怎么一回事呢？

第三章 首度合作

也许，左宗棠这样处理文字，也是考虑到当事人还全部在世，有为尊者讳的痕迹，干脆就当没这回事，省得一鳞半爪，解释不清。

但既然事情确定发生过，当事人左宗棠却选择性忽略，其中可能还有不足为外人道的内容。

将前面几方的记述结合，并将曾、左日后的交往情谊、言论片段贯穿起来看，最接近历史本来的事实应该是：骆秉章之前多次派人带礼品、礼金去湘阴邀请左宗棠出山入幕，左宗棠因跟张亮基合作一年已心有余悸，不为所动。其后太平军打到湘阴县城，左氏成了被捉拿的对象。逼不得已，他动了答应骆秉章的心思，借陪陶桄捐款的机会，在湖南巡抚衙门留了下来。

以上基本说清楚了骆、左之间的公事与私情。

关于曾国藩的情节部分，通过正史再结合小说、轶史比对，围绕陶家捐纳风波，可以被还原的细节是：逼陶桄捐款一事是由曾国藩发起，经骆秉章授权同意了的，人是曾国藩捉的，关人是骆秉章干的。至于捐纳具体数目是多少，"逼捐"中间是否有冲撞情节，今天已经难以翔实考证了。但以左宗棠其后行迹观照，捐款数目无论大小，他都不会介意，毕竟左宗棠本人日后的绝大部分合法收入都捐赠了出去。根据人一生性格逻辑前后一贯性的原则，既然左宗棠是不吝金钱的，最有可能的真相就是：曾国藩手下湘勇在逼捐时对陶桄态度不大友好，可能发生过肢体冲突，动粗了。见女婿被打，视女婿如子的左宗棠站出来说话，曾、左之间甚至因此有过口角。

这不是个人据史的推断，而是有曾国藩心腹幕僚赵烈文的日记内容加以辅证。在《能静居日记》中，赵烈文记载了他与曾国藩晚年聊天时的回忆，方便我们更能看清曾、左此次磕碰的后遗症。

其时，事情过去已经十余年，曾国藩跟赵烈文回忆说：

> *起义之初，群疑众谤。左季高以我劝陶少云家捐资缓频未允，以致仇隙。*

意思是说，太平天国兴起之初，曾国藩在长沙办团练，遭遇旁观者的怀疑，反对者的毁谤，他逼迫安化陶家捐款赞助军饷。安化陶家人表示，一时间拿不出那么多钱，左宗棠便代表陶家跟曾国藩沟通，请求暂缓。曾国藩没有答应，左宗棠觉得曾国藩逼人太甚，于是入了心，记仇了。

这是曾国藩跟赵烈文私下密聊的记录，真实性自然不容怀疑。因为赵烈文（1832—1893年）是江苏阳湖人，加入曾国藩幕府是后来的事，如果曾国藩不主动跟他提起此事，赵烈文连影子都摸不着，更无可能说得如此纤毫毕现，有板有眼。

曾国藩本人直到晚年还记着这件事，说明这事对曾、左私人交谊的牵扯，不同于可有可无的日常小摩擦。

但曾、左毕竟都是自小受儒学规训的人，两人一生都有着很好的大局观，根本不可能因为这件小事，而影响到两人日后合作，更不可能在日后将私事情绪，搅和进公事中去。何况，这次小摩擦，与两人日后在诸多重大事情上发生的激烈冲突相比，就像朋友并肩赶路时，误撞了一下对方的手，揉一揉便没事了。

但曾国藩到晚年依然记得这件事，根据常理推断，心细的左宗棠，想来应该也不至于忘记。只是，他从来未提及这件事。因此，无论说他是记得，还是淡忘，都属于后世的推论。或许他只是记得，但再没有去想这件事。这种可能性应该说比较大。

乱世时局，白衣苍狗。乱世的同义语，是一切都充满了不确定性。在这样一个翻覆无常的年代里，一切皆有可能，且总是以让人做梦也想不到的戏剧性的方式发生。

曾、左都没有料到，随着时势迅速变幻，左宗棠在第二次出山之初，将要与曾国藩作为战友并肩合作，齐心协力，同舟共济。

更出人意料的是，在曾国藩遭遇生死关头，左宗棠非但无暇计较两人私怨，反而因公以骂救人。

抽身之计

| 一 |

事情得从曾国藩创办湘勇营时说起。

咸丰三年（1853年）初，曾国藩将罗泽南的一千余名团练兵驻扎在长沙天心阁城外，开始全心投入湖南帮办团练大臣的工作。

湖南帮办团练大臣，顾名思义，是统领一支三湘（指湖南）的地方民兵，帮助湖南省巡抚衙门到地方上反腐打黑、征剿土匪，以实现保境安民，对张亮基名下的抚标兵（巡抚直管的绿营兵），起到补充跟配合作用。

湘勇虽名义上属于团练民兵，但任务却出乎意料地繁重。因为自乾隆后期起，全国吏治松懈，数十年因循下来，跟全国其他省份一样，湖南官场腐败已经十分严重。

官方一腐，地方便黑。由于湖南官僚队伍基本处于瘫痪状态，地方黑恶势力自由蔓延，已经到了泛滥成灾的程度。比如浏阳征义堂，土匪头目公开招兵买马，已经发展到两万人，规模比太平天国初期还大，只是内部相对松散，还没有发展成暴动组织而已。

乱世湖南黑恶势力之所以比全国其他地方更为嚣张，其中一个十分重要的原因，是太平天国起事后，所过湖南地方，人心蠢蠢欲动，农民中有积极响应入伍者，土匪中有遥相呼应者，有趁势浑水摸鱼者，举省人心近于沸腾。

为了集中火力反腐打黑，曾国藩以担当起全湖南的使命，成立了独立于湖南巡抚衙门之外的"湖南审案局"，将办公地址设在长沙城的城中鱼塘口，即今长沙黄兴路步行街南门口处。

曾国藩跟部将宣布征剿规定：一旦接到有土匪出没的警报，立即派出湘勇团练兵前去镇压，抓获到的土匪头领，直接带到长沙南门口，由曾国藩亲自出面审讯，一般审完后直接砍头，将头颅悬挂在南门口示众，以儆效尤。

治乱世，用重典！性格刚正的曾国藩，祭起"湖南审案局"这把冰冷的屠刀，将涉黑的不法刁民杀得头如滚瓜，导致南门口一带遍地血腥之气。他本人因此在长沙获得了"曾剃头"的绰号。

对曾国藩而言，征剿土匪固然可以快刀斩乱麻，酣畅淋漓，但为官理政，需要的是温情细致，长袖善舞。这是两种完全不同的能力，是官员办事需要随身携带的两手看家本领。前面已经有过十四年京官生涯的曾国藩没有料到，自己有能力做好礼部侍郎，年年获得朝廷表彰，但到地方上做一个身份不清、级别不明的"湖南民兵团团长"，反倒四处碰壁，快要办不下去了。

这究竟又是怎么一回事呢？

原来，导致曾国藩发生困难的根源，在于他自主设立的湖南审案局上。

在以骆秉章为代表的湖南地方官员看来，曾国藩固然是能干、有担当精神，但这位老兄眼下太能干，太有担当精神了。湖南审案局一开张，巡抚衙门的官方人员全部被他挤得靠边站。既然曾老兄可以通过湘勇营直接反腐败、打压黑社会，那么湖南巡抚、按察使可以歇业了。湘勇营既然可以直接将大部队开出去剿灭土匪，那么湖南专吃国家军饷的一万八千名绿营士兵，也可以歇菜了，湖南提督、各镇总兵干脆可以直接回家躺平了。部下全都无所事事，那还要他这个湖南巡抚干什么？

属下官员抗议不干了。

一个官府，两套人马，曾国藩的"湖南审案局"对湖南现有官场体系带来的冲击几乎是全方位的。何况，他带领湘勇民兵干得越好，则越是证明湖南现有的军队、公检法人员，全是一帮吃干饭的酒囊饭袋。

但同一件事情，换一个角度，可以有另一种完全不同的表述。站到湖南帮办团练大臣的角度看，曾国藩对湖南官方的不作为恨得不行，他们自己无能、不干事就算了，难道还不许别人干事不成！他更加理直气壮。

分析导致主客双方冲突的根源，一是曾国藩以前的官阶级别高，二是他实心想干事。如果级别不够，巡抚可以自营他，便没了冲突。如果他不想主动干事，冲突无从谈起。所以，在全国四十三名帮办团练大臣中，曾国藩是唯一与巡抚衙门摩擦起火的例子。

第三章 首度合作

当京官跟到地方当民间团练首领，需要面对的问题，应对的事情，已经大为不同。但其中最复杂的，仍然莫过于人事。曾国藩在京时做过吏部侍郎（相当于组织部副部长），全国的人事他摆得平，湖南的人事却让他棘手了。

俗话说："狼有狼道，蛇有蛇踪。"每个人都有自己擅长的独到生存本领。湖南的文武官员干正事能力不行，干坏事的能力却一定不差，否则他们在官场混不下去。为了在湘勇面前挽回颜面，他们决定故意挑起事端，存心向曾国藩找碴儿，让他在长沙待不下去，以便没有比较就没有伤害。

第一次冲突的起因，缘于曾国藩新近颁布了一个规定：湖南绿营士兵每隔五天，必须跟湘勇营士兵联合操练一次。曾氏本意，是为了提振绿营将士懒散的士气，提升部队战斗能力，自己既然是帮办大臣，与其不痛不痒地帮忙，不如全力给予帮助。

当时负责管理全省军事的武官，分别是湖南提督鲍起豹，长沙协副将清德。提督为正二品官衔，与湖广总督平级，只是清朝"以文节武"，湖广总督的实权，要远远大于湖南提督罢了。但提督这个官位，无论如何是军事实权派。曾国藩虽有前礼部侍郎的从二品官衔，但眼下只有钦差大臣、湖南帮办团练大臣两个虚衔了，朝廷并没有授予他任何地方实权，因此底气多少显得不足。

绿营兵是国家正规军队，湘勇营为地方民兵。民兵首领"狗拿耗子"，管起了国家正规军队来，且还命令他们跟自己一同出操，不说提督鲍起豹备感窝囊，绿营士兵也个个不服气。他们虽然上不得战场打不得仗，但并不代表他们就没脾气。恰恰相反，他们很想让曾国藩知道，自己的脾气还比较大，发作起来比他还要猛。平日里官军的派头总是十足，架子也是经常要摆的，此时不说根本没将湘勇民兵看在眼里，便是曾国藩本人，他们也根本不放在眼里。

绿营上下心存怨怼，意存轻视，后果不难想见。短短两个月内，绿营将领带头挑事，因一些鸡毛蒜皮的小事，与湘勇营发生两次大的激烈争端，两军差点就直接火拼。

第一次争端的经过是：两军联合操练时，一个湘勇士兵试验火枪，结果擦枪走火，将一个负责挑担打杂的绿营长夫打伤了。绿营将领紧急集合，吹响冲锋号，摇旗冲向事故发生地的湘勇营房。曾国藩一看形势不对，为息事宁人，勉强下令将误伤长夫的湘勇火枪手捆起来，当着绿营全体将士的面，在操场上抽打了一百鞭，然后当面向长夫下跪认错。

一场一触即发的冲突，以团练兵自罚的举动，总算平息下去。

第二次冲突则更加严重，开始直接威胁到曾国藩本人的人身安全。

事故缘起，湖南辰州的团练兵与永顺绿营士兵，因为一件小事争吵起来。湖南提督衙门的绿营兵闻讯，立即赶往现场，声援永顺绿营。曾国藩对军中内斗十分恼火，尤其是对上了战场怕得要死、在军内却逞强斗狠的绿营将士，心存鄙夷。他不由分说，将闹出事故的辰州团练兵捆绑起来，送交湖南提督鲍起豹处理。

中国传统讲究"来而不往非礼也"。他请提督鲍起豹，将滋事的永顺绿营兵同样捆绑起来，送交湖南审案局听候处理。

鲍起豹才不会这么听话，他正想让曾国藩仔细瞧瞧，自己的脾气到底有多大，便有意借题发挥，将事情闹大。鲍提督让数千名绿营士兵陪同，将惹事的士兵押解到曾国藩办公所在地射圃。士兵头目带人直接冲进曾国藩的办公室，用刺刀逼曾国藩放人。

曾国藩被刺刀指面，动弹不得。卫兵一看大事不好，马上跑去湖南巡抚衙门，向巡抚骆秉章求救。骆秉章不紧不慢，等绿营士兵闹得让曾国藩出尽了洋相，才踱步过来安慰。他同时代表曾国藩，当众向绿营士兵道歉，命令湘勇士兵当场给他松绑，宣布无罪释放。

骆秉章这明面上是帮曾国藩解围，事实上严重偏袒了绿营，完全是在帮倒忙。曾国藩这方的歉被老骆帮忙给道了，他还有什么好说的！颜面直接掉到地上。

主帅一旦没了威信，里外无人听话。

两场交锋，两次颜面扫地。曾国藩的牛牯劲被激发了，他偏不信邪，自己全国的人事都摆得平，就不信湖南家乡可以困死自己！湖南绿营那帮饭桶也不仔细想想，老曾脾气好，是因为读了一肚子书，所以才吃素，真要放开胃口来吃肉，吃相也是蛮吓人的。

一番斟酌下来，他觉得光有办事热情不够，人家拖住你的手脚，让你办不成事，你有什么办法？他下定决心暂缓谋事，先来谋人，铁心跟湖南官方杠上了。

他利用前京官身份，开始走上层路线，对湖南地方势力还以颜色。咸丰三年（1853年）7月17日，他咬紧牙根，用铁笔写了一道《特参长沙协副将清德折》，举报协副将清德不堪胜任其职，举荐塔齐布取而代之。

要么不出手，出手必封喉。为了将清德打倒在地并踩上一脚，让他再也不能翻身，曾国藩在奏折里陈述了一件足以让他送命的大事：

咸丰二年（1852年）10月30日，太平军在长沙天心阁南面挖地道，用炸药将城南炸开一道十余丈宽的口子，绿营士兵吓得慌成一团，手足无措。正在城内指挥绿营抵御的清德，居然跟着吓得"哧溜"一下带头逃跑了。他逃到长沙城内的一处偏僻民房里，将头上的顶戴摘掉，冒充老百姓企图蒙混过关。他所带的亲兵，也将军服全部脱下来，边脱边丢，扔得长沙满大街都是。曾国藩跟皇帝说，这事一直被当作笑话，在湖南坊间广泛流传。

其参奏原文是：

> 长沙协副将清德，性耽安逸，不理营务。去年九月十八日（10月30日）贼匪开挖地道，轰陷南城，人心惊惶之时，该将自行摘去顶戴，藏匿民房；所带兵丁，脱去号褂，抛弃满街，至今传为笑柄。

清德临阵脱逃，按大清军制问罪，应发配边疆与披甲人为奴。咸丰皇帝接报后果然勃然大怒，尤其是后面那个笑话，简直是给青年皇帝丢脸！他当即下旨将清德撤职，交付刑部审查定罪。

刚正的曾国藩没有想到，中国有句俗话，叫打狗欺主。他弹劾清德，事实上等于向湖南巡抚、提督公开叫板。这可不是杀鸡骇猴，而是杀猴骇虎！那段时间，他带领团练兵之所以仍能够在长沙活动开，主要得力于原湖南巡抚潘铎幕后的实心支持。

但湖南官场很快又作出了一番不利于他的重大人事调整：潘铎请病假离职回老家休养；原湖南巡抚骆秉章官复原职（张亮基来湖南前，骆秉章为湖南巡抚，张亮基署湖广总督后，骆秉章复位）；云南布政使徐有壬改调湖南布政使；

衡永郴桂道道员陶恩培出任湖南按察使。

除了潘铎，其他三位大员与曾国藩均离心离德，关系不冷不热，曾国藩在长沙日益势单力孤。

巡抚名义上是一省之长，但人事不属于地方，是从中央派到省城的一把手，所以号称封疆大吏，负责全省一切；布政使是一省首长，跟巡抚官衔平级，负责全省民政；按察使为三品地方官，负责一省公检法。此三个职位足以代表整个湖南官场势力。

曾国藩与三人关系同时不洽，等于跟湖南官方公开对抗。他终于弄得自己在长沙待不下去了。

得罪了就得罪了，有什么了不起。腹背受敌的曾国藩可不怕政治斗争，他最擅长跟人政治角力。长沙既然待不下去，他决定图谋另寻出路。最初不知受到哪里的触动，他突发灵感，想将陆续招募起来的几千团练兵带去衡州，寻找新的发展壮大机遇。

移师衡州，需要说法。如果曾国藩据实陈述，是因为与以骆秉章为首的整个湖南官场闹不合，咸丰皇帝非但不会同意，反而会批评曾国藩不顾大局，做事方法欠妥，教育他作为湖南帮办团练大臣，应注意充分发挥团练民兵的补充配合作用，主动与湖南官场保持精诚团结，为君父分忧。不要添乱，君父内心已经够乱，禁不起添。

曾国藩终于想到了一个不动声色的抽身之计。

咸丰三年（1853年）9月15日，他向朝廷上奏一道《移驻衡阳折》，内文称：

衡、永、郴、桂尤为匪徒聚集之薮，……臣拟即日移驻衡阳，以便就近调遣。将现练之勇酌带前往，逐日操演，一闻土匪蠢动，立即掩扑，扑灭愈速，则靡费愈少。

意思是说，衡州、永州、郴州、桂阳四个地方，是太平军目前在湖南的主要聚集地，长沙本地遭受的威胁相对要小，为了抢在时间的前头，将各地准备起事的太平军消灭在萌芽状态，自己主动申请，将湘勇营从长沙带到衡州去，以方便湖南巡抚需要时及时就近调遣。如果将现有的几千名团练兵审慎地带到衡州，每天不但照样可以演习，而且只要一听说南边的土匪准备闹事，便可以赶在第一时间率兵扑杀，速度越快，军费越少。

咸丰皇帝根本不知道，湖南到底发生过什么事，当然压根儿就不知道曾国藩背后的那些真实心思，对曾氏主动申请带兵去太平军活跃区，当然感到高兴。团练民兵作为绿营的辅助，配合支持湖南巡抚工作，本就是题中应有之义，曾大臣早就应该这么想嘛！当即批准。此时青年皇帝眼中的湖南官场，是一派精诚团结、众官一心的和气场面，虽然事实上完全相反。

对曾国藩来说，咸丰皇帝看到的到底是真相还是现象，并不重要。重要的是，曾国藩自己得扎扎实实办事，做到心里时刻有底，能够在朝廷真正需要的时候，可以独立领军，成就一番大业。曾国藩明白，抓住主要矛盾，大问题解决了，小问题自然就消失了。

崭新的湘军事业，就要从衡州崭新起步。

|二|

办大事者成败在于观念思路，决定成败往往靠关键的一两步走对。移师衡州，正是曾国藩办湘勇成败的一大转折，衡州也因此成了湘勇第一个真正的大本营。

曾国藩带领罗泽南、王鑫两员湘勇将领率军南下，将办公场地在衡阳石鼓书院安顿下来，他并没有按照给青年皇帝许下的承诺，继续带兵去前线帮骆秉章打仗。他开始挂出"钦命湖南帮办团练大臣"的招牌，在当地大张旗鼓招兵买马。

招募湘勇将士时，团练内部发生了一个不和谐的小插曲。打仗生猛、做人冲动的湘勇营将领王鑫觉得，"钦命湖南帮办团练大臣"十个大字挂出来不过瘾，不够气派，缺乏来头跟号召力，便擅自打出"湘军"的招牌，在衡州城内大肆宣传，吸引群众前来报名参军。

曾国藩发现后吓得不轻。"湘军"是什么？国家正规军队！这么大的牌子，哪里是想挂就可以挂的？曾国藩在衡州办出国家正规军队，不说湖南巡抚衙门不会同意，就是咸丰皇帝知道了，也不知道曾国藩到底想要干什么。其中隐含的政治风险，怎么评估都不过分。

曾国藩赶紧命人将"湘军"招牌摘下来，换上原招牌，同时将王鑫喊过来，当面狠狠地批评了一顿。

王鑫当场怒发冲冠。他觉得，曾国藩办事过于谨慎，兼身上有严重的官气，束缚部下的创造力跟自由发挥，当即率部，负气跑回长沙。他在家乡又招募了三千人，但曾国藩不予批准，要压缩到几百人。王鑫觉得曾国藩办事处处拘谨，自己满腔热情，每次才一冒头，就被他当头一棒敲下去，这也太压抑了，还有什么搞头？

他带领这旅人马，直接投靠了他信赖的大哥左宗棠并成为其手下，依附于湖南巡抚骆秉章，从此做了一名由湖南巡抚衙门直管的团练首领。这是日后湘军第一王牌部队老湘营最初的由来。

杨岳斌、彭玉麟这两位湘勇水师新秀，通过曾国藩这次招募，从新人中迅速脱颖而出，日后成长为湘军水师的两大统领。

在衡州招募、拉练了五个月，湘勇骤然增加了二十营，计一万人马。曾国藩命人仿照广东水师的军舰，新造出二百多艘战船，同时在船上装备了五百七十多架火炮。湘勇日后征战全国的水师军事规模，此时初步奠定。

为了向全国上下昭告，以全新姿态亮相的湘勇大军，将是一支足以代表大清军队的主流之师，而不再是湖南绿营的补充跟配合，曾国藩在誓师出征前夕，针对太平天国向全国散布的《奉天讨胡檄》，亲自起草并发布《讨粤匪檄》，予以针锋相对的舆论回击。

为了在气势上震慑住太平军，曾国藩将湘勇人数对外数目谎报了一倍，号称自己"统师二万"。在这篇精心制作的檄文里，曾国藩以笔为刀，刀锋直指太平天国首都天京：

  本部堂奉天子命，统师二万，水陆并进，誓将卧薪尝胆，殄此凶逆，救我被掳之船只，找出被胁之民人。不特纾君父宵旰之勤劳，而且慰孔孟人伦之隐痛。不特为百万生灵报枉杀之仇，而且为上下神祇雪被辱之憾。
....

　　本部堂德薄能鲜，独仗忠信二字为行军之本，上有日月，下有鬼神，明有浩浩长江之水，幽有前此殉难各忠臣烈士之魂，实鉴吾心，咸听吾言。檄到如律令，无忽！

这篇檄文是一篇充满理想情怀的血性文字。曾国藩第一次明确告诉全国人民，他起兵讨伐太平天国的目的，仅仅是捍卫中华传统文化。凡是读儒家书、识中国字的人，不分阶层、地域，都应该紧密团结起来，为捍卫中国五千年的礼义、人伦、诗书、文化典籍，反对西方基督教文明入侵中国而奋勇战斗：

　　士不能诵孔子之经，而别有所谓耶稣之说、《新约》之书，举中国数千年礼义人伦诗书典则，一旦扫地荡尽。此岂独我大清之变，乃开辟以来名教之奇变。

咸丰四年（1854年）2月28日，湘勇水师全部训练整齐，曾国藩向朝廷上奏《报东征启程日期折》。他特意挑选这个黄道吉日誓师出发，准备按照咸丰皇帝两个月前下达的最高指示，将这支朝气蓬勃的虎狼之师开赴安徽前线剿敌。

但这支新成之勇才开到长沙，曾氏便只能望安徽而兴叹，走不动了。什么原因呢？

原来，洪秀全在咸丰二年（1852年）秋因久攻长沙不下，担心影响东南全局，才暂时予以放弃。待洪秀全相继打下武昌、九江、安庆、天京后回头再看，问题出来了：如果不将长沙城攻打下来，广东、湖北、安徽、江西、天京一线道路不畅，相当于"小蛮腰"被人横手卡住了，造成消化不良，崭新的太平天国政权，开始周期性发生严重的"肠梗阻"。

曾国藩统率湘勇营开到长沙后，便被从湖北、江西方向杀回的太平军迎头拦住。太平军试图打通湖南，湘勇一心北上安徽，两军在湖南岳州遭遇，发生数场激战。意外的是，锋芒正盛的湘勇水师一出师，便接连溃败，就连从湖南巡抚衙门派出的罗泽南的得意弟子、老湘营创始人王鑫，这位日后被太平军畏称作"王老虎"的第一王牌将军，也首次吃到败仗，丢盔弃甲，狼狈不堪，被曾国藩派兵援救，才躲过一难。

王鑫羞愤难当，拔剑欲自刎，部下及时夺剑，救下一命。

湘勇首战出师不利，可以看作初上战场必交的学费。兵败之后，曾国藩退守长沙，帮湖南巡抚衙门守住南北两面。

从衡州转一圈回来，似乎又回到了一年前离开长沙时所承担的职事。但此时湘勇的规模，已经与湖南绿营基本相当，名义上是民兵，战斗实力已经远远超过正规军，跟一年前只有四个营，兵力底气不足，被湖南绿营多方刁难，已经完全不可同日而语。

湖南巡抚衙门"军政秘书"左宗棠与湖南帮办团练大臣曾国藩第一次并肩合作，发生在咸丰四年（1854年）春，即湘勇自衡州练成，在岳州连吃败仗之后。

时隔一年三个月，两人再次走近。这次不再像首次聚面那样，彼此事后忙于在纸上谈印象，而是直接以笔为刀，以言辞为炮，以韬略为指挥棒，幕后紧密联手，合作向太平军开战。

两场十分奇特的战役，在这年春天打响。

崩溃疗法

|一|

咸丰四年（1854年）4月中旬，曾国藩经历岳州失败之后，已退守长沙水陆洲（橘子洲），代替绿营将士护卫长沙城，防止太平军杀入。

其时，太平天国东王杨秀清，正在筹备发起第二次入湘战役。他命令部将石贞祥、林绍璋统领三万多名太平军，从湖北汉口出发，一路长驱直入，迅速占领湖南湘阴樟树港，长沙望城乔口、靖港，宁乡新康等水路要塞。

时隔一年半，长沙城再次置身太平军的四面埋伏，一时间风声鹤唳，草木皆兵。绿营兵闻之丧胆，平日里跟团练民兵内斗的嚣张气焰全然不见了，长沙城内外一片死寂。

大军压境之下，曾国藩代表湘勇，左宗棠代表绿营，合谋解长沙城之围。

军事联合会上，湘勇部将一致主张正面出击，以靖港为突破口，往新康、乔口、樟树港一带，直接打回岳州，以报湘勇前次失败之仇。

左宗棠站在全局战略的高度，却是一番新见。他力排众议，主张避开太平军主力的锋芒，集中兵力进攻湘潭。

岳州城在长沙北面，湘潭城在长沙南面，太平军自北而来，湘勇理应迎头痛击，当头拦截，避北击南，什么道理？

湘勇诸将以为左氏畏战，意气不平，表示不懂。

有人干脆直接站出来反问左宗棠：太平军明明是从岳州方向打来，湘勇为什么要反向主攻湘潭？

左宗棠据理分析，理由有二：

其一，湘北已经全线失守，湘潭成了太平军想打通湘南的要塞，一旦湘潭失守，则衡州、永州将门户洞开，全湘不保。

其二，力保湘潭，则可以在西南方向给长沙城留出一条通道，只要保住官军实力,湖南仍可与太平军作长久对抗。

这次军事讨论会上,曾国藩没有发表更多意见,但他从头至尾一直专心在听。一则他此时确实还不太懂战略布局,排兵布阵,二则他的身份不便立即发言。主帅的作用在于拍板做决定,而不是代幕僚出谋划策,这是政治家需要遵循的原则,曾国藩当然早已懂得。

曾氏本人此时虽然还不大懂得军事,但发言者的见解高明在哪里,他已经基本能够听懂。比较之下,他拍板赞同左宗棠的主张。于是部署水师将领彭玉麟、步兵将领塔齐布,带领水陆两师一万余人出击湘潭。

按说,部署完毕,曾国藩只需坐在中军帐等战报,顺便可以抽空静心看一本好书。但他的脑子并没有闲着,他有心将湖南的责任全部扛到自己肩上,便派出探报,继续寻找新的战机。

靖港战役是在湘潭战役打响之前,曾国藩本人以统帅身份,直接发起的第一场主动出击战。作决断之前,曾国藩派出探报前去摸底,探报称,靖港只有几千名太平军。曾国藩决定亲自率领长沙全部剩存湘勇步兵、水师,冒险去打一场偷袭战。

偷袭靖港的直接目的,是抢在湘潭战役打响前,先打个漂亮的大胜仗,以鼓舞全军士气,提振湘勇精神,挫败太平军的锋芒跟气焰,让蜷缩在长沙城内的绿营看到榜样的力量。

长沙剩存兵力有水陆两师各五营,战船四十艘,曾国藩下令倾巢出动。

曾国藩没有料到,他首次冒险作出重大决策,便中了太平军的诱兵伏击之计。因湘勇探报探得的,恰恰是太平军细作迷惑他的假情报。事实上,石贞祥、林绍璋提前埋伏了两万人平军精兵在靖港口守株待兔,就等曾国藩上钩。

战斗打响,太平军铺天盖地,从山上俯冲下来,有如一道道滚滚而来的泥石流。湘勇想撤退已经来不及。曾国藩只得硬着头皮,指挥将士冲锋迎战,并亲手杀了几个临阵怯逃的士兵以定军心。但兵败如山倒,湘勇将士军心既散,不可挽回。交战不到半个小时,士兵开始全线溃退,落水死伤者无法计算。

曾国藩见大局不可挽回,心如死灰,羞愧无地,"扑通"跳水自杀。

幕僚章寿麟见状,心中一惊,带领卫兵跳进湘江,将曾国藩从水中捞出来。

曾国藩仍要投水自尽，章寿麟便骗他说，自己是得知湘潭战役大捷后过来传喜讯的。

曾国藩将信将疑，不再一心想着投水。

众将士赶紧将他推上一艘快船，抓紧鼓帆摇桨，火速开往罗泽南所在地水陆洲行营，将主帅死死保护起来。

深夜的湘勇行营依旧喧哗，静坐中军帐内，回想起白天的惨败，曾国藩羞愧难眠。他慢慢从床上爬起来，拨亮烛火，摊开纸笔给咸丰皇帝写遗折，以示不负报国初衷，求得朝廷谅解。

作为败军之将，他既伤感，又羞愧。尤其是《讨粤匪檄》墨汁尚且未干，靖港战败的惨局，让战斗檄文中余音漫江的豪言壮语，瞬间变成一纸大话空言，这让他情何以堪。

带着一种五味杂陈的情绪，他提笔给咸丰皇帝写遗折：

"我的本事已经用完了，仗打不赢，特此报告皇上，我要以身殉国。我4月28日亲自带领水陆各五营兵力共五千人，开赴靖港前线剿匪，才打半个小时，士兵死的死，逃的逃，一败涂地，我当场气得说不出话来。唉，怎么说，这都是我治兵无方，指战无能造成的。我出山带兵剿匪，不但没能帮皇帝您肃清湖南，打到湖北去，反而在本省丧师失地，这条罪过太大了，无颜见您。我虽被逼以死谢罪，但还是掩盖不了我对朝廷的辜负，我平生志向到此也就完了，真是死不瞑目！"

遗折原文如下：

为臣力已竭，谨以身殉，恭具遗折，仰祈圣鉴事。

臣于初二日，自带水师陆勇各五营，前经靖港剿贼巢，不料开战半时之久，便全军溃散。臣愧愤之至。不特不能肃清下游江面，而且在本省屡次丧师失律，获罪甚重，无以对我君父。谨北向九叩首，恭折阙廷，即于今日殉难。论臣贻误之事，则一死不足蔽辜；究臣未伸之志，则万古不肯瞑目。

跟皇帝交代完后事，曾国藩再提笔给左宗棠写了一张便条，交代后事：

"季高老弟：我决定死。我死之后，你抓紧安排人将我的遗体运回老家，越快越好。丧事就没必要办了。我的工资存折里还存有一些钱，你可以用这笔钱帮我买副棺材，兼作灵柩的运费。剩下的钱全部捐给湖南省粮食局。这是我的绝笔书，来生再见。"

季高是左宗棠的字。左宗棠接到绝笔书，吓了一跳。他马上命令守城士兵让他沿着天心阁城墙内的吊绳而下，乘一匹快马赶往水陆洲曾国藩坐的船。到后一看，曾国藩躺在床上，脸色惨白，只剩一口气。

此情此景，左宗棠愣住了。过了一会儿，他突然变得气不打一处来，开口一番痛骂。

对于曾国藩这段不堪回首的往事，左宗棠晚年回忆，仍历历清晰。他自述其间的经过是：

其晨，余缒城出，省公舟中，气息仅属，所著单襦沾染泥沙，痕迹犹在。责公事尚可为，速死非义。公瞑目不语，但索纸书所存炮械、火药、丸弹、军械之数，属余代为点检而已。

上述回忆文字是左宗棠光绪八年（1882年）写的，距离事情发生已经过去二十八年，但场景读来，依然历历如新：曾国藩躺在船上，气息微弱；身上穿的一件单衣，投江自杀被打捞上来时，沾染了江岸泥沙，还留有被江水泡过的斑驳痕迹。

曾国藩躺在床上，本已心如死灰，只盼早断性命，以摆脱乱世办军事不堪的忧烦。不料骤然间遭遇左宗棠的"崩溃疗法"，他顿感如沐汤浴，痛极失感，终于无感。

左宗棠究竟是如何当面痛骂的？对于这段情节，其自述为"责公事尚可为，速死非义"。换成白话就是：国藩兄，这只是一场小败仗而已，湘勇实力还在，完全可以东山再起，你现在就以自杀报答朝廷，方法上不正确，情理上也不合道义。这段文字用词稳正，可见是左宗棠对自己责骂核心的高度概括，至于具体的细节，就没有书面语这么文雅了，左氏用的是湖南民间粗俗俚语。

王闿运的记录是，左宗棠骂曾国藩是猪。

湘阴民间骂做了蠢事的人是猪，这本是日常口头禅，并没有更深层的含义，亲近的人有时用作玩笑时的问候语，今天似乎还留有这个传统。

湖南自古以来是移民大省，不但十里不同音，而且十里不同俗。在湘中一带，骂人是猪可不是口头禅，而是最狠毒的话，意思是蠢得像畜生，已经不是人。

曾国藩听后的现场反应，左宗棠也描述出来了："公瞋目不语。"瞋，指发怒时瞪着眼睛。头发上指，目眦尽裂，可见曾国藩已经被骂得愤怒到极点。

这种"崩溃疗法"就是用让人比死了还难受的刺激去救人，效果无疑是十分明显的。曾国藩脸色由白转黑，持续好一阵，突然变红润了。他当即从床上爬起来，拉着左宗棠的手说：

古人云，涣乎若一听圣人辩士之言，忽然汗出，霍然病已。

意思是说，我内心本来已经彻底崩溃了，经你这么一骂，我内心更加崩溃，骤然惊吓出了一身冷汗，现在汗都出来了，我的病也医好了。

左宗棠以骂救人，与其说出于策略，不如说出于本性。但让曾国藩最终决定不再寻死，左宗棠的痛骂，在关键时刻，固然起到了积极作用，但从根本上起作用的，还在于父亲曾麟书随后一信。

曾家世代务农，曾麟书本人是秀才，儿子是曾家六百余年来好不容易出的第一个进士，家族几百口人，已将光宗耀祖的希望全部寄托到他身上。自曾国藩领兵以来，父亲天天在湘乡荷叶塘盼他建功立业。得知长子居然跳水自杀，曾麟书无比恼怒，赶紧派快马送来亲笔信，加以责骂：

儿此出以杀贼报国，非直为桑梓也。兵事时有利钝，出湖南境而战死，是皆死所，若死于湖南，吾不尔哭！

意思很明白：吾儿你是在为大清王朝打仗，不是为湖南省的父母官打仗。

打仗不是你输，就是他赢，输赢是再正常不过的事。做统帅的人，宁愿死在战场，也不要自寻短见。你如果带兵出湖南战死了，那叫死得其所。如果你在湖南省内自杀，那叫丢人现眼，辱没家门，你的尸体即使运回老家，也根本不值得我为你哭。

湖南人牛犄脾气，一经认定的道理，便往死里说。曾父与左宗棠语气如出一辙，只是骂得更加严重。湖南人这种极端的骂法，也只有从小生活在湖南的人才受得了，换作外地人，估计一次便会被骂得一佛出世，二佛升天。

左宗棠与曾父一外一内予以痛骂，成功救下曾国藩。但曾国藩没有料到，他这次寻死觅活被左宗棠骂醒，固然留得了性命，但对他日后的形象大为不利，为曾、左交往日后磕碰不断，也埋下了伏笔，后面会详细说到。

人与人交往，往往凭开头几次印象。开头以什么态度交往，会逐渐形成比较稳定的心理结构。一旦这种心理结构定型，以后交往，彼此会自觉回到这种心理状态。

曾国藩因为兵败而被动弱势，左宗棠更像是兄长。两人这种奇特的心理结构一经固定下来，日后造成的最大问题是，让小一岁的左宗棠，对曾国藩缺乏待兄长应有的敬意。他仿佛逐渐习惯了像哥哥对待老弟一样，遇有观点不合，就想到教育曾国藩。

中国传统礼仪，长幼有序，尊卑有礼。左宗棠年轻一岁，属弟，弟弟可以提建议，但不能教训哥哥，这既是古礼，也是规矩，必须遵守。就地位尊卑而言，左宗棠也出格了。左氏是布衣举人，曾氏是朝廷命官，严格说来，见面须先行跪拜礼仪。除非双方关系亲密，对方完全容许，才可以抛开长幼、尊卑，纯粹以平等朋友身份待之。

曾麟书写信怎么痛骂儿子都不过分，这是传统家教。左宗棠以痛骂救朋友的做法，无疑已经逾礼，因为，两人现在的关系，还没有亲密到那种程度。

更加不妙的是，左宗棠以"崩溃疗法"痛骂曾国藩，这次开了头，后面很难收住。其后我们可以多次看到。

左宗棠生活中确实开口责骂过人。仔细归类可以发现，他经常责骂三类人：

第一，能力跟不上权力的人。

第二，贪污腐败、享受特权的人。

第三，怎么也教不会，只能在边上替他干着急的人。

见了这三类人，左宗棠一旦认真起来，便会毫无保留，当面痛骂，其风格如胡林翼所描述："刚直矫激，面折人过，不稍宽假。"也就是说，他习惯将朋友的缺点当面指出来，不留情面。当然，一般只限于朋友面对面、点对点，而不是在大庭广众之下。

左宗棠青少年时代习舆地、农学，属文科生中"理工男"，他的逻辑有如孟子，思路清晰，条理分明，声强气壮，看问题眼光准，用到骂人上来，一句话就能点中要害，骂得他人无力反驳。对被骂者来说，如果能理性直面，有如良药，可以起死回生。但如果抛开医治他人的效果，单就情绪说事，左宗棠的逆耳忠言，确实让人难以承受。

|二|

拓开去看，左宗棠责人精准，从他教育儿子的方式也可以看出来。

咸丰十年（1860年）2月21日，左宗棠为躲避"樊燮案"的风头，借口进京会试。过洞庭湖后，想起自己不在家，四个儿子会不会流连玩耍，荒废光阴？这一想哪里还放得下心？他赶紧写信回去敲打，指责长子左孝威"气质轻浮，心思不能沉下……屡经谕责，毫不知改"，批评次子左孝宽"气质昏惰，外蠢内傲，又贪嬉戏，毫无一点好处可取"。

其责子原文是：

> 孝威气质轻浮，心思不能沉下，年逾成童而童心未化，视听言动，无非一种轻扬浮躁之气。屡经谕责，毫不知改。孝宽气质昏惰，外蠢内傲，又贪嬉戏，毫无一点好处可取，开卷便昏昏欲睡，全不提醒振作。一至偷闲顽耍，便觉分外精神。年已十四，而诗文不知何物，字画又丑劣不堪。见人好处不知自愧，真不知将来作何等人物。我在家时常训督，未见悛改。今我出门，想起尔等顽钝不成材料光景，心中片刻不能放下。尔等如有人

心，想尔父此段苦心，亦知自愧自恨，求痛改前非以慰我否？

在儿子面前，父亲想怎么教训就怎么教训，没必要为他掩饰，这叫真实，顶多只是家教严格而已。何况，传统社会的父亲是"家君"，严父的榜样正是左宗棠这个样子，父亲规范好了儿子的言行，可以避免他们成年进入社会后再被别人教育怎么做人。但到朋友面前，用没有经过修饰的俚语直骂，全然不顾他人的体面，必然流于"村野"。

时人也感到纳闷儿：一个上知天文、下知地理的像诸葛亮一样的大知识分子，怎么会如此粗俗激进？未必"诸葛村夫"的绰号，千年后也遗传给了"左村夫"？

"村野"的性格，与左宗棠四十岁前长期乡居不无关系。湖南乡下人开起玩笑来没大没小，骂起人来更是没遮没掩，左宗棠在这种环境里度过了四十年，明显被乡村风气同化了。

"村野"的优点是真实、坦诚、接地气，缺点是野性、粗俗、不合礼仪。但湖南民间几千年来一直是如此习俗，想说就说，想骂就骂，说得痛快，骂得淋漓，绝不遮掩。仔细说来，这也是湖湘文化活力的源泉。真性情就是一切听从真情实感，说话温暾水，真话绕出十八弯，哪里像个什么湖南人？但这种敢爱敢恨的性格，有着强烈的地域特性，出了湖南难以理解，总被误解。

曾国藩倔强、刚直的性格，与左宗棠骨子里其实并没有什么不同。只是两人天性有异：左宗棠属于血气旺的那种人，反应敏捷，心直口快；曾国藩属于血气黏滞的一类人，心里想得不慢，嘴巴跟不上来。

道光朝后期，在北京师从唐鉴修习理学，恪守官场礼仪的那段经历，让曾国藩尤其注意外在修养。他开始以完人的标准来要求自我，对自己抽旱烟、下围棋两大爱好竟然也逐渐不能容忍，对多看了朋友小妾一眼便自骂"禽兽"，声称"不为圣贤，便为禽兽"。官位日高后，他当然要更加专注于以圣贤标准对照言行，随时自我修正不良癖好。这也是曾、左言语表达有着明显差别的地方。礼部侍郎再怒火冲天，面对属下一大堆文人学者，也绝无可能当面骂人是"猪"。

官方修养遭遇民间村野，各有各的眼光，各有各的活法。很难说哪种就绝对好，哪种就绝对坏，关键是具体环境具体对待。但两者需要相互借鉴、中和搭配，倒是事实，孔夫子所谓"质胜文则野，文胜质则史，文质彬彬，然后君子"。左宗棠既然笃信孔孟儒学，平日里以"君子"自命，如今"以骂救人"，绳之以儒学标尺，无疑有失"质野"。

此时，曾、左办军事以来交往已有两年多。跟十八九年前学生时代初交后便彼此陌路，已经完全不同，两位正值盛年的大男人，彼此都熟知了对方个性，也都逐渐习惯了对方的脾气。曾国藩毕竟长左宗棠一岁，他的宽容心是不错的，他本人也有多年的农村生活经验，感左宗棠诚心而不嫌其方法"质野"，所以被骂之后，可以做到自净芥蒂，仍然真诚合作，虽然他可能终身都记得这件事，但合作期间不会执着细想这件事。

曾国藩不介意左宗棠责骂，还有一个重要原因，基于左宗棠此时的身份跟立场。曾氏靖港跳水的消息传进长沙城，湖南一班大小官员，全都在幸灾乐祸。甚至有官员还摆起宴席，好像是在庆祝曾国藩吃了败仗，就是没有一个人前来慰问，这令曾氏感到彻骨心寒。

要知道，曾国藩可是为了保卫湖南巡抚衙门而战，是在替湖南绿营的那帮胆小鬼挡太平军的刀枪。绿营将官闹起事来个个英雄，打起仗来全成了缩头乌龟，居然心安理得地将自己一番付出当成理所当然，这世上还有没有天理良心了？所以，左宗棠虽然只是以朋友名义前来探望，但他是指挥绿营兵的实权派，可以看作湖南官方的代表，曾国藩多少感到一阵心暖。

传统中国人重情，尤其重心，将心比心，以心印心，心意到时三冬暖，心意不到六月寒。对别人最大的惩罚，不是责骂，而是不理睬，心里没有这个人。左宗棠的到来，让曾国藩已经不再有绝望式的孤单冷落，好像他是死是活，真的跟湖南巡抚衙门那帮酒囊饭袋完全无关似的。

俗话说："大行不顾细谨，大礼不辞小让。"这是成大事者的必备素质，大事当前，即使心有介意，为了大局，可以忍小，彼此求同存异，同舟共济。

值得庆幸的是，靖港战败的阴影很快过去。幕僚章寿麟为了救曾国藩撒的善意谎言，成了可以兑现的预言。因为湘潭的湘勇在步兵将领塔齐布、水师统领彭玉麟的指挥下，真正取得了辉煌的战果，消灭太平军一万余人，缴获舟马辎重无数。这是全国对太平军作战以来首场最重大的军事胜利。

靖港战役与湘潭战役一负一胜，还真应了曾父在责骂儿子时说的，胜败乃兵家常事。在悲喜同至时情绪激烈翻滚沉浮，内心先冷后热，表情先哭后笑，曾国藩如何向朝廷奏报这种十分奇特的战况？

战况事实不无尴尬，曾国藩斟酌着，该如何落笔。

| 三 |

曾国藩首先积极调整心态，迅速从靖港失败的阴影中走出来，让自己忘记自杀这件事。

因为前封遗折并没有拜发，所以咸丰皇帝对新近一切仍不知情。为了竭力淡化靖港战败的后果，咸丰四年（1854年）5月8日，曾国藩先抓紧向朝廷上了一道《会奏湘潭靖港水陆胜负情形折》。全文五千五百余字，曾氏用五千余字大写特写湘潭战役胜利情形，将靖港失败在边角缝隙间一笔带过。

但靖港失败既然已经发生，纸终归包不住火，自己必须如实向朝廷报告，不能撒谎，不能隐瞒。如果不及时据实奏报，一旦湖南巡抚衙门有人将这则不利的消息递进皇帝的耳朵，曾国藩再来解释，就被动了。皇帝的情绪已经被搞坏了，曾国藩再解释，也不信了。

对政治家而言，凡事首先考虑的是把握政治主动权。主动权握于手心，别人只能被动来跟。曾国藩开始运用他精深的文字本领，在捷报中写下这样关键一句：

> 潭城逆贼被水陆官军痛剿，专盼靖港之贼救援，亟应乘机攻剿，俾逆贼首尾不能相顾。

意思是，湘潭的太平军被湘勇水师打得丢盔弃甲，满地找牙，他们盼望靖港的太平军能够赶紧前去驰援，所以自己亲自发起靖港战役，目的是将湘潭、

第三章 首度合作

靖港两地的太平军切断。

可以看出,这是曾国藩一种不动声色的文字策略。照这个说法,他带兵攻打靖港,是为了防止太平军增援湘潭。这样将两场战争联到一起,自然而然便合成了一场。言外之意是,湘潭战役既然大获成功,靖港阶段性小失败,自然无足挂齿。

问题是,湘潭、靖港,其实是两场独立的战争,基本上没有关联。

为了不让言官借靖港战败弹劾自己,赶在同一天,曾国藩赶紧另上一道《靖港败溃自请治罪折》,放在前折的后面上报。行文开头,他写下这样一段看似极其严重的文字:

> 奏为靖港战败,水师半溃,请旨将臣交部从重治罪,并现在急筹补救,吁请特派大臣总统此军,恭折奏祈圣鉴事。

这道奏折核心想表达的意思有两点:

其一,靖港失败是曾国藩本人一手造成的,即使它只是湘潭战役的一个局部跟阶段性挫折,但作为湘勇统帅总归是吃了败仗,其罪难逃。

其二,请求朝廷罢免自己湖南帮办团练大臣一职,另派贤能接替此职。

这其实仍是曾国藩以退为进的政治策略。首先承认自己打了败仗,主动向皇帝请求重罪,可以预先堵住湖南那班大员的悠悠众口。曾国藩同样清楚,咸丰读了前面湘潭大捷的奏报,会将他郑重其事地"自请治罪"当作一个玩笑,一笑置之。

果然,咸丰皇帝读后,在奏折末尾作出这样一段嬉笑怒骂的批示:

> 此奏太不明白,岂已昏聩耶?汝罪固大,总须听朕处分。岂有自定一责问之罪?殊觉可笑!想汝是时心操如悬连,漫无定见也。

换成白话,我们能一下子看出皇帝愉悦之心背后轻松戏谑的心态:"老曾你这份自请治罪的奏折,我确实完全没有看明白。是不是你已经老眼昏花,或者头脑迷糊了？你在靖港打了败仗，罪过肯定是有的，但也得皇上我来给你定罪呀，哪里有你自己给自己定罪的道理呢？这也太好笑啦！想必你最近事情太多，操心太重，忙得已经不知道该怎么说话了吧？"

圣旨明贬暗褒，咸丰皇帝有理由为曾国藩感到高兴。自征剿太平军以来，湘潭战役是官军迄今第一场最为重大的胜利。青年皇帝以前没有想到，湘勇团练这种辅助性的力量，居然也可以这么能干。更关键的还是，朝廷通过这场战争，已经看出太平军并没有传说中的那么可怕。对太平军作战四年来，打败仗的大臣实在太多了，多得让咸丰皇帝看到奏报就烦闷，还没打开就预感到是败仗，历年累积，全国已经可以编印出若干本"剿敌失败大全"了，他麻木到已经不知道什么是胜仗滋味。尤其是前年赛尚阿、徐广缙那两个酒囊饭袋，将朝廷的钱袋子跟军火库搬到身边带着走，还是打不赢。曾国藩的团练兵一不要朝廷给钱，二不要朝廷给人，连打仗的武器都是自筹的，还不是照样打胜仗！

朝廷政治这关，终于轻松挺过。经历自衡州出师后的一番挫折，尤其是靖港大悲、湘潭大喜之后，曾国藩的心理承受能力进一步增强，他开始笃信"屡败屡战"。只要自己还没有战死，努力坚持下去，就有打胜仗的机会。这就是湖南人的"霸蛮"精神！

他继续蓄足精神，率师整装出发，再次征战湖北、江西，历大小上百战，一番胜负下来，转眼到了咸丰五年（1855年）。

咸丰五年（1855年）是曾国藩对太平军作战十分重要的一年，也是曾、左早期合作至为关键的一年，湖南军政实际指挥者左宗棠，大规模地支援跨省作战的湘勇统帅曾国藩，从这年开始了。

胡林翼在任代理巡抚一年后，也于这年正式晋升为湖北巡抚。回看道光二十九年（1849年），左宗棠便通过书信帮胡林翼办团练，三年后，胡林翼及时保举左宗棠主持湖南军事，两人如足球场上的明星球员，每一次传球、接球、穿插都恰到好处。左、胡通过默契配合，此时事实上掌握了两湖的军政实权。

两人联合起来对曾国藩予以实心支持，为湘勇出省辗转冲杀，创造了物质条件。湖南、湖北两省军事在曾、左、胡三人精心谋划跟精诚配合之下，成功抵御住太平军的汹汹进攻，可以大胆向外拓展空间了。

曾国藩遵从大清最高军事领袖咸丰皇帝的直接指挥，开始将主要精力投注到江西主战场。

　　虽有曾、左、胡三人默契配合，战场胜算的概率增大，但带兵之人，时刻将身家性命绑在裤腰带上，没有哪个时间段容易，也没有哪个地方更加安全，更不能预料下一步将遭遇什么风险。

　　曾国藩事先没有料到，他带领湘勇进入江西后，湖南的不快固然暂时告一段落，但江西更大的噩梦，才刚刚开始。

雪中送炭

|一|

咸丰五年（1855年）是曾国藩自创办湘勇以来，遭遇战场失败跟官场挫折最多的一年。

这些战场失败、官场挫折概括起来，表现在三个方面：

其一，战场上，遭遇劲敌石达开，接连三战三败，再次被迫投水自杀。

其二，官场内，与以江西巡抚陈启迈为代表的江西官场集体交恶，举步维艰。

其三，军饷方面，得不到江西官府一星半点儿的支持，前线将士经常集体遭遇粮荒。

先来看第一个方面，战场失败。

1855年1月，湘勇追进江西九江，太平天国翼王石达开从安徽安庆紧急增兵西援。

石达开安排林启荣守卫九江，罗大纲扼守湖口西岸，自己亲自领军，守东岸县城。

部署完毕，二十四岁的石达开跟四十四岁的曾国藩，在江西湖口战场摆开阵势，面对面展开殊死角力。

其时，湘勇水师扎寨长江，太平军水师退守鄱阳湖内。湘勇大小战船阵容齐整，宽形的战船叫"快蟹"，长形的战船叫"长龙"，同是大型战船。宽阔的长江江面上，曾国藩坐镇"快蟹"上指挥作战，以轻便快船互相联络，沟通各营信息。

1月29日，第一仗在湖口打响。石达开用计，诱使湘勇水师轻便快船一百二十余艘，冲入鄱阳湖内。太平军立即堵塞湖口水卡，断其退路，再以小船火攻留在长江的大船，烧毁湘军船只四十余艘，其余退至九江。

这一仗湘勇败得很惨,曾国藩的坐船,被太平军作为战利品给拖走了,咸丰皇帝赠给他的奖品,也一同丢失。曾氏本人被部下救出,换乘小船登陆,侥幸免于一死。

首战惨败,后果严重。主要是湘勇水师其后的战略,被这场败仗给彻底打乱了。湘勇原本部署在长江、鄱阳湖的水师被拦腰截断,无法联合。曾国藩不得不考虑因地制宜,将湘勇水师暂且分作两部:长江部分的船只,由杨岳斌统领,称"外江水师";鄱阳湖内的船只,由彭玉麟统领,称"内湖水师"。这种情况一直到咸丰七年(1857年)10月才最终结束,其时,彭玉麟率领水师强行冲关,开进长江,与杨岳斌重新会合。这已是后话。

石达开二败曾国藩,发生在江西九江一带。石达开针对湘勇水师的"长龙""快蟹"大而笨重、只能依靠舢板拖动才能快速移动的特点,用计将湘勇的舢板船先全部引诱进鄱阳湖,再派重兵围攻。在灵活机动、指挥若定的翼王石达开面前,拙诚的曾国藩凝滞、懦缓的缺陷淋漓尽现。这一仗打得曾国藩直接投湖自尽,幸亏被部下及时捞起,再次侥幸躲过一劫。

石达开三败曾国藩,地点在樟树镇一带。这次他采用三国名将陆逊"火烧连营七百里"的战术,用计将湘勇将领周凤山、曾国华所部骗入埋伏点,再突然点火。火光四起,杀声冲天,四周的枯枝、干柴全部燃烧起来。一万太平军将周凤山、曾国华两部湘勇营团团围住,实施赶尽杀绝政策。除了周凤山、曾国华逃了出来,其余大部分湘勇被杀戮殆尽。

如果说,胜败乃兵家常事,只要还留下一条性命,江西战场顺逆可不必过于在意,比在此地战场连遭惨败更令曾国藩感到手足冰凉的,是江西官场集体不配合,主、客两军日益严重对立。

问题的根源,出在咸丰皇帝那里。因为曾国藩出省后的身份是"钦命湖南帮办团练大臣",相当于"中央特派湖南民兵团团长",此外没有任何地方实职。大清官方办事有固定流程,凡事讲究名分。没有名分,各级官员便没法签字批准。

湘勇是什么?既非湖南官军,也非朝廷援军,规模庞大,又不像地方民兵,对于这样一支"三不像"的部队,江西巡抚无法给予它准确定位,不知道如何按官方流程接待。每次的具体接待方法，只能等待皇帝特批。官员奏折跟朝廷圣旨往返，最快也需要二十天，等皇帝特批落实，跟从北京什刹海舀一碗清水救南昌岸上的雄鱼一样，早已时过境迁。何况，江西本省官员也对这支湖南军队心生排斥，经常故意设卡刁难。

这一时期，湘勇将领毕金科在江西被逼以身殉职的悲惨遭遇，是曾国藩遭江西官方多方刁难跟排斥造成的严重后果。通过毕金科四处无依的困境，可以看出湘勇八方无援的处境。

毕金科，字应侯，云南临沅人。最初，以普通士兵身份在浙江开化征讨土匪，因军功被举荐为外委。

清朝的外委，属编制之外的低级武官，有外委千总、外委把总、额外外委之分，职位与千总、把总相同，但薪俸较低。

湘勇兴起后，毕金科跟从王国才开赴湖北前线，在荆州龙会桥、天门丁司桥接连打下两场大胜仗，被保举为四品都司。曾国藩到湖北后发现了他，改调入塔齐布的步兵营，负责攻打九江的太平军。

咸丰五年（1855年）8月，塔齐布攻打九江连遭挫败，被湖南官方多次催问，心劳日拙，忧患成疾，暴死于军中。塔齐布死后，毕金科成了塔部遗存的敢死队先锋，其骁勇善战，在湘勇各营崭露头角，逐渐首屈一指。

咸丰五年（1855年）冬，毕金科独自带领一千名敢死队员，在江西樟树镇大败太平军，但镇守湖南益阳的周凤山一营全军临阵脱逃，得胜的太平军乘机朝樟树镇掩杀过来，毕金科得地复失。

咸丰六年（1856年），毕金科在江西章田渡向太平军发起猛烈攻击，拼死打下城池。但没过多久，湘勇营在邻近的饶州又遭遇失败，得胜的太平军趁势从饶州朝毕金科所部掩杀过来，章田渡又眼睁睁看着丢失。

接连被队友拖累，毕金科恨恨连声，发誓要凭借孤军拿下饶州城。

这天，他带领一千名敢死队员，坐战船逼近饶州城池。下船时与部将约定：今天如果打不下饶州城，就全部战死此地！全体将士被这句誓言鼓动得血脉偾张，抱着必死的决心跟太平军拼命，经死命血战，成功拿下城池。

曾国藩接到饶州城收复的捷报，立即上奏折向朝廷请功，咸丰皇帝赐毕金科"呼尔察巴图鲁"称号,补授临沅镇都司,以游击升用。

毕金科战场上的表现虽英勇过人,但毕竟只是一员能征善战的猛将,并不懂得政治与战略。他不知道,在江西军事一败涂地、湘勇各部多处受挫的大势下,自己一枝独秀,已经犯了忌讳,这不但让湘勇各营官因相形见绌而面红耳赤,江西巡抚陈启迈及所部将官,也全都看得"羡慕嫉妒恨"。

自咸丰四年(1854年)曾国藩暂时离开江西战场,毕金科脱离统帅而独领一千名士兵,在江西南部与太平军机动作战,虽然战功卓著,但一千名士兵的军粮,却一直没有着落。

困扰他的已经不是敌人,而是后勤。

饥饿难耐之下,在饶州城休整军士的毕金科,给江西巡抚陈启迈去信,请求补给军粮。陈启迈给他许下了一个致命的承诺:只要毕金科率部能够攻下景德镇,江西省巡抚衙门就负责给他派发军粮。

景德镇是太平军派重兵驻守的城池,有数万人马。毕金科带领区区一千名士兵攻打,无异于以卵击石。陈启迈为什么要出此毒策?他与曾国藩结怨已深,尤其忌讳在江西绿营一片败北声中,曾国藩所部湘勇依然能够旗帜飘展、屡立奇功。于是他动了借太平军之刀杀掉毕金科的念头。

毕金科此时进退维谷。如果不答应陈启迈,就只能知难而退。身为军人,率血勇之师,哪有临阵退缩的道理?毕金科不计后果地答应下来。

此时如果不急于图功,毕金科还可以暂停军事,去百姓家自筹军粮,以解燃眉之急。因有了上次深夜率小部队奇袭饶州城一举成功的经验,毕金科抱着豪赌的心态,决定再次率孤军深入景德镇城内,冒险一搏。

咸丰七年(1857年)2月,毕金科率领这一千虎狼湘勇,躲过太平军设下的重重防线,箭步冲进了景德镇城内。进去才发现,严阵以待的太平军已经在城内组成了数道防线。

太平军将领站在高处,见毕金科率部全部入城,一声号令,城门轰然关闭。数万太平军士兵手持刀、矛、盾牌,从各个巷道里冲出来,将一千湘勇铁桶一样团团围住。

毕金科情知不敌,下令撤退,但为时已晚。

被层层围困的湘勇奋起发动攻击，但因人数对比实在过于悬殊，激战之中，太平军士兵虽然成百上千地倒下，但数万外围士兵在源源不断地朝包围圈内碾压过来。战斗到最后，湘勇只剩下毕金科一人。

毕金科决不投降，他奋起突围，冲到城门边，脚下的太平军尸体已经堆成小山。又一队太平军士兵冲了上来。毕金科挥刀突围，十余个太平军士兵眨眼成了刀下鬼。追杀的太平军被他的骁勇给镇住了，不敢再上前一步。毕金科持刀逼视，从血泊中踏出一条生路，冲出城外。

见湘勇敢死队主将在眼皮底下突围，守城的太平军将领无比恼怒，派出火铳队四处追击。两天后，在一个叫王家洲的地方追上毕金科，数千名太平军将他再次包围，如楚汉之争垓下之战汉军包围项羽。

毕金科有万夫不当之勇，太平军将士已经见识过，皆不敢近前。追兵将他团团包围起来，改用火铳四面喷射。一时间火光四射，毕金科被活活烧死。

《清史稿》对这段壮烈史实的记述是：

> 七年正月，骤往攻之，入市不见一人，率十卒搜捕，贼蜂起，伤其七，亡其三，只身纵横击刺，践血而出。贼以喷筒环攻于王家洲，殒焉。

毕金科血战而亡，曾国藩得此噩耗，衷心震伤。

作为湘勇统帅，曾氏当然清楚，毕金科不是死于太平军的火铳，而是死于自己与江西官场难以弥合的矛盾，死于陈启迈的借刀杀人。

万分悲痛之中，他提起"千斤"重笔，为毕金科写下墓志铭，将对以陈启迈为首的江西官场的怨愤，藏在勒碑之中：

> 内畏媚嫉，外逼强寇，进退靡依，忍尤丛诟。

生不能挽救毕金科的性命，曾国藩决定厚待毕金科身后，以弥补内心的不安。在上报朝廷的奏折中，曾氏不但将营官毕金科与湖南提督塔齐布相提并论，而且请求朝廷按总兵待遇予以追悼，赐予"刚毅"的谥号，在景德镇立祠堂纪念。

曾国藩这种生前爱莫能助，死后极尽哀荣的做法，依然可以看作一种有效补偿。

《清史稿》正是依据曾国藩给予的定位，在"卷四百九·列传一百九十六"中将毕金科与塔齐布、多隆阿、鲍超、刘松山等人并列作传。如果毕金科地下有知，也许会感到安慰，虽然他完全有机会不死于此战。

曾氏统率湘勇，不远千里从湖南前来支持江西军事，本已是客军孤悬，事事需要求人，最需要的是得到当地政府部门的支持，支持内容虽然包罗万象，但主要还是军饷、粮饷。

按理说，湘勇团练帮江西官军打仗，江西巡抚下令给予全面支持，理所当然，情所应当。

但事实远没有按常理推测的那么简单。

曾国藩自带干粮免费前来帮忙，江西官方根本没将他当回事。其中首因固然是江西官员的地方保护主义心态作祟，但还有两个重要原因，不容忽视。

其一，湘勇军事援助无力。湘勇自入江西以来，几乎没有打过一场大的胜仗，而败仗已经多到不可胜数。江西官方根本不相信，曾国藩在江西战场真正能起到帮助作用。对这种有之不多、无之不少的客军，自然无心支持。

其二，江西本省财政缺钱。湘勇的军饷银，曾国藩本人之前奏请由浙江、福建两省支持，但都没有落实，曾氏转而求助江西省支持。这是他本人的失策，忘记远亲不如近邻。江西既然不是朝廷规定的第一支持省，自然不会主动卖力，加之，江西经济在晚清时期已经没落，钱粮府库远不如江苏、浙江充裕，根本拿不出足以养活四五万湘勇的银子跟粮食。

更何况，湘勇军装、行军帐篷、枪支军械，费用算起来同样吓人。

夹在太平军战事与江西官方民事中间两头受气，咸丰皇帝盼胜仗的催逼又一天紧比一天，曾国藩终于成"夹心饼干"了。

他本能地由急转怒。皇帝既然不能质疑，找同僚归责总是可以的。回想在长沙办团练时，他对湖南官方的不配合存一肚子意见，现在回头比较，湖南到底是家乡，自己多少占主场，骆秉章对待自己已经够客气，他至少没有发文件要衡州地方政府不配合支持自己，江西巡抚比湖南官方的态度还要差得远。

随后偶然发生的一件小事，成为直接引爆曾国藩跟陈启迈矛盾的导火线。江西官场由此引发强烈地震。曾国藩继铁笔参奏长沙协副将清德之后，开始用钢笔瞄准江西省官场第一大佬——江西巡抚陈启迈。他决定集中火力，以迅雷不及掩耳之势猛烈弹劾，将他一把掀翻在地。

陈启迈在劫难逃。

|二|

激化曾、陈矛盾的缘起是，江西万载县团练首领彭寿颐因为办军事，与万载县县令李峣发生激烈冲突。官司打到江西巡抚衙门，两人各执一词。李峣举报彭寿颐有政治野心；彭寿颐指控李峣在对太平军作战时曾经弃城逃跑。双方争执不下，彭寿颐找到曾国藩，表示愿意投靠，为湘勇效力。

对于这种意外的归附，曾国藩当然乐意接受，安排他在湘勇营办事。

李峣也不是吃素的，见彭寿颐找到了后台，自己扳不动他，便赶紧向本省搬救兵，将这件事添油加醋地报告给江西巡抚陈启迈。

陈启迈认为，彭寿颐是江西省内的团练，如果找自己解决问题，什么问题都好说，投靠湖南湘勇团练首领，明显是吃里爬外，不是东西，二话不说，派兵先将他抓了起来，直接打入大牢。

陈启迈此举，有如釜底抽薪，对曾国藩造成致命打击。不但江西的乡绅从此看见曾国藩避而远之，更关键的还是，曾国藩与江西省地方沟通的桥梁，因为彭寿颐的离开，而被全部切断了。湘勇统帅困厄江西，成了瞎子、聋子跟叫花子，喊天天不应，求地地不灵。

内心倔强、行事刚强的曾国藩，忍耐力逐渐逼近极限。既然是江西省一把手有意设阻为难，他决定运用政治手腕，来一次杀"虎"骇"猴"，不惜代价来扳倒陈启迈，让江西百般刁难的地方中小官员看看，得罪老曾是什么下场，不支持老曾会带来多么严重的后果。他试图借此为湘勇在江西继续发展争取一线生机。

咸丰五年（1855年）7月25日，一道来自江西前线取名为《参奏江西巡抚陈启迈折》的生猛弹劾奏折，以快马加鞭日行六百里的速度，从湘勇前敌总指挥部送到了咸丰皇帝的御案上。

在这封几乎全是用"黑火药"加"核弹"做成的参奏报告里，曾国藩以近乎"激情杀官"的勇气，一口气列举陈启迈四大罪状：

一、粉饰欺蒙；二、保举徇私；三、颠倒是非；四、政令多更。

陈启迈（1796—1862年），湖南武陵（常德）人，字子皋，号竹伯，道光十八年（1838年）考取的进士。

追溯起来，陈启迈跟曾国藩算得上是官场老友了。他比曾国藩大五岁，两人既是湖南同乡，又兼进士同年，作为官场同僚，这种情谊堪比家人兄弟。如果不是置身乱世，不是同时出现在江西战场，并肩同为主客两军大佬，他俩此时可能正在北京城内的某家饭馆内喝酒叙旧，拨亮窗边烛光，彼此轻言慢语，共话诗文，回望家乡，其乐融融。

但曾国藩既然横下心来决定彻底扳倒他，下笔也不再考虑留丝毫人情，他用最毒辣的词句，一心一意将陈启迈往绝路上推。

在逐条举证罪状后，曾国藩最后跟青年皇帝说：

> 臣与陈启迈同乡、同年、同官翰林，向无嫌隙，在京师时见其供职勤慎。自共事数月，观其颠倒错谬，迥改平日之常度，以致军务纷乱，物论沸腾，实非微臣意料之所及。

换成白话，我们能立即感受到曾国藩背后的幽邃用意：臣曾国藩跟陈启迈既是湖南老乡，又是进士同年，同时还是在北京翰林院一起做官的同事，我们平日里私交好得像一个人，以前从来没有发生过半点儿不愉快。我在北京做官时，看到的他，是一个工作勤奋、做人审慎的人。但自从我到江西办团练，共事才短短几个月，便发现他做事七颠八倒，几乎没有做对过一件事情。他将过去做官的好习惯全部改光了，导致江西军事一塌糊涂，全省弥散的全是批评他的意见。他前后差别这么大，是我做梦也想不到的呀！

曾国藩这段话的毒辣之处在于：他故意将自己与陈启迈的私人关系说得格

外亲密，令咸丰皇帝自然相信曾国藩在"大义灭亲"，他将陈启迈做京官跟当巡抚两个阶段的形象完全割裂，让咸丰皇帝怀疑，以前看到的勤勉京官陈启迈都是假象，如今这个"十恶不赦"的巡抚形象才是真的。

果然，情绪意气的青年皇帝，看到这道字字如刀锋的奏折，迅速选择完全与曾国藩站到一边，他勃然大怒，当即用朱笔批示："陈启迈着即革职，听候新任巡抚文俊查办。"

一国之君仅仅凭曾国藩一道奏折，没有再进行调查核实，也没有派员审问取证，甚至没有听当事人辩解，一位封疆大吏便轰然委地，这种情况在清朝极为少见。

客观地说，陈启迈不是一位差到要被开除的庸官。他为官的做法，也并没有什么大错，顶多算个"地方保护主义"。他最大的错误，是没有带头支持曾国藩而已。

但曾国藩还来不及高兴，更多的麻烦又跟着来了。扳倒陈启迈，曾国藩在江西的困境依然不见好转，新任巡抚文俊对湘勇的支持甚至还不如陈启迈。

曾国藩这下开始头疼了。

运用政治神力"杀虎骇猴"，效果本来立竿见影，但没想到皇帝换了个半斤八两的"新老虎"继续来罩着他们，江西的地方官继续"猴"假虎威，弄得自己前功尽弃。

按说，湖南帮办团练大臣跨省扳倒江西省的封疆大吏，如果不是战争非常时期，不见得比摇动一座山容易。陈启迈固然已被搬走了，但自己也元气大伤，从此又少了一个官场老友。曾国藩不可能再扳得倒文俊，也没这个必要了。

曾国藩没有料到，"杀虎骇猴"的负面效果，同时显现出来了。如今，江西官场内同僚对曾国藩从原来的鄙夷轻视，变得普遍充满恐惧与反感，将他看成能避则避的"官剃头"，免得脖子被他犀利的三角眼盯着，像用剃刀在割。

曾国藩甚至开始揣测，万一咸丰皇帝清醒过来，会不会怀疑自己随意听信，"冲动罢官"之举有失草率？虽然对权力无限的皇帝来说，罢免一位封疆大吏，就像身上掉根毫毛，不需要承担任何被追查、质问跟举证的责任，但"毫毛"陈启迈毕竟也是皇帝心腹的一部分。

湘勇在江西军事接连失利，加之境内无援，缺粮、缺饷，按说，曾国藩统率的四五万人孤悬客寄，一个月也熬不下去。他为什么能够在坚壁清野的情况下，依然能带领湘勇将士继续尊奉朝命，在江西战场纵横厮杀呢？

原因是，曾、左、胡谋划湘军布局，此时已见成效，三驾马车已经齐头并进，完全可以相互接济了。湖北巡抚胡林翼对曾国藩的军事支持固然不可或缺，但湘勇在江西依然能够生龙活虎，首先是因为，左宗棠在湖南巡抚衙门给予了他实心大力的军饷支持。

|三|

咸丰五年（1855年），坐镇长沙城中代行巡抚职事的左宗棠，给远在江西前线指挥湘勇的曾国藩写去一封书信，这是左宗棠写给曾国藩保存至今的第一封信。

左宗棠写这封信时的大背景是，这年，太平军在湖北战场已经取得了一系列的胜利，2月23日，太平天国西征军攻占湖北汉阳；4月3日，太平军第三次攻占武昌城。到11月，江西战场全线告急，太平天国西征军接连攻克江西瑞州、临江、袁州等地。

左宗棠给曾国藩去信时，湘勇在江西的情势进一步恶化，从湖南茶陵冲出的太平军两次赶往江西，将该省永新、永宁、安福、万载四县全部攻打下来。没有疑问，作为湘勇统帅的曾国藩，在前敌总指挥部所承受的压力是空前巨大的。

这一年里，湖南巡抚衙门幕僚、湖南实际的军政操盘手左宗棠，给予曾国藩在江西战场的支持，主要有二：

一是在湖南开办厘金局，由黄冕在常德试行后再迅速在湖南全省推广，每年能够筹集二百多万两银子，用于支持湖南邻省军饷，其中江西湘勇所分军饷占主要部分。

二是在湖南省内的军事会议上力主援助江西。

因为曾国藩身份仍是钦命湖南帮办团练大臣，眼下虽然已经带兵走出湖南省境，但名义上还隶属于湖南民兵系统，是配合湖南巡抚骆秉章的同事。这个身份让左宗棠有了自由发挥的空间。左宗棠在湖南省军情讨论会上这样跟骆秉章说：

"江西一旦出了问题，则江苏、浙江、福建、广东都将被太平军占领，湖南也处于危险之中，整个东南都将可能丢失。站在全国的大局上看，军事的当务之急是援助江西。"

骆秉章同意左宗棠的安排，左宗棠当即调派六千名绿营兵，开赴江西前线支援曾国藩。

因为湖南官方全力援助江西，在这段时间里，左宗棠对曾国藩湘勇营的关心，具体到了军队管理的环节，他甚至操心湘勇前线将士的军纪。左宗棠听说湘勇水师在江西南康多有抽鸦片者，且经常下船混迹闹市的士兵也多，开始担心湘勇营军纪不严，将来万一被太平军乘隙钻了空子，就要坏大事了。

对于湘勇各部的优劣，左宗棠也帮助曾国藩逐步分析出来。他说："论治军的纪律，彭玉麟比杨岳斌好。李元度所领营，好士兵多，好将领少。周凤山所领营，军纪不错，但将领中没有一个读书人。"

这些分析都十分中肯。

彭玉麟严于律己、严格治军，战场胜利居多，这是他后来官职一路顺利升迁，成为湘军水师奠基人的重要原因。

李元度则是一个纯粹的文人学者，他的人生理想是做一个一流的历史作家，对军事比较外行，所以平江勇虽然普遍勇猛善战，但因李元度不懂选将，也无心练兵，他手下的将领跟他本人一样，清一色是不大懂得军事的知识分子，这直接导致五年后曾国藩派他守徽州城根本无法守住，只好弃城逃跑。后面会专门说到。

周凤山其人因粗莽不懂文化，喜欢蛮干，不听指挥，在常德、益阳的战斗中士兵溃散，甚至将湖北巡抚胡林翼也牵扯了进去，替他分担战败的后果。

左宗棠在曾国藩面前直言湘勇将领得失，也不顾虑情面，因为他始终认为，在战争面前，一切都需要从实事求是出发，情面必须暂时抛开不讲。

左宗棠之所以跟曾国藩大谈特谈军事纪律，是因为左宗棠治军首重军纪。

曾国藩则有所不同，治军首重军心。笔者在《左宗棠：家书抵万金》一书中前面部分几次谈到，左宗棠重军纪，不但战前开除不合格的将士，下了战场照样淘汰人。这里可以对照来看。

曾国藩的霹雳手段，主要表现在他办湖南审案局期间惩腐打黑、征剿土匪，治军方面则表现得相对优柔。他所用将领，第一要求是"才堪治民"，前线将领更偏重文官，而非武将。左宗棠则不同，他所用将领偏重武官，且只对统领、营官有文化要求，纯粹不通文墨的武官，只做副官、裨将，负责带领士兵冲锋陷阵。

深入比较此时左宗棠与曾国藩治军思想，至少可以概括出三个方面的不同：

第一，曾国藩所用将士的根本素质要求，是"朴诚"，"扎硬寨、打死仗"；左宗棠所用将士需要具备的最重要的素质，是"朴强"，"能拼命、打计算仗"。

第二，曾国藩所用营官与统领各司其职，权责分明；左宗棠则用统领兼任营官或将领，一人担数职，尽量保持内部指令高效、畅通。

第三，曾国藩整齐军心靠唱《爱民歌》；左宗棠推行军令全靠营务处。也就是说，曾国藩借助音乐艺术，来传播军队的思想政治工作；左宗棠则靠类似军队政委的部门，将宣传思想政治工作与执行思想政治工作一体化。

这些差别，显示两人治军大异其趣。因两人都有能力将自己的治军思想，体系化地用于实践，而且都能取得成功，这就注定分歧无法调和，这为两人后来"失和"埋下伏笔。

眼下这些分歧，还不可能升级为双方之间的矛盾，因为曾国藩是湘勇前敌总指挥部的统帅，左宗棠是坐镇后方的湖南绿营幕后指挥者，全国战场以曾国藩为主，左宗棠为辅，两人目前只有工作配合，并没有从属关系。

左宗棠此时的工作重心，还是筹集军饷、军粮。左宗棠的商业头脑灵活，为了赚笔巨款来支持曾国藩，他打起了淮盐的主意，向朝廷申请将淮盐卖进湖南的政策，已经通过。

湖南古来蛮荒之地，历数十代人辛勤开垦，到清朝已经发展成"鱼米之乡"。"湖广熟，天下足"，湖南成为全国重要的商品粮基地。战火将湖南的商路烧断之后，全省堆积如山的白花花的大米卖不出去，直接导致谷贱如泥，而湖南远离产盐区，常年缺少食盐。如果能够以米换盐，则湖南巡抚衙门可以通过优惠政策，运来廉价食盐，从盐商批发销售中扣除的厘金税，又可以用来支持军饷。

但食盐有了，市场有了，政策也通过了，万事俱备，只欠东风，江西通往湖南的盐路被太平军烧断了，淮盐眼睁睁看着运不进来。左宗棠跟曾国藩在信中说起这件事，大约是为了让曾氏部将在战前动员时以此为由头，来激励前方将士，告诉他们，湖南靠江西商路运盐，我们打仗靠湖南接济银子，每个士兵在江西的战场上的表现，与军营里每月给士兵发的银子，有直接关系。让将士为保卫自身的军饷而战，没有比这个宣传口号更能激发无穷斗志的了。

咸丰五年（1855年）起接连两年内，左宗棠通过在湖南征税的手段，一共募集到二百九十五万两白银，他再通过湖南省东征局，将这笔巨款源源不断运送到江西湘勇营。有了这笔堆积如山的白花花的银子，即使江西全省对曾国藩实行闭门揖客、不闻不问政策，四五万人的湘勇军队照样可以生存发展下去。

但世上从来没有无缘无故的付出，依靠他人也从来都有风险，要付出对等的代价。曾国藩完全不依靠江西，江西自然无话可说，但依靠家乡湖南，湖南官方紧紧盯着他在江西的一举一动，看上去比湖南本土的事情还要关心。湖南官员之所以有精力关注江西，因为湖南自咸丰四年（1854年）后全省安宁，成了难得的乱世中的承平之省，官员们主要忙军事输出，有的是时间跟精力。

当一个人将自己全部的精力、所有的希望，都寄托到另一个人身上，对他的要求，自然就会变得严苛起来。左宗棠此时对曾国藩就是这样。左氏孤注一掷，将湖南的人才与钱财，通过湖南省东征局，全部倾注到了曾国藩身上。他不敢去深想，万一湘勇不行了，怎么办？

随后突如其来发生的一件大事，让左宗棠对曾国藩大为失望，开始诧异，进而愤怒。

曾、左在合作进入第五年时，矛盾终于以比较激烈的方式发生了。

第四章

首次断交

曾国藩说：能干的人才需要坚守"职业精神"；左宗棠说：所有人都要坚守"职业精神"。左宗棠批评曾国藩自私、怕死，曾国藩心痛得夜夜失眠，两人首次"断交"。曾国藩从"法家斗士"摇身变成"道家柔士"，甘居第二，成功消解危机，两人复合如初。

负气相持

| 一 |

事情缘起，咸丰七年（1857年）2月27日，曾国藩父亲曾麟书在湖南老家湘乡荷叶塘去世。

父亲去世是一件大事。根据古礼，曾国藩需要离开前线，回家为父亲守孝三年。

但朝廷在礼仪的原则性要求之外，同时又有一个灵活性规定，碰上国家发生重大战争，官员可以以国事为重，暂时放弃守孝，这叫作"金革变礼"。

因近两年来在江西战场备受江西官场各方掣肘，曾国藩不胜烦忧却无处吐告，他知道问题出在咸丰皇帝过于小气不敢放权，有心撤离。在瑞州军营得到噩耗后，他晓得这是远离前线再合适不过的借口。

不待朝廷批准，曾氏便自行决定离开湘勇前敌总指挥部，直接回家守孝。

离职之前，曾国藩对江西军事作出粗率安排：将自己所统的外江水师十五营、内湖水师八营，交付郧阳镇总兵（提督衔）杨岳斌总统，由广东惠潮嘉道道员彭玉麟协助办理；江西水陆诸军及各省的援师，则交付西安将军福兴与江西巡抚文俊会商办理。

显然，这是个十分粗率的安排，很容易导致各方"扯麻纱"。原因是，杨岳斌、彭玉麟统领的湘勇水师属团练兵，福兴、文俊所统带的绿营则属于正规军，两者互相不能统辖。满洲贵族将军福兴、江西巡抚文俊，本来就不熟悉军务，他们连平日里和湘军之间的关系协调都很成问题，曾氏如此安排便匆促离职，将直接导致各方掣肘，湘勇与各军因内部无统一指挥而无法协同作战。太平军此时气焰正烈，江西官军本已左支右绌，此时再失去强有力的统一调度，随时可能决裂，后果不堪设想。

左宗棠在长沙闻知曾父去世，当即预感到不妙，他推想事情发展的最大可能性，不外曾国藩申请丁忧，朝廷不予批准。因此，一开始他在与朋友通信时，这样平静地预测：

> 涤公此时想已闻讣，当时事艰危至极之日，恐未能以丁忧谢兵柄，庙堂亦未必许之，然而苦矣。

意思是说，我猜想曾国藩老兄现在已经接到父亲去世的讣告了，现在全国军事全面告急，他应该不会有以守父孝的名义辞去兵权的想法，即使有，朝廷也不一定会同意。但不管是哪种结果，困难都摆在那里。

但当左宗棠在长沙得知，曾国藩未经朝廷批准，便已抛弃前线自行归家守孝，他的心猛然"咯噔"了一下，内心失重，诧异莫名。原本的担忧跟同情，瞬间换成了失望与愤怒的情绪。

左氏给湖南巡抚衙门旗下的团练首领、自己直接指挥的属下刘腾鸿去信，首次发表了对曾氏此举的看法：

> 涤公不俟朝命，遽戴星而归，弟力陈其不可，然事已无及。闻颇有见怪之意，则只可听之。平常无事时，督抚在任丁忧，尚需候旨，始能交卸，岂少司马视师，其责任更轻于平时督抚耶。

意思是说，曾国藩老兄不待朝廷批准，就马不停蹄回家守孝，我事前竭力阻止他回来，但眼下生米已经煮成熟饭，我也无能为力了。听说曾老兄对于我阻止他已经见怪了，那就让他见怪好了。我的意见是，作为总督、巡抚级别的封疆大吏，即使在天下太平时回家守孝，也需要等到朝廷批准，才能够动身。曾老兄以少司马的官职在江西统帅军事，难道他在前线承担的军事责任，比太平时世里的总督、巡抚还要轻吗？

左宗棠的态度很明确，曾国藩不等朝廷批准就擅自归家守父孝，做法肯定不对。因为即使是太平时世，作为省部级别的高官归家守父孝，都需要得到朝廷批准，办理好权力交接手续，才能从容离开职位。如今前线十万火急，正需要主帅尽心竭力救急，而不是撂挑子走人。

如果说，咸丰皇帝不授予地方实权，弄得曾国藩经常怒火攻心，那段日子，左宗棠忧虑全国军事，也同样开始变得寝食难安了。左宗棠没去想是皇帝的问题，而将责任一股脑儿全堆在曾国藩头上。

为了让曾国藩意识到自身的错误，尽快回心转意，以挽回艰难时局，他抓紧时间写了一封措辞激烈的书信，对曾国藩近日的举动，从观念到做法都作了基本的否定。

这封信火药味之浓，隔着纸张，百年后仍能闻到。

|二|

左宗棠为什么用语要如此生猛？

有两个方面的原因：一是近五年来，左宗棠以"军政秘书"代湖南巡抚主持全省军事，已经自觉地以"湖南巡抚"的身份来跟曾国藩交流对话了。二是前面这些年，左氏在曾国藩面前已经习惯了真话直说。他大概没有想过，当面批评人，与写成文字责备人，予人的观感会有较大不同。他更不觉得这封信的内容有什么不对，所以在去信两天后，他想到有些话还没说完，又追加了一封信。

连去两封信，均石沉大海，没有接到曾国藩的回信。在等待回信的漫长一年多里，左宗棠内心已近抓狂，他明显感到曾国藩在负气了。

曾国藩方面呢？事实上比左宗棠更惨。他已经被左宗棠批评得患上了失眠症，整天整夜地合不上眼。

曾国藩选择沉默，一年内不回应左宗棠的批评指责。

曾国藩之所以不回信，很大程度上是因为左宗棠质疑、批评、指责自己的观点，都立论稳正，曾国藩读完之后，无法在逻辑上予以否定，当然也就无从借助文字来反驳。也就是说，向来擅长文章的大手笔，已经不知道该怎么回信了。

我们今天回到左宗棠去信的主体内容中看。左宗棠批评曾国藩的前半部分,集中在人到底应不应该以生命来捍卫"职业精神"四个字上。

曾国藩认为,捍卫"职业精神"这件事,要因人而异。因为人与人是有差别的,每个人的能力有大小之分,所以"职业精神"不能一概而论,而应该因人而论、因事而论,具体人事作具体分析。

为什么放弃江西军事主帅的职事不顾,而回家守孝呢?不是自己缺乏"职业精神",而是只有对那些个人能力强、办事效果明显的人,才需要恪守"职业精神",以生命为国家尽力,为朝廷尽忠。对于像自己这样能力弱、办事效果不明显的人,就不一定需要恪守"职业精神"了,因为战场上有自己跟没自己都差不多,为什么还要为了恪守"职业精神",而置孝道大节于不顾?为什么就不能选择急流勇退,"弃忠"而"尽孝"?

左宗棠完全不这么认为。在左宗棠看来,不管个人能力强还是弱,对国家、社会的贡献大还是小,只要做了军事统帅,穿上了这身帅服,就只剩竭尽全力"尽忠报国"这一条路可走了。即使真的能力弱,就是死,也要死在职事上,而不能死在家乡,惹舆论笑话。人必得要有"死志"的决心,用生命来捍卫尊贵的"职业精神"。

显然,左宗棠在大道理上更站得住脚,尤其是在公开场合上,更加无可挑剔。无论用传统的儒家义理来权衡,还是用现代的价值观念来考量,皆是如此。

比较两人观念的差别,曾国藩在这里谈的,是人在社会生活中现实性的一面,遵从的是人的本性与常情;而左宗棠谈的是人的超越性,是人的理想与情怀。在左宗棠看来,人是需要有一点理想与情怀的,尤其作为军事统帅,不能没有理想与情怀。

曾国藩为什么不回信反驳左宗棠?他跟左宗棠信中说的这些话,放到私底下看,符合绝大多数人的本能,但放到台面上说,观点都站不住脚。

在笔者看来,左宗棠所推崇的"职业精神",道义上虽然都是对的,事实上也需要一分为二地看。以"死志"之心捍卫所职之事,军事统帅守土有责,与土地共存亡,这话当然没有错,但真正要做到,需要像他本人这样"言行合一"的强者,别人万一做不到,则很容易对他人进行"道德绑架",或者变相为"唱高调"。因为曾国藩带的是辅助军事的团练兵,不是国家正规的经制兵。

何况，多端寡要、心无定见的咸丰皇帝是否值得曾氏愚执固守"职业精神"，也大可值得商榷，因为古人并不鼓励"愚忠"。以三年后曾国藩出任两江总督的境况作比照，他此前在江西的困扰，主要是咸丰皇帝不肯授权造成的，并不真的是曾国藩军事上完全无能造成的。以曾氏出任两江总督的后事辅证，他作为政治家来统筹军事，至少是完全合格的。

左宗棠大义凛然地指责曾氏，虽然他事先无心伤人，也没有故意"唱高调"，但事实已经站到道德制高点上，对曾国藩构成了"道德绑架"。

推想曾国藩给左宗棠写来信时的心意，一定是用了曲笔。因为曾国藩骨子里是个刚强、倔强之人，他不是遇事肯随便服输、在朋友面前低头服软的人。尤其是，要他在自己欣赏的左宗棠面前承认，自己是个"能力弱、办事效果不明显"的人，看重个人尊严的他，若不是主动将姿态降低到尘埃里，怎么说得出这种颜面掉地的话？

儒家读书人看重"心术"，曾国藩相信，智敏过人的左宗棠，能够看出自己背后的这些心意，给予充分理解，不再钻牛角尖。

曾国藩为什么在左宗棠面前主动低头示弱？参照咸丰三年（1853年）初，曾国藩首次以降低到尘埃的姿态，试图挖左宗棠入湘勇营。再到一年后靖港自杀遭左宗棠痛骂，曾国藩以"涣乎若一听圣人辩士之言"退让自嘲，可见曾、左交往中，"左进曾退，左强曾弱"的心理结构已经初步定型。除此之外，这里面还有他不为人知的委屈。

最近两年来，他在江西战场接连失利，固然与他本人军事能力不强有关，但跟江西巡抚陈启迈、文俊先后不予配合、多方掣肘也脱不了干系。但按人之常情，人不能将别人不配合、反掣肘的事，在朋友之间当作事实来说，更不能作为辅佐自己观点的证据。这种吃暗亏的事情，只能打落牙齿和血吞。

曾国藩写信时大概想到，以左宗棠"神交古人"的聪颖与感悟力，会明白自己信纸背后这些不方便说出来的话。所以他试图以"自矮"来争得左宗棠的支持，何况，自己擅自离职回家，连部下都没有交接好手续，这道确凿的硬伤，也让自己的反驳明显底气不足。

事实上，曾国藩在这里跟左宗棠说自己办事能力弱，确实只是为了争取左宗棠的同情与支持，他内心里并不真的就这么认为。有事实为证：咸丰七年（1857年）7月26日，在守孝三个月期满（咸丰皇帝批准的守孝时限）后，朝廷催促曾国藩抓紧出山，曾国藩非但没有答应，反而趁机向朝廷上了一道《沥陈办事艰难仍吁恳在籍守制折》，向朝廷倾吐了自己在江西期间羁压于心的三大难处：

第一，湘勇不属于国家正规军，打了胜仗也不能以实职奖励部下，朝廷不给予自己保举提拔人的权力，军队的积极性没办法调动；

第二，自己以钦差大臣、"兵部侍郎"虚职在地方带团练，没有地方督抚的实权，不能在地方上成立厘金局抽取税收，不能安排布政使在地方为军队筹集粮食，闹得军队经常挨饥受饿；

第三，战争年代，各地的关防总在变化，自己钦差大臣、湖南帮办团练大臣的任命书，朝廷没有通过委任状抄寄涉事各省相关部门，导致自己的军令经常是一纸空文，毫无信用保证，多方呼应不灵。

曾国藩认为，自己在江西之所以战绩不佳，主要是上述三大原因造成的，而不是自己真的能力不行。所以，他这次借回家守孝的名义，暗中早做打算，趁机跟咸丰皇帝摊牌，以要价争权。人不是什么话都可以光明正大地拿出来说的，自己背后这么隐秘的心思，怎么好意思跟左宗棠提早明说？只好暂时以"自矮、示弱"，来争取得到能看明白他心思的朋友的同情，他相信左宗棠这个"当代诸葛亮"，属于看得明白的阵营中人。

问题是，左宗棠看明白了曾国藩曲折委婉的心思了吗？根本没有。

是左宗棠的经验与智慧不足以看明白？不是。洞悉人性、谙熟人情的左宗棠，其将心比心、推己及人的能力，其实是超强的。稍后，胡林翼在湖北巡抚任上动用"智术"，将湖北省批发的盐卖到湖南来换米，左宗棠对他的心思看得比胡本人还清楚。

左宗棠这次之所以没有看明白曾国藩的心意，主要还是因为他本人已经深深陷入自己的思维惯性中去了。用禅宗的话说，他陷入了"我执"。

左宗棠既然并非自省能力不强的人，为什么仍会造成这样的沟通障碍？如前文所说，最近两年，他从湖南共筹集了二百九十五万两银子，专供曾国藩的湘勇营做军饷，可以说是曾国藩最得力的"后勤部长"。左宗棠押宝一样将全副身家投入，自然一心盼着曾国藩将江西的军事办成，全然再无其他念想，也不敢往坏处深想。

当左宗棠听到曾国藩主帅临阵逃离这个无异晴天霹雳的消息，一门心思全部跟着陷了进去。此时无论他人解释什么，左宗棠也不可能再听得进去，他只会恼羞成怒，怪曾国藩为何要辜负自己的信任。

愤怒的左宗棠，开始去寻找曾国藩避开江西主帅之责的原因。左氏认为，除了曾氏的"职业精神"不够，还有两点原因：一是"自私"，二是"怕死"。

左宗棠运笔老辣，看问题稳、准、狠，落纸的文字伤害力度自然也大。他不在信中直接指责曾国藩"自私、怕死"，而是力图证明他的这两项弱点，有师生沿承关系。

为了不动声色地对此加以论证，他从自己与曾国藩的理学老师唐鉴的一桩旧事说起：三年前，年近八十岁的唐鉴老先生为了躲太平军，将家从长沙闹市区搬到湖南宁乡的深山老林里去了。左宗棠说：唐鉴老人家比年轻人还怕死，不敢留在长沙城以稳定人心，可见平时道德、学问虚伪。左氏又批评唐鉴老先生的学问也是花架子，对于办团练与分析时局，只有表面功夫，没有干货，内容大多是空话、套话，不听没什么害处，听了也没有什么用。

天地君亲师，中国古来尊师重道，老师与天、地、皇帝、父母并列，受人敬仰。批评他人的老师是十分严重的，这不但等于否定了人家，连人家的学问之根也被拔掉了！曾国藩看到这里，不说血气冲顶，至少眼前一黑。

左宗棠为什么对曾国藩要下笔如此辛辣？他天性好辩，出手沉重。左宗棠童年时代便推崇孟子，孟子是先秦最高明的辩论家，战国除了墨子，没有人是他的对手。左宗棠隔了两千多年，遥承了孟子的辩论本领。

如果左宗棠在这里只是纯粹批评唐鉴先生的学术观点，曾国藩也许会写上几句话辩驳，即使不辩驳，至少不会那么在意，因为学术观点百家争鸣，笑骂由人，犯不着计较。但左宗棠在这里说的，全是他自己亲历的事实，曾国藩也是第一次听他说起，这类似写"新闻述评"，新闻是独家的，述评便有垄断性，谁也没法反驳。因为所言事实没有枝蔓，中间不涉及学术观点，所以曾国藩即使想回信，也不知道从何处落笔。

刀枪只能"伤身"，刀笔却可以"诛心"。言辞越是独到深刻，杀伤力越是强大。曾国藩在湖南湘乡荷叶塘读到这封信，万箭穿心。愤怒、愧疚，欲辩无言，终于患上了"失眠症"。

| 三 |

欧阳兆熊在《水窗春呓》这本私人笔记体的小册子里，记录了曾氏当时的实情：

> 咸丰七年，（曾国藩）至江西军中丁外艰，闻讣奏报后，即奔丧回籍，朝议颇不以为然。左恪靖于骆文忠幕中肆口诋毁，一时哗然和之。文正亦内疚于心，得不寐之疾。

为什么朝野上下皆在非议，曾国藩似乎皆介意不深，独独左宗棠一封书信，杀伤力竟然如此之大？

主要有三个方面的原因：

一是左宗棠其人刚正不阿，敢作敢当，在湖南文化界的名声不错，曾国藩内心也认同他是一个正人君子。被来自民间的正人君子责骂，最能摧垮一个人自信的心理防线。

二是左宗棠在湖南士林的朋友圈影响力大，他不但自己写信来批评，而且还"组团"他人来一起指责，他要湖南巡抚衙门幕僚吴南屏、丁秩臣也给曾国藩写信来谈与自己一样的意见，这让曾国藩在湖南文化界四面楚歌、颜面尽失，待在老家如坐针毡，真是情何以堪。

三是左宗棠整封书信用词十分激烈，语气近乎峻刻，而逻辑严谨、气势如虹，句句像是直接往当事人的心脏上扎刀子。

左宗棠这封信的直接后果，让曾、左第一次"断交"。

曾国藩固然被伤到了，左宗棠本人也伤痛匪浅。

第四章 首次断交

后世一些研究曾国藩的作者据此信判定，左宗棠其人偏激、意气、忘恩负义。在笔者看来，就事论事是皮相之论，它并没有触及背后的实质。

深入事情的肌理去看，单就事理，左宗棠批评曾国藩的地方都对；但就人情而言，左宗棠为了朝廷正义而不顾朋友情谊，责任归因，明显批评过火。

要看明白曾国藩选择的情理，这里不妨借助学者黄仁宇在《万历十五年》中观察历代帝国官员的一个观点，来跳出就事论事，拓宽眼界跟思路。

黄仁宇说，任何官员都有自己明面上的"理想"，也有自己背后的"私欲"。首辅申时行虽然提倡理学的"诚意"，但他对理想与事实的脱节，却有一番深切的认识。他把人们口头上公认的理想称为"阳"，而把人们不能告人的私欲称为"阴"。调和阴阳是一件复杂的工作，申时行所期望的不外是"不肖者犹知忌惮，而贤者有所依归"。达到这个低标准，已经需要一番奋斗，如果把目标定得更高，那就不是实事求是了。要消除官员中不愿公开的私欲是不可能的。

个人的私心会随时随地变迁，只有伦理道德永恒不变。古代的圣贤写作"四书"的时候如此，朱熹注解"四书"的时候如此，今日仍然如此。正因为如此，它才可以在经筵上被讲解者发挥，也可以在墓志上被镌刻，以为后人的典范。

根据黄仁宇"中庸调和"的观念，我们明显可以看出来，左宗棠一心想着要求曾国藩为了"理想"而彻底放弃"私欲"，标准过高，显然有违传统儒家中庸"阴阳调和"之道。

事实上，在老家湘乡荷叶塘闭门反思的曾国藩，此时也逐渐深刻地领悟到了传统文化这种"阴阳调和"的精髓。他说：

> 圣人有所言有所不言。积善余庆，其所言者也，万事由命不由人，其所不言者也；礼乐政刑，仁义忠信，其所言者也，虚无清静，无为自化，其所不言者也。吾人当以不言者为体，以所言者为用；以不言者存诸心，以所言者勉诸身。

这段话有参透宇宙、人生道理的玄机。换成白话：圣人有口头上直接说出来的话,有只供本人体察、感悟,但从不公开说出来的话。"积善之家,必有余庆",这句话圣人会直接说出来;所有事情都由性格、时势、机遇事先决定了的,这句话圣人是不会公开说的。礼制、乐律、政教、法律、仁爱、正义、忠诚、信用,这些话圣人会经常挂在口头上说;但宇宙"虚无清静,无为自化"的真实面目,圣人只在自己内心默察,从不公开说出来。我们这些读书人,将圣人不公开说出来的话,作为道德学问的源头;将圣人经常挂在口头的教导,当作教化群众的方式、方法。圣人没公开说出来的话,适合放在自己心里;已经公开说出来的话,可以用来规范言行。

用现代眼光看,左宗棠此时虽然有违儒学"阴阳调和"的中庸原则,但他的观念跟做法,无疑有他存在的价值跟理由。你可以不同意他的观点,但他有自由发表观点的权利。关键是曾国藩自己在意程度的深浅,他对左宗棠的批评也执着得有点过头了。如果设身处地反想一下,左宗棠此时站出来支持曾国藩,为他鼓掌、点赞,心理抚慰,结果又将如何?更加不对。站到国家天下的角度,两人一唱一和,不说"朋党勾结",至少是沆瀣一气,成了"比而不周"的"小人"。

孔子论益友者有三:"友直、友谅、友多闻。"以儒家传统的观念评析,曾、左皆是多闻、心直之人,但两人相交,此时均直大于谅。

朋友关系发展到这时,我们已经很难说曾、左是"知交"。更为准确的评价,应该是"诤友"。

"诤友"就是能够直率坦言、勇于当面指出对方缺点和错误的朋友。"诤友"者,理在情先,理大于情,公事面前,必然有争。

"诤友"的出路有两条:断交或者复交。如果从此断交,结果弊大于利;如果能够复交,必然利大于弊。

在曾国藩尽弃前嫌主动求和之前,曾、左其后的交谊,疑路重重,前路难卜。

"变身"续交

| 一 |

在一个事先没有任何征兆的日子，在左宗棠可能快要淡忘的时候，他突然收到曾国藩的回信。信是曾国荃代大哥曾国藩直接送到左宗棠家里来的，这距离他上次写信，已经过去整整一年多。

曾国藩为什么想到，在一年多后要跟左宗棠修复旧日交情？

在湘乡老家闭关自省的一年多里，曾国藩发现，左宗棠的话并没有说错。自创办团练以来，自己得罪的远不止左宗棠一人，而是有过交道的多数故旧，包括涉事的诸多官场同僚，江西官场的多数要员。

如果不是世界错了，就是自己错了。既然自己错了，问题到底出在哪里呢？

反身求诸己，曾国藩领悟到，根子在自身的方法。自己以前将"刚强、倔强"之气用于带兵打仗，以法家手段待人接物、为官办事，方式方法彻头彻尾错了。至于因此而倔强负气，则更加不对，因为于人有伤，于事无补。

再次出山前，他的思想经历了一次脱胎换骨的痛苦蜕变，从儒家的"刚强、倔强"，摇身变成道家的"优容、恬静"。

关于这点，以曾国藩好友欧阳兆熊的贴身观察最为准确。他切实概括曾国藩一生有"三变"。作为身边最为亲近的朋友，在《水窗春呓》这本私记性质的小册子里，欧阳兆熊真实地描述出，他历年所见到的曾氏三次变化的前后经过：

> 文正一生凡三变。其学问初为翰林词赋，既与唐镜海太常游，究心儒先语录，以程朱为依归。至出而办理团练，又变而申韩；尝自称欲著《挺经》言其刚也。咸丰七年，奔丧回籍，得不寐之疾。予荐曹镜初诊之，言岐黄可医身病，黄老可医心病，盖欲以黄老讽之也。此次出山后，一以柔道行之，以至成此巨功，毫无沾沾自喜之色。

意思是说，曾国藩一生共摇身变化过三次。

青年时代，他学的是词工文臣学问，跟唐鉴先生一起研究孔孟之言，将程颐、朱熹的理学当作官场教科书。

到他出山办团练后，又将程朱理学的教科书放下，摇身变成战国时期集法家之大成者申不害、韩非子的门徒。曾氏说，自己要用法家思想写作一部《挺经》，意思是做事要刚强，为人要倔强，哪怕前面有天大的困难，也要咬紧牙根，用力扛过去，决不心软，绝不回头。

到咸丰七年（1857年）春回家守父孝，曾氏由法家的门徒，又转成道家的门生。欧阳兆熊推荐民间高人曹镜初帮他诊断治疗失眠症，曹老先生告诉他，中药只能治疗人身体方面的疾病，黄老道家可以治疗人的心病。用意是以黄老道家来提醒他，让他看到申不害、韩非子的观念是有毒的。

曾国藩听后，开始翻读道家作品。对照经历，仔细琢磨，时有反省，逐渐醒悟过来。这次出山后，他像是换了一个人，与人负气竞争的姿态全然不见了，一切都以太极柔术从容应对。即使后来平定了太平天国，在如此巨大的功劳面前，他也没有沾沾自喜，不可一世。

根据欧阳兆熊的这段总结，曾国藩一生"三变"的时间节点，大致可以分成三个阶段：

第一阶段，从道光十八年（1838年）考取进士，到咸丰二年（1852年）出山办团练之前，曾国藩信奉程朱理学，主要精力用于修炼个人心性。

第二阶段，从咸丰三年（1853年）初正式出山办团练，到咸丰七年（1857年）回家奔父丧这段时间，曾国藩用申不害、韩非子的法家思想，以霹雳手段治军、肃吏。

第三阶段，从咸丰八年（1858年）给左宗棠写回信起，曾国藩又经历一次洗心革面，从"法家官员"摇身变成"道家官员"，从此信奉黄老之学，一改"刚强、倔强"风格，以"优容、恬静"的道家柔术应世。

欧阳兆熊的贴身观察、分析，基本符合曾国藩一生的实际。可作辅证的事实是，曾国藩后来提炼总结了一个"君子八德"，作为自己为人处世、待人接物的指南。

第四章 首次断交

"君子八德"的具体内涵是八个字："勤、俭、刚、明、忠、恕、谦、浑"。也就是说，勤劳、俭朴、刚强、明白、忠诚、宽恕、谦和、糊涂，是修养成君子必然要信守的八条原则。比较曾氏以前的风格，这八个字最关键的改变，在一"浑"字。"浑"可以理解成糊涂，也就是难得糊涂，即恰当地模糊人、我的界限，不搞水至清则无鱼。

但深入去看，曾国藩之所以要摇身"三变"，问题不是出在其学问本身，而是个人能力、性格、气质，与以前所奉行的学问，匹配程度不高。也就是说，曾氏采用法家的办事方法，跟他本人的天赋、气质不太吻合。迫不得已，只能中途改弦更张，寻找最适合自己的方法。军事家固然必须用法家，但最适合政治家的学问，只能是道家。作为政治家的曾国藩，终于发现了这点。

类比去看，左宗棠治军、肃吏，同样信奉"申韩法家"，他将之提炼为"霸道"，治国理政则始终践行孟子的儒家"王道"，自始至终逻辑分明，层次清晰，就没有变化过。

原因在于，以左宗棠的性格气质、天资智慧、办事才能，他以"内圣外王"为目标，用"王霸杂术"治国安邦，其观念跟性格气质的吻合度最高。事情既然势如破竹，事业平步青云，完全没有必要改头换面。

曾、左虽然同属刚强之人，但性格硬度存在差异。曾国藩性格刚度像是一块生铁，左宗棠性格却是一块钨钢。左宗棠智术超凡，"以术运经"，足以应对一切，刚硬不会伤及自身；曾国藩拙诚、懦缓，无法做到随物赋形，所施刚硬之力，全部反弹回来，将自己打得鼻青脸肿。

曾国藩逐渐看明白了，这正是两人以前遇事一碰，左宗棠安然无损，曾氏内心崩溃的主要原因。

曾国藩第三次摇身一变，以"优容、恬静"的面貌再次出现，跟"圆融、通介"的胡林翼形象气质开始有点接近了。这是两人第一次复交性格气质方面相契的原因。

在"断交"的这一年多里，左宗棠确实有过"意气"。在彼此不通音讯的日子里，正如曾国藩一直惦记着左宗棠，左宗棠确实也很在意曾国藩。

记得第一次见面时，他曾说曾国藩"与仆甚相得"，这个感觉至今未变。

只是，左宗棠用理想主义的情怀要求曾国藩，不免感到失望，但放眼全国，又实在找不出第二个比曾国藩在道德、情操方面更为优秀的官员，这让左宗棠颇为纠结。左宗棠不是绝对的理想主义者，他是务实的经世致用派，他不得不修正之前追求完美的判断。尤其是，曾国藩自创办湘勇以来敢于任事担责，道德人品可圈可点，令他在"断交"后也无端怀念。

俗话说："凡所难求皆绝好，及能如愿便平常。"人对自己身边出现的杰出人物，因为习以为常，往往不怎么当回事，而习惯去凭空想象、虚构一个乌托邦式的理想人物，用作身边人物的反衬跟比照，待到身边人物某天离开自己，才发现他有着不可替代的好处，而曾经想象中的完人，事实上根本就不存在，至此才追悔莫及。

不得不说，这是人性普遍的弱点，左宗棠并没有例外。

左宗棠以为，对曾国藩这样的好人求全苛责，对方能够体谅自己一番苦心，毕竟他是湖南团练的带头大哥。但他忽视了一点，修养再好的人，是人不是神，责骂过头也会心痛。

曾国藩不计前嫌，主动示意修好；左宗棠自我反省，投桃报李，这是两人友情得以重新接通，并再次迅速升温的一大原因。

左宗棠在给曾国藩的回信中说："您来信谦虚说，自己对书本的道理没有读透，半懂不懂还心高气傲端着架子，以致伤到了朋友。这哪里是说您，分明指的就是我呀！"

左宗棠在回信中，原话是这样一番情真意切的表达：

> 沅浦（曾国荃）递到手书，敬悉近状之详，喜慰无似。不奉音敬者一年，疑老兄之绝我也，且思且悲，且负气以相待。窃念频年，抢扰拮据，刻鲜欢惊，每遇忧思郁结之时，酬接之间亦失其故。意有不可，即探纸书之，略无拟议。旋觉之而旋悔之，而又旋蹈之。徒恃知我者不以有它疑我，不以夫词苛我，不以疏狂罪我。望人恒厚，自懋殊疏，则年过而德不进之征也。来书云晰义未熟，翻成气矜，我之谓矣。

第四章　首次断交

将这段内容换成白话，我们能直观地看出左宗棠当时的心情：

曾国荃老弟将您写给我的亲笔信，从湘乡带到长沙来了。我读后知道了您的近况，内心里感到无比的高兴、欣慰。前面一年没有接到您的来信，我猜测老兄是不是要与我绝交了，既感到担心，又十分悲伤，我也负气相持，等着您先表态。

这些年来，国家混乱如麻，我基本上没过一天安心日子，在郁闷、烦恼攻心时工作，我因走神经常出错。我觉得自己跟您一直赌气下去不是个办法，拿起笔想将思路写下来，脑子却没有想法了。才想好又后悔了，揉成一团丢到脚下。我总想着，老兄是知我的人，不会怀疑我前面批评您，有其他不可告人的目的，也不会因为我措辞激烈而骂我，同样不会因为我语气狂妄而见怪。对别人要求很高，对自己没要求，年纪一大把了，道德水平让人不敢恭维，这说的就是我呀！您来信说，自己书没有读通，道理没有想透，所以才自高自大，不理会人，这说的不是您本人，我正是这个样子的呀！

曾国藩率先抛出橄榄枝，左宗棠真心实意地反思，应了俗话说的，退一步海阔天空。两人的心理隔阂瞬间消失了。两个心地聪明、为人正派的君子，在经历"断交"的苦闷与反思之后，事实上都看明白了一点，自我谦让是朋友亲近之道，自我责备足以重新稳固友情。

|二|

经历前面一年多的回信等待与"断交"煎熬，左宗棠对这次复交特别珍惜，所以这封回信，处处顺着曾国藩的心意来写，小心翼翼到近似吹捧的地步。

比如他在信中说："李续宾、杨岳斌将您身经百战、训练有素的旧部统领起来，方能取得这么大的功劳。他们实现了您的未竟之志，都是当代军中豪杰。"

又比如："听到喜报的当天，我这个'当代诸葛亮'悲喜交加，恨不得这场大胜仗是在自己的指挥下打的，毕生再没有这样失意的时候了。"

这在两人以前二十多年的交往中，是从来没有出现过的。

"断交"之初的几个月里，左宗棠确实有过负气竞争，从他跟胡林翼通信中的一句话不难看出来："就让曾国藩老兄安心在家养老好了，等我们联手将太平天国平定后，再跟他来论高下。"左宗棠这里跟胡林翼明显在说负气话，他并不是真的认为，湘军离得开曾国藩，在凝聚人心这一点上，湘军将帅其时没有人可以替代他。

两人最终得以成功复交，最为关键的原因，答案还是曾国藩去世后，左宗棠给长子左孝威在家信中自我总结的那句话：曾、左相交之道，"居心宜直，用情宜厚"。曾国藩发现，左宗棠批评自己虽然言辞激烈，但验之于事实，并没有不端用心。两人除了在"国事、兵略"上存在观念分歧，作为朋友，仍是深情厚谊。

其后发生的事实，进一步印证了这一点。左宗棠替曾国藩谋划全国各大战区的军事，他乐于为这位兄长点点滴滴操心劳神。

为了弥补前段时间批评过火导致的感情亏欠，左宗棠甚至不惜曲意示好，将自己草拟替湘勇筹集军饷的奏折，也随信寄来了，名义是请曾国藩指教。事实上，湖南巡抚衙门的奏折，曾国藩哪里有权越位去指教？何况，曾国藩也没有这个能力去指教。左宗棠这样做，推其用意，不过是给他提前报喜，让曾氏知道自己照旧贴心支持他，可以继续安心军事罢了。

更为有趣的是，左宗棠甚至不惜婆婆妈妈，开始关心起曾国藩的"失眠症"来。他主动提出，帮曾氏去找"卫生丸"来治病。"卫生丸"是当时一种包治百病的药，用于治疗气血两亏，身体虚弱，病后身体失调，大概类似于今天说的"万金油"。曾国藩看到这里，内心可能会涌起一股暖伤夹杂的心流：如果不是你左老弟去年带头组团写信来批评我，我怎么可能患上"失眠症"？真是解铃还须系铃人啊。

曾国藩守孝期间隐居在湘乡荷叶塘，外界消息闭塞，左宗棠一直代行湖南巡抚职事，掌握了大量的国家机密。因为曾国藩才刚复出，生活节奏还没有调节过来，所以郭嵩焘从北京给左宗棠寄来中央官场人事纠葛的内容，他只是提醒曾国藩有这么回事，暂时不给他送来。大概其中有让曾国藩看了会担忧的内容，左宗棠在这里先露一句言，让他先知道有这么回事，逐渐调整适应后再看，这样有个心理缓冲期，不至于伤到心脏。

第四章　首次断交

　　左宗棠眼下这些入情入心的做法，对两人其后合作影响深远。曾国藩更加真切地看清楚了，左宗棠虽然办事智术颇深，但心地始终是那么坦荡、真诚，仰不愧于天，俯不怍于人。这也是两年后左宗棠出任"襄办曾国藩军务"，曾国藩敢于大胆放权的一个重要原因，这同样是两人在同治三年（1864年）下半年起完全不通书信之后，曾国藩其后仍在剿捻等大事上不遗余力支持左宗棠的一个原因。这些都是后话。

　　朋友交往，锦上添花不如雪中送炭。人在春风得意时对于别人给予的帮助，往往感到可有可无；但在备受刺激过后对于朋友送来的温暖，可是终身不忘的。

　　对曾国藩来说，与左宗棠之前的磕碰，既已通过温情言语化解，也就翻篇。但作为主事的官员，朝廷的痼疾，地方的糜烂，对曾、左这样主持地方大局的人，却不是通过改善私交便可以破解的。

　　作为胸怀"澄清之抱"的曾国藩，经过前面一番心态的调整，再次出山领军，他以饱满昂扬的精神入世。

　　曾国藩清楚，第二次出山照旧是一场大考，等待他去化解的，仍是无穷尽的麻烦事。内心毅勇、坚韧如他，已经不再惧怕任何麻烦。

首论雌雄

| 一 |

属于曾国藩再次出山的机会,很快来了。

朝廷再次召唤曾氏出山办军事,不是咸丰皇帝良心发现而突然回心转意,对曾国藩青睐有加,而实在是迫于时势的无奈。

自湘军崛起至今,已有六个年头,朝廷始终没有想着要依靠汉官的团练武装,来最终端掉太平天国。咸丰皇帝将最终平定太平军的希望,还寄托在由满洲贵族建立的江南大营、江北大营上。这两座大营兵力在三十万人以上,从南北两面,像围墙一样将太平天国首都天京紧紧包围。

但咸丰六年(1856年)的"天京变乱"后,太平军又恢复了元气,其锐气锋芒依旧令朝廷胆寒。而满洲贵族统领的八旗,却正在无可挽救地走向堕落。咸丰八年(1858年)9月29日,清军江北大营被太平军无情攻破,天京之围成功化解,这是八旗军逐渐淡出历史舞台的开端。

江北大营溃败,北京再次面临空前危机。

朝廷感到危如累卵,如果再不重用湘勇,大清江山刀兵难息。

此时,湖北巡抚胡林翼抓住时机上奏朝廷,请求皇帝委派曾国藩以职事。恰好浙江、福建正面临被太平军攻占的危险,浙江省官员同时上书,保举曾国藩前去督办闽、浙两省军事。湘勇水师统领彭玉麟赶紧给左宗棠来信,希望他能代表湖南方面给予支持。左宗棠立即以骆秉章的名义,给朝廷上了一道保举奏折,其中核心一段这样写道:

> 现在援江各军将领,均前侍郎曾国藩所深知之人,非其同乡,即其旧部,若令其统带赴浙,则将士一心,于大局必有所济。

当时的形势是，两个月前，湘勇将领萧启江、张运兰、王开化等部相继收复了抚州府、建昌府，太平天国翼王石达开率领太平军退到浙江，朝廷催促三人率兵进入浙江追击。左宗棠正是抓住这一点做文章，他在这封保举折中陈述的意思是，萧启江、张运兰、王开化这三人不是曾国藩的同乡，就是他过去的老部下，如果能委派曾国藩前去将三员将领统率起来，则浙江的军事一定能见起色。这颇有点儿抓住时势顺水推舟、就锅下面的意味，目的是缓坡起步，降低上升难度。他知道，目前形势下最忌突兀，只有顺应形势，保举通过的概率才相对较高。

曾国藩既然仍为群臣众望所归，咸丰皇帝不得不回头召唤他出山。

曾国藩也有了再次出山的急迫想法，他发现上次赌气离开江西前敌总指挥部，并不能为自己在青年皇帝面前争到地方实权，尤其是"丁父忧"期间，他伸手要官，反遭咸丰皇帝贬斥，教训实在过于深刻。他明白了，自己的细胳膊，终归拧不过朝廷的粗大腿。如何应对？反正以后皇帝说什么就是什么，不再抗衡就对了。

找到台阶，曾国藩不再提任何条件，答应马上复出。

咸丰八年（1858年）7月13日，曾氏在家接到咸丰皇帝下发的圣旨。7月17日，他打点好行装，从湘乡荷叶塘坐轿出发，7月21日抵达长沙城。

| 二 |

再次出山，首入长沙城，摇身第三变的曾国藩，不但刚强意气不见，连性格都似乎隐藏起来了。他一面调兵遣将，一面遍拜长沙官场，逢人说好话，向所有曾经得罪过的人道歉，这其中最重要的人物，莫过于"诤友"左宗棠。

曾国藩到长沙后，第一站便亲自跑到左宗棠所在的长沙司马桥住宅（在今长沙营盘街），因有了前封书信作铺垫，两人一番叙旧，前嫌尽释。他请左宗棠以篆体书写"敬胜怠，义胜欲；知其雄，守其雌"一联赠予自己，以示和好如初。

高手交流，讲究含蓄，点到为止。这副对联，其实隐含了理学家曾国藩委婉曲折的心意：

"敬胜怠"一语，是充分肯定左宗棠上次批评他"职业精神"欠缺，是有道理的，自己今后愿意以勤劳工作，来弥补"职业精神"的缺失。

"义胜欲"一语，则是肯定左宗棠批评他"自私、怕死"，也不是空穴来风，自己今后愿意以义制利，以义为利，以国家公事为重，弃小我而成就大我。

至于"知其雄，守其雌"，则是借先贤老子的话，承认左宗棠是雄，是第一，自己是雌，甘居第二，以后一旦发生冲突，不再起竞争高下之心，以负气相持。

此时，这对"诤友"交往已经二十三年，密切合作也超过五年。曾国藩知道，左宗棠才高气傲，喜欢听他人说自己好话，尤其喜欢当面以语言折服他人，让他人按照自己的意志行事，曾国藩为了团结他，选择主动伏下身来，以柔克刚，以弱制强。

黄老道家对团结他人到底功效如何？先用到左宗棠身上看看，可以检验新配药方的真伪。

左宗棠是何等聪敏之人？一看对联，明白了曾国藩的心意，自然乐于接受。只是，他看明白后，不愿意将自己上次批评曾国藩，局限在两人之间互争高下的私人恩怨，而要进一步明确，完全是出于事关国家、天下的大局。

左宗棠借用诸葛亮一联回赠，委婉地对曾国藩予以勉励：

集众思，广忠益；宽小过，总大纲。

"集众思"，就是以民主的方式，广泛听取部下的心声，军事、政事不要独谋独断。

"广忠益"，就是军队人才需要突破地域局限，搞五湖四海，选拔将士不要局限于湘乡一地，湖南一省。

"宽小过，总大纲"，就是不纠结于一时一地的是非得失，将目光放长远，在宏观战略的层面做规划纲领，考察时事得失，共同来成就一番历史大业。

比较可以看出，曾国藩含蓄地解释的是两人之间的私人磕碰，希望以示弱来化解前嫌，以期继续风雨同舟，携手并进。左宗棠则含蓄地提醒曾国藩，两人之间只有"国事、兵略"的分歧,并不存在私人恩怨,只要将目光放长远,事业方向一致,这些分歧是完全可以消融的,也是完全可以避免的。

左宗棠的心地,很容易让人联想到他又在"唱高调"。毕竟,现实生活里的人,公、私远没有逻辑道理中的那么泾渭分明,作为朝廷公事担当者的曾国藩,与作为生活私交的曾国藩,其实是一个浑然一体不可分割的整体,而不是真的存在公、私二人。

为什么在私交场合,左宗棠也显得如此大义凛然?如果我们回看他九岁那年便"慕古大人节",就可以知道他为什么仍然这么想。左宗棠始终以理想化的道德楷模为标准,将"内圣"的自我标准用于具体的言行,而不懂得它可能只需要珍藏于内心。他几乎没有去想过,弃小我而成就大我,话说出口不是很难,要真正做到,何其之难。何况,即使左宗棠本人可以做到,曾国藩个人情况不同,所处官场位置有异,不一定同样可以做到。用现代眼光来看,任何时候,"内圣"只可以用来自律,不可以拿来律人。

至此可以看出,在学习古人做人的操守方面,左宗棠的优点与缺点已经融于一体。它最鲜明的特点,就是"人格洁癖"。这点集中体现在左宗棠题过的两副自勉联中:

其一:"立品当如山有岳,持身要比玉无瑕。"

其二:"养天地正气,法古今完人。"

按照左宗棠"知行合一"的"内圣"标准,为人处世,比白玉还要纯洁;建功立业,则要成为前无古人的完人。这句话说出口不难,但要做到名副其实,何其难也。左宗棠以如此之高的要求约束自己,固然没有任何问题,但他以同样的标准来评判曾国藩,则已经有"水至清则无鱼"的危险。

再回头看曾国藩信守的勤、俭、刚、明、忠、恕、谦、浑"君子八德"。曾、左分歧最根本的原因,不在前面六个字,而在是否信守后面的"谦""浑"二字上。

前面六个字,曾、左其实是一致信守的。

左宗棠勤劳固不待言,俭朴则更是左宗棠教子三字诀("俭、静、专")之一,他自己当然会完全按要求做到。

至于刚强、明白，左宗棠襄办曾国藩军务前夕，曾国藩保举他担任此职，奏折的原话是"左宗棠刚明耐苦，晓畅兵机"，可以明确辅证这点。在信守"忠"字原则方面，左宗棠在挽曾国藩时称"谋国之忠，自愧不如元辅"，曾国藩则在左宗棠西征之初，也自称"谋国之忠，亦以季高为冠"，同样可以看出。

宽恕精神，见于两人此次复交。如果左宗棠缺乏宽恕精神，即使曾国藩抛出橄榄枝，左宗棠也会负气相持，继续不理。只是，左宗棠的宽恕，用于关键时候，日常生活中恕道精神略显不够。

区别在于"谦""浑"二字。

谦虚无疑是一种美德。《论语》有言："如有周公之才美，使骄且吝，其余不足观也已。"一个人哪怕有周公那样光华绝伦的才能，如果犯了骄傲、吝啬两个毛病，这个人也可以一票彻底否决掉。曾、左的区别，不在是否认同谦虚，而在对"谦"字道德的具体运用上。第二次出山后，曾国藩待一切人、一切事，均示以谦虚、和气面貌。曾国藩从此不仅待部属、官场同事谦虚谨慎，保持春风和气，即使在后来，晚清外交陷身全面危局，处理天津教案时法国驻华公使丰大业嚣张跋扈，他仍主张待人以诚，将心比心，以谦让感化。

左宗棠则有所不同，他只在私事方面，在师长、官员面前，能够符合儒家礼仪，秉持谦虚谨慎，但在国事、外交方面，以及跟自己比肩的朋友面前，则不取谦虚姿态，而以"理势"相压，颇有点儿当仁不让的气概。无论是处理天津教案时，他主张发动群众应对，还是对洋枪队常捷军首领德克碑，以当面指斥折杀其嚣张气焰，都一以贯之地体现出这点。后面会再次说到。

对于曾国藩信守的"浑"字原则，曾、左就大为不同了。左宗棠几乎完全反其道而行，他信守"清"字道德。他刚做上浙江巡抚时，在杭州飞来峰前便题联自明心志："在山本清，泉自源头冷起；入世皆幻，峰从天外飞来。"他不但看重自己家世清白，而且始终坚守个人清名、清德，无论公私还是大小事情，他都条分缕析，清楚明了，从不含糊。"清"字原则的细化，则表现为左氏以"精明、节制"应世。他根本做不到难得糊涂，他更不愿意模糊人、我分歧，以求得友情表面的和谐，维持一团和气。这也是他与思想高远、为人"迂琐"的郭嵩焘凶终隙末在性格方面的重要原因。左宗棠在西征期间，遭遇朝野内外的质

第四章　首次断交

疑，他自称"老僧入定，以不闻不睹之法待之"，这是禅宗的"不住于心"，不是"难得糊涂"。

左宗棠眼下奉行的"清"字观念，前面事实上已经让他摔了一些跟头，今后他还要为此付出代价。他自己也逐渐意识到了，但始终不愿意更改。后世关于左宗棠性格方面的争议，主要由此而来。

最早指出他过于清澈的人是知己胡林翼。胡林翼从与左宗棠结交时起，曾不下百十次提醒过他，不惜当面批评他"刚直矫激，面折人过""虑事太密，论人太尽"四大缺点，希望能引起他的注意。但左宗棠始终没有将胡林翼的话当回事，他觉得除了"虑事太密"可能确实是自己的缺点，其他方面非但不是缺点，反而是优点。人对于自己欣赏的优点，会继续加以强化。这是导致后世评判左宗棠对待曾国藩，刚直到近乎"忘恩负义"的观念的根源。本书后面发生的故事，我们可以更加清晰地看出这点。至于有论者怀疑，是左宗棠妒忌曾国藩所致，则实在是不懂他"人格洁癖"背后的明澈心意，将他的胸怀、格局看扁了。

深入去看，左宗棠这种完全照着书本待人接物的"人格洁癖"，在晚清乱世之所以能够独立存在，固然与当时"尚文轻利、崇尚气节"的社会环境有关。但左氏因此罹祸的危机关头，每每总能化危为机，并不是凭借个人能力，也不全然是靠运气，实在主要是依靠诸多心地正直的老师、朋友明暗交织的提携与帮助。

从少年时代到青年时代，陶澍、贺长龄、贺熙龄、林则徐等名宦对左宗棠相继栽培、提携，为他指明了道路方向，做足了"名人广告效应"；从二十一岁结交知己胡林翼到现在，胡自始至终默默站在他背后，将那些有损人格、不能摆到台面上说的事，背后帮他逐一做了；与曾国藩从咸丰二年（1852年）底近距离结交起，曾氏也始终心地正直地站在侧面帮衬他。可以说，如果没有老师的帮忙提携，朋友的救危解困，左宗棠这种"浊世独清"的应世态度，决定他根本走不出来，只能终老于林泉之下。

人的性格利弊始终并存，所以只有利多弊少、弊多利少、利弊相当三种可能。离开具体的人与事，很难判断究竟是好是坏。抽象地谈人的性格好坏，本身就是完全不成立的。站在这个角度再比较去看，曾国藩一生摇身"三变"，似还有时代所迫的苦衷，我们放到后面再谈。

对肩任家国者而言，影响个人选择的最根本因素，不在个人能力、性格，而在时势、机遇。放进国家时势的大局中去看，曾国藩之所以选择摇身变化，最终换以"优容、恬静"的道家观念应对官场，缘于大清帝国体制此时已经走进末路，理学在帝国制度中已经无力回天，传统文化的弊端已经积重难返，他只有在奄奄一息中抓住最后那根叫"黄老"的救命稻草，才不致被大清官僚群体性抛弃。后面还会详细看到。

放进中国五千年的历史文化大视野中观照，决定中国人思维的传统文化是"龙文化"。这种文化的基本特征，《三国演义》中曹操有准确的概括：

> 能大能小，能升能隐；大则兴云吐雾，小则隐介藏形；升则飞腾于宇宙之间，隐则潜伏于波涛之内。

小说虽然有虚构痕迹，但理念提炼自民俗、民情，比正史往往更接地气，更贴近真实的人性、人情，因为一直能够流传下去的经典，一定呼应了跨越时代的无数人的内心，引发了他们的共鸣与共情，其文化心理研究价值甚至超过正史。

"龙文化"有道家"随物赋形"的文化特质，具备充分的弹性，每个人平时的表现，根据自己的实力来定：实力强大时，像虎啸平地、龙腾四海一样，让所有人都能看见；实力弱小时，像小蛇入洞、蚯蚓入地一样，让所有人都看不见。传统的中国人对这一点都心有默契，能够无师自通。

道家站在"阴阳平衡"哲学中"阴"的一面，追求实现"以阴克阳"。经历代传承、积淀，已经化作中国人与生俱来的思维方式。道家尚软、弱、柔：以柔克刚，以弱胜强；峣峣者易折，皎皎者易污；坚强者死之徒，柔弱者生之徒。上善若水，水利万物而不争；以其不争，故天下莫能与之争；江海能为百谷王者，以其善下之；等等。

道家的"阴阳"，阴在前，而阳在后。正如词语"雌雄"，雌在前，而雄在后。因为在道家看来，阳是从阴中生出来的，正如男人都是女人生出来的，这是自然规律。只有儒家为了强调尊卑，创造"男女"一词，男在前，而女在后，这是人为规定的文化，已不是自然规律本身。

　　道家影响下的中国人文化心理，顺应自然天道，对刚强好胜者本能有一种排斥，真诚认同忍辱求成之人。以左宗棠崇拜的诸葛亮为例，"大名垂宇宙"的诸葛亮阳刚气盛，六出祁山却未捷身死，而阴柔内敛的司马懿，着妇人服饰隐忍待时。后世非诸葛而认司马者不乏其人，原因在此。

　　更深入去看，诸葛亮阳刚气盛，人生目标在树立人格，彰显气节；司马懿隐忍待时，人生目标在保存实力，追求成功。中国人习惯将树立人格、彰显气节的诸葛亮供奉起来；将保存实力，追求成功的司马懿暗中当作实用宝典，这是中国民间反复筛选后确立的生存智慧。原因很简单，诸葛亮矗立在云端，没有几个人可以学来；司马懿就躺平在地上，村妇匹夫都可以学以致用。所以，换一个参考系批判的中国式生存智慧，恰恰就蕴含了五千年民间智慧的精髓。

　　至此再对比分析曾、左差别，可以发现，曾、左二人从性格、气质到价值取向，逐渐形同一枚硬币的两面：左宗棠占阳面，曾国藩据阴面。

　　阴阳两面没有天然的好坏之分，但有是否适应时势之别。一般来说，曾国藩信奉阴柔、恬淡的道家，适用于太平时世，尤其是开国初期。天下无事之时，道家可以让官场宽松，社会自由，民间充满活力。

　　老子说："以正治国，以奇用兵，以无事取天下。""天下"是一个社会概念，"无事"就是阴柔、恬淡，顺应天道自然，不折腾。因为社会活力来源于个人的自由，折腾必然有外力胁迫，甚至于权力绑架，侵犯到个人自由，民众谨小慎微，创新力无从施展。汉初信黄老，唐初信老子，经济发展，社会和谐，就是这个原因。

　　道家主张无为而治，不折腾，有"小政府、大社会"的意味，尤其有利于激发民间社会活力与创造力。但一旦到了衰世、末世、乱世，以法家拨乱反正才是正道，再听任其自由发展下去，必然进一步走向混乱，国家岌岌可危。

　　隐士便是"自由"与"权力"的合体。隐士未显之前，用道家自由修身；一旦抓准时机，便以法家霹雳手段刚正办事，挽救危局。乱世如仍采用道家手段，放任社会自由，只会加速国家灭亡。

曾国藩不是皇帝，不至于决定大清的意识形态。他只以道家治军、处世，将道家思想用于应对官僚集团，这对化解自己与官员之间不必要的矛盾冲突，确实大有好处。

以道家柔术处世，对曾国藩个人来说，比理学确实更为管用。

理学源头，可以追溯到禅宗。禅宗认为，万事皆因心起，所谓"不是风动，不是幡动，仁者心动"。这一观念用进现实生活中就是，人一旦不能改变事实，就要改变对待事实的心态。心态一变，世界跟着转变。

人是观念的动物，观念思维始终在决定着人的选择，选择又决定人生道路。眼下，曾国藩再度出山，他还来不及振作有为，世事又风云突变，左宗棠很快卷入了一场风雨欲来的大危机。

| 三 |

樊燮案一时间风声鹤唳，令左宗棠坐立难安，寝食俱废。

正史中樊燮案的大致经过是：樊燮作为湖南永州镇总兵，其贪污挪用、自我放纵的腐败事项，被骆秉章以奏折的方式向朝廷举报。咸丰皇帝当即将樊燮罢免，通知他进京接受处罚。樊燮怀疑是左宗棠从中秘密探得自己的实情，向骆秉章打小报告，当即向湖广总督官文告密，指控左宗棠"劣幕把政"，是"著名的劣幕"。

咸丰皇帝接报，开始怀疑左宗棠"劣幕把政"，以智术操控湖南官场，当即指示官文调查，并下令，如果真的发现左宗棠有"劣幕把政"的痕迹，可以将左宗棠就地正法，事后再报告朝廷即可：

如果有不法情事，可就地正法。

如果不是军机大臣肃顺通知幕僚王闿运最先将这一内幕传出来，郭嵩焘出于朋友乡情，在咸丰皇帝问及时正面保举，并拉拢同事潘祖荫向咸丰皇帝明保，胡林翼幕后用不能见光的暗箱操作竭力保全，曾国藩再以"刚明耐苦、晓畅兵机"为由，向朝廷保举左宗棠独领一军办事，左宗棠极有可能生命终止于这年。

樊燮案发生，只是左宗棠在湖南大刀阔斧惩腐、打黑引发的个例。左宗棠代骆秉章行使湖南巡抚职权，得罪的远远不止一两个官员。时任湖南布政使文格，对左宗棠也颇为忌讳。王闿运在《湘军志》中说"布政使文格亦忌，阴助燮"可证。也就是说，即使樊燮此时不站出来，也会有其他人跳出来向左宗棠发难。刚直正义的左宗棠，按照既定的性格逻辑自发走下去，必然会遭遇这一天。这就是俗话说的，性格决定命运。

朝廷调查樊燮案之初，咸丰皇帝怀疑曾、左、胡三人已经结成了"朋党"，在联手操纵中部数省对太平天国作战的军政大局。这可是咸丰皇帝目前阶段颇感忌讳的，此时，他还没想过将平定太平天国的任务交给湘军来完成。

咸丰皇帝的怀疑事实上并没有错，曾、左、胡三人确实一直在暗中支持，联手拓展湘军在全国的生存发展空间。结合前面几次提到的事实，背后完全可以梳理出一条虽错综复杂但主题明确的逻辑线：道光末年，左宗棠通过书信，帮助胡林翼在贵州安顺、镇远、黎平三地办团练；咸丰二年（1852年），胡林翼举荐左宗棠入张亮基幕府；同年岁末，左宗棠代张亮基举荐曾国藩办团练；其后，曾国藩保举胡林翼做湖北巡抚；曾国藩援助江西期间，胡林翼用军事，左宗棠用军饷，同时实心大力支持曾国藩。三人有意合谋在湖南、湖北、江西三省布局，目的是掌控中部数省军政大局，为湘军培植实力，拓展壮大空间。包括三人联手，在咸丰五年（1855年）扳倒湖广总督杨霈，胡林翼再运用智术，暗中控制湖广总督官文，有无数的实例，可以证实皇帝的猜测。

问题不在三人的做法对与不对，也不在咸丰皇帝看没看出来，问题的关键仅仅是，咸丰皇帝到底是否容许他们这样做？是反对还是支持这种结盟？

樊燮案表面上看，只牵扯出左宗棠一人，但左宗棠清楚，这次极有可能拔出萝卜带出泥，将曾国藩、胡林翼全部牵连出来。因为咸丰皇帝还没有表态，谁也拿不定他最终的态度，所以左宗棠当时给胡林翼写信，以近似负气的口气说："我左宗棠血性男儿，一人做事一人当，出了事不会因为朋党牵连出各位正人君子，导致湖南的湘官们出现被一网打尽的悲惨结局。我这个想法，你不要跟曾国藩老兄说。我心中已经想定了。"

胡林翼是何等明敏之人？他看出这句话的弦外之意，左氏希望三人有难同当，不要临危便舍炮保车。他赶紧联手曾国藩一起来营救。

放进全局中看，左宗棠与樊燮两人的私人恩怨，原本不值得咸丰皇帝如此犹豫观望。罢免江西巡抚陈启迈，只需动笔批一行字，真要杀左宗棠，只需点一下头。樊燮案背后隐藏的，其实是骆秉章、左宗棠一般能员干吏与官文、樊燮一般贪纵污吏的权力地盘争夺，其实质是"湘官集团"（湘军系官员）与"满官集团"（满洲贵族官员）的正面较量。

湘军凭借出色的军政实力，正处于急遽上升期，湘军集团事业整体处在不可阻挡的发展壮大时期，这是左宗棠最终因祸得福的根本原因。

营救左宗棠的活动中，从中央到地方，从台面到幕后，从军事到政治，湘官集团的能员干吏都依次亮相。他们都是国家军政的实际主宰者，咸丰皇帝根本不可能离得开他们，他们的声音在不同的地方不断地传播、放大，单是形成的声场便足以改变朝野的舆论。

这就是俗话说的，形势比人强。最早营造出这一形势的军事源头，就在曾国藩发布《讨粤匪檄》之时。

得益于左宗棠众多亲朋故友在这场危机面前合力营救，咸丰皇帝突然间天心反转。湘官集团在这场大案面前变得空前团结，这又顺理成章地促使湖南巡抚幕僚左宗棠，与湖南帮办团练大臣曾国藩，最终极具戏剧性地团聚到同一帷幄之中。

因为曾国藩的实心保举，咸丰十年（1860年）6月9日，朝廷颁发任命书，左宗棠被授予"四品京堂候补"官衔，职事是"襄办曾国藩军务"，也就是做曾国藩的军事副手，湘军副统帅。

此时，距离两人首次见面结交，已经过去二十四五年。距离两人第一次当面商议创办团练，也已经过去八年。

咸丰十年（1860年）春，曾、左在安徽宿松军营内密谋，话题生猛，是一场其时影响大清国运的"头脑风暴会议"。

这次两人见面，到底说了些什么？

第五章

再次合作

　　左宗棠本意进京赶考,却变成了去军营与曾国藩、胡林翼开一场"头脑风暴会"。左宗棠本来已被朝廷下达"斩首令",却一夜之间翻身成湘军副统帅。曾国藩凭政治加学问,左宗棠用军事加实干,联手开创出湘军黄金时代。谁料成功之日,却是决裂之时。

宿松密谋

| 一 |

咸丰十年（1860年）2月19日，左宗棠从长沙幕府回到湘阴柳庄避祸，再从柳庄出发，经过洞庭湖、湖北荆州，直奔北京，前去参加会试。

促成左宗棠此次成行的机缘是，他从樊燮案中挣脱出来，离开了长沙，有个人完全的行动自由。

此时，樊燮案尚且没有了结。樊燮因有湖广总督官文撑腰，杀气氤氲。左宗棠其时内心灰暗到极点。

早在出发之前，左氏用《易经》的哲学原理，密隐在书房推算事态趋势，结局偏向乐观。正是在这样一种积极心态的支撑下，他决定主动寻找扭转事态的时机。他很快想出一个两全之计，樊燮既然举报自己是"劣幕把政"，无非是指责他对朝廷怀有二心，当此关头，向朝廷表忠心最好的姿态，莫过于主动去北京参加朝廷会试。

既然要进京赶考，得有赶考的样子。左宗棠将排场搞起来了。他安排"小车八辆，轿二乘，马两匹"，带着书童、仆人从湘阴柳庄出发，声势浩大地赶往北京城。

之所以要搞出这么大的排场，推测左宗棠的真实用心，有两种可能：一是借口进京赶考是虚，另做打算是实，沿途带足车马资粮，是为临时改主意做好充足准备；二是确实想进京，有意在社会上造成舆论声势，让朝廷内外都知道，他特别重视这场考试，让咸丰皇帝发慈悲心。因为普通举人进京会试，顶多一骡、一马已经足够，完全没必要将个人参加考试搞得像在办一场隆重的庆典。

问题是，左宗棠因没有"关聘"合同，前面八年幕僚生涯纯属义务劳动，并没有在湖南巡抚衙门领取一分钱工资，他义务工作期间的家庭生活费，全是骆秉章、胡林翼等人私下资助的，他哪里有钱来搞出这么大的排场？

原来，这次进京赶考的近千两银子，全是长沙官场内一群了解他平时为人，对他既心怀敬佩，又颇感同情的官员，私下自发联合起来捐赠的。左宗棠接到这近千两银子的捐款，感慨唏嘘，热泪盈眶，这等于是对他八年幕僚生涯的一声无言的充分肯定。

日常工作中再自信英勇无畏的人，如果遭到所有人的反对，内心也会犹豫，甚至落空。熟人圈一致的无言肯定，是让人坚定自信的"长效救心丸"。左宗棠接到银包的那一刻，感动得眼泪打圈。果真是苍天有眼，不负真人。他更加相信公平、正义就在世道人心。

更让左宗棠感动有加的是，朋友贺仲肃得知左宗棠进京赶考，临时赠送他三百两银子以示支持。左宗棠在收复新疆后衣锦还乡，登门回赠，才得知贺仲肃已经去世，当时，不胜感慨。这是后话。

一路上，左宗棠心情始终在跌宕起伏，他不无憧憬的表情下，笼罩着一层抹不去的阴郁。根据前面《易经》的推断，个人命运将要变得乐观。但现实却是"山南山北网罗密布，既匿影深山，以将为金丸所拟"。沿路风声鹤唳，令他战战兢兢，如履薄冰。事实上，湖广总督官文确实派出了密探，在搜查左宗棠的行迹，暗杀的事情并非没有可能发生。

3月24日，左宗棠到达湖北襄阳，突然收到胡林翼寄来的一封密信。左宗棠读后大惊失色，迅速秘藏于贴心口袋内，赶紧临时改变路线，折转向东。

这封令他惊恐不定的信，很可能透露了这些幕后细节，让左宗棠看到春天阳光穿透树叶，全像是一根根黑线。

在这样一种悬测不定的心态下旅行半月，左宗棠终于经过湖北汉口，抵达兰溪。在兰溪，左宗棠弃船登山，步行一百八十里山路，到达胡林翼所在的湖北英山大营。

在英山大营，左宗棠与湖北巡抚胡林翼仍像学生时代一样，连席夜话，密谋六天。这次见面两人究竟说了什么，真相已被带进历史的坟墓，今天再无人能够知晓。

唯一可以确定的事实是，掌握了湖广总督官文全部秘密的湖北巡抚胡林翼，在得知左宗棠大张旗鼓北上之时，当即将他秘密接到自己所在的湖北英山军营，暗中保护了起来。胡林翼当即给曾国藩写信求助。曾国藩接信，马上派出湘勇将领李元度，将左宗棠从胡林翼的湖北英山军营里再秘密接过来。

由李元度在前面带路，左氏被夹在护卫队中，从容赶往安徽宿松大营，走进湘勇前敌总指挥部跟曾国藩见面，时间已到了咸丰十年（1860年）仲春季节。

左宗棠的到来，令曾国藩喜出望外。回想起咸丰二年（1852年）冬尽春来时节，两人第一次见面合作办理团练，曾国藩同城去信盛情相邀，不意被委婉拒绝。八年过去，时间像战车轱辘，转了一圈，似乎又回到原点。

左宗棠跟曾国藩具体见面的时间，据曾国藩咸丰十年（1860年）5月14日日记，留有这样一笔："写左季高信，专人去英山迎接。"两天后，李元度陪同左宗棠来到安徽宿松湘勇前敌总指挥部。即是说，曾、左于5月16日又再次相见了。

| 二 |

见面当天，左宗棠想起揪心的樊燮案，情绪依然波荡不定。他甚至有点儿破罐子破摔的想法，向曾国藩请求加入湘勇营，"以一营官自效"，直接带五百士兵上前线，为朝廷壮烈捐躯。

左宗棠此时真实的想法，大概是想以此来向朝廷表忠心，以洗刷掉"著名的劣幕"恶名，保全自己贞洁的人格，同时不排除因内心灰暗，随口冲动说出了这句话。当然，还有一种可能，他想借此暗示曾国藩，自己不想再坐在幕后指挥，要直接上前线指战。

开门见山的第一句话定调，后面的谈话就不会走偏。

曾国藩听出来了，左宗棠想做营官上前线，这是激愤话，不予同意。毕竟人才难得，为小人樊燮自戕不值得。两人相聚安徽宿松大营，当面讨论天下大势、军事形势。

第二天一早，两人共进早餐，正式纵横畅谈。

曾国藩笃信理学，持身严谨，他有个奇怪的习惯：早起。每天早上五点，天蒙蒙亮即起床，下床第一件事，直奔餐桌。据说，李鸿章在他手下做幕僚时很不习惯这个规矩，曾经反问他：老师，早起还说得过去，为什么一起床就要吃饭？没道理。曾国藩淡淡地答：道理都是养出来的，坚持养成习惯了，就是道理。

为了这点小分歧，李鸿章差点离开曾国藩幕府。一天，曾国藩与众将共进早餐，李鸿章虽被卫兵喊醒，仍借故感冒不愿起床。曾国藩便带头不吃，众将只好一起等待。待李鸿章慌慌张张到席后，众将早已怒目而视，曾国荃双眼鼓鼓，李鸿章顿感芒刺在背，面红耳赤。曾国藩也不批评他，只淡淡地说了一句："少荃（李鸿章字），在我这里，只有一个'诚'字。"

左宗棠也有早起的习惯，两人均持身严谨，起居有常，生活习惯倒还接近。

曾国藩既然接来左宗棠，便抓住机会，不分昼夜，两人整日商谈。《曾文正公日记》里，接连九天记录有"与季高、次青畅谈"（季高是左宗棠的字，次青是李元度的字）一句。其中有四天在"早饭后"，三天在"中饭后"，一天在夜里。刚到那天，见面时间是"未正"，畅谈至二更尽，即深夜二十三时。

5月21日，喜讯随即传来，樊燮案不了了之。左宗棠一颗悬着的心终于可以放下来。因为就在这天，曾国藩收到了咸丰皇帝针对他颁发的一道圣旨：

> 目下贼氛甚炽，应否令左宗棠仍在湖南本地襄办团练等事，抑或调赴该侍郎军营？并着曾国藩酌量办理。

圣旨表明，樊燮案笼罩在左宗棠头顶半年多的乌云，终于彻底散去了。咸丰皇帝显然还不知道，此时左宗棠就在曾国藩军营，所以朝廷让曾国藩考虑，可以为左宗棠选择两条前途：一是回湖南襄办团练，二是来曾国藩军营任职。

曾国藩马上派出快马，将这一喜讯递给了在湖北英山大营的胡林翼。

5月30日，胡林翼应曾国藩之邀，从湖北英山大营赶到安庆宿松军营，参加秘密商谈。

这是三人统军后毕生唯一一次头脑风暴式的"高峰论坛"，也是最后一次。现场的精彩程度，可以想见。曾国藩四弟曾国荃也参加了，还有一位不知何人的"张君"。

第五章 再次合作

第二天一早，五人趁天蒙蒙亮起床吃早餐，然后开始畅谈，这一聊就是一整天，及至深夜二十三时，仍意犹未尽。左宗棠、胡林翼、曾国荃等人精力充沛，谈锋仍健，准备开夜车。但曾国藩眼皮已经开始打架，身体快撑不住了，他宣布趁早休息，明天再谈，因为第二天还得早起。他本人的记述是：

余已倦甚，而诸公兴会淋漓。

随后几天，三人照旧在军营内闭门密谈。曾国藩日记每天都记载有见面的时间、人物，而畅谈内容，毫不涉及。

据史实可以明确一点，胡林翼到后两天之内，曾、左、胡已经反复磋商过如何安置左宗棠。因为6月2日这天，曾国藩已经明确上奏答复朝廷，他建议左宗棠回湖南出任地方官。这显然是大家共同商讨的结果。

曾国藩这样向朝廷保举左宗棠：

左宗棠刚明耐苦，晓畅兵机。当此需才孔亟之际，或饬令办理湖南团防，或简用藩、臬等官，予以地方，俾得安心任事，必能感激图报，有裨时局。

这道保举折看起来替左宗棠列举了几个职位，合起来看，事实上只有一个，即朝廷可以考虑任命左宗棠出任从二品的湖南布政使，或正三品的湖南按察使，以其中某一个具体的正职，办理湖南团练。

这里不免冒出一个大疑团：左宗棠就在曾国藩身边，咸丰皇帝让曾国藩考虑让他入湘勇营，曾国藩为什么不推荐他直接到自己军营任职？

根据左宗棠这一时期与家人、朋友的通信判断，是他本人不愿意。他对曾国藩的印象，还是第一次见面时的结论："才具稍欠开展。"

回头对照，这跟左宗棠刚来时求做营官上战场拼命战死的想法，前后已经判若两人。可见他求做营官上阵殉朝廷的说法，应该是随口而出的冲动之语，当不得真。

但曾国藩既然八年前就要挖左宗棠进湘勇营，如今左宗棠自己主动送上门来，机会怎容错过？即使左宗棠不答应，他也会拉胡林翼当面做思想工作。推测之下，曾、左、胡还想保持原来的"铁三角"现状，在地盘上尽量占大。因为左宗棠一旦离开湖南，曾、胡便基本切断了跟湖南主流官场资源共享的渠道。

左宗棠内心放松下来，大家跟着他心情放松，会议的主题也放开了。内容纵横捭阖，全国上下；各人指点江山，激扬文字。比如6月5日这天，曾国藩在日记中简单荡开一笔：

> 早饭后，与胡中丞、左季高熟商一切。傍夕，与胡、左诸公谈江南事。

这一笔给后世留下无尽的想象空间。"熟商一切"的内容是什么？"江南事"到底指哪些事？不见于正史。轶史、传闻倒是描述得很详细，称三人是在密谋"推翻清朝，另立新朝"。

湘军倒戈取朝廷而代之的想法，最早由纵横家王闿运在密室中提出，曾国藩委婉拒绝了。

王闿运想得到的事，胡林翼一定也想得到。以胡林翼出神入化的智术，他不可能对此全无想法。

如果说，胡林翼有想法但没说法，倒也完全可能。因为四十八岁的他，十一年前就在中国条件最艰苦的贵州安顺、镇远、黎平三地相继办团练，常年为军事费心费神，已经积劳成疾，得了比较严重的咯血病。他自知来日不长，即使有能力掌控朝政，也没有精力来当皇帝了。从稍后咸丰皇帝任命胡林翼做两江总督，他却主动将这个位置让给曾国藩来看，胡林翼在湘军系内始终自觉地在做一位公而忘私、高风亮节的幕后主推手、大英雄。

但据正史推测，"江南事"很可能是江南大营的军事，包括左宗棠后来作的"偏师保越"战略构想雏形。只是这"熟商一切"四字，还是实在令人费解。照字面理解，就是将所有事情的所有环节，全部考虑成熟了。什么事情要考虑得这么周全，而且大家意见似乎还高度一致？要准确解答这四个字，后世只能据史推测，真相大概已经只有历史当事人最清楚了。

6月6日，曾、左、胡"三人团"继续畅谈。这次很可能谈到了在朝野具体办事的人，左宗棠无意中说："姚石甫这个人，到底是老了，那样子真是看不得。所以我说，人老了，精力日渐衰退，还是以不出山任事为妙。"左宗棠很可能是在借人自喻，毕竟不到半年就要满四十八岁，他嫌自己年龄太大，精力不如从前了。但即入四十九岁的曾国藩一听，陡然一惊，吓出一身冷汗，他联想到自己，精力已经一天不如一天，是不是也要考虑退休了？

曾国藩记述的原文是："闻之悚然汗下，盖余精力已衰也。"

这个细节说明，曾国藩很在意左宗棠说过的每一句话，哪怕是玩笑。这时再回头去看，也就不难明白，为什么三年前左宗棠一封信去到湘乡荷叶塘，他便被骂得患上"不寐之疾"了。

6月7日，天蒙蒙亮，三人早饭，继续畅谈。

6月9日9时整，曾国藩与胡林翼情谊殷殷，送左宗棠上马车，让他从安徽宿松转水道坐船回湖南湘阴。

这天事实上正是朝廷任命左宗棠"襄办曾国藩军务"的日子。只是因为动身出发太早，他本人还不知道。

见面会共二十五天，胡林翼参加十天，三人似乎都意犹未尽。但左宗棠决计速返，倒不是湖南有什么大事等着他回去办，而是他接到家信，长子左孝威得了重病。

左宗棠最看重孝道，他自己就特别孝顺，因此教得左孝威也十分孝顺。正因如此，年前樊燮案发生后，十四岁的左孝威生怕父亲有个三长两短，既忧又急，累垮了身体，卧病在床。左宗棠熟读《易经》，本人精通医术，在湘阴、安化两地时，替乡人看过病，因此急于回家为儿子把脉开方。当时的江湖郎中多骗子，他不放心请外医。左宗棠在道光二十八年（1848年）救灾时积累了丰富的医学经验，医术水平比得上今天湘雅医院的教授，看病不用求人。

这次"高峰论坛"，因大部分内容十分隐秘，多数令外人无从得知。其间生活花絮，便成了文化界津津乐道的话题。胡林翼回湖北后，跟湘军名将李续宜说起，不无欣赏地调侃左宗棠："饭牛之奇才，有舐犊之私爱。"

这段时间记录的私人生活里，曾国藩与左宗棠除了论天下大势、话军国大计，闲时也开玩笑。曾国藩跟郭崑焘（郭嵩焘二弟）写信，风趣地回忆说：季公在我营时，我笑话他有"惧内癖"，怕老婆。左宗棠马上接口说，只有自己有这个癖好的人，才反过来说别人有这个癖好。他反应太快，我玩笑开不过他。

这段紧张与轻松交替的欢畅日子，应该说是曾国藩与左宗棠一生中公私交汇时，私下相聚首次融洽的一段快乐时光。这似乎提早预示，两人其后将要进入合作关系更为融洽的"黄金蜜月期"。

待左宗棠忧心如焚地回到长沙司马桥，这边才治好儿子的病，那边朝廷的任命书同时委任下来，左宗棠成为曾国藩的助手，襄办湘军。

左宗棠与曾国藩由此迎来了生平事业波澜壮阔的合作期。其间精彩迭出、异彩纷呈，令人荡气回肠，叹为观止。

|三|

咸丰十年（1860年）6月9日，左宗棠离开宿松大营的当天，朝廷下发圣旨，命左宗棠以四品京堂候补官衔，"襄办曾国藩军务"。

胡林翼病情日益严重，他自知来日无多，为了迅速将左宗棠扶上独领一军的快车道，十二天后，胡林翼在湖北英山大营及时上奏，请求朝廷命令左宗棠在湖南招募六千人，将这支军队带去江西、浙江、皖南三省前线救急。

6月23日，左宗棠从湘阴赶到长沙。三天后，接到朝廷任命书，开始在长沙升旗纳将，招兵买马。

他撇开曾国藩成立湘勇的办法办团练。这时曾国藩已有了两江总督的任命，作为曾国藩的副手，他没必要再像曾国藩办团练之初那样，遮遮掩掩，以勇营自称，干脆理直气壮地自命为军队。在具体做法上，他没有自立名称，而是沿用原安徽巡抚江忠源的"楚军"名号。因为是沿用，既不让朝廷感到忌讳，又不必待日后壮大再改名，这是左宗棠的长远政治盘算。

根据自己历年积累的经验心得，左宗棠跳出湖南以前办团练的条条框框，第一次以职业军人的标准选拔、训练士兵，打造楚军。

他练兵的方法，则沿用老湘营创始人王鑫的兵法：将士首先练胆，其次练心，最后练打仗技术。

这跟曾国藩的嫡系湘勇营，已经完全不是一个路数。因为打仗技术被历代兵家看作第一件大事，普通群众跟士兵的根本区别，就在于士兵懂得怎么砍刀打枪，群众不懂。左宗棠将军人最重要的看家本领当作末等小事，这种做法如果不是颠覆式的创新，就是视带兵上阵为儿戏。

经过一个月的招聘，一个月的操场训练，到咸丰十年（1860年）9月22日，左宗棠率领五千余名楚军，从长沙金盆岭誓师出发，道经湖南醴陵，在当年做过山长的渌江书院停兵小驻，再直接取道江西南昌，投入战斗。

从招兵买马到投入战场，前后不过短短两个月。时间安排得如此紧凑，既能看出左宗棠高度的军事自信，也能看出他不无豪赌的成分。

其后的事实证明，左宗棠创立的楚军，加盟成为湘军队伍中醒目的一支，有力地弥补了曾国藩湘勇的军事短腿。

曾国藩长于政治与文学，制定战略、指挥军事均不擅长。军事起家却不大懂得军事，只好按外行的办法自行摸索。他根据自己"拙诚"的特点，以湖南人"霸蛮"的办法，令湘勇将士"扎硬寨，打死仗"。这种"铁桶阵"的战术风格，见效一时，但终究缺乏大开大合的纵横气象。这也是他出任湖南帮办团练大臣八年，湘勇战绩始终平平的一大内因。

跟擅长政治角力的曾国藩不同，军事家左宗棠擅长制定战略与战术。曾国藩评价他长于"审几、审势"，也就是擅长战略、战术，不是谀辞。两人治军观念的分歧，这时起也逐渐凸显出来：曾国藩在战略层面上主张"以静制动"，战术层面上推行"扎硬寨，打死仗"；左宗棠的战略主张是"以动制动"，战术方法是"打计算仗"。两人几乎反着来。

没有人会事先想到，这些战略层面的分歧、战术方面的差异，是横亘在曾、左之间的雷区，日后时机到来，都会引爆。现在左宗棠的职事是曾国藩的助手，湘军副统帅，左宗棠的主要职责，是配合与执行曾国藩的命令，所以暂时相处融洽，平安无事。

回看两人办团练之初，曾国藩曾去信挖左宗棠做军事顾问，没有成功。现在左宗棠成了朝廷任命的"襄办曾国藩军务"，名正言顺是他的军事高参。曾国藩旧梦新圆，如何分配他具体职事？

曾国藩的初衷，是发挥左宗棠以幕僚身份主持湖南军政的历史惯性，希望他利用这些年来积累下来的人脉资源，帮自己办成一支军队，交付他人统带。他需要左宗棠继续发挥曾经的特长，将主要精力用到军队后勤保障上去，为湘军筹钱、筹粮，这是左宗棠主持湖南东征局时已经充分展示过的出色才干。

但左宗棠本人明显不想再做幕后英雄了，他到宿松大营第一面便已经有言在先。八年"军政秘书"做下来，幕后英雄不为人知的委屈，他不想再尝了。他想带兵上阵，去建功立业。

梳理左宗棠这些年来的轨迹跟心态，从二十六岁会试落第，到四十岁出山，中间这十四年，他主要是因为功名无望才隐居田园，淡泊明志，宁静致远；入幕之初，也只为保卫家乡湘阴免遭战火屠焚，长远的人生规划是打算终老于林泉，潜心于著述，做一个岩穴隐士消磨此生，并没有通过办军事为个人升迁的想法。而此时心态，明显已经完全不同于以前了。

八年幕僚指挥湖南军事的成功实践，让左氏对军事、政治能力有了充分的自信。如果说，每个人对未来的职业规划，是建立在实力跟自信基础之上的，左宗棠眼下正是这样。此时，他的功名心被时势空前激发。他计划从"白面书生"改头换面做军事统帅，追求实现青年时代"拜相封侯"的夙志了。

仔细追溯甚至还可以发现，左宗棠在湖南巡抚衙门甘居幕后八年，为何对于朝廷给予的知府、道员一类的官衔一概拒绝不收，而宁愿要一些空头的虚职官衔？以后事反推，不排除一种可能，从入幕第一天起，他已经在规划"以布衣直取卿相"的大理想了。

这一大理想，源头在贺长龄。左宗棠十八岁那年，云贵总督贺长龄曾当面指点他，给了他一个规划人生道路的总方向："幸无苟且小就，自限其成。"意思是说，小左你是当今无双的"国士"，是拯救国家危难、解亿万百姓于倒悬的大才，将来一般的地州一把手就算了，免得位置不上不下，不尴不尬，阻挡成就大业的道路，浪费时代独一无二的大才。左宗棠对这句话深信不疑，其后似乎一直按照这句话在走。他自我认定"可大受而不可小知"，心中认可的官位只有两个，一是知县，二是宰相。前者近民，可办实事，后者有权，方便布展。从办楚军的一刻起，左宗棠确定已经在内心里给自己规划了一张拜相封侯的蓝图。

问题是，直到此时，他仍没有任何亲自带兵上前线的实战经验。曾国藩敢冒险答应让他独立领军吗？

对左宗棠而言，虽然机遇已经从天而降，但仔细去看，"襄办曾国藩军务"是一个被整体打包了的机遇。在内部职事的选择分配上，隐藏了无数种可能；每一种确定的选择，都将导向大为不同的结局。

左宗棠如何实现从幕后帷幄到一线战场的"惊人一跃"？

智定楚军

|一|

决定左宗棠此时事业道路的第一决策人，眼下已是曾国藩。

从学生时代的点头之交，到中年事业的合作伙伴、"诤友"，再到如今的新上级，关系不同，彼此的交往方式得跟着变化。左宗棠开始尝试调整心态与定位。

左宗棠方面最大的变化，就是面对曾国藩，他不再像以前那样，心直口快、真话直说，而是在说话之前，尽量考虑曾国藩的感受，让他能够轻松愉快地接受。这跟咸丰八年（1858年）复交之初的情形又变得十分相似。

有着"神交古人"能力的左宗棠，开始运用他高妙的"情商"来跟曾国藩沟通，今天梳理这一时期的史籍，至少可以找出三处用"情商"的地方。

第一处，如何巧拒刘蓉统带楚军？

左宗棠正式创办楚军时，已经做出长远规划：亲自统带楚军，走诸葛亮路线。按照这个定位，"襄办曾国藩军务"的左宗棠，其身份归属，变得暧昧且敏感起来。因为曾国藩此时根本还不知道他有这个心思，即使知道，也不一定会支持。

左宗棠考虑谨慎、耐心来沟通此事。一开始，他主要通过胡林翼传话，将自己的真实意图传递给曾国藩。

胡林翼的传话很快有了效果。曾国藩给左宗棠来信，主动问起这件事。左宗棠抓住时机，直接答复。

怎么说呢？

如果在信中坚持仍要自带楚军，虽然完全是出自初心本意，但基本不合曾国藩计刘蓉统带的初衷；如果稍一犹豫，顺着曾国藩的心意走，则又成了自己主动替刘蓉作嫁衣裳，机会一旦错过，将不复再来。

于是，左宗棠像是犯了迷糊，跟曾国藩在通信时说了两段前后不搭的话：

第五章　再次合作

第一段是："老弟我接到您（曾国藩）命令我招募五千士兵的公文后，现在正在抓紧办理。我打算建四个营，每营五百人，另建两个总哨，每哨三百人，共两千六百人。我再留出一半的名额，等刘蓉自己来招募。"

第二段是："等我的楚军练成了，太平军刚好到达江西与湖南接界的地方，我先帮凯军做外援，拿一支太平军练练手，熟悉一下亲上战场打仗到底是怎么回事，然后再带楚军来皖南，或者在江苏、浙江交界的前线大营配合您。"

这两段话前后明显自相矛盾：前一段话是说自己替刘蓉招募，后一段话是说自带楚军。

如此前言不搭后语，到底是左宗棠粗心大意了，还是年岁已高，表达紊乱、下笔思路不清了？

事实上，左宗棠完全没有犯迷糊。恰恰相反，这正是他一贯的精明过人之处。他在同一封信中故意将内容写得前后矛盾，目的是让曾国藩从模棱两可的矛盾中，逐渐感觉出他的真实意图来。前面说"等刘蓉自己来招募"，故意不将话说死，曾国藩初看之下，似乎符合心意。后面再亮明"等我的楚军练成了"，则是试探性地告诉曾国藩，这支军队还得我自己来统领。

到底是刘蓉统带，还是左宗棠自己统领？表面上看，有两个答案，但当事人一看就明白，其实只有一个选择。左宗棠如果无心统领，无论如何不会信手写上"我的楚军"，让曾国藩感到突然打眼。

观左宗棠日后的为官策略，可以确定，这是他与人交流时经常采用的智术。类似这种悠游文字的本领，左宗棠之前在胡林翼面前也多次用过。他要批评胡林翼的时候先抛出一个总观点，让他明白自己的意见，然后马上转笔，谈具体事。待事情谈得差不多了，读信人的情绪快过去了，他笔锋一转，又回到批评的主题。一封信看似写得七零八碎，其实是用心良苦，目的是冲淡直接批评朋友的火药味。左氏对读信人的心理感受与情绪节奏把握，可以说是到了细致入微的程度。

第二处，左宗棠如何让自己顺利实现从"湖南巡抚幕僚"到"襄办曾国藩军务"身份的成功转变？

之前，左氏在湖南巡抚衙门，以幕僚身份指挥湖南军事，已经八年，积累了大量的人脉资源，但现在身份变了，他已经是朝廷任命的"襄办曾国藩军务"的"四品京堂候补"了，从绿营指挥官，变成了团练领导者。如果他不能顺利将之前在湖南积累的人脉资源转移过来，统一归于曾国藩名下，且不说他之前八年用过的人，如今再以湖南幕僚的身份调遣，已经名不正、言不顺，更关键的还是，湘军内部各大势力从此相互割裂，难再凝成一股合力。

左宗棠显然考虑到了这个问题，他借外界议论之由，跟曾国藩这样沟通："有人建议将江苏、江西、湖南三省联合起来，成立一个临时军事指挥总局，湖南方面对此也在讨论。"这是提醒曾国藩，现在应该着手考虑整合全国各派湘军，将原本分散的势力统一指挥。如果现在不着手做这件事，等左宗棠离开幕府时间越长，人情关系越淡，再来整合难度越大。

第三处，左宗棠违心夸赞，曾国藩将两江总督府与湘军前敌总指挥部设在安徽祁门，是英明的决定。

左宗棠说："根据您的战略布局，将前敌总指挥部从东流迁移到祁门，凯军已经听命，从湖南茶陵经江西抚州取道前来，听候调遣。您的战略高瞻远瞩，通盘规划而成竹在胸，愚弟不胜敬佩！"

曾国藩将湘军前敌总指挥部设到祁门，果真是高瞻远瞩，让左宗棠发自内心地感到敬佩？诚然不是。后面我们会看到。

机灵、干练的湘勇幕僚李鸿章，当时一眼便看出驻军祁门有问题，他提前预知风险，几次建议曾国藩改迁安徽东流，不被采纳，李鸿章二话不说，当面递交辞呈，拍屁股走人，公开与曾老师决裂（详见《左宗棠与李鸿章》一书）。

左、李同属精明过人之人，李鸿章看得出来的问题，左宗棠看不出来？当然不是。

事实上，左宗棠得知曾国藩驻节祁门，第一时间便跟长子左孝威在家信中惋惜感叹，称曾公驻军祁门，"未为得地"。

明知曾大帅作出了一个不当的决定，左宗棠为什么还要违心点赞？

以左宗棠的理性、谨慎，在违心点赞之前，他一定权衡过其间利弊，发现现在真话还说不得。

原因有以下三点：

第一，择地祁门到底是对是错？需要用时间与事实来检验。在一切都还没有经过事实检验之前，自己说什么都是空口白牙，强行阻止，只会自取其辱。

第二，曾国藩顶着得罪大部分将领与谋士的舆论压力，强行将前敌总指挥部安到祁门，朝廷也已经批准同意了。生米既然做成熟饭，自然遂事不谏，成事不说。曾大帅能够说动，早就被说动了，无须等到左宗棠。

第三，曾、左经过咸丰七年（1857年）一年多的"断交"后，左宗棠深刻吸取了上次真话直说的教训。现在两人关系正处于新合的敏感期，心直口快，无疑会引发争执，等于让自己在同一个地方摔两次跟头。

何况，作为曾国藩的直管部下，如果左宗棠现在带头反对，万一曾国藩不予听取，两人继续合作下去，就有点儿尴尬了。曾国藩既然宁愿听任学生李鸿章离职，也不愿移师东流，左宗棠再站出来反对，除了在两人新修复的友情上再添一道刀口，大约也不能有更多实质性的作用。

后来发生的系列事实证明，左宗棠在这三处地方用"情商"，对维系曾、左其后两年亲密无间的合作关系，起到了不可忽视的作用。它让曾、左平稳进入生平第一段融洽的合作"蜜月期"。

楚军出师之初，面临两个重大选择，除了前面说到的到底归刘蓉统带，还是左宗棠自带，另一道选择题是，左氏到底是出任"督办四川军务"，还是担任"襄办曾国藩军务"？

"督办四川军务"，是担起四川总督的职事，相当于"候补总督"。四川总督为正二品官员，足见诱惑力之大。

因为这一选择与楚军归属问题存在前后关联，我们不妨再深入去细看。

| 二 |

朝廷颁发"襄办曾国藩军务"的任命书后，咸丰皇帝考虑到左宗棠曾主持湖南兵幕八年，有足够的地方军政经验，动了让他去主持四川一省军事的念头。

左宗棠最终选择放弃"督办四川军务"。原因之一，他听从了湖北巡抚胡林翼至为关键的一句建言。

胡林翼在比较"襄办曾国藩军务"跟"督办四川军务"之后，明确告诉左宗棠："入蜀不如入吴。"蜀是四川，吴指两江，也就是说，与其去四川督办军务，不如到江西帮助曾国藩办理军务。

理由呢？

胡林翼说：四川是盆地，号称"天府之国"，其实是独立王国，军队难进难出，适合享受生活，不宜军人成事。加之四川远离北京，跟湘军主力无法关联，督军入川只能孤军作战，必然导致"气类孤而功不成"，没有支援跟合作帮手。

胡林翼的潜台词很明确：左宗棠即使守住四川，也只能做个四川总督；万一四川地方官员、乡绅不予配合，只剩死路一条。

但选择与曾、胡同站在中部与东南战场并肩作战，则有另外需要考虑的问题：湘军团队整体阵容固然气场壮大，但左宗棠怎么定位湘军副统帅职事？这关系到他未来的职业走向。

左氏擅长的事情如今看来似乎太多了点儿：既可以专门理财，也可以专心军事高参，同时还可以专注于独领一军。对副手来说，博不如专，过于全面能干，容易被当作"救火队""万金油"。

既然坚定选择做曾国藩副手，要想不再做幕后英雄，必须设法让刘蓉走开，将亲手组建的楚军，牢牢抓在手里。

左宗棠决定分两步走。

第一步，前面说了，通过书信前后矛盾，让曾国藩感觉出他想要亲带。

第二步，利用内部舆论，预先贴上"口碑"标签。左宗棠知道，要稳固亲带楚军的愿望，最好先造舆论。他开始跟身边朋友，在书信中透露这一意愿。通过他们的口去传播，让湘军上上下下都相信，左大帅就要亲自带兵了。

这有点儿像《三国演义》里刘备入吴的故事。孙权以嫁妹的名义，诓骗刘备过江东，诸葛亮将计就计，让赵云一下船就敲锣打鼓，大造刘备娶妹的舆论，将谎言变成江东妇孺皆知的坊间传言，弄得孙权最终"赔了夫人又折兵"。

左宗棠这招确实厉害，舆论在军旅内大面积传开了。曾国藩有了某种压力感。

第五章　再次合作

传言最先在刘蓉身上发生作用。他原本对楚军还有些想统带的想法，现在一经舆论泄气，顿时意兴阑珊，不说再没有接管楚军的念头，就连亲自招募六千人，也准备放弃了。

刘蓉知趣走开，左宗棠可是一点儿也没放松。他投入全部精力，倾注全部心血，来筹办楚军。

他将八年幕僚生涯所积攒的人脉精华，全部调动了起来。比如，老湘营创始人王鑫所遗的一千四百人，被左宗棠全盘接收过来。这一千四百人，曾经在江西战场创下一年多时间消灭四万多名太平军的传奇，是真正的湘军第一王牌师。如果此时我们将目光后移，会看到楚军出山半月内，便消灭了一万五千多名太平军，先头主力部队正是依赖于老湘营。

王鑫的哥哥王开化，原本在统领老湘营，曾国藩前段时间发公函调他出山，没有得到任何响应。左宗棠现在又去挖才，他虽然还没有书面答应，事实上已经默许。

明知是曾国藩的嫡系湘勇营准备起用的人才，左宗棠却抢先把他归于楚军帐下，曾国藩再怎么优容，心头大概也会掠过一丝不快。但左宗棠清楚，此举于大局无损，不过是从公家锅里倒进自己碗里。

左宗棠知道，自己要想成功自带楚军，最重要的一点，是始终取得曾国藩的支持。那就不能再像以前那样，真话直说，遇事不合，便跟他公开唱对台戏。所以左氏在书信中，始终注意政治大局上步调一致，高度拥护曾国藩的领导。

他去信曾国藩，一开头就高抬说："您率领大军高举帅旗，十五日已经渡江而下。"翻阅左宗棠给曾国藩所写的二十多封通信，称曾国藩为大帅的时候极少，他有时在胡林翼面前甚至干脆简称"涤"，大多数时候，在书信里称他为"涤翁"。"涤生"是曾国藩的字，"涤翁"就是"曾国藩老人家"。古礼以老为尊，对男人最高的尊称，是"老人家"，跟今人避讳年长齿尊，情形刚好相反。

曾国藩更希望左宗棠称他"大帅"，这等于从政治上肯定曾国藩是全国湘军最高统帅。毕竟，左宗棠以前指挥的湖南绿营，胡林翼先后统带的贵勇、湖北团练兵，都是湘军的重要组成部分，名义上统属于"湖南团练"，与曾国藩之间，没有主从之分。

为了让曾国藩进一步相信，刘蓉确实带不动楚军，左宗棠开始向曾国藩透露新募楚军的一些细节，他说："我的营官跟您选择的标准不同，他们的才能不一定才堪治民，也不一定全是朴勇的人，但一定是武力高强的人，我只认他们打仗敢不敢带头拼命，能不能打大仗、打硬仗，其他条件统统放后面了。"

左宗棠这里说的都是实情。但楚军不适合文气的刘蓉统带，并不代表刘蓉就一定不能统带，只是待发现不合适再调整过来，比较麻烦就是。

刘蓉与曾国藩气类相通，是曾国藩的忠实"铁粉"，两人经常在一起论学问、治军，选拔将士的眼光高度一致。曾国藩挑选将领，第一要求是"才堪治民"，他手下部将挑选士兵，第一要求是"朴勇"。

曾国藩看到这里，逐渐感到气场不对了。他开始确信，左氏招募的这样一支铁血生猛的虎狼之师，确实不是刘蓉可以带得动的。

在提供了上述事实让曾国藩足够作出判断之后，左宗棠这才在最后面挑明自己的观点："我这支楚军不是开玩笑的，刘蓉还真带不动。还是我亲自带合适，我也很想跟着您上战场学打仗经验。"

因为前面已经做足了铺垫，左宗棠到这时才将真实意图袒露出来，由他出任楚军统帅，就连以前反对他的人都不怀疑了。曾国藩就是再想护着刘蓉，也没有能摆到台面的正当理由了。

左、刘带兵之争，至此宣告结束。

|三|

咸丰十年（1860年）6月8日，曾国藩署理两江总督，其后又兼节制浙江军务。

这是他在咸丰四年（1854年）做过短短一星期的湖北巡抚之后，第一次坐实地方实权。

回看曾国藩从咸丰二年（1852年）7月辞官回湘乡荷叶塘老家守孝，中间办团练八年，他一直戴一顶大而空的钦差大臣帽子，再镶一道有名无实的从二品礼部侍郎虚衔，只有湖南帮办团练大臣一职是实的。这直接害得他无地方实权,到处办不动事,情急之下,不得不运用铁血手腕,先杀猴震虎,再杀虎骇猴,让清德、陈启迈这两位大员倒在湘军前进的步伐下,做了湘军大业的铺路石。如果皇帝早授予自己以地方实权,这两个虽说不上好,但绝对说不上最坏的官员,此时说不定还可以在职位上安享待遇。

八年苦心支撑下来,历经不计其数的生死考验,他终于晋升为正二品总督。这实在是官场晋级最慢的八年,相对前面"十年七迁"的火箭式直升,这八年慢得像是"蜗牛爬树"。

但这次升迁,跟前面七次意义完全不同。承平时世,升迁只为升官;置身乱世,升迁专为办事。只是,从原来求一省巡抚而不可得,到如今突然承担四省军政大局,权力暴涨的背后,对应的是权位越高,责任越大,风险也前所未有地增大了。

政治家实在太清楚,一旦军事上发生颠覆,历年积累一夜归零。

曾氏将两江总督府跟湘军前敌总指挥部设到祁门的隐患,这时开始逐渐暴露。前面,左宗棠曾违心称赞他,夸他将湘军前敌总指挥部设在祁门是高瞻远瞩,其曲意逢迎的痕迹十分明显。事实上,祁门北阻高山,前断江河,从地形上看属于盆地,用军事家的眼光看,这是一块四面无靠的军事绝地。

曾国藩之所以固执地选择祁门,主要是因为,他想与前任两江总督何桂清在朝廷面前表示区别。

何桂清总督两江期间,遭遇太平天国忠王李秀成所部猛攻,他借口去江苏省筹粮,带头逃跑到上海,惹得咸丰皇帝暴怒,最后被朝廷追责问斩。后文会详细说到。

总督既然不能像何桂清那样带头怕死,那么为鼓舞军心计,最好是带头不怕死。

祁门正是这样一块彰显总督不怕死的理想之地。

因为祁门处联结湖北、安徽、江苏、浙江四省战场的核心枢纽位置,是包围天京城的绝佳战略要塞,地势十分险要,所以曾国藩力排众议,强行以此作为前敌总指挥部。这等于以置之死地而后生的态度向咸丰皇帝表决心,同时昭告天下人,军事统帅就应该像自己这样,身先垂范,始终站在最危险的位置,鼓舞将士英勇无畏，替朝廷卖命。

也就是说，确定驻节祁门，曾国藩首先考虑的，是政治道义上的正确性。他精准地占领一个道德制高点，让观望的同僚心服口服，让挑刺的言官心平气和。湘军统帅已经主动将自己放到火山口了，言官还有什么话要说？想说话也可以，你跟我老曾一起到火山口先住上一年再说话，行不行？

政治家曾国藩这个独特的思维角度，确实是绝大多数幕僚所没有考虑到的。不在其位，不谋其政，他们也不可能想得到这点。这是曾国藩倔强、固执的主要原因。上下级不只是名义上的等级，更是胸怀、眼界、见识的差距。他看所有部下是俯视，部下看他是仰视，俯视是全知视角，仰视是个人视角，两者信息完全不对称，怎么平等沟通一切？

正因为部下是个人视角、仰视视角，在曾国藩看来，他们的观点多少有点儿片面，因此只能做参考，不能做决断。未必自己站在政治、军事、财政、人心的角度，综合作出的通盘平衡考虑，仅仅因为众人所指的军事一面存在风险，就要被其中贪生怕死的部下团结起来的议论所绑架，跟着部下一起随大溜？有这么做领导的吗？部下越是抗议，他越是要坚持，以免被众人误导。因为，大局的后果，最终只能由他一人承担。万一被众人你一言、我一语将大局搞翻了，部将、幕僚不但担不起责，而且事后很可能倒打一耙，称自己考虑不周全，统帅怎么跟自己一样不周全？他只能哑口，没法反驳。

精通政治考量的曾国藩，在政治盘算上确实精准无误，这是所有部下均不及他的地方。但长于政治而短于军事的他，无意间忽略了一个常识："政治正确"未必"军事正确"；局部漏洞太大，会丧失整体。

祁门的要害恰恰在此：如果此地的"政治正确"能打满分，"军事正确"却打不了几分。

问题由此变得严重：如果祁门在军事上不能保证湘勇取胜，则人地不保。军事家多数懂得一个道理，存人失地，人地两得；存地失人，人地两失。军人被打少了，还可以再招；统帅被打没了，树倒猢狲散，军队就全没了，留块空地有何用？敌军最终不战而胜，大摇大摆前来填空。

也就是说，"政治正确"一旦无所附丽，最终会变成"政治错误"。

政治眼光高明精深的人，一般的通病是，很少在高精尖的理论上犯错误，但往往会在常识上栽跟头。古往今来，愚蠢的事是愚蠢的人做出来的，但最愚蠢的大事，往往是高明人做出来的。愚蠢人办不成最愚蠢的大事，他们没有这个能力。

曾国藩此时就是如此。

作为军事家的左宗棠不但懂军事，也懂政治，时间稍长，他表现出一些担忧。可能左氏本人此时已经预感到了，如果再继续在祁门问题上给曾国藩违心"点赞"，可能会有盲人瞎马的危险。

这时起，他开始委婉地提醒曾氏："您一定要将帅营安置在一夫当关、万夫莫开的地方才行。"这仍然是十分委婉的提醒跟暗示，而不是真话直说，因为"一夫当关、万夫莫开"的地方，在边上只有一个，就是东流。既然彼此心知肚明，为什么不直接挑明了说？从祁门改迁东流，前面幕僚已经说得他耳朵起茧了，左宗棠切忌不能说透。

高手传意，点到为止。面对"强副手，弱领导"的局面，左宗棠已有点苦心孤诣。

厘清了楚军的人事关系，解决了事权归属，作为曾国藩的助手，左宗棠要具体办事了。

才定战场

[一]

作为助手，左宗棠如何在湘军旗下办事？

左宗棠上班开始，即配合曾国藩，正式襄办两件大事：

其一，调遣湖南巡抚衙门归属的张凯章一军，前往安徽祁门前线。

其二，为曾国藩寻找并推荐筹办江西厘金局的人才。

调遣张凯章一军去江西，是势在必行的事。湘军既然因曾、左合流，而将湖南绿营、团练及曾国藩旗下的湘勇归属统一，两人当然要谋求树立为全国湘军的主干，将散布在全国各地的湘军偏师整合起来，团结在新任两江总督曾国藩的旗下，在平定太平天国的战争中起到中流砥柱的作用。

但具体执行时，左宗棠又有着楚军利益的考虑。因为前面曾国藩要求左宗棠为他从湖南调派三千绿营兵，前去支援江西，左宗棠拒绝了。这件事不能再打折扣，接连拒绝，会导致两人离心离德。

曾国藩之所以要左宗棠去做这件事，主要是考虑到，左宗棠在湖南做过八年幕僚，人脉根基已深，通过他来调遣湖南绿营兵，可以免去自己直接与骆秉章打交道的尴尬。

曾国藩对湖南绿营的记忆，大多不太舒服：咸丰三年（1853年）夏，他之所以去衡州筹办水师，是跟骆秉章为首的湖南官场发生严重冲突后的选择，是被迫的。骆秉章的部属陶恩培、鲍起豹，都跟他有过正面冲突，大家后来表面上虽然和衷共济，但心结已经很深，无法化解。如果左宗棠连张凯章一军都调派不动，曾国藩就要怀疑，他这个助手到底是能力有限，还是心猿意马？

左宗棠当即答应。至于具体如何调遣张凯章一军去江西前线，左宗棠跟曾国藩这样汇报："凯章写信问我意见，我说请您指示，现在专听候您的命令。"

可以看出，这是左宗棠充分尊重听命的表示。

第五章 再次合作

左氏跟张凯章本人又是怎么沟通的呢？

左宗棠这样去信：

来示熟筹并计，举无遗策。惟确侦贼势，以定行期迟速，是所至祷。涤帅函牍频来，望之如岁也。

换成白话，可以清晰看出其中的沟通技巧："凯章兄你自己作的军事规划，完善缜密，只是，你需要根据太平军的部署安排，来综合考量，再作出自己具体的行军安排，但我要告诉你的是，曾国藩统帅给我的催促信，像雪片一样飞来，他对你是望穿秋水，度日如年。"

这里借曾国藩的命令来敦促张凯章，既不让他对催逼心生反感，又能准确传达湘军军令，妥善达到调遣的目的。最后，左宗棠仍不忘嘱托张凯章，要他为自己的楚军推荐营官、小统领，哪怕只是熟悉军务的人，也不妨举荐几个，供自己筛选、考察。

左宗棠做助手的基本策略是，既充分尊重部将自主，同时公私兼顾，两不耽误。毫无疑问，此时的他，已经有了为楚军作长远谋划的打算。如果他只想做曾国藩助手，就应该同时为湘勇挖掘人才，即使曾国藩不一定任用，但积极推荐总不会错。

曾国藩既然升任两江总督，江西属管辖范围。有了充裕的地方实权，他不但可以仅凭一纸公文，就直接从各省藩库调拨银子，还可以根据自己的意愿，在合适的市州开办厘金局，困扰他长达七八年之久的军饷难题，终于迎刃而解，这是一个令他备感舒心的局面。

但设置厘金局要用人，左宗棠素来擅长理财，曾氏要他荐人。

这难不倒左宗棠。早在咸丰五年（1855年），左宗棠跟骆秉章在湖南试办厘金局时，就已经办出成效跟经验，曾国藩希望他能一如既往。左宗棠这方面确实人脉深广，他心地坦诚，毫无保留地一口气推荐了六人：黄麓溪、王润生、邹公让、朱石樵、万星六、严升伟。在这份名单里，左氏明确告诉曾国藩，朱石樵最想去。

这时，又发生了一段小插曲。曾国藩最初安排刘蓉招募六千人，将左宗棠招募的五千楚军归其统带的想法，此时已经完全没有了，所以左宗棠现在可以放心地告诉他，刘蓉退而求其次的出路有两条：或者给左宗棠当助手，或者依附于胡林翼。

左宗棠这句话，让曾国藩听得眉头一皱。曾国藩原本的想法，是让刘蓉跟左宗棠互相帮衬，两人结成一体，以刘蓉来领导左宗棠。左宗棠前面运用智术，成功地将刘蓉挤开，已经让他不舒服，眼看刘蓉主动来申请归左宗棠领导，他心里自然更加不会快意。毕竟，刘蓉是自己的心腹大将，左宗棠名曰助手，与自己始终有一层隔膜，楚军是完全独立的。左宗棠超强的办事能力，真话直说的风格，让曾国藩心头始终有一种挥之不去的顾忌感，但又不是反感。

在对待刘蓉归属的问题上，左宗棠再次表现出谨慎。他清楚，自己跟刘蓉无论是性格、气质还是价值观念，都有着较大差别，所以没敢当着曾国藩的面主动答应让刘蓉做自己的助手，以免万一相处不来，弄巧成拙，影响到自己跟曾国藩的关系。

高手对话，点到为止。曾、左对此心照不宣，这事也就翻篇。

其后，刘蓉经左宗棠举荐，被朝廷任命为署四川布政使，配合四川总督骆秉章，在西部剿敌。再后，他与左宗棠的副手刘典一样，做了陕西巡抚。这是后话。

左宗棠配合曾国藩工作不满三月，默契、融洽度虽然有如鱼水合欢，但陆续拒绝或未按曾国藩要求做的地方，已经有几处了。左宗棠知道，这些事情不足以让两人离心离德，自己要独立带好楚军，最重要的还是充分尊重曾国藩，让他既有主帅之名，也有统帅之实，所以，他将自己制定的《楚军营制》也寄了过去，请曾国藩审核批准。

对照看左宗棠在胡林翼面前私下担忧曾国藩"恐非戡乱之人"，以及他跟曾国藩在咸丰七年（1857年）第一次"断交"之时的真实吐露，可以断定，这仍是左氏工作流程的一道"规定动作"，仪式感大于内容。左宗棠不会傻到真的认为，自己办军事还需要曾国藩来指导、修正。但既然接受了"强助手，弱领导"，便不能我行我素，至少要充分尊重上级。

第五章 再次合作

自左宗棠将楚军带入湘军体系之后，整个湘军从战略到战术、面貌都焕然一新。

|二|

咸丰十年（1861年）2月6日，左宗棠带领五千余名楚军，从江西取道安徽，在祁门跟曾国藩见面，两人相见的具体地点，在祁门县小城东街敦仁里小巷深处的洪家大屋内。见面的目的，主要有两个：

第一，作为"襄办曾国藩军务"的助手，左宗棠得第一次当面向曾国藩汇报工作；

第二，跟曾国藩商量全国的军事战略布局。

此时的左宗棠，已经亲历了五个月的战阵，从以前摇鹅毛扇的"白面书生"形象，变成一副精干的实干家面孔。曾国藩在写给胡林翼的信中，这样描写他看到的左宗棠：

> 左帅来祁已两日，精悍之色更露，议论更平实，脑皮亦更黑。

"脑皮亦更黑"，应该是半年前在长沙金盆岭亲自指挥士兵演练，让太阳给晒的。长沙号称中国四大"火炉"，非洲人来了都有可能中暑，太阳晒皮肤不是一般的毒。

"议论更平实"，则是左宗棠的一贯风格。左宗棠只是写文章、谈理想时才口气大，声称自己要"心忧天下"，他办事还是一步一个脚印，小心谨慎的，正史的说法是"惕励"。这种办事风格，是"不行架空之事，不谈过高之理"的曾国藩一直欣赏的，也是两人最为合拍、极为相似的地方。

全国军事如何谋划战略布局？这是曾、左见面商谈的重点。两人之所以要开这场小会讨论，最主要的原因是，随着湘军的壮大，太平军遭到空前挤压，内部财政出现危机，两军实力与战略方向都出现了重大变化。随着太平军战略作出调整，湘军旧有的战略部署，逐渐无法适应新的政治形势的需要。

八旗军的江南大营被攻破之时，太平军趁势攻下苏州、常州，计划大规模南下，江苏、浙江、福建成为新战场，三省日益成为太平军努力争夺的核心区。

左宗棠考虑抢在时机前头，为曾国藩献出第一个颇富远见的战略规划——"偏师保越"。

在这份全新的战略规划中，左氏跳出一时一地的得失，站在全局来洞察战机，认为当务之急，不求江苏一仗胜利，而应移兵江西，进可以守住南大门，退可以保住浙江、福建两省。

他从地理、政治、军事、人心四个方面深入剖析，为什么要"跳出江苏打江苏"：

> 贼不北窜而南趋，与贼为难者，独有楚军。其诡谋，必将乘湘鄂之仓皇而逞其毒，是制此贼必取远势，而不能图速效。苏州既失，为公计者，宜先以偏师保越，为图吴之计，庶将来山内山外两路进兵，可免旁趋歧出之虑。否则贼势蔓延于越，而贼巢踞金陵，大军直指苏台，如击长蛇之腰，妨其首尾俱应。

对于左宗棠这一洞察全局的独到见解，曾国藩颇为满意。曾氏的长处是在政治上运筹人事，用学问凝聚军心，战略、战术并不擅长。虽然他自己想不到，但左宗棠的计划好在哪里，他一听就懂，果断采纳，将之确定为现阶段指挥湘军、调配绿营的指导方针。

此时，湘军主力屯集在广东与江浙之间的腰部一带，江西由此成为全国战场的中心。

楚军作为湘军旗下主力部队，必须承担主战场的任务。

回看左宗棠出兵之初，便是朝着承担主战场的方向在走。

咸丰十年（1860年）10月10日，左宗棠率领五千八百零三名楚军将士，到达江西省会南昌。11月2日，抵达江西东北面战略重地景德镇。

在江西景德镇，楚军迎来第一仗。广东会党军（太平军）进攻贵溪、安仁，左宗棠命令楚军旗下老湘营统领王开琳，率四旗楚军迎击。太平军不敌败逃，楚军乘胜追击，一口气收复了德兴、婺源两座城池。

随后十天之内，楚军接连三败太平军，消灭太平军士兵一万五千余人，己方只付出了一名营官受伤、五名士兵阵亡的微小代价。这是湘军对太平军作战八年以来第一个前所未见的军事奇迹。

从祁门回到驻扎在景德镇的楚军行营后，左宗棠趁势率领楚军，主动出击太平军。到咸丰十年（1860年）12月25日，楚军前敌指挥部进占浮梁。湘军守住江西省前门、护住安徽祁门后户的战略布局，成功实现。

这一时期，曾国藩为了在主战场寻求重大突破，安排湘勇猛将鲍超率军来配合楚军。这是曾氏充分信赖左宗棠的表现。

不料，左氏对鲍超的打仗方法颇不适应。

这里有必要先说一说鲍超的经历。

鲍超（1828—1886年），初字春亭，后改春霆，他统领的湘勇所部，名"霆军"。

作为湘军系里一员名将，鲍超老家在四川夔州安坪藕塘，此地今属重庆奉节县。因此，他是湘军系里一名土生土长的重庆籍将领。爱吃麻辣烫的重庆人，率性直爽，敢爱敢恨，性格"火暴"，鲍超属典型的重庆"火暴"性格。

鲍超最早是怎么加入湘军营的？轶史称，是曾国藩发现他于市井之中。当时，鲍超因身无分文而插标卖妻，曾国藩当场试以武艺，拔之于民间江湖，收为哨官。

事实上，鲍超最早在道光三十年（1850年）便加入了广西提督向荣属下的"川勇营"，随军奔赴前线，镇压天地会农民起义。

咸丰二年（1852年）秋，广西提督向荣随钦差大臣赛尚阿入湖南长沙，鲍超随军跟来。太平军围长沙八十余天仍无法攻占，遂弃城北上，官军解围。鲍超没有再跟着向荣，而选择继续留在长沙，转入湖南协标军，归湖南提督鲍起豹统辖。

咸丰四年（1854年），曾国藩在湖南协标军中挖掘勇士，将鲍超顺势带入湘勇水师，提为哨官。其后两年，鲍超带领士兵，在湖南岳州至江西湖口一带，多次与太平军水师作战，累次积功，被提拔为中军守备。

咸丰五年（1855年），湖北武昌再次被太平军攻占，曾国藩调遣鲍超前去救援，胡林翼赏识他，提拔做了营官。因鲍超在湖北战场作战勇敢、战功显著，一年内又被提拔为游击。

咸丰六年（1856年）底，湖北巡抚胡林翼命令鲍超在湖南招募步兵三千三百人，号曰"霆军"，开赴湖北战场援助军事。

历年征战沙场，鲍超参加大小战役五百多场，身负战伤一百零八处，是湘勇营名副其实的超级猛将，其带兵冲锋陷阵的军事才能，仅次于楚军创始人江忠源、老湘营创始人王錱，比湘勇名将李续宾、李续宜在打猛仗方面有过之而无不及，跟绰号"曾铁桶"的曾国荃各有千秋，在湘军系内可以排进前五。

曾国藩眼下安排他来配合左宗棠作战，意味着霆军跟楚军两大精锐部队首次联动抗敌。不难看出，曾国藩将江西主战场的宝，都押到了这里。

曾国藩根本没有料到，左宗棠对鲍超并不认同。

左宗棠对鲍超的意见，集中在两个方面：

一是治军不注意营务的思想政治工作。

二是战场上采取"火爆"打法，将己方全部暴露给敌方，剑走偏锋，过于冒险。

事实上，早在咸丰六年（1856年）12月29日，左宗棠已经给胡林翼写信，将鲍超作战存在的上述问题，全部指出来了。两人现在置身生死战场，作为相互倚仗的队友，左宗棠不得不迁就鲍超，虽然心有不满，但将意见压了下来。

左宗棠写信将实情报告曾国藩，用词十分委婉："我原计划今天派四个营将太平军彻底打扫干净，但我湘军下游军情紧急，不得已，我只好改急攻为缓攻。"

今天流行一句话："不怕神一样的对手，就怕猪一样的队友。"太平军不是"神对手"，鲍超也不是"猪队友"。但无论是拥有"神对手"还是"猪队友"，左宗棠内心都十分清楚，成就事业最终全靠自己，队友的成败利钝，他都需要承担全部责任，楚军只要做到不被拖累，就是合作顺利。

左宗棠再次将曾国藩从死亡线上挽救回来，恰好就发生在这一时期。

|三|

自曾国藩将湘军前敌总指挥部设到祁门大营，笼罩在他头顶的阴云，一刻也没有散过。

他因此遭遇了自咸丰四年（1854年）靖港被逼跳水，咸丰五年（1855年）江西湖口被石达开三连败以来，再次屡屡与死神照面的厄运。

咸丰十年（1860年）11月30日，李秀成部将刘官芳带两万名太平军，攻入安徽黟县羊栈岭，这次离祁门大营仅三十公里，曾国藩身边只有三千名守兵。曾氏料定难以生还，与诸弟写好遗嘱，安排后事，准备束手就擒。

意外的是，刘官芳只在羊栈岭匆匆打了一仗，便直奔湖北而去。

原来，他这次只是从祁门借道，目的是到湖北招兵，并不知道这里就是湘军前敌总指挥部。

半个月后，李秀成兵分三路，集中向祁门大营发起强攻。这一次明显系有备而来，攻势凶猛，太平军不仅斩断曾国藩与湘军各部的通信达五天之久，而且让祁门大营断粮二十多天。情急之下，曾国藩调鲍超率霆军来救，又侥幸躲过死神的魔爪。

咸丰十一年（1861年）3月，李世贤集结太平军优势兵力十余万人，将营寨驻扎在离祁门大营仅十公里处，再次发起强攻。湘军前敌总指挥部被太平军团团围住，又一次文报不通、饷道中断。曾国藩这次彻底绝望了。

这种置身四面重围独特的绝望体验，曾国藩本人有一段文字纪实：

> 是以忧灼特甚，夜竟不能成寐，口枯舌燥，心如火炙，殊不知生之可乐，死之可悲矣。

也就是说，他吓得整夜失眠，内心如火烧，口里冒青烟，已经接近庄子说的"生即是死，死即是生""方生方死，方死方生"的程度。

此刻生不如死的曾国藩，不得不将宝剑放到枕头下，单等万一祁门营破，抢在被俘前挥剑自裁。

咸丰十一年（1861年）4月22日，身陷绝境的曾国藩静心忘境，给儿子曾纪泽、曾纪鸿平心写下遗书，如实记录了当时命悬一线的险情：

> 目下值局势万紧之际，四面梗塞，接济已断，加此一挫，军心尤大震动。所盼望者，左军能破景德镇、乐平之贼，鲍军能从湖口迅速来援，军事或略有转机，否则不堪设想矣。

曾国藩将个人生还的希望，全部寄托在左宗棠、鲍超两人身上。即是说，如果左宗棠不能在江西景德镇、乐平两大战场取得胜利，鲍超不能从江西湖口派兵前来安庆增援，湘军前敌总指挥部将遭遇灭顶之灾。

左宗棠不负重托，继靖港以"崩溃疗法"成功骂活曾国藩之后，再次将曾国藩从死亡边缘拉了回来。

咸丰十一年（1861年）4月23日，左宗棠率五千楚军，利用蓄水、壕沟、运动战与骤降暴雨的天赐良机，在江西乐平大败太平天国侍王李世贤所部五万（号称十万）太平军。这是左宗棠带兵以来最为激烈的一场生死大战，暴雨倾盆中，两军喊杀声震天，直接肉搏。楚军练胆、练心的优势，在最后时刻起了关键作用，太平军在气势上被楚军压垮了。李世贤如割须弃袍的曹操，差点被左宗棠活捉。

此仗第一次彰显了楚军以少胜多的强大战斗实力。

李世贤被迫率残部从江西逃亡至浙江省，从此，江西主战场任务宣告结束，对太平军作战的重心东移到浙江、江苏、福建等省。

近一年来，祁门数次生死考验，对曾国藩刺激很大，感触也极深。回顾办军事八年来遭遇的狼狈与不堪，行年五十岁的曾国藩终于看清了自己的"天命"。他跟儿子在家书中写道：

> 至行军本非余所长，兵贵奇而余太平，兵贵诈而余太直，岂能办此滔天之贼？

意思是，十年仗打下来，自己终于看清了，"拙诚"之法可以用于修身、为官、做学问，但就是不能用于带兵打仗。因为打仗需要反"拙诚"而行，出奇制胜，兵不厌诈，以"拙诚"的方法"扎硬寨、打死仗"，只有苦劳跟疲劳，难见功劳，平定太平天国根本看不到希望。

因前面"靖港跳水"，与此次"祁门自裁"，严重影响到曾国藩的正面历史形象，而左宗棠两次得力挽救，在私谊中加重了"诤友"情谊，后世以曾国藩为主线的作品，对这段史实大多不谈。

作为历史当事人，曾国藩不会掩耳盗铃，闭目塞听。理学讲"诚"，内心律令约束他不能这么做。作为政治家的曾国藩，其胸怀、格局非比常人，他对左宗棠日益器重，开始去信催促左宗棠，尽快将楚军扩招满一万人。

依靠楚军自力更生，左宗棠在战场上得寸进寸、得尺进尺。曾国藩对他一年多来的战绩极尽褒奖，毫不隐瞒地如实汇报给朝廷。

咸丰十一年（1861年）5月26日，咸丰皇帝根据曾国藩几个月来的战报，发现了楚军在全国战场举足轻重的地位与作用，顺势将左宗棠从"襄办曾国藩军务"的三品京堂候补（1861年1月27日新授），提升为"帮办两江总督曾国藩军务"的太常寺卿。也就是说，从曾经的助手，升级为副手了。

从三品太常寺卿到从二品巡抚，只有一步之遥了。曾国藩这次保举，为左宗棠半年后顺利晋升浙江巡抚，铺好了最后一级台阶。

八个月后，左宗棠成功出任浙江巡抚，除了依赖楚军战场的胜利，还得益于这一时期曾、左在政治、军事上高度默契的一次成功"合谋"。

在接下来变幻莫测、机遇丛生的日子里，两人各自将天赋才能同时发挥到极致，将官场与战场配合得天衣无缝，其曲折惊险程度，甚至超过虚构的小说。

我们立即潜回到军事与政治双重激烈争斗的历史现场，一探其中曲折惊险。

合谋浙江

|一|

前面说到，左宗棠在战略上建议曾国藩采取"偏师保越"，这一战略果然毒辣，一举打中了太平天国战略的"七寸"。

曾国藩督促"扎硬寨、打死仗"的曾国荃，死守住安庆城，"围点打援"；左宗棠率领楚军，在江西省流动征战，令太平军难以招架，这两招锁住了太平军命门。

太平天国内部压力空前紧张，在战略上针锋相对，被迫作出相应调整，将重心向江浙一带拓展。

咸丰十一年（1861年）9月5日，李秀成从安庆败逃，将兵力转移到江浙一带。

从江西向东转移的侍王李世贤部，以及从广西回师的石达开部，根据李秀成新的战略意图，纷纷避开江西楚军锋芒，掉头杀入浙江。

浙江首次遭遇太平军进攻，原有的绿营防守与八九年前的湖北、安徽两省一样，吹弹即破。太平军大兵入境，官军防线瞬间土崩瓦解。到这年11月1日，短短两个月内，太平军已经相继打下绍兴、龙游、金华、浦江、义乌、东阳、严州、萧山、诸暨、汤溪、临安，浙江省会杭州也落入太平军包围之中，随时有城破人亡的危险。

浙江巡抚王有龄已经完全丧失抵抗力，联名杭州将军瑞昌，向朝廷发去紧急求助奏折，称"全浙糜烂，浙省不保"，指名道姓要朝廷委派楚军统帅左宗棠前来督办军务。

左宗棠接到求援信，意识到其中的政治敏感性，立即跟曾国藩报告这一突发请求："浙江巡抚王有龄最近隔三岔五给我写来求援信，一口一句要我派兵去驰援，我毫不客气地一口回绝了。真没想到，他看直接求我没用，转向求朝廷,用朝命来安排我。"

这段话表明,左宗棠从王有龄的求援信中已经嗅出哪里不对,至于眼下如何回复朝廷的圣旨,他不便自作主张,请示曾国藩定夺。

左宗棠的政治判断没错。王有龄求助信的背后,事实上隐藏着两大汉官派系——曾国藩的湘军集团与何桂清集团——一场不共戴天的权力争夺。

我们先来看何桂清其人。

何桂清,字丛山,号根云,云南昆明人,生于嘉庆二十一年(1816年),比曾国藩小四岁。道光十五年(1835年),何桂清考取进士二甲第四十九名,比曾国藩早出一届。

与曾国藩在京期间"十年七迁"一样,何桂清的京官生涯也是扶摇直上。咸丰元年(1851年)6月19日,何桂清署理吏部右侍郎,与回家"丁母忧"前的礼部右侍郎曾国藩在官衔上平级。

同是青年才俊,官场明星,比较曾、何在朝廷的依靠,略有不同。

曾国藩在京的理学老师是唐鉴,政治导师是穆彰阿。唐鉴是长沙人,作为学问家,他多数时候只能告诉曾国藩,如何修身养性,为人做官;穆彰阿是满洲镶蓝旗人,担任过军机大臣、内阁首辅,权力炙手可热,他不但是曾国藩的学问导师、官场领路人,也是曾氏在朝廷的依靠。

何桂清在朝廷的依靠则有军机大臣祁寯藻、彭蕴章,这两人虽然势力庞大,但话语权明显弱于穆彰阿。

同是官场得志的青年,曾、何在京时并没有交集,到地方后也没有什么交往。一个太平天国运动,将两位青年高官骤然间紧紧拉到了一起。

咸丰四年(1854年)秋,何桂清以江苏学政、仓场侍郎官衔,平调出任浙江巡抚。这年,以钦差大臣身份出任湖南帮办团练大臣的前礼部侍郎曾国藩,仍将主要精力集中在湖北战场,虽然他也曾出任过一个星期的湖北巡抚,但基本上没有任何地方实权。

咸丰五年(1855年),太平军强势攻城略地,让时势再次发生变化,曾、何首次出现交集。这年,曾国藩率领湘勇困守于江西南昌城,四处求援,浙江、江西两省毗连,作为浙江巡抚,何桂清救助接济湘勇,是题中应有之义。

围绕是否支援、如何支援湘军集团，何桂清与曾国藩的矛盾开始产生了。

|二|

关于这段矛盾的渊源，浙江知县许瑶光道出过一段细节，有助于我们了解两人矛盾萌芽时期的事实真相：

> 曾节相事机不顺，坐窘豫章，遣大吏郭筠仙商饷于何桂清。时王壮愍（王有龄）为杭守，以全善之区而丝毫未允，阳借金陵为推辞，实因来函有"平昔挥金如土"一语芥蒂共间。

意思是说，曾国藩派郭嵩焘前去，向两江总督何桂清求助军饷支持，在寄去的信中，顺带骂了一句王有龄，说他平日里挥金如土。王有龄读后见怪了，分文不给。曾国藩与何桂清之间，由此结下怨恨。

这是亲历者许瑶光的就事论事，所述事实固然不差，但因他所处位置的缘故，并没有看到战略大局里的宏观背景。曾国藩与何桂清之间产生矛盾，当然不是这里简单一句"责骂"王有龄而结仇的事。两人冲突的背后，事实上隐藏着庞大的官场派系权力斗争与利益争夺。

深入去看，主宰中国东南的两位大员之间的权力斗争、利益争夺仍只是表面上的。它背后的实质，是利用体制谋求高官厚禄的优秀"循吏"，与文化理想主义官员同朝为官的政见分歧。

曾国藩是一个文化理想主义者。这点，他在1854年2月25日发布的《讨粤匪檄》中已经表达得十分透彻：

> 举中国数千年礼义人伦诗书典则，一旦扫地荡尽。此岂独我大清之变，乃开辟以来名教之奇变，我孔子孟子之所痛哭于九原，凡读书识字者，又乌可袖手安坐，不思一为之所也！

第五章 再次合作

曾国藩出山办团练，其基本动机是为了捍卫"儒家文化"，而不是为了"保卫大清王朝"。这也是办团练之初他本能的想法，因为捍卫"儒家文化"最能号召地方乡绅，而"保卫大清王朝"是八旗、绿营这些朝廷正规军的事，团练兵其时根本不敢作此想，代大匠斫，只会自伤其手。

这个口号虽然在后来被政敌抓住把柄，给他带来诸多意想不到的麻烦，但当时格调无疑较高，充满了人文情怀，颇能凝聚人心。

比较之下，何桂清就没有曾氏这么远大的文化理想。他更接近一个帝国体制里职业化的官僚，没有自己的主张，一切以咸丰皇帝的定见是从，按照历朝历代多数官员走过的老路，希图通过体制谋求个人的升迁与利益，升官发财，光宗耀祖，属于比较典型常见的优秀"循吏"。

处身乱世，做一个文化理想主义者，有"循吏"所没有的大风险。曾国藩本人一开始完全没有意识到。他在《讨粤匪檄》里的那段话，等于在大清国的眼皮底下亮出"只卫道，不勤王"的旗帜，这些在日后不幸成为政敌暗地攻击他的政治把柄。

曾国藩第一次尝到《讨粤匪檄》的苦头，是在咸丰四年（1854年）12月3日。之前，他率领湘勇攻下华中重镇武昌城，继而挥师东下，陆续收复兴国、大冶、蕲州、广济、田家镇，直迫江西九江。这一举改变了三年来太平军所过之省八旗、绿营兵一触即溃的局面。

咸丰皇帝收到曾国藩攻占武昌城的捷报，喜形于色，回头对军机大臣们说："不意曾国藩一书生，乃能建此奇功。"当即颁发圣旨，任命曾国藩出任代理湖北巡抚。

何桂清在京的依靠、军机大臣祁寯藻适时站出来，如此提醒青年皇帝：

> 曾国藩以侍郎在籍，犹匹夫居闾里，一呼蹶起，从之者万余人，恐非国家之福也。

意思很明白，曾国藩在湖南湘乡守孝期间，已不是朝廷命官，而是一介布衣，这样的人在乡下摇旗一喊，几万民兵便团结到他旗下，战场上屡立血功，这对朝廷来说，不见得是什么好事。潜台词很明确，曾国藩旗下的湘勇，是乡下知识分子加农民组合，跟洪秀全的太平军差不多是一个模式，都是大清国底层民众团结起来，组织大规模的武力杀戮，如果湘勇临时掉转枪口，对朝廷也是个巨大的威胁。

咸丰皇帝正在兴头上，听完猛然警醒，打了一个激灵。仅仅一个星期，他便收回对曾国藩的湖北巡抚任命，仍让他以空头的钦差大臣、从二品兵部侍郎身份，在地方担任湖南帮办团练大臣。明面上说，是曾国藩没有时间治理湖北省政事，事实上呢，是担心湘军日后坐大，成为"湘勇天国"。

其后六年里，咸丰皇帝一直以祁寯藻这次的提醒为纲领，对湘军集团采取"军事上利用、政治上靠边"的一拉一打策略。君臣之间这一矛盾冲突的极致，在咸丰七年（1857年）初，曾国藩以回籍守孝为由，跟朝廷要价，仍没能改变咸丰皇帝对湘军的既定利用策略，最终依然没有授予他任何地方实权。

湘军统帅既然被朝廷在政治上边缘化，属于何桂清集团的机会到来。

咸丰七年（1857年）春，两江总督怡良告病，彭蕴章力荐何桂清总督两江。同年6月，何桂清走马上任。

朝廷决定重用何桂清，主要原因是，他的政治观念与朝廷当时的军事理念完全合拍。根据何桂清的方案，地方团练兵与绿营兵联手，辅助由八旗军所组成的江南大营、江北大营，最终完成消灭太平天国的任务。这完全符合咸丰皇帝的本愿。毕竟，满、汉的血统藩篱始终存在。咸丰皇帝认为，中央政权必须掌握在满洲贵族手里，这是不能商量的原则问题。事实上，咸丰皇帝对湘勇的定位，一开始也是这么设定的，只是曾国藩本人不同意而已。朝廷"宠何冷曾"，自然而然。

有了何桂清来主持东南，咸丰皇帝开始考虑，对试图为汉官扩权的曾国藩卸磨杀驴。咸丰七年（1857年）9月25日，朝廷在圣旨中非但没有答应曾国藩在守孝期间上奏提出的给予地方实权的要求，反而勒令他在籍继续守孝，无限期休假。这意味着，朝廷将剿灭太平天国的希望，逐渐寄托到了两江总督何桂清集团与江南大营身上。

可惜，战争需要的是靠军事能力说话，而不是坐在朝堂上光凭发文件用人。

第五章 再次合作

非常时期,"政治正确"一定不能凌驾于"军事正确"之上,因为政治权力离开军事能力的支撑,便虚弱到不能自持。

事实很快证明了这条原则。何桂清、和春虽然在朝廷政策上精通逢迎、擅长权术,但军事上严重不争气,仅一年零四个月后,浙江全省军事告急。

朝廷四顾无人,不得已,只好请曾国藩再度出山。

如前文所述,曾国藩有了前面的教训,不再讨价还价。他发现,湘军在没有自己的日子里,反倒军事节节顺利,他生怕胡林翼、骆秉章、左宗棠等人联手,摘取了最后的胜利果实,让自己这个最早发起组建湘勇的统帅,变成站在门外看热闹的闲汉。他不再提任何要求,接到圣旨四天后就出发前往长沙,然后直接赶赴湖北、安徽前线接印任事。

重新以钦差大臣、帮办团练大臣身份在湖北、江西、安徽等省流动指挥作战的曾国藩,既然身负督办浙江军务一职,便无可避免地与两江总督何桂清第一次面对面碰上。

两人围绕军事、政治,神仙打架,斗智斗法,在所难免了。

何桂清为人机灵,见事机警,他准确领会出咸丰皇帝的真实意图,始终紧跟朝廷的政治路线,对湘军集团既利用,又排斥。所以,还在浙江巡抚任内,他便从不接济曾国藩军饷,但每月却准时接济江南大营六万两军饷银。

前段时间,朝廷为保全皖南,出台了一项新规,将皖南划归浙江省管辖。根据属地管理原则,从江南大营派出的开赴皖南作战的邓绍良部,其一万七千余人也得由浙江提供军饷。何桂清乐于接受,接济从来不打折扣。

两相比较,何桂清排斥湘军之心,已如司马昭之心。

何桂清此时比较乐观的整体构想是:由浙江省官府出钱,江南大营出人,前方跟后勤紧密配合,联手打太平军。

在何桂清看来,两江行省绿营兵跟两江大营(江南大营、江北大营)联手,多达三十余万兵力,攻下太平天国首都天京,是可以兑现的事。得意之际,他不忘向自己的后台大学士、军机大臣彭蕴章写信炫耀:

其一,"东南半壁,似非鄙人不能支持";

其二,"若将江、浙兵勇归弟一人调度、两省大吏能筹饷接济,定能迅奏肤功"。

何桂清虽然自我预估乐观过了头，但这两段话，并不完全是无根据的胡吹。他担任两江总督后，东南军事一时渐有起色，江南大营二十万人马，已经团团围住了天京。

但话易说，事情难办。要养活如此庞大的军队，两江三省的财力已经捉襟见肘。何桂清既然要负责出钱，就需要筹集更多的钱、粮以充军饷。琢磨之下，他将生财的门路放宽，试图扩大两江总督的权力范围，进一步控制浙江，以筹集更多的钱粮。

对何桂清而言，控制浙江，至少有两大好处：

第一，一旦控制了浙江，同时也就控制了皖南，筹集钱粮地域更广；

第二，浙江西部的杭、嘉、湖地区是富庶之区，与江苏接壤，是重要饷源地。

应了"天下英雄，所见略同"的老话，几乎就在同时，曾国藩也瞄上了浙江。

早在咸丰八年（1858年）10月中旬，湘军便奋力攻占九江。到这年年底，差不多全部收复了太平军在江西、安徽所占领过的府、州、县。曾国藩、胡林翼认为，如果此时能够控制浙江，则可以把控皖南，既能防止太平军从皖南杀入江西，波及湖北、湖南两省，又能部分解决让人头疼的军饷难题，一举两得。

围绕浙江财政的控制权，曾国藩与何桂清之间的矛盾日益激化。双方争夺的焦点，集中表现为保举浙江巡抚这一点上。

朝廷本着平衡曾国藩湘军集团、何桂清集团之间权力的原则，浙江巡抚一直从湘军集团中选取。两江总督距浙江近在咫尺，湖北巡抚则中间隔了江西，胡林翼插不进手，便可以起到相互牵制的作用，不至于让任何一方独大。

咸丰八年（1858年）9月，朝廷任命胡兴仁担任浙江巡抚。

胡兴仁字恕堂，湖南保靖人，早年曾为曾国藩办过后路粮台，算是准湘军集团的人物。

为排斥湘军势力在浙江的影响力，何桂清对胡兴仁出任浙江巡抚大为不满，痛骂胡兴仁是一个"昏天黑地"的人物，并指责说，因为他的到来，"浙江公事大变"。

由于何桂清不遗余力地拆台，胡兴仁干了不到一年，便匆促下台了。

咸丰九年（1859年），胡林翼赶紧举荐前湖北布政使罗遵殿，由他接任浙江巡抚，再次成功。

罗遵殿字澹村，安徽宿松人，因为与胡林翼这层关系，也算得上是准湘军集团的人物。

两次保举浙江巡抚均被湘军集团争胜，何桂清有点儿小失望。他开始将权力重心放在自己下辖的江苏，重用自己一手培植的原杭州知府王有龄，试图让王有龄接替江苏巡抚赵德辙。但到咸丰九年（1859年）春，朝廷节外生枝，任命徐有壬出任江苏巡抚。

何桂清再次感到失望，不得已，又重新瞄上浙江。

机会说来就来。太平军在这段时间的凶猛攻势，无意中帮何桂清达成了这一愿望。

咸丰十年（1860年）春，太平天国忠王李秀成为破江南大营而"围魏救赵"，进攻杭州。3月16日，李秀成攻占广德，亲率七千精锐杀进浙西。3月21日，攻占浙江安吉。3月28日，直趋武康。到4月1日，太平军开始进攻杭州。

3月26日，困守孤城的浙江巡抚罗遵殿向胡林翼、曾国藩发出紧急求援，同时向江南大营统帅和春告急。和春派张玉良带领一万余名八旗兵驰援。两江总督何桂清得知后，紧急下令张玉良，到苏州后先听候江苏藩司王有龄的指示。

4月5日，张玉良到达苏州。王有龄遵从何桂清的密令，以"视察苏州城垣"为名，请张玉良暂时逗留两天，再安排张玉良先援湖州，最后再去救杭州。王有龄有意拖延时间，目的是打出一个时间差，借太平军之手清除罗遵殿。到4月9日，太平军首领谭绍光果然带领一千三百五十名敢死队攻破杭州城，浙江巡抚罗遵殿兵败自杀。

何桂清抓紧时机，第三次保举人。

咸丰十年（1860年）5月22日，朝廷根据何桂清的保举，任命王有龄为浙江巡抚。

一番争夺下来，曾国藩的湘军集团开始站到下风。

雪上加霜的是，危情时刻，湘军集团内部骤然出现分裂危机。

咸丰十年（1860年）6月，朝廷刚任命左宗棠"襄办曾国藩军务"那会儿，新任浙江巡抚王有龄领会到何桂清的意图，继续采取分化湘军集团的策略。他率先向曾国藩的幕僚李元度抛出橄榄枝，保举实授李为浙江温处道道员。朝廷"诏如所请"，将李元度交付浙江巡抚王有龄差遣委用。

李元度之所以意气用事，中途改换门庭，最为直接的原因是，曾国藩驻节祁门期间，派他守徽州城，约定满半个月。李元度不遵规定，只守三天就逃跑了，导致曾国藩所在的祁门大营被太平军重重包围，统帅差点儿丧命。李元度事后害怕担责，遭曾国藩弹劾之后，直接负气出走。这也是湖南人中常见的倔强牛脾气，一旦闹翻，便硬扛到底，你说东，他偏朝西，就是不听话，看你能将他怎样。

接到朝命后，李元度立即回湖南平江募兵八千人，取名"安越军"，意思是"安定古越地盘的军队"，这是他与曾国藩公开分裂的信号。

"苦心以护诸将"的胡林翼感到事态不妙，意识到湘军照此发展下去，内部有四分五裂的危险，弄不好会整体崩盘，让曾、左、胡前面十余年的辛苦经营白费力气。为了维系湘军表面上的团结一致，也为了争取李元度重回湘军，他搁下曾国藩对李元度的弹劾，曲意向朝廷上奏李的功绩，让他恢复按察使衔，并赏加布政使衔，其委曲求全之心，令旁观者为之动容。

但李元度文人意气，常年醉心读书写作，军事、政治均较外行，牛脾气一旦犯了，不撞南墙不回头。他没有理解胡氏的一番苦心，对这些置之不理，照旧保持"安越军"的番号。

就在湘军集团内外交困，眼看着要被何桂清逐步挤溃的时候，意想不到的事情再度发生了。

咸丰十年（1860年）6月24日，太平军以排山倒海之势，一举摧毁了江南大营。

江南大营是何桂清竭两江三省之财予以支援，在钦差大臣和春、提督张国梁的统领下辛勤经营起来的，人数达二十余万之众，朝廷倚为中流砥柱。

何桂清没有想到，他穷尽数省财力养活的这支军队，居然毫无战斗力可言。据接触过它的美国在华牧师这样描述："不像军队，形同市集，吃喝玩乐，大烟娼赌俱全。"

江南大营被彻底推毁，张国梁力战而死，和春败逃常州。李秀成指挥太平军乘胜追击，杀向常州。

坐镇常州督战的何桂清得知消息，魂飞魄散，当即准备弃城逃跑。

大军压境之下，常州士绅数千人，跪求何总督拼死守城。何桂清气急败坏，下令军队开枪，当场打死十九名请愿守城的士绅。

江苏布政使薛焕、总理粮台查文经见何总督明逃不成，暗地里再替他出主意，两人以官方公文的名义，禀请何桂清退驻苏州去筹饷。

咸丰十年（1860年）7月11日，何桂清带兵一路狂奔，逃到苏州城外。不料，江苏巡抚徐有壬一眼看穿他借筹饷之名，行逃跑之实的把戏，非但不开城门，反而在城墙上将他一顿数落。何桂清自讨没趣，只好灰溜溜掉头，转逃上海自保。

何总督带头逃跑，两江行省人心尽散，其后战事江河日下。江南大营统帅和春兵败后重伤退至无锡，自杀殉节。7月19日，太平军攻取苏州，江苏巡抚徐有壬被迫投水自尽。

徐有壬对何桂清带头逃跑恨得咬牙切齿，自杀之前留下一份遗折予以弹劾。

> 参奏督臣弃城逃窜一疏，得达圣聪，系出毗陵周弢甫之手。

徐有壬既死，何桂清迅速保举薛焕，接任江苏巡抚。薛焕立即投桃报李，在上海设立临时两江总督府，派军队将何桂清严严实实保护起来。

一开始，咸丰皇帝对这一切完全不知情，直到接到徐有壬的遗折，才洞悉全部。震怒之下，下旨将何桂清革职逮捕，送北京审讯。

就在刑部准备量刑宣判的节骨眼上，戏剧性的一幕再次发生了：第二次鸦片战争中清军溃败，主战派僧格林沁全军覆没，英法侵略联军如入无人之境，从天津大沽口登陆后浩浩荡荡打进北京城来。咸丰皇帝吓得携带家眷，紧急逃往热河避难。皇帝自己带头逃跑了，查案无人，审判何桂清之事就暂且搁置。其间，浙江巡抚王有龄、江苏巡抚薛焕，相继上疏为何桂清求情，朝廷不准。

何桂清集团的战场大溃败，给曾国藩的湘军集团带来大转机。朝廷情急之下别无他选，只得任命曾国藩取代何桂清出任两江总督。

曾氏瞅准时机，及时向朝廷保举左宗棠督办浙江军务、李鸿章督办江苏军务。

曾国藩运用日益娴熟的政治手腕，以军事实力作为突破口，迅速翻转手掌，逐步肃清何桂清集团势力，控制住两江三省及浙江的军政与财权。

随着两江人事初定，英法侵略联军侵犯北京城的风波也很快过去。咸丰皇帝于这年秋（1861年8月22日）驾崩，慈禧太后联合恭亲王奕䜣，成功发动辛酉政变（又名祺祥政变），处置了以肃顺为首的八位顾命大臣，于咸丰十一年（1861年）11月2日垂帘听政。名义上是与东太后慈安共同执政，但慈安既无心政治，也不懂政事，事实上由慈禧一人掌控了一切朝政大权。

朝廷政局一经稳定，何桂清带头逃跑一案旧事重提。

同治元年（1862年）5月，李鸿章经曾国藩保举就任江苏巡抚，慈禧决定秋后算账，下令李鸿章立即逮捕何桂清，解送北京。彭蕴章因保荐何桂清有失察之过，被朝廷指斥"缺乏知人之明"，夺去军机大臣职位。

但何桂清作为大清国优秀的"循吏"，在官场历年积累的人脉星罗棋布，树大根深，不是说倒就能倒的。为了保全性命，他运用娴熟的官场潜规则，显露出惊人的能量。何"潜令心腹，以重赀入都，遍馈要津，凡有言责者，鲜不受其沾润。自谓布置停妥，放胆而行，于同治元年春到京"。也就是说，作为戴罪在身的前总督，何桂清在买通各级政要之后，居然可以大摇大摆前去北京接受审查。

支持何桂清的到底是哪些人？名单列出来，令人触目惊心：

> 工部尚书万青藜，通政使王拯，顺天府尹石赞清，府丞林寿图，九卿彭祖贤、倪杰，给事中唐壬森，御史高延祜、陈廷经、许其光、李培祜等，或一人自为一疏，或数人合具一疏。

这些要员，或出自何桂清的门生故旧，或是收受了何桂清打点的好处。

除了派系跟利益集团的私下暗保，正面明保何桂清者也不乏其人。军机大臣、洋务派首领奕䜣、文祥、桂良也主张对何桂清网开一面。因为咸丰十年

(1860年)7月19日太平军攻克苏州后,逃进上海的何桂清仍上奏了一份《事势紧迫请求外援折》。他提出"借夷兵助剿"的建议,与洋务派的观点十分吻合,获得三位中央大员的青睐。

公私混杂,明暗交织,让审查何桂清案日益棘手。

作为深谙政治运筹的政治家,曾国藩从支持何桂清的数十名大员中看出了门道,内心深处越发感到恐惧。曾氏清楚,百足之虫,死而不僵,吊睛白额大虫何桂清现在虽然暂时成了一只无法伤人的"笼中虎",但以他的人脉、势力,一旦破笼而出,势必再四处拉帮结派,将是一只再难制服的猛虎。

旧敌宿怨一旦泛起,争斗将没有尽头。

曾国藩最终下定决心置何桂清于死地,还基于一个重要原因,何桂清被"留置"之后,他的靠山仍一刻没有停止攻击湘军集团。咸丰十一年(1861年)春,彭蕴章由军机大臣改署理兵部尚书,同年秋,兼署都察院左都御史,他向朝廷上了一道《密陈事务六条》密折。其中隐秘的内容,曾国藩幕僚薛福成在《书宰相有学无识》中复述了出来:

> 大旨谓楚军遍天下,曾国藩权太重,恐有尾大不掉之患,于所以诋楚军、削曾国藩权者,三致意焉。

也就是说,何桂清因在战场上吃了败仗而输给曾国藩,彭蕴章想要通过政治场的角力再扳回一局。

怎样才能让何桂清一招致命,从此永绝后患?作为有清一代著名的理学大师,曾国藩斟酌之下,决定祭出他最为拿手的理学政治法宝,对何桂清一剑封喉。

同治元年(1862年)9月22日,曾国藩上奏《查覆何桂清退守情形折》,以不容辩驳的语气对此案一锤定音:

> 疆吏以城守为大节,不宜以僚属之一言为进止;大臣以心迹定罪状,不必以公禀之有无为权衡。

在曾国藩看来，何桂清弃城逃跑，大节已亏，单凭这一点就足够治他死罪，不能因为部下薛焕劝他筹饷，就可以置朝廷体面、官场等级、办事流程于不顾，朝廷无须事后再去核实查证那些无效证据。杀封疆大吏与杀平民百姓不同：杀平民百姓，必须要掌握事实铁证；杀封疆大吏，只要凭事实推断出他对朝廷居心不正，用心不诚，就可以宣判罪状。

清朝的国家意识形态是儒学，儒学在清朝等同于理学。诚意正心，忠君事主，是理学的核心价值观。封疆大吏代理皇权，在守卫疆土时对朝廷意不诚，心不正，则等于逆君背主，无异乱臣贼子，其罪当诛。

因为曾氏在义理上立论稳正，政治上完全正确，也完全符合朝廷的倡导，政敌根本无法辩驳，慈禧最终采信。何桂清因此被送上断头台。

何桂清被宣判处死当天，江苏民意站在曾国藩一边：

> 是时，苏绅民憾何桂清尤甚，承办秋审处刑部直隶司郎中余光倬，常州人也，实司谳，引封疆大吏失守城池斩监候、秋后处决律，谓何桂清击杀执香跪留父老十九人，忍心害理，罪当加重，斩立决。

何桂清人头落地之际，两江总督曾国藩不忘趁势将何桂清残余势力逐一打扫干净，为湘军集团四面开花谋篇布局。

何桂清集团轰然坍塌，作为枝干的浙江巡抚王有龄首当其冲，成了曾国藩前进道路上必须搬掉的一块路障。

|三|

此时再回到前文，走投无路的王有龄主动来向湘军副统帅左宗棠求助，曾国藩在接到左宗棠的请示后，会采取怎样的态度，已经不问可知。

左宗棠给曾国藩写前述密信时，杭州告急还只是一点苗头。咸丰十一年（1861年）11月，李秀成亲自督率太平军围攻杭州城，情况已经变得十万火急。

浙江巡抚王有龄再次向曾国藩、左宗棠发出紧急求救信。

曾国藩仍下令左宗棠，按兵不动。

这年12月21日，朝廷任命曾国藩以钦差大臣、两江总督官职节制江苏、安徽、江西、浙江四省军务，又指派左宗棠督办浙江军务，授命浙江省提镇（提督、总兵）以下武官均归左宗棠节制。

李元度的十五营"安越军"，此时也有了处置结果：归入楚军，受左宗棠调遣。作为湘勇营战斗力最弱的一支，左宗棠大刀阔斧，将这支战绩平庸的平江勇淘汰过半。李元度至此又回归湘军系，湘军集团经历危机之后，又迅速恢复到正常状态。

朝廷失去了何桂清集团对湘军集团的制衡，议政王奕䜣不得不选择孤注一掷，建议慈禧太后将消灭太平天国的希望全部寄托到湘军集团身上。

奕䜣的这一建议，让清朝又延续了近半个世纪。

回看道光皇帝晚年在选皇位继承人时，曾在四阿哥奕詝、六阿哥奕䜣之间，徘徊犹豫颇久，最终，优柔寡断的道光让跟自己性格、气质相似的四阿哥奕詝继位，六阿哥奕䜣则被封为亲王。后事证明，这次选人殊为失当，因为奕䜣无论胸怀、眼界还是魄力，都强于奕詝。这是题外话。

曾国藩如何对待何桂清旗下的现任浙江巡抚王有龄？以其人之道，还治其人之身，请君入瓮。

他采用王有龄之前对付前浙江巡抚罗遵殿的老办法，指示左宗棠"舍浙守江"。等太平军攻下杭州城后，再从江西发兵。

左宗棠遵命，率领楚军在浙江、江西两省边境勒马观变，徘徊不进。

为了借助太平军之手除掉王有龄，曾国藩需要打出一个"时间差"。

关于这点，我们从朝廷的任命书与杭州城破的时间节点上可以看出来：

朝廷命左宗棠以"三品京堂候补"官衔督办浙江军务的任命书，颁发于咸丰十一年（1861年）11月20日。

曾国藩密奏保举左宗棠为浙江巡抚，时间为咸丰十一年（1861年）12月26日。

杭州城破、王有龄自杀，时间为咸丰十一年（1861年）12月29日。

朝廷任命左宗棠补授浙江巡抚，时间为同治元年（1862年）1月24日。

就是说，从左宗棠接到督办浙江军务的命令，到王有龄城破自杀，中间足足有四十天时间。

曾氏静心利用"时间差"除掉王有龄的经过大致如下：

咸丰十一年（1861年）11月20日，朝廷根据王有龄要求，给左宗棠发去紧急任命书，同时给曾国藩发布紧急命令："即饬左宗棠带领所部，兼程赴浙，督办军务。"

曾国藩知道，凭左宗棠已经充分检验过的战场能力，入杭州即能迅速平定乱局。但作为两江总督，他得考虑，胜利后怎么办？总不能将王有龄直接开除，由左宗棠取代。这种做法实在过于打眼，即使朝廷批准，官场清议也难以通过。唯一的办法，就是借太平军之手，除掉王有龄。

策略一经定下，曾国藩采取"合理拖延"的办法，假装积极向朝廷请示，郑重其事地联名江西巡抚毓科向朝廷报告，要求朝廷独派左宗棠率楚军入浙。他以极其尊重皇帝的口吻，认真汇报他的安排部署：

> 臣等往返熟商，即请左宗棠督率所部进援浙江，并将驻防徽州之臬司张运兰，驻防广信之道员屈蟠，驻防玉山之道员王德榜、参将顾云彩，驻防广丰之道员段起各军，及副将孙昌国内河水师，均归左宗棠就近节制调度。兵力稍厚，运榫较灵，于援剿浙、皖之时，仍步步顾定江西门户，庶于三省全局有裨。

慈禧看后，立即批准。二十六岁的年轻太后听政时间不长，还没有积累多少经验，她或许还感到有点纳闷儿，这本来就是朝廷的意见嘛！难道上封圣旨曾国藩还没收到？朝廷再派快马将新旨加急送达。

等左宗棠接令出兵准备援浙，杭州城已被李秀成大部人马攻破，曾国藩终于长吁口气。

这场以军事斗争为底气的大开大合的政治较量，结局血腥且残酷，王有龄成了曾、何政治角力的牺牲品。李世贤率兵攻破杭州城的当天，王有龄一家几百口全部自杀，血水染满一地，场面十分凄凉。太平天国忠王李秀成入城后打扫战场，为王有龄举办了一场体面且隆重的葬礼，以安抚军心，为太平天国政权在浙江赢得民心。

这段时期，曾、左之间无论公情还是私谊，同时升温到和洽怡人的高度。

| 四 |

回看左宗棠出兵入浙之前的几个月，"巡抚左宗棠"已经呼之欲出。曾、左之间水乳交融的关系，在这几个月里达到亲如一人的程度。

左宗棠本人首先强烈感觉到了。

咸丰十一年（1861年）11月7日，他在写给长子左孝威的家书中，如实私密记录下当时的感受：

> 涤帅于我情意孚洽之至；惟咏公以劳致疾，极为可哀。

涤帅即曾国藩统帅。咏公即胡林翼。

这里有必要附带提及一下，胡林翼因在湖北巡抚任上操劳过度，身心同时遭遇严重损坏，于咸丰十一年（1861年）9月30日在武昌城病逝，年仅四十九岁，朝廷按湖广总督规格追悼，赐谥号"文忠"。作为湘军集团前十余年最得力的总策划、幕后推手，他已经出色地完成了自己的历史使命。如果胡林翼能有左宗棠一样的身体，湘军统帅的头把交椅，将没有争议地属于他。

再回到正题，我们看左宗棠对曾国藩历次称谓的变化，以前书信多用"翁""公"，以"统帅"来称呼曾国藩不是没有，但极为少见。这说明左宗棠此时完全看懂了政治家曾国藩的大手笔，对他这种杰出的政治能力高度赞赏。也就是说，曾国藩与前两江总督何桂清风起云涌的权力争夺，其道义、手腕跟方法，让左宗棠看得口服心服。

左宗棠用"孚洽之至"来概括此时的曾、左关系。深入体会，"孚"的本义是信用，引申指为人所信服；"洽"，和睦，指相互之间协调一致。"孚洽"的含义，即是和洽悦服，诚恳融洽。也就是说，两人从内心到言行高度默契，达到近乎百分之百的程度。

左宗棠在私密家书中透露出来的悦服、融洽的感觉，很快在曾国藩那里得到事实印证。曾国藩为了让左宗棠独立支撑起湘军事业的一面，对他的竭诚举荐，也达到了前所未有的程度。

咸丰十一年（1861年）12月17日，曾国藩先给左宗棠写来一封密信：

> 昨奉廷寄谕旨，谬以鄙人兼办浙江军务。位太高，权太重，虚望太隆，才智太短，殆无不颠蹶之理。即日当具折请辞，而推阁下督办浙江军务。

这封书信的核心意思是，朝廷在最近下发的圣旨中已经宣布，由两江总督曾国藩兼督办浙江军务一职。曾国藩私下跟左宗棠交心，自己权力无限，而能力有限，无法做到同时督办浙江军务，因此已经在奏折中推举左宗棠专任此职。

曾国藩自称权力无限，而能力有限，这无疑是谦语。古往今来，从来没有人嫌自己权力太大，左宗棠当然明白这点。曾氏之所以在私信中提前透露自己的想法，目的是让左宗棠提前做好出任浙江巡抚的准备，在规划楚军随后的职事上，事先按浙江巡抚的权限去布局谋篇。

左宗棠怎么回应这封私信？查左宗棠这一时期写给曾国藩的回信，只有两封，且内容全是楚军在具体战场上的具体战事沟通跟汇报，并没有对曾国藩推举他督办浙江军务作出任何实质性的回应，这似乎有点儿不大正常。

推测之下，只有两种可能：一是左宗棠跟曾国藩已经高度默契，左宗棠单方面知道就可以了，不需要再用多余的文字表态沟通；二是左宗棠就此事所谈部分内容过于机密，曾国藩看后便销毁了，因此造成断片儿。无论史实属于哪种情况，都可以看出，曾左"孚洽之至"的蜜月期，已经达到了只可意会不可言传的微妙地步。

但朝廷既然已经下发了由曾国藩总督两江兼督办浙江军务的任命，那曾国藩要自辞再保举左宗棠专任，就需要谨慎斟酌，他如何跟朝廷沟通此事，必须做到积极稳妥，滴水不漏。

咸丰十一年（1861年）12月26日，曾国藩在《恳辞节制浙省各官及军务等情折》中这样精心向朝廷汇报：

> 兹钦奉谕旨，令浙省提镇以下，均归左宗棠节制，事权更一，掣肘无虞。臣已咨催左宗棠迅速启行。但以臣遥制浙军，尚隔越于千里之外，不若以左宗棠专办浙省，可取决于呼吸之间。左宗棠前在湖南抚臣骆秉章幕中赞助军谋，兼顾数省，其才实可独当一面。应请皇上明降谕旨，令左宗棠督办浙江全省军务，所有该省主客各军，均归节制。即无庸臣兼统浙省。吁恳天恩，收回成命，在朝廷不必轻假非常之权，在微臣亦得少安愚拙之分。其浙省军事，凡臣思虑所能到，才力所能及，必与左宗棠竭诚合谋，不敢稍存畛域。如因推诿而贻误，即求皇上按律而治罪，臣不敢辞。

这道奏折表述的核心意思是，由两江总督曾国藩督办浙江军务，不如让左宗棠专办浙江一省。

为什么督办不如专办？

曾国藩说：安徽省会安庆城跟浙江省会杭州城相隔很远，自己坐镇安庆城内指挥左宗棠，不如让左宗棠独立自主直接指挥楚军更为合适。

听政不久的慈禧看到这里，可能会反问：左宗棠有这个能力吗？

曾国藩照着她潜在的疑问，顺理成章地引出下面一段史实加以辅证：左宗棠在湖南巡抚骆秉章的幕府中，曾经直接指挥绿营、团练援助五省军事，其实际办事能力，早就可以胜任巡抚一职了。

这句话事实上是为了将"左宗棠"与"巡抚"两个词关联起来，在朝廷面前给予某种引导性的暗示，让慈禧将"左宗棠"三个字与"浙江巡抚"四个字勾连起来。

曾国藩准确的政治判断力，在这儿充分体现出来。他知道，幕僚左宗棠"曾经直接指挥绿营、团练援助五省"这句话，只有在慈禧听政时才可以说。两年前，樊燮举报左宗棠"劣幕把政"，指控的正是左宗棠代骆秉章行使巡抚职权这点。当时来说，是巨大的政治错误；现在来说，已经是忠君报效朝廷了，这就是"一朝天子一朝臣"。

两江总督为什么不能同时督办浙江军务？曾国藩为了让朝廷彻底放心，他站到慈禧太后的角度，说出一种前瞻性的担忧："朝廷不必轻假非常之权"，意思是说，两江总督的疆域范围限定在安徽、江西、江苏三省，现在凭空将浙江纳入进来，已经超过了两江总督的配置，以后若有封疆大吏援引此例争权，则督抚权力扩张，朝廷大权会削减，地方政府的军权、财权无节制地扩展，势必会造成外重内轻的局面，朝廷圣旨将成橡皮图章。

曾国藩在这里的"朝廷不必轻假非常之权"一句，可谓虑事长远。半个世纪后，清朝覆亡，原因当然诸多，但最为直接的原因，确实是大清已经完全外重内轻。

最后，为了让朝廷下决心任命左宗棠专办浙江，曾国藩不惜这样向朝廷担保：楚军独立后，自己该支持左宗棠的方面，还是会像以前一样一点不少；如果左宗棠方面出了过错，自己愿意跟他共同承担责任。

最后这段话，在保举上最为得力。朝廷方面已经再找不出任何理由，不让左宗棠独立专办浙江一省。

回看曾、左历年合作：从曾国藩最初想聘请左宗棠做军事高参、顾问，到后来左宗棠招募楚军时为到底是让刘蓉统带，还是交付左宗棠本人，曾氏前后心存犹豫，再到左宗棠出任"襄办曾国藩军务"后，曾氏又一心想着让他当好军事参谋跟后勤部长，顾忌感跟疑虑感始终如影随形。现在应该可以消除了。

曾国藩以至诚实心，将左宗棠推上浙江巡抚，固然出于为国家用才的大义公心，但大义公心背后，多少也存有私心。

深入去看，私心大约有三点：

首先，这年4月，左宗棠通过江西乐平之战将曾国藩从死亡威胁中解脱出来，他可能想借此回报。

其次，此时的曾国藩已经充分看明白，左宗棠无论战略还是战术，都在自己之上，与其放在自己名下节制，不如让他独立自主，这样既可以消除顾忌，也可以免起冲突。

最后，左宗棠因这份保举之恩，在名义上将永远归于曾氏门下，这种历史千秋名声，政治家肯定不会不要。

第五章　再次合作

更何况，曾国藩大权在握，急需能人拓展气象，扩大格局。保举左宗棠专办浙江，正是他扩大格局的第一步，其后保举李鸿章巡抚江苏，是第二步。

不难看出，从楚军创建到现在的这一年半时间里，曾、左完全是在相互成就。

左宗棠取代王有龄担任浙江巡抚之后，曾国藩旗下的湘军集团果然迅速壮大。

同治元年（1862年）4月，经曾国藩实心保举，朝廷又实授其门生、政治幕僚李鸿章代理江苏巡抚。5月初，李鸿章到任。有了左、李两位大能人支撑局面，江浙一带的军政大权与人事、财权，终于全部归于曾国藩名下，湘军集团一时之间权势滔天。大清八大总督，其后半数以上长期由湘军集团（包括出自湘军集团）大员担任。"中兴将相，什九湖湘"的局面出现了。这是咸丰皇帝去世后，通过发动辛酉政变掌握实权的慈禧太后、恭亲王奕䜣决定全面重用湘军造就的国家新形势。

慈禧与恭亲王此时选择依赖湘军，利弊并存。其利的一面：大清王朝此后多延续了近半个世纪，洋务自强风气，经湘军将帅之手，在全国遍地开花，为维新求富思想，打下了物质基础。弊的一面，也不容忽视：湘军"兵归将有"的军事体制，其后造成外重内轻，地方拥兵自重，成了辛亥革命时用来埋葬旧王朝的铁锹。绵延两千多年的帝制，就此终结。对大清王朝是弊端，对中华民族而言却是历史进步。

朝廷在眼下重用湘军的结果是，大清王朝"外重内轻"的局面，开始不可避免地出现雏形，在左宗棠、李鸿章迅速崛起后，情形变得清晰明朗。这是依赖起自民间的湘军取代朝廷正规的八旗、绿营必然会有的结果。慈禧太后与恭亲王除了接受，只有接受，因为除此之外，只能坐看国家纷乱，朝政颓亡，预备被列强侵略。

放进全国政局中深入去看，我们可以更加清晰地看出大清政策改变的原因：太平军兴起之初，朝廷的策略是"以满制汉"。实践证明，从最早派出镇压太平军的满族钦差大臣赛尚阿，到前不久自杀的满族钦差大臣和春，满洲贵族官员政治能力跟军事能力同时每况愈下，全都制不了汉。

曾、何争斗是朝廷"以满制汉"之后向"以汉制汉"的策略转变。

何桂清集团完败，不幸做了清廷驭官政策失败的牺牲品，最终断送卿卿性命。朝廷失去制约汉官曾国藩的最后一张王牌，"以汉制汉"变成有名无实，朝廷被迫再次调整为"以湘制湘"。

湘军集团中脱颖而出的封疆大吏左宗棠、李鸿章，逐渐与曾国藩鼎足而三，并列封疆。两人其后相继与曾国藩分道扬镳，渐行渐远，实在是情势所需，这在曾国藩保举左宗棠时，已经埋下伏笔。

至于李鸿章随后也从湘军体系中脱胎出来，逐步发展成淮军统帅，湘、淮并列成两大军事集团，相互之间又有合有争，这已是后话。

从曾国藩保举左宗棠专办浙江时起，曾、左在朝堂内外的关系开始变得微妙起来。

二十六岁的慈禧，虽然完全不懂得真正的政治，但她擅长权谋，她以权术驾驭群臣，能力之强，甚至不在其偶像乾隆之下。她以女人超强的直觉力，知道如何在臣属之间制造矛盾，将臣属拉入矛盾的激流旋涡，自己从中牵引，通过时打时拉，来实现权力制衡。

对慈禧来说，在垂帘听政的工作实践中，她很快就明白了一个道理，权力是用出来的，权力不用没有，越用越有。制衡臣属，就是朝廷运用权力的过程。

因为上述原因，曾、左共事的巅峰时期，同时成了酝酿决裂的告别之时。

从现在开始，"曾、左失和"虽不在朝夕之间，但大趋势已经无可避免。

蜜月阴云

| 一 |

咸丰十一年（1862年）1月24日，左宗棠出任浙江巡抚，曾、左关系开始出现渐行渐远的趋势。

这种趋势变化，首先体现在给朝廷上报的奏折里。

清朝体制，驻守各地方的文官，只有从二品的巡抚、正二品的总督方有直接奏事权。还在楚军出山一年半时，其时头顶"四品京堂候补、三品太常寺卿"虚衔的左宗棠，因为官阶品级不够，不能直接奏报朝廷，他作为"帮办曾国藩军务"的副手，前方战报照例都由曾国藩向朝廷汇报。楚军战绩斐然，曾国藩日益倚重，在奏折里对左宗棠的功绩没有丝毫隐瞒。这是理学家诚字原则的政治运用之效。

上年，楚军将有功的将士列出名单，由曾国藩向朝廷保举，全部获得通过。

其时，左宗棠喜气洋洋地向曾国藩去信说："楚军胜仗后保举官员奖励的名单，我年前已经领到了，我下令将士们马上换了朝廷寄来的顶戴，正月期间，楚军将士相互见面道贺，大家对朝廷的恩荣格外珍惜，士气更加高涨，看到他们群情高昂，我更加不怕太平军的杨七麻子了。"

左宗棠如果能停步回顾一下，会发现自己此时带兵，无疑比曾国藩早年办团练的时机要好得多。曾国藩在江西那两年，面对的一大难题，是自己没有地方实职，将士打了胜仗无权保举实职、实衔，军队积极性难以调动。左宗棠此时，后勤有曾国藩划拨的江西四地厘金局税收做保证，自己只管安心指挥军队打仗，打了胜仗，又有曾国藩主动替他保举人员。左宗棠如果懂了曾国藩当年在江西四面无靠的困境，大概会感觉到，有个大哥在前面撑腰真是福气。他也会庆幸一年半前自己的选择，幸好没有慕虚名去四川督办军务。

节制四省军务的两江总督曾国藩此时权重东南，曾、左的配合称得上是珠联璧合。通过政治运筹为湘军争取朝廷政治资源、政策，是曾国藩的强项。指挥将士高歌猛进收复失地，是左宗棠的长项。全国的政治、军事形势也因此在急遽地朝前推进。

湘军事业初显峥嵘的标志，是左宗棠的楚军尽管扩招了一倍，曾国藩仍嫌其过于单薄，没有能力将所有战胜区全部覆盖。左宗棠因此趁机申请，将归于湖南巡抚衙门指挥的蒋益澧的八千人调到楚军旗下。

将蒋益澧一军争取进楚军，是左宗棠利用全国湘军主战场的优势为壮大楚军队伍而迈出的关键第一步。从四年后左宗棠保举蒋益澧出任广东巡抚来看，蒋益澧是能够独当一面的韩信式人物。左氏此时通过自己与曾国藩两人的关系与面子，将他从湘军偏师、广西巡抚刘长佑的手下挖了过来，可谓用心周到。

蒋益澧与左宗棠的楚军嫡系将领刘典、杨昌濬、王开琳、王开化不同，他是半路加盟进来的，而且一身连接湖南、广西，将湘军主力与湘军偏师贯穿打通。他的到来，相当于从外部输血壮大了楚军，让楚军气象变得阔大。

湘军本是湘勇、楚军、老湘营、湖北绿营、霆军等军事势力的合称。楚军在格局与气象上一开始就超越了内部派系与嫡、庶之分，颇有点儿"泰山不让土壤，故能成其大；河海不择细流，故能就其深"的意味，这也是左宗棠后来能够统帅全国各地方军队，联合楚军组成西征军，出兵大西北的重要原因。

左宗棠既已身为浙江巡抚，随着地位变化，他与曾国藩交流的话题，开始有了一些细微变化。

回看左宗棠出山办楚军时，对曾国藩曲意逢迎，不是没有。左宗棠大概也意识到了，那种违心的点赞，只有在关系不稳的特定时期，才可以偶尔为之，可一不可二，可二不可三。曾国藩现在再出现重大决策失误，包括自己在内的湘军将帅都需要承担直接后果。一言可以兴军，一言也可以丧军。尤其是在目前的形势下，真话效力超过打一场胜仗。

从这时开始，左宗棠围绕"国事、兵略"，对曾国藩不再曲意逢迎，而是逐步重新回到以前的状态，真话直说。

第五章　再次合作

|二|

同治元年（1862年）2月13日，左宗棠率领楚军从汪口翻越大庸岭进入浙江境内，这天深夜，他去信曾国藩，第一次指出曾氏在战略上存在用人失当。

左宗棠说："涤兄您来信说，打算将鲍超一军作为机动部队，暂时先安顿在青阳城以供调遣，我以为这样做有点儿浪费人才。徽州城解围后，是不是可以考虑让朱云岩带兵翻过岭外，腾出鲍超一军来，让他在石埭、南陵、泾县一带做游击队，一旦发现太平军有空子可钻，立即发起攻击，而不是非得在某地固守上十天。"

其实，鲍超的霆军作为曾国藩的嫡系湘勇营，无论是与楚军还是浙江绿营，都搭不上关系，左宗棠当面指出曾氏的失误，纯粹出于同僚之间朋友式的友好提醒，而无关其他。

这时起，左宗棠对与曾国藩合作期间积聚起来的分歧，也开始有意识地陆续释放。他第一次隐讳提醒曾国藩，要站到战略高度，考虑全国一盘棋。

虽然此时两人仍处在合作的"蜜月期"的尾声，而且早在上年12月26日，曾国藩保举左宗棠为浙江巡抚时，已经在密信中明确告诉他，"目下经营浙事，全仗大力，责无旁贷"，等于明确楚军已经完全独立成军，但"强助手，弱领导"的现实，让曾国藩对左宗棠的顾忌感似乎依然没有消除。

上次跟曾国藩沟通时，左宗棠说："祁门、黟县这两地的湘勇，似乎已经在大幅度撤动了，这自然是出自您的安排部署，我因为跟这两地隔得太远，没办法知道他们撤动的具体计划是什么，为了配合好您，做到各省上下一盘棋，还得请您赶紧告诉我详细计划跟原因。"

这不免令人感到意外。曾国藩居然忘记将这么重要的战略部署及时通报左宗棠，可能是他调遣四省军事确实有点儿力不从心了。当然，还有一种可能，他考虑到左宗棠已经独立率楚军收复浙江省，需要尊重他的感受，不方便再直接通报命令，因为既然浙江一省"全仗大力，责无旁贷"，左宗棠无须再分心顾及湘勇，专心办好治下的浙江为上。

无论是哪种情况，继续领导左宗棠，他都有点儿勉为其难了。

眼看着将要从"部属关系"退回到"朋友关系",转折时期,新晋浙江巡抚左宗棠在人事归属上仍注意尊重曾国藩,继续维护他作为全国湘军统帅的领导地位,所以他以请示的方式跟曾国藩说:

"如果要迅速平定浙江东部,不通过海路进攻就不可能实现,请曾公您来统筹安排。"

"浙江、江西两省今后的军饷,全部由您负责统一分发,这就可以免去许多啰唆与枝节,湘军内部财权与事权更加统一协调,指挥打仗一气呵成,大事方可成功。"

通过曾、左此时的交流可以看出,人所站定的位置,决定他对人对事的态度,委曲求全短期有效,长期去看于事无补。

其后我们可以进一步看到:随着左宗棠迅速升迁,独立性日益增强,左宗棠这种谨慎小心的刻意做法,也不能再继续维系两人以前亲密合作的关系了。

脱离"强助手,弱领导"模式,独当浙江一面的左宗棠有如野龙入海,才气得到毫不保留的腾挪布展。同治二年(1863年)5月5日,朝廷为奖励楚军战功,更为了激励左宗棠奋力进取,又破格提拔左宗棠做闽浙总督,同时兼任浙江巡抚。

慈禧的这一举动用意极其隐晦,因为左宗棠近一年半的军功,事实上并没有特别的成绩,连浙江省会杭州也还要等到十个月后才收复。可见慈禧之所以破格提拔,很大程度上仅仅是为了让左宗棠在地位上迅速与曾国藩比肩,其培植制衡势力之心开始显影。

这天起,闽浙总督左宗棠与两江总督曾国藩平级并列,同为封疆大吏。

回顾从咸丰十年(1860年)9月22日起,左宗棠带领五千八百零三名楚军士兵开赴江西前线,到眼下升任闽浙总督,短短两年八个月时间,是左宗棠与曾国藩一生合作的黄金蜜月期。

当湘勇、楚军并列成为中国两股军事势力之时,曾、左关系开始走到了危险的拐点。

老子说:"物壮则老,是谓不道。"意思是说,关系一旦发展到黄金阶段,其后必然走向灰暗。这是自然规律,也是人事规律,没有人可以例外。

摆在曾、左前面的路,开始变得云诡波谲起来。

第六章

对簿朝堂

　　左宗棠向朝廷举报曾国藩放走幼天王,曾国藩反举报左宗棠放走十万太平军,曾、左"失和",自此断绝书信往来。曾国藩去世后,左宗棠在《铜官感旧图序》中客观评价其人,引来非议。曾、左"失和"真相到底是什么?左宗棠在家书中最终隐秘披露。

强宾弱主

|一|

同治二年（1863年）5月，左氏晋升闽浙总督之后，曾、左事实上从"部属"关系再次变回到同僚"诤友"关系，他本人有了明确的独立、平等意识，开始尝试着让两人关系恢复到咸丰初年那样，真话直说。

这一时期，左宗棠根据自己的治军经验，提醒曾国藩治军应该注意两个方面。

第一个方面，治将须用威势。

这条建议，可让曾经的老上司感到有点勉为其难了。

曾国藩在咸丰八年（1858年）复出之后，已经明确弃申韩法家而信黄老道家。如今，他将这种改变的风格带进治军中来，平日里对部下诸将态度尽量和气，在公文的称呼中也尽量注意尊重部下。曾氏发现，这种风格行之有效。

但左宗棠却认为，这样做很不合适。他请求曾国藩以上级命令的形式，用语带不屑的"该镇"来称呼各地总兵。因为带兵的人都是粗鲁之人，给点阳光就灿烂，"三天不打上房揭瓦"，只能用威势压着，不能放在手心里捧着。

左宗棠在这里说的，是他本人的经验之谈。左氏是一个懂得把握他人心理、借助威势来办事的人。军事方面是如此，日常生活与为官办事时同样如此。

这里随举两例，略见一斑。

第一例，同治元年（1862年）10月14日，十六岁的长子左孝威考中举人，成为左氏家族史上最年轻的举人。这自然是一件值得家人、亲戚大贺特贺的事。为了避免亲戚朋友准备礼品前来祝贺，左宗棠教儿子在湘阴左氏祠堂内贴上这行大字：

奉到浙江大营来谕，明岁且缓北上，凡宗族亲党惠赠程仪者，概不敢领，孝威敬白。

为什么要用"浙江大营"来代指"父亲"？借助威势。"浙江大营"代表官方意见，来头不小，亲戚朋友乍看之下，还以为孝威不收贺礼是国家规定，哪里会想到只是左宗棠的个人意见。但这样做的效果是显而易见的，左氏家族与亲朋好友也领情，毕竟可以节省一笔不小的人情开支。

第二例，光绪七年（1881年）底，左宗棠从北京回湖南探亲，带一营亲兵，二百多人前呼后拥，声势浩大。

湖南一些士绅看不下去了。赋闲在家的郭嵩焘就在当天日记里说，左宗棠此举"可云豪矣"。老郭嫌他衣锦还乡时，借排场炫耀俗威，让自己在同乡的比较之下显得没面子。

郭嵩焘尤其感到刺眼，主要是因为中国古来有将州、县两地之名代指当地第一人的传统，作为湖南湘阴同乡，有"左湘阴"便无"郭湘阴"，这是必然的。

事实上，左宗棠此行回乡，还被朝廷安排了一项公务，以钦差大臣身份，调查李鸿章的大哥——湖广总督李瀚章。朝堂之上有人弹劾，李瀚章在任上"任用私人，纵容劣员"。左氏带一营亲兵，声势浩大开回来，目的是在场面与声势上给李瀚章以震慑，也为了让朝廷觉得他本人特别重视。孔夫子说，虎皮与羊皮的区别，仅在于斑纹不同。如果左宗棠只坐一顶轿子回来，一个六十九岁的老头子而已，湖北省官员不买账，根本没有威力将案情查下去，地方言官给朝廷的密报中，可能会反告左宗棠查案因循懈怠，玩忽职守。

回到正题去看，曾国藩对左宗棠这一提醒，内心里大概不以为然。回看曾国藩前面的经历，他第一次出山便办湖南审案局，惩腐打黑，用的正是"威势"，结果呢，湖南官场几乎都被他得罪光了，弄到最后自己办不下去，不得已移师衡州，另起炉灶。咸丰五年（1855年）他运用政治手腕扳倒陈启迈，用"威势"可谓生猛，结果呢，继任巡抚文俊还不是换汤不换药。咸丰八年（1858年）再度出山之后，他已经充分吸取了前面六年用"威势"的教训，绝不会因左宗棠的这次提醒，再做任何改变。曾国藩心里大概已经在说，左老弟，你愿意用威势，尽管自己用好了，反正我是不敢再用了。

第二个方面，不遥控指挥军队。

军事统帅为什么不能遥控指挥军队？左宗棠说："打仗的事情，讲究临机应变，战场情况瞬息万变，隔一两天出发，跟相隔千里差不多。如果事先给将领安排行军路线、作战计划，分析太平军的情况、我方的情况，这好比外行去教以打磨玉器为生的工匠，告诉他怎么制造玉制品一样，不但画蛇添足，反而是班门弄斧。"

对于这条意见，曾国藩倒是听进去了。曾国藩不擅长临阵指挥打仗，他本人逐渐看清了这点，后来也学乖了，尽量放权，自己在幕后治学，用学问教将领如何修身、养德。曾国荃围攻天京时，曾国藩便坐镇安庆，不干涉九弟战术，实践证明行之有效。

以曾国藩修身之深，自省能力之强，为什么仍有遥控指挥军队的陋习呢？大概是被咸丰皇帝在生时将节奏带偏了。曾国藩从咸丰四年（1854年）进驻湖北省武昌城，其后战役，咸丰皇帝几乎都要在圣旨中对他亲手指挥一番，有时隔几天就指挥他连跨几个省，典型的"灵感型"——拍脑袋瞎指挥，累死人不偿命。咸丰十年（1860年），曾氏之所以冒着被一锅端的风险，将前敌总指挥部设在祁门，事实上就是咸丰皇帝喜欢瞎指挥给硬逼出来的。曾国藩受皇上遥控时心多怨言，他本人遥控将领时，却感觉不到了。这大概就是节奏被皇帝带偏的次数多了，便习惯了，"白沙在涅，与之俱黑"。但作为曾氏曾经的部下，左宗棠的感受真实强烈，毕竟感受是不会欺骗自己的。

左宗棠大概料到，曾国藩看了这条意见，会心有反感。他提前说了一句话，以堵住他可能的反驳："曾公您要听得进这句话，不要哂笑，当他是胡言乱语。"

此时的左宗棠面对曾国藩，隐约又有了咸丰七年（1857年）第一次"断交"时的感觉。关于这点，我们还可以从左宗棠当天跟曾国藩讲的一则笑话里体会出来。

左宗棠跟曾国藩说："前些日子，周天爵总督在给朝廷的奏折中写道：'我提前准备了速战速决的部署安排，但太平军并没有按我设计好的军事安排来应战。'言外之意，周总督战场失败责任在太平军。这件事至今在全社会仍被传为笑柄。"

左宗棠将周天爵如此不堪的反面事例，拿来跟曾国藩类比，曾国藩修养再好，也难保不会生气。虽然曾国藩"扎硬寨、打死仗"的形式，跟总督周天爵的守株待兔打法，看起来形式上接近，但当面指出来跟避开不说，予以当事人的感觉完全不同。此时真话直说，未免太过于伤人。显然，第一次见面时就认为曾国藩"才具稍欠开展"的左宗棠，内心里又不将曾统帅当回事了，否则不敢如此轻言冒犯。这大概也是曾氏九年前在靖港跳水被左宗棠骂作是"猪"的后遗症。

随后发生的一件大事，让曾、左"失和"再显征兆。

| 二 |

述说这一征兆之前，我们先来看，出任两江总督后的曾国藩，近两年来在安徽省的军事情况。它不但跟后面的系列情节紧密关联，也方便我们对这一征兆的背景，有充分了解。

咸丰十年（1860年）夏到咸丰十一年（1861年）冬，两江总督曾国藩最为核心的军事工作，是督促曾国荃等湘勇大将，率兵包围并攻占安徽省城安庆。

安庆城在军事位置上的重要意义，在于它是太平天国首都天京西面的一道屏障。咸丰三年（1853年）春，太平军自湖北武昌城誓师，顺长江东下一举攻占安庆，自此驻扎下来，牢牢拱卫天京的安全。

为了拔除湘勇杀进天京城的这道路障，咸丰十年（1860年）夏，曾国藩第一时间会同湖北巡抚胡林翼，两人合力投入湘军水师、步兵共五万余人前来收复。安徽太湖、潜山相继被夺回，湘勇逐渐聚集到安庆城下。

"拙诚"的曾国藩指导将领以"扎硬寨，打死仗"为基本战略，采用"围点打援"战术来攻打安庆：他命令道员曾国荃率领步兵八千人，会同提督杨岳斌水师四千人，担任围城任务；命令副都统多隆阿、按察使李续宜率马步兵两万人，驻扎桐城西南挂车河、青草塥，担任攻打援兵的任务。

"围点打援"是军事学术语，意思是围住一座城池的敌人，先不急于攻城，将城池的敌军当作诱饵，吸引其他地方的敌军前来增援解救，其真正目的是打掉增援的敌人，待援兵打光了，外围敌人没有了，再图一举破城。

因为"围点打援"的重心不在"围点"，而在"打援"，所以兵力部署的重点是增强打援的力量，围城只是起到辅助作用。

第六章 对簿朝堂

咸丰十年（1860年）6月20日，湘勇水师统领杨岳斌攻陷安庆东路要地枞阳后，合围安庆。曾国荃在城外挖长壕围城拒援。曾国藩、胡林翼两大湘军统帅则分别坐镇皖南祁门、皖北太湖，指挥全局。

在这场旷日持久的"围点打援"战役中，曾国荃统领的吉字营迅速脱颖而出，起到湘军王牌主力军的作用。

追溯吉字营，其成立于咸丰六年（1856年）。这年，二十五岁的石达开跟四十五岁的曾国藩在江西战场摆开阵势，展开军事殊死角力，曾国藩被打得丢盔弃甲，满地找牙。在家读书的九弟曾国荃，响应大哥的召唤挺身而出。他首先找到新任吉安知府黄冕商议，向主管团练的湖南巡抚骆秉章提出申请，计划招募兵勇三千人，与周凤山现有的三千人合成六千人，开赴江西前线救援。曾国荃率领这支六千兵的队伍，第一仗遵命打下吉安，军队就地取名吉字营。

吉字营迅速壮大后，湘勇各部仍然以营相称，但这只是习惯性的叫法而已，目的是避免在朝廷奏报中惹嫌。如果曾国荃动辄自称某某大军，慈禧太后会感到十分扎眼。在朝廷看来，八旗、绿营才是朝廷的大军，湘勇只是民兵而已，不能猴子戴顶帽子，就装作是人。湘勇一营规定五百人，吉字营全盛时是一百个营的集合，多达五万人，这相当于现代两个军的规模，已经是名副其实的湘军。

湘军具体正名一事，要到同治六年（1867年），后面会详细说到。

回到正题。杨岳斌率领水师打下枞阳镇后，安庆城内的太平军被切断了供给的主动脉。因为枞阳镇是安庆城与外界联系的唯一通道，安庆城与外界联系一旦被切断，城内太平军便失去军粮、枪炮补给。

太平天国英王陈玉成计划组织反攻。但洪秀全为自身安危计，调他去攻打江南大营，以缓解天京压力。这一去便将近十个月，安庆城外湘勇得以趁势抓紧修筑工事。待忠王李秀成、英王陈玉成确定先攻取浙江、再回头解救安庆城的新战略，五万湘勇已经在安庆城外成功合围。

以"霸蛮"著称的吉字营统领曾国荃，遵从曾国藩的"扎硬寨，打死仗"战术，在安庆城外，挖出两道包围城池的长壕沟。每条壕沟深约五米，两道壕沟相距约一千米。内壕用于围困安庆城内的太平军；外壕用于抵御援军入城，方便将援军隔在城外攻打。

壕沟工事难挖，曾国荃便亲自督工，有条件的地方，要扎扎实实深挖；没有条件的地方，创造条件也要挖。碰上壕地石土刚坚，无论如何也无法挖出湛深壕沟，曾国荃便安排士兵堆垒土墙，布置陷阱，以阻止太平军顺利通行。经过如此艰苦卓绝的前期工事作业，内外两道壕沟形如天堑，将安庆城像铁桶一样包围起来，苍蝇也飞不过去。曾国荃开始获得"曾铁桶"的绰号。

两道壕沟挖成，安庆城彻底成为孤城，太平军守将失去外援，只能坐以待毙。

咸丰十年（1860年）8月，洪秀全似乎醒悟过来，安排军力不惜代价援助。吉字营士兵死守外壕，将火枪、铁炮火力全开，猛烈反击，太平军被生生打退。两天后，太平军将领为强行跨越壕沟，令每个士兵背一捆稻草，趁冲锋陷阵时将稻草填进壕沟。两军攻防激烈，太平军背负草垛，连续发起十余次冲锋，伤亡一万余人，仍无法跨越外壕。

由于援军物资不能进城，安庆城内太平军完全断粮，开始靠捉老鼠、挖野菜充饥。待城内的老鼠和野菜吃光了，安庆城守将叶芸来命人将城门从里面全部堵死，他对援军已经不抱任何希望。

危急时刻，洪秀全再调派驻扎在安徽南部的太平天国辅王杨辅清率部前往解救。战斗打得最惊心动魄的一次，发生在咸丰十年（1860年）8月25日至28日。陈玉成将太平军分作十余路兵力，疯狂攻占外壕，数万太平军士兵先以稻草填壕，跟后者踏着稻草向湘勇发起冲击。湘勇士兵站在高处，用火枪疯狂反击。打到后面，太平军没有了稻草，便直接用士兵的尸体填壕沟。如此轮番进攻十余次，太平军一度冲破第一层外壕，但被团团围困在仅相隔一千米的内外壕中间，次次被吉字营猛烈的火力击退。这可望而不可即的一千米距离，对杨辅清而言，已经像在地上搭梯登月一样困难。

打尽援兵，最后攻城。

咸丰十一年（1861年）9月5日凌晨，曾国荃亲自指挥吉字营湘勇，在安庆城墙卜挖出地道，埋下大量炸药，士兵们同时点火，火药轰隆裂天，炸塌了安庆北城坚固的城墙。安庆城门户洞口，湘勇水陆各军越壕蜂拥而入。守城的太平军士兵已经接连数月没有吃进米食，根本没有力气抵抗，湘勇将士犹如狼

第六章 对簿朝堂

入羊群,挥刀犹如滚瓜,将羸弱守兵屠杀殆尽。

守将叶芸来、吴定彩或战死,或投江,全部壮烈殉难,安庆城一战易主。

其时,曾国藩正静坐在安徽东流县前敌总指挥部,耐心等待军事战报。他白天读信、写信、记日记,闲时看书养心,焦虑时便独坐守阙斋内,将一切干扰全部清空。从最近几个月的前方战报中,他似乎提前预见到胜利的曙光。咸丰十一年(1861年)9月4日,他在日记中记下这样一段话:

> 是日,阅钦天监奏折,知八月一日日月及水火木土四星俱在张宿五、六、八、九度之内,金星在轸,亦尚在三十度之内,可谓日月合璧,五星连珠,祥瑞也。

9月5日,曾国藩果然收到曾国荃从安庆城发来的捷报,他强行抑制住骤然获胜带来的巨大喜悦,在日记中平静记录下这样一句:

> 申刻,沅弟专弁来,知安庆于昨日卯刻克复。贺客纷纷,至灯后始毕。

安庆城丢失,天京城失去最后一道有力屏障,太平天国首都门户洞开。曾国荃决定如法炮制,将"内外壕沟、围点打援"的战术,再次用于包围天京城。

待曾国荃安排将士将安庆城打扫装修一新,曾国藩将两江总督府及湘军前敌总指挥部设到这里。他开始有充足的时间,来考虑办理两江总督任上的内政、外交事务。

晚清洋务开放实践,从这里开始起步了。

这年秋末,曾国藩在安徽怀宁黄石矶、安庆大观亭两地创设安庆内军械所(今安庆市航道处机关大楼北十五米处),这是清朝在洋务运动大潮兴起之际的第一家官办企业,是中国最早的新式兵工厂,中国近代工业化从这里开端了。

同治元年(1862年)2月,曾国荃因军功晋升江苏布政使。同年3月,他率领吉字营相继攻克安徽巢县、含山、和州。同年5月,攻占秣陵关,驻营金陵城南门外雨花台。他用"铁桶围城"战术,从四面合围,箍牢太平天国首都,展开最后的攻坚。

此时再将视野拓开，放进全国湘军大局中观照，可以发现，在朝廷全力依赖湘军，实施"以湘制湘"的政治大形势下，湘军布局多点开花，开始显露出峥嵘的战略威力：左宗棠驻浙江，李鸿章战江苏，曾国荃攻天京，三人各抱地势，齐头并进，东南形势一日千里，湘军势力迅速漫山弥江，气吞万里。因此同治二年（1863年）成为湘军势力扩张最为迅速的一年。

凡事从来利弊皆有，喜忧总是相伴相随。就在湘军势力暴增，即将进入全面战略反攻的重要时刻，湘军各部的独立性日渐明显，湘勇与楚军在江西、安徽两省战场紧密配合的局面，开始出现某种松动。

松动的表现之一，是浙江巡抚左宗棠声称楚军实力有限，主要精力只能投注浙江本省，他将考虑只给予曾国藩的嫡系湘勇有限配合，而不再像是以前那样，实行无限投入的帮忙。

俗话说，亲兄弟，明算账。曾、左这对在合作蜜月期曾经胜过亲兄弟的"诤友"，因为左宗棠的主动提出，各自隐约在划分责权利范围了，这标志曾、左关系又将回到湖南幕府合作期间独立松散的状态。

曾、左具体是如何分家的？

划地为利

| 一 |

左宗棠决定不再给予曾国藩无限帮助，其行动表现之一，在于左宗棠不再听命于曾国藩的安排。

左宗棠去信曾国藩，果断撤回之前派出分头援助江西、安徽的老湘营和刘典所部楚军。

为什么要撤回正在援助江西军事的这两支楚军？

左宗棠这样陈述理由："我的楚军饿了很久，又病了很久，士气已经被消磨得差不多了，现在如果骤然下令，将他们从浙江东边调往江西西边，恐怕将领们不答应。所以我安排老湘营移师到歙、休交界处。"

为什么同时又要撤回援助安徽的楚军？

左宗棠同样有一番说辞："刘典带领全军正挥师东进，我命令他一定不要放一个太平军进来，他现在还没有时间过岭去助战。鲍超一军既然来了，江、席两军可以与他会师，则岭外就有了这三队人马，这样的队伍，可以说是兵雄势壮，自身已经如此强大，应该可以不需要浙江军队的帮助。所以，刘典的正事，是断绝太平军入浙的可能，而不是去岭外支援，想必您能理解与支持。"

上述两条理由就事论事，前因后果比较复杂，局外人看得不明就里。但如果概括成一句话，其实也很简单：楚军、老湘营连年疲劳作战，自身难保，没能力再援助江西；楚军主将如果继续留在安徽援助，对曾国藩而言是锦上添花，而不是雪中送炭，已经没有必要。

救急救困不救穷，这是左氏一贯的原则。左宗棠在这里说的当然全都是事实，通过前述曾国荃在安徽卓著成效的战绩，我们对这些已经一目了然。但如果站到曾国藩的角度看，显然，此时的左宗棠，已经完全站到闽浙总督的利益立场上来发表观点了。

左宗棠的意思不言自明：浙江本省也有一大摊子事要处理，自家的事情还顾及不过来，哪里还有多余的精力去帮助湘勇到处救火？这话自然也有一定道理。但如果以左宗棠之前继"襄办曾国藩军务"之后的"帮办曾国藩军务"身份来看，这话就说得明显不对了。援助主帅是帮办人的基本职责所在，职事面前，唯主帅命令为是，唯敌军所在是从，不能讨价还价。

这么简单的道理，左宗棠不会不明白。他为什么还要这样说？显然，左宗棠的潜台词是，某时起，自己跟曾国藩已经脱离了原来的上下级从属关系，如今并列督抚，已是官场同事。同事之间到底帮还是不帮，当然有自主选择权。

曾国藩读了这封信，大概会第一次感觉到，弟弟大了不由哥哥，左宗棠如今翅膀硬了，跟自己已经平起平坐，不再听从指挥了。

至于左宗棠像咸丰七年（1857年）那样再次坦言指责曾国藩，则是围绕两江地区淮南、淮北盐税的事展开。

[二]

事情的缘起，曾国藩去信咨询左宗棠，向他求教。

曾国藩知道，左宗棠在湖南做幕僚时已经精通盐务，他帮前湖北巡抚胡林翼出过不少盐务方面的主意，为支持湖北军事赚来不少军饷。胡林翼在世时为了抬举左宗棠，在曾国藩面前，将这些事早一五一十全部告诉他了，曾国藩因此记心上了。加之左氏以前在湖南安化小淹，全面读过前两江总督陶澍盐政改革的系列文章，既有理论高度，又有实践经验，因此曾国藩不耻下问，虚心向他求教。

应该说，政治家曾国藩是在真心实意请教。孔夫子说："知之为知之，不知为不知，是知也。"以诚立身的曾国藩，在昔日老部下面前，没必要顾忌面子。反正以前已经多次挨过他的批评，面子已经不值钱，唯真诚最有力量。

但左宗棠的态度完全出乎他的意料。左氏没有因曾氏姿态谦虚，就顾忌两江总督之前所作的政策性失误，遮掩一下，替人家保留颜面。他毫不隐讳地指出，曾氏现有盐税政策存在问题是：两江地区的盐卖到湖南、湖北两省，完全可以光明正大地向两省收税。曾老兄您只顾考虑官场文法、政策旧规，畏缩而不敢改革弊政，这是不对的。为什么呢？只要在颁发盐务新政时宣布，两淮新收的盐税都用到湘军的军饷上去了，则湖南、湖北再没有借口找您来理论。

左宗棠进一步解释说，自己对两江总督曾国藩畏缩不敢大刀阔斧改革地方弊政，早有意见。为什么直到今天才说出来？一则，曾国藩宣布两淮盐场不收浙江的盐税，左宗棠属于受惠方，不再方便开口；二则，两人一直是同一条战线上的亲密战友，如果突然主动站出来说话，外人不明底细，没兴趣去看其中的是非曲直，反倒以为两人吵架了。

左宗棠给曾国藩指出的盐务问题，事实上并不复杂，曾国藩自己也一定想得到。他为什么没有那样去做？确实如左宗棠所说，是碍于官场文法、政策旧规而心有顾忌。曾氏是两江总督兼节制浙江军务，四省都是他的治下，他想顾全四省的大局。毕竟手背手心都是肉，他不想得罪任何一方，想皆大欢喜地将这件事情给办圆满了。

就事论事，很难评判谁对谁错。如果跳出微观事情，站到为官理念上看，则豁然开朗。左宗棠这次指责曾国藩，全围绕"国事"展开，涉及曾、左为官、理政手段上的根本不同：

曾国藩注意协调各省关系，考虑官场同僚的感受，在尽量不得罪官员的情况之下，再将事情妥善办理，他在极力求得官场人心的"最大公约数"。

左宗棠则不然，他一旦认定是正理，只要符合国家利益，不违背地方政策，便不惜冒着得罪部分官员的代价，尽一切力量将事情不打折扣地办成。过程之中，他不惧得罪政敌，包括同僚。他在极力求得成事，办事过程中又像手拿一本《孟子》在对照办事，要求完全符合义理，一般官员哪里经得起这样严格要求。

在"刚直为官"这方面，曾、左从性格到手段，早年事实上并没有什么不同。但曾国藩自从咸丰五年（1855年）扳倒江西巡抚陈启迈之后，不无悔意，再经过其后守孝一年多的居家自省，他已经不再相信刚正行政了。尤其是第三次蜕变期间，他听取湘乡民间隐士陈广敷的建议，决定改用优容、恬静的黄老之术为官。转眼五年过去，官越做越大，他觉得自己的观念是对的。要不怎么前面六年碰尽钉子，吃尽苦头，后面五年平步青云，畅通无碍？解释不通嘛。

五年后，在信中再读到左宗棠的这些他曾经再熟悉不过的内容，曾国藩大概在心里已经笑了：左老弟，你说的这些方法，是我用过后不敢再用了的。

今天很难说两人的方法到底谁对谁错，谁好谁坏。曾国藩其后平定太平天国，个人凭事功拜相封侯，就是凭借黄老之术，实践证明完全行得通；左宗棠则从总督闽浙到总督陕甘，从创立海军到收复新疆，一直就是按他这个办法干下去的，实践证明其势如破竹，无往不利。

盐务税收属于"国事"，曾、左两人的分歧，此时完全无涉个人道德品质。但"襄办曾国藩军务"起家的左宗棠，在曾经的老上级面前，语气无疑有点过激，其本人的姿态像大哥，对曾国藩有点儿恨铁不成钢，近乎负气，两人的心理定位继续发生错位。

左宗棠这次之所以语气不对，固然有他秉性刚直，在公事面前不让人的原因。但他又不是不能委曲求全的人，前些年几次曲意逢迎曾国藩，可以证实这点。

他为什么还要这样做？

左宗棠之所以以近乎负气的方式说出来，跟曾国藩之前在税收工作上好心坑过他一次，存在直接关系。

|三|

事件的大致经过是：同治元年（1862年）3月，两江总督曾国藩为了缓解军饷危机，奏请朝廷批准他在广东全省收取厘金，以接济江苏、浙江、安徽三省空缺。

之前，朝廷规定广东就需给三省每月划拨协饷银二十万两，单是浙江一省，每月还需划拨十万两。

湘军收取厘金税，最早由骆秉章、左宗棠咸丰五年（1855年）在湖南创办，郭嵩焘其后在湘勇军营内迅速推广，实践证明，集饷效果明显。咸丰十年（1860年），广东巡抚耆龄得知，仿照湖南的做法，在韶关设卡办厘金局，一年办下来，收税高达五十余万两。

广东官方尝到甜头后，广东布政使周起滨就地模仿耆龄，同年在肇庆府设卡办厘金局，一年收税也超过四十万两。

广东洋行发达，商业税全国最多，曾国藩眼见广东几处厘金局盆满钵满，不免心动。他开始大胆设想，如果自己能够将厘金局办进广东省各县，按现例比照，每年在全省至少可以收取三百万两白银，只要将这件大事办成，困扰自己的湘军军饷难题，也就迎刃而解了。

他开始写信找两广总督劳崇光谈设想，准备用厘金税换协饷银。曾国藩承诺，只要允许自己在广东省各县设厘金局，则不但两江地区每月二十万两的协饷可以直接从厘金中抵除，浙江省的十万两协饷银，也可以依循此例。

这是以市场化杠杆取代朝廷行政命令的筹钱思路，大方向无疑是正确的。

但曾国藩既然已经向左宗棠承诺放弃兼管浙江省，浙江的协饷，应是左宗棠治下的事，他怎么还要越俎代庖替左氏允诺？他真心实意想趁机也帮助左宗棠一把，毕竟，左宗棠前面成就他的地方已经很多，作为湘军统帅，他以"圣人之道"理政，追求不偏不私，总在想顾全大局。

劳崇光爽快同意了。曾氏接信，心花怒放，立即上奏朝廷，申请批准。待拿到朝廷批文，他再将结果通报左宗棠。

左宗棠接信，大吃一惊，连喊糟糕。他当即回信，全盘否定了曾国藩这一军饷税收改革制度。理由有二：

其一，在广东全省强行设局收税，对广东商民无异掠夺，且不一定能收得上来。

其二，以自己对两广总督劳崇光其人的了解，他一定会从中搞小动作，设法做假账敷衍塞责，事后既无从查证，更无法弥补，今后不但收不足预计的厘金税，连政策规定的协饷弄不好都会打水漂。

曾国藩看后，不以为然，他认为左宗棠多虑了。难怪胡林翼生前总告诫他左宗棠"虑事太密"，看来左老弟确实有想事过细的老毛病，自己前期准备工作已经很充分，哪里会有他说的那么复杂？因此，左氏意见被置之一边。曾国藩仍按既定设想，紧锣密鼓地进行。

经过曾国藩一番坚定的推进，同治元年（1862年）8月，广东省厘金局如期开张。他开始盼着收取巨额税银。

三个月后，广东厘金局给两江总督曾国藩共运来二十万两白银，称这是收缴的全部税入。曾国藩接到，当即傻眼了：这只有原定协饷银的三分之一。他想起左宗棠的预言，明白自己过于轻信税收改革，将自己改得掉到陷阱里去了。

怎么办？自己上了自己的当，哑巴吃到黄连，只能打落牙齿往肚子里吞。

拿着这少得可怜的一点银子，他尽量统筹兼顾三省，给江苏、安徽各六万两，浙江一省八万两。虽然数量已经少得可怜，但看得出来，他对左宗棠仍有额外照顾，虽然给到楚军的这笔收入，还不到税改前的三分之一。

客观地说，以黄老之术优容行政的曾国藩，以厘金取代协饷，用心完全是好的，方向也是对的，只是隔地遥远，不具备可操作性而已。这是政治家曾国藩在具体实务面前暴露出来的才能短腿，因为官员确定推行一项政策，最重要的便是具体可操作性，办事人拿到方案，能够具体落实到位，而不只是理论上可行，现实中走样。理论上正确的话就可以说，理论上正确的事就主张做，这是幕僚、学者的本职工作，而不是政治家应该干的事。

曾国藩上了自己的当，固然可以不作声；左宗棠不行，在官场为楚军争夺利益，他从来不是一个甘心吃亏的人。但他想发声却无法越权行事，只好跟着曾国藩老人家忍气吞声。

其时楚军嫡系已近两万人，将士每月发饷银需十万两，一年需发一百二十万两。三个月仅得区区八万两税收充军饷，杯水车薪，将士叫苦不迭。左宗棠自担任浙江巡抚后，李定太的衢州兵、李元度的平江勇共一万六千人全部新划归楚军，饷银需求又比原来增加近一倍。近四万士兵每天吃喝拉撒，这让他更加不得不四处找钱养兵。

曾国藩螺蛳壳里做道场，安抚三省的一把手将就一下，后面会好起来。此时他已经想到，如果事先听信左宗棠，就不会有今天的结果。他只好带着满心歉意，答应几年内一定弥补。

但没想到，就连这句暖心的承诺，最终也无法兑现。劳崇光既然敢抢在前头光明正大地给曾国藩开空头支票，当然有心继续放他的鸽子。曾国藩只好继续对左宗棠满心歉意。

曾国藩这次税收改革总体成效如何？事后总结，从同治元年（1862年）8月广东厘金局开张，到同治三年（1864年）9月停止征税，足足两年里，广东省共寄来一百二十万两白银，曾国藩分给楚军二十二万两。如果按税改前原定协饷，单是浙江一省，广东就应该送去三百三十万两。

楚军凭空多出来的三百余万两的军饷窟窿，左宗棠怎么想办法填补？他只好交给胡雪岩去设法填空。他庆幸入浙之初就发现并存储了这个商业奇才，否则楚军就真要变得像一个身强体壮的贫血青年，根本打不动仗了。

因为曾国藩这次税改教训实在过于刻骨铭心，左宗棠诉苦无门，只得吸取教训，此后不愿再跟在曾国藩身后继续闷声吃大亏，这让两人的距离进一步拉大。

| 四 |

现在围绕军饷银，左宗棠到曾国藩面前又来袒露委屈。

左宗棠没有料到，这件说不得的事情，一经白纸黑字写下来，两人咸丰八年（1858年）已修复好的旧伤口，又被撕开了一道新的裂痕。

左宗棠的委屈，源于曾国藩怀疑他曾经在自己治下的江西省婺源等四地乱收税。

回看咸丰十年（1860年）秋，左宗棠率楚军抵达江西后，楚军军饷来源成为问题。湖南省东征局供应不足，曾国藩作为湘军统帅适时接济，将治下江西省景德镇、河口、婺源、乐平四地的税源划归左宗棠征收。

左宗棠是理财高手，他任命专人在四地收税，分设四处厘金局，一举解决了楚军军饷难题。但到同治二年（1863年）春，左宗棠出任闽浙总督不久，曾国藩意识到楚军已经完全自立，便紧急要求收回四地的税权，重新归回江西本省管理。

站在公事公办的角度看，应该说曾国藩此举合情合理，仁义已在其中。毕竟浙江、福建两省处中国经济发达之地，比江西省远为富裕，只要平治战争创伤，很快就能恢复元气；何况，江西省也没有永久支援浙江、福建两省军事的义务。

问题没有出在应不应该收回，而出在收回来之后。

曾国藩为了保证江西税银不外流，不但将左宗棠原班人马全部撤换，而且亲自任命了新的江西总司税务官。不料，轮到曾国藩亲自来收税了，除了上述四地，江西全省税收不见增加，反倒越收越少了。

真是活见鬼！这究竟是个什么道理？曾国藩百思不得其解，想到后来彻底迷糊了。

原来，是曾国藩在用人上出了问题。他任命的江西省总司税务官从中做了手脚，贪污挪用。曾国藩为官坦诚、正直，并没有看清其中的猫儿腻，他认定税务官跟自己一样为人正直，因此反过来怀疑已经完全独立的左宗棠。是不是他以前借四地的名义，在江西其他县州到处摊派，多拿多占，将其他县州收得已经亏空了，导致自己起用的税务官在帮左宗棠事后填空，所以税收才越收越少。

左宗棠帮曾国藩调查了解后，去信明确地告诉曾国藩，事情不是这样的。问题的根本在于曾国藩用错了几个办理江西税务的官员，他们既贪钱又不办事，越是批评监督，越是贪钱，越是办不好事，恶性循环，并不是自己以前多拿多占。

问题总算解释清楚了，但朋友之间的友情像玻璃，一旦出现裂痕，便难再还原。老朋友之间不怕批评，不怕吵架，就怕怀疑。一旦有了怀疑，便像眼睛进了沙子，解释的过程，就是揉眼中沙的过程，无论是非对错，终归是揉伤了眼睛。

两人在这段时间里书信往来。左宗棠挑出疑团，将疑窦逐一解开。原来彼此都干净清白，表面看起来，这是好事，但事实上，两人的心理隔阂比以前更大了。

再继续交流下去，彼此都有点尴尬了。

如果胡林翼此时还在世，左宗棠通过让他传话，可能疑团萌芽时便能被及时化解。胡林翼为人灵活，兼具有威信，在曾、左两人面前说一句话都算一句话。两位位高权重的老友，没有中间人，当面锣、对面鼓直接写信交流，方式方法均过于生硬直接，且中间没有任何缓冲地带，一旦发生冲撞，便会"霍霍"巨响，同时受伤。疑团从眼中沙逐渐变成了肉毒瘤，即使切除了肉毒瘤，心灵的伤疤恐怕比肉毒瘤损伤更大。

左宗棠在不停解释的过程中，情绪终于激发出来。正是在这种情绪的支配下，有"人格洁癖"的左宗棠觉得自尊心受伤了。他坚信自己的人品是不容怀疑的，所以在后面不惜委婉批评曾国藩"独断专行"。

话已经说到这个份儿上，距离两人再次"断交"，大概只有五十米远了。

俗话说："屋漏偏逢连夜雨，船迟又遇打头风。"更加不妙的是，李鸿章这时不合时宜地掺和进来了。

李鸿章临门一脚，让曾、左"失和"再度雪上加霜。

|五|

李鸿章本姓许，字少荃，谱名章铜，安徽省合肥县肥东（今安徽省合肥市瑶海区磨店乡）人，生于道光三年（1823年）2月15日，咸丰三年（1853年）回安徽办团练起步，十年后迅速发迹。同治元年（1862年）经曾国藩保举，李鸿章出任江苏巡抚，逐渐从湘军系脱胎，办成淮军，此时威震一方，被慈禧青睐。

李鸿章父亲李文安跟曾国藩是道光十八年（1838年）进士"同年"。道光二十五年（1845年），二十二岁的李鸿章以"年家子"身份拜曾国藩为师。因为这层师生关系，咸丰九年（1859年）得以入曾国藩幕府，担任湘军"政治秘书"，开始展现其卓然独到的政治才能。

继左宗棠楚军成立近两年之后，三十九岁的李鸿章出任代理江苏巡抚。一年攻战下来，凭借战场节节胜利，淮军足与楚军比肩，人数上更占优势，收复失地速度更快。

李鸿章不同于曾、左以学问办事，他纯粹以实用主义手段办军事，迅速实现后来居上，短期效果超过湘军各系，在全国军事中首屈一指。此时，江苏巡抚李鸿章与闽浙总督左宗棠一样，军事上已经从曾国藩的直管下完全独立出来，但两人根据以前的惯例，名义上还归曾国藩统辖。

左、李跟曾国藩的关系，相同之中有不同。如果说，左宗棠咸丰二年（1852年）秋在湖南办团练比曾国藩早，在湖南八年幕僚生涯也具有相对独立性，他跟曾国藩只有最近三年才有名义上的上下级关系，李鸿章则大为不同了。

从道光二十五年（1845年）起，李鸿章便成为曾国藩一手栽培与提携下成长起来的得意门生，彼此之间有着明确的师生关系。咸丰九年（1859年）他在曾国藩幕府中担任"政治秘书"，是曾国藩一手栽培而成长出来的淮军统帅。

俗话说："一日为师，终身为父。"古人看重师生情谊。学生做了错事，可以追责到老师。读者朋友如果还记得，前面左宗棠在曾国藩守父孝期间，曾批评过他的老师唐鉴"自私、怕死"。这次，他当着曾国藩的面，批评他的学生李鸿章不对，转而问责起老师曾国藩来。

李鸿章到底有哪些地方不对？

左宗棠当着曾国藩的面，随手列举出三件事：

第一件，治军不严，嫁祸于人。具体原委是：淮军在西塘战役时放火大肆抢劫，发战争财，听说是李鸿章的六弟管不住手下士兵造成的，李鸿章不怪自家弟弟，却转而迁怒于嘉善县令汤成烈，将他撤职了。

左宗棠追问曾国藩："这都是怎么回事呢？因为汤成烈担任嘉善县县令，是李鸿章亲自向朝廷保举的，他当时还发来公文要我任命。"言外之意，李鸿章痞子手法反复无常，前做好人后当坏人，将自己一道拉下了水，让自己跟着他一同里外不是人。

第二件，垄断丝、盐，钓鱼执法。左宗棠说："浙江的特产是湖丝，赚钱的商品有食盐，与别的省份短缺不同，这两样东西，浙江应有尽有。李鸿章贪心不已，将这两样东西的利益全部垄断占有。嘉湖、杭州一些大户人家与地痞流氓，有的趁时局混乱，跑到农村去冒充乡干部，四下招摇撞骗，李鸿章也不直接抓人，却采取钓鱼执法，等人家骗到了钱财，他再去将这种人抓进官府，将他们骗来的钱财当作罚款，全部充公。"

对于李鸿章的第一点做法，左宗棠认为有"痞子气"；第二点做法，在左宗棠看来，是纯粹的"市侩气"。他带着这两股"邪气"，从江苏冲杀进浙江来，

第六章　对簿朝堂

严重侵犯到了左宗棠楚军的利益，左氏要"以清化痞、以正压邪"。

他现在将这些内情诉到曾国藩跟前，目的仅仅是希望曾氏对学生能够批评教育，以正军规，以肃军纪，别闹得内部起火，大家面上都不好看。

第三件，则是左、李从各自所巡抚的浙江、江苏的省际利益出发，展开明争暗斗，导致楚军的钱财分配不到位。

左宗棠说："湖北省支持浙江军务的协饷，每月规定是一万两银子，湖广总督官文奏请朝廷改拨武汉的海关税做抵押，不再从财政里提取寄运，朝廷同意了，还专门下发了圣旨，李鸿章却置之不顾，依然故我。"也就是说，湖北省支持浙江省的协饷银，朝廷已经批准，湖北省也已经送来，但李鸿章从中作梗，不予配合，让左宗棠的协饷银有名无实。

说到这里，左宗棠越想越气，终于按捺不住，嬉笑怒骂地质问："上海的军饷，一个月都不欠，浙江的军饷，已经欠了一年，李鸿章还在处心积虑挖浙江的墙脚，他这个人真是抠门到了家。李二哥将浙江省的军饷掏空了，对上海究竟有什么好处？难道浙江省最后弄丢了，上海可以单独存在吗？李二哥的做法确实有点搞笑。"

左宗棠在这里跟曾国藩倾诉，目的当然是希望他能够出面，大家先内部解决，不要将这事捅进朝廷，闹到慈禧面前去打嘴仗。

上述所列举的三点问题，都是能够摆到台面上方便说的，是表面上的就事论事。事实上，左、李之间此时根本性的冲突，还不是这些，左宗棠心感忌讳的是李鸿章不遵照朝命，不老老实实带领淮军去援助曾国荃包围天京城，反而动起小心思，下令淮军掉转枪口，齐刷刷来浙江省跟左宗棠抢着收复地盘，惹得闽浙总督一肚子怨气，还没处说理。

问题是，军事如此能干的李鸿章，为什么不统率淮军去天京城打洪秀全的主意，反倒胳膊肘向内转，兄弟阋于墙，打起隔壁邻居左宗棠的如意算盘来？

太平天国政权不是还没有推翻吗，湘军大佬为什么要先掐起来？难道就不怕让太平天国诸将看了笑话？！

如果内部照这样继续闹下去，万一被太平天国钻了空子，后果可不是一般的严重。

曾、左、李三位军事大佬既然有能力扭转全国战局，怎么在相互的配合上会犯如此低级的错误？在高精尖问题上未出过明显大差错的三位大佬，难道要在常识问题上摔一次大跟头了？

|六|

我们回到历史其时的具体微观事情，去看引发左宗棠指责的事件本身。

仔细说来，左宗棠指责李鸿章，固然有他的道理，但这事也不能全怪李鸿章。

原来，军事上厝火积薪后来居上的李鸿章，也有他难为人言的苦衷，且同样无人可说。

同治二年（1863年）冬，淮军凭借诱降加骗杀两手，一举攻克苏州城。省会到手，江苏全境收复只剩扫尾工作。

大清最高军事领袖慈禧发号施令，指定李鸿章立刻率部援助曾国荃，由湘勇吉字营、淮军联合会攻金陵。

慈禧的安排，应该说合情合理，因为李鸿章既然是江苏巡抚，金陵紧邻苏州，由淮军援助金陵城外湘勇，是题中应有之义。何况，李鸿章本人早就瞄上了金陵，做梦都想来干成这件名垂千古的大美差。

地理既然近在咫尺，自己又有强烈意愿，为什么还不抓紧去办理呢？

李鸿章不幸被堵在了道理跟现实之间。

对军事家而言，道理上完全说得通的事，现实中也可能根本行不通。因为现实的军事部署，背后对应的是不同派系的人，他们有着不同的利益，所以没有逻辑推理起来这么简单。

首先，吉字营统领曾国荃非常不欢迎李鸿章率军前来联合会攻。

曾国荃为包围天京城忙了快两年，不但付出了惨重的代价，也杀红了眼。尤其最近一年来，吉字营战死的兄弟成堆，敌我两军如乡里邻居，每天城内城外低头不见抬头见。两方的军人，日常上班的本职工作，不是在建筑工地做工友、挖地基、建高楼，而是挖地道、打暗枪、砍脑袋。双方各以伤害对方身体为日常考勤。每天从战壕里爬出来，一看到对方就喊杀杀杀，你防我杀，杀得都成熟人了。

正因为打得面熟了，吉字营为朝廷公斗之外，与太平军已经结下不共戴天的私仇。在曾国荃心里，每战死一个部将，他便记上一笔。太平军将领不但是白天战场上的生死敌人，更是吉字营统领曾老九的梦中仇人。不亲手杀死太平天国诸王诸将，不足以为围城死去的弟兄们报此血海深仇。中国有句俗话：有仇不报非君子。报仇这种事情，只能手刃仇人，不能假手于人，当然无须烦劳淮军来帮忙。

这些都还是表面上的理由，曾国荃更大的谋心还是，攻占天京城将标志太平天国政权灭亡，如此光耀史册、名垂千古的重大战争，几百年才能一遇，自己好不容易碰上了，当然只能由自己一个人完成，不容李鸿章染指分功。由吉字营独家打下来，将来历史书上只记自己一个人的名字，"千秋邈矣独留我"，岂不是在地底下都会笑醒？

李鸿章为人精明、办事机灵，且善于把握人心，他早就看出曾国荃有这个心思。所以，一开始接到朝廷圣旨，他不敢贸然行动，只是试探性地放出风声，声称自己将委派刘铭传等淮军将领，率领二十七营共计一万三千五百名士兵，前来协助曾国荃会攻天京。

李鸿章的策略是，先放话探探曾老九的反应，再作定夺不迟。

不出所料，曾国荃反应强烈。曾国藩幕僚赵烈文在《能静居日记》中记载了曾国荃接到李鸿章发来公函时的激烈举动：

> 将此咨传示众将曰：他人至矣，苦二年，以与人耶？众皆曰：愿尽死力！

在全体战斗动员大会上，曾国荃端着喇叭站上高台，吓唬底下黑压压的吉字营士兵说："兄弟们，我们辛辛苦苦干了两年，如今还什么好处都没捞到，马上有人要来跟我们抢功了，你们说，我们应该怎么办？"

五万士兵齐声宣誓："愿意战斗到死！"

士兵们都愿意跟着曾国荃打死仗、啃硬骨头，不愿接受任何外援。

内部动员会是开了，将士们的态度也明确了，但自己的态度还不明确，对李鸿章威慑力还不够。为了防备机警的李鸿章冒冒失失前来帮忙，曾国荃先在军营内放出狠话，只要在天京附近的地盘内发现有淮军的影子，吉字营必先集中火力剿灭，等一个不剩杀光了，再回过头来围攻天京城。

这话很快就传进李鸿章耳朵，他"扑哧"一笑，倒不是害怕，但有了很深的顾忌感。

他究竟顾忌什么呢？曾国荃是老师曾国藩的亲弟弟。吉字营花了近两年时间才完成包围天京城，胜负在即时分，自己前去争功，不说大水冲了龙王庙，一旦两军真正火拼起来，无论输赢，成堆死的全是自己人，而且会彻底得罪老师曾国藩，自己从此在官场上再也抬不起头，做不起人。一番利害权衡下来，完全是得不偿失。

因此按兵不动。

慈禧可不管这些，她见李鸿章已经收复苏州城，左宗棠收复杭州城在即，便一心想要湘军联合起来早点收复金陵。但这些团练军"兵归将有"，调兵的实权握在曾国藩手里。考虑到让曾国藩出面发话，通过他将湘勇、淮军、楚军统一号令起来，尽快将金陵城拿下，慈禧借同治帝的名义首先给曾国藩下发这样一道词意温婉的圣旨：

　　金城大而坚，围攻不易。诚恐各营将士号令不一，心志难齐，曾国藩能否亲往督办？俾各营将士有所秉承，以期迅速奏功。

慈禧意思比较含蓄，她站到曾国藩的角度考虑，金陵城墙既巍峨又坚固，湘勇的梯子爬不过，大刀、火枪打不动，希望曾氏能将曾国荃、李鸿章、左宗棠的军队号令起来，其本人亲自前去督战，早点端掉太平天国的巢穴，以让自己睡个安稳觉。

接到圣旨，曾国藩变得紧张起来。自咸丰皇帝去世后，他已经好久没有被朝廷这样直接安排指挥了，现在又来了。咸丰皇帝在世时遥控指挥他的阴影，在心头逐一掠过，令他战战兢兢，如临深渊。

掐指一算，跟太平军足足打了十一年仗了。回头去看，从衡州一路蜿蜒曲折迂到金陵,大大小小的战争,虽然没有完全统计,想来也有几千场了。如今,什么奇奇怪怪的战争,都已经碰到过,战场内外已无新鲜事。自我总结历年军事,他发现一个怪异的现象:凡是自己亲自去督战的仗,几乎最终都会失败;只要自己远离战场,在后方用公文、书信跟将领谈修身、学问、道德,基本上都能获胜。他这次之所以选择避在安徽省安庆城的大后方,就是不想影响到九弟我行我素的自由发挥。

曾国藩不去前线督战,可不是怕死,要怕死的话,三年前他就不会将前敌总指挥部选在绝地祁门了。何况,在后方一边写信、一边等着收战事捷报的乐趣,不是局外人可以懂得的。只要能够打胜仗,朝廷管统帅驻节在何地呢!

但圣旨既然颁布下来了,作为三军统帅,他必须引起足够的重视,这是政治家曾国藩本能的政治敏感。明面上需要应允朝廷的事情,他必须得照着做做样子。因此去信催促李鸿章,先看看他的反应。

曾氏同时赶紧写去私信,征询九弟的真实意见:

> 弟若一人苦挣苦支,不愿外人来搅局,则飞速复函。余不得弟信,断不轻奏先报。

意思是说,九弟你如果想凭着吉字营五万兵力拿下天京城,不愿意让淮军、楚军来帮忙,就赶紧在大哥面前表个态,我自有应对之法。你只管专心打好仗,大哥完全相信你,千万不要分心。在收到你的真实想法之前,我绝对不会先奏报朝廷,申请援兵。

接信得知九弟的真实意图后,曾国藩有方案了。他不再在李鸿章面前照本宣科将朝廷的圣旨念叨得紧,他真心不希望李鸿章冒失前来帮忙。

淮军虽然脱胎于湘军,曾属于其中的一支,但如今只听命于李鸿章一人,曾国藩在此军没有实际影响力。曾国藩将方方面面都想过一遍,唯一拿不准的事情是,他不能预测学生是否会采取出其不意的行动。他太了解李鸿章了,这个能干的学生,无功可立时懒懒散散,一听到有功可立,立刻两眼放光。而且,学生的机敏、计谋在自己之上,他也担心学生为了千古大名,设圈套让自己入局。

千古留名的诱惑面前，谁知道呢？说不定他就干了。

反复斟酌之下，曾氏针对李鸿章，制订了一个以变应变的方案：如果李鸿章率淮军来援助，自己就直接坐镇吉字营中军大帐，李鸿章跟曾国荃必须来向自己汇报，一旦城破，首功在湘军；如果李鸿章不来，自己仍端坐在安徽省安庆城内遥控，吉字营统领曾国荃是前敌总指挥，首功还是归于湘军。

应该说，这进退两套方案，是平衡吉字营、淮军利益的万全之策，曾国荃毕竟是自己的亲弟弟（曾氏同胞五兄弟中排第四，族弟中排第九，故人称曾老九，简称老九），目前最放得下心的，也只有他了。打虎亲兄弟，上阵父子兵，除非自己现在称帝，曾国荃才可能像谋宋太祖赵匡胤之位的弟弟赵光义，烛影斧声，谋兄自立，其余情况下还是绝对安全的。

曾国藩这边有了万全之策，确实可以保证滴水不漏。但李鸿章既然心有顾忌，迫于现实利害，自然不会真派部将带兵前来。他知道，在这位有点迂腐的老师面前，只需用行动来解释，无须另言解释，画蛇添足，但要想消除曾国荃可能对自己的误会，就不能不认真对待。首先要靠话语，自己知道自己现在怎么想，并不重要，重要的是，得赶紧让老九知道，自己在怎么想。为了防止因彼此误会而闹出不必要的内部火拼，李鸿章及时给曾国荃去信表态：

> 屡奉寄谕，饬派敝军会剿金陵。敝意我公两载辛劳，一篑未竟，不敢近禁脔而窥卧榻。

意思很明白：老九，你既然已经花了两年时间包围天京城，没有功劳也有苦劳，没有苦劳也有疲劳。你既然想着将天京城当作自家的屠宰场给承包了，个人吃独肉，我也就不动到你家里来分点肉吃的想法了。潜台词是：事实上，老九你也不自己看看，你的进攻速度太慢啦，我完全可以帮助你，只是不想抢你的功劳罢了。笔墨之间，有一种悻悻感。

朝廷叵不管几大军事统帅之间这些小心思，慈禧的心思很直接：任你湘军、淮军，都是我大清的国家军队，兄弟军队合作为君父分忧，天经地义，这中间没有任何价钱可讲。因此，朝命一直催得很急。

第六章 对簿朝堂

慈禧见上次单方面敦促曾国藩，要他调派李鸿章增援没有效果，还以为是李鸿章在老师面前摆谱，不服管教，这次她亲自撸起胳膊上阵，越过曾国藩，直接给李鸿章追加一道专旨：

> 李鸿章所部兵勇攻城夺隘，所向有功，炮队尤为得力。现在金陵功在垂成，发、捻蓄意东趋，迟恐掣动全局，李鸿章岂能坐视？着即迅调劲旅数千及得力炮队前赴金陵，会合曾国藩围师，相机进取，速奏肤公！

慈禧的意思，李鸿章通过"常胜军"从德国买来的克虏伯大炮威力生猛，是摧毁城墙的利器。现在苏州城既然收复，江苏军事形势渐缓，为了防止太平军跟捻军联合起来向东面扩张，李鸿章应该派出大军带上先进的大炮前去增援，协助曾国荃尽早一举拿下金陵。既然金陵太平军守城全靠城墙坚固，淮军刚好手握利器，不能保守起来舍不得用，要让大炮在炸开城墙方面发挥应有的积极作用。

这下又轮到李鸿章傻眼了。刚躲过曾国荃，他以为风暴已经过去，没想到头上还有最高军事领袖慈禧。老师这方肯定得罪不起，但懿旨更加不能违背。太后发话，非同小可，应对稍有疏失，官位不保。

头顶一座石山，脚踏一座火山，同时遭遇上压下拒，淮军统帅内心比六月天气还烦躁。看来办事快也有办事快的坏处，自己凭计谋一早收复苏州，弄得上上下下都盯着他，把他当闲人来看，好像有罪似的，到底招谁惹谁了？

李鸿章如果还继续按兵不动，就真的要成夹心饼干，被众口挤成薄片了。

李鸿章很想跟朝廷说明实情，但思来想去，还是不敢据实陈述。总不能说，自己内心里一百个愿意去，是曾国荃威胁自己不准前去。那是童蒙小孩才有的天真，军事统帅在军政面前不能天真。为了应付朝廷接二连三的烦人催促，李鸿章反复斟酌，想到这事不能认真，决定随便找了个借口上奏慈禧。他认认真真地汇报朝廷，声称现在正值盛夏季节，淮军的大炮上了战场可能打不响。

这自然是正话反说。盛夏天气干燥，火药一碰即炸，正是大炮攻城的绝佳季节，到了秋冬，天气转潮，才真有可能打不响。李鸿章故意以这么明显的破绽，让朝廷感觉到不是他有意不给曾国荃帮忙，而是有人不想让他去帮忙，责任完全不在自己。

但慈禧既然已经瞄上他，淮军拥兵七八万还继续在原地待着，肯定也不是个办法。此时，湘勇、楚军，大家都在忙碌，目标明确，分工清晰，每天都有打不完的仗，边上闲置的淮军最容易招惹物议。何况，经太后发懿旨这么一提醒，朝廷的大员都将目光聚焦到他，越来越多的人在观望他、惦记他、念叨他。

办事之人总是喜欢按自我意志行事，最烦朝廷大员观望、议论，在办公室里指指点点。在李鸿章看来，文官又没有看到实情，反正是站着说话，看到什么说什么，想到什么说什么，完全不知道自己办事承重有多难，他们即使说错了，反正也不用承担实际责任。

李鸿章是何等机敏之人？他办事只缺过平台，最不缺的就是点子。当然不会就这么一直傻乎乎站在那里，继续授人以口实。缺钱少粮的人才害头疼，自己口袋有粮，手中有枪，还怕没有山去打猎？他眼睛一转，大手一挥，挥兵开进浙江，借口去给左宗棠帮忙。

问题是，楚军其时已经是湘军系的第一王牌军，左宗棠手下部将刘典、杨昌浚、蒋益澧，此时个个都是独当一面的强将，日后都是能够胜任督抚的角色，楚军本身完全有能力对外省搞军事输出，因此完全没有要帮忙的需求。从左宗棠同治三年（1864年）3月31日便统率楚军攻占下杭州城来看，楚军当时也完全有能力派出一万人马，去联合吉字营湘勇会攻天京城，只是他根本就不动这个念想而已。

蹑手蹑脚地主动前去给完全不需要帮忙的左宗棠帮忙，李鸿章首先需要在名义上给左宗棠制造出一个急切的需求来。这对做政治秘书出身的李鸿章不是难事，如果朝廷需要，他可以一天写出一个。

淮军为什么不帮正急需外援的曾国荃，却帮根本没有需求的左宗棠？李鸿章这样认认真真给朝廷上奏淮军出兵浙江的正当理由：

> 臣因湖郡贼氛尚炽，实为苏省切近之忧，应先派劲旅进规长兴，协取湖郡。俟湖州克复，门户稳固，然后分兵会图金陵，方无后顾之忧。

意思是说，浙江省的湖州现在盘踞了不少太平军，随时可能窜入江苏，成为祸患，自己的当务之急是先派兵去攻打浙江长兴，以配合左宗棠的楚军收复湖州城。等湖州失地全部收复，再来分兵支援湘勇吉字营攻打金陵，这样才可以免除淮军的后顾之忧。

言外之意是，如果不首先解决这件大事，等淮军派兵援助湘勇吉字营，浙江的太平军转入江苏，弄得自家后院起火，最终两头俱失，反倒是心腹大患。

李鸿章这边才上奏，那边已经出兵浙江。他才不管朝廷同不同意，将在外，君命有所不受。慈禧万一不同意，就再写一个借口，反正军队打仗要花钱，写借口又不要钱。再说了，能够收复失地就是王道，到哪里打仗不是打？

四十岁的李鸿章这段时间已经基本摸准了慈禧的风格，在这个凌厉、强悍的二十九岁的女人面前，只要自己态度良好，对朝廷有利，就算办事方法有错，她也不可能给予处罚。淮军攻打苏州城后杀降，慈禧竖拇指点赞，李鸿章明显看出这点。正是拿捏准了慈禧这个心思，他不由分说，率兵一口气接连攻克浙江省平湖、乍浦、澉浦、海盐、嘉善、嘉兴等地。

对左宗棠来说，平地上突然冒出来一个李鸿章，不是福音。李鸿章的淮军，此时已有七八万人，左宗棠的楚军，此时还不到四万人。论收复失地的速度，淮军更快，看似水平也要高出一筹。

但淮军不经邀请便自带干粮前来免费帮忙，左宗棠生气了。原因是，左氏正按照自己的节奏，将军事、民政、灾后重建、难民救济统一协调起来系统办理，速度虽然没有李鸿章快，但地方元气恢复效果佳。李鸿章从江苏赶到浙江帮左宗棠收复失地，对左宗棠来说，弊多利少。因为这里反正不是淮军自家的地盘，烧杀抢掠一空，名为打仗，实则打劫，烂摊子最后还得左宗棠来收拾。这明面上是帮左宗棠忙，实质是帮倒忙。

李鸿章不请自来援助浙江，当然还有他自己的盘算，目的是将浙江富庶地区的经济控制在淮军手里，所以他专挑经济富裕的地区打，以收取战场缴获跟搜刮当地富户为目标。碰上军队不方便直接勒索的富豪，就放纵流氓地痞先去抢，然后派军人将流氓地痞抓起来，缴获全部归公，这种发财术高效直接，且没有后遗症，屡试不爽。

淮军将士自从进入浙江，每天既有事做，又有财物缴获，同时还省得被慈禧老是催打金陵，真是一举三得，李鸿章不免几分得意。

尽管来自楚军的指责声越来越大，李鸿章仍装作什么都听不见。精明如李鸿章，为了在夹缝中求发展，他开始相信一个"痞子腔"道理：不是别人什么意见都要竖起耳朵去听。自己没听到，受伤的是别人；听到了，受伤害的反倒是自己。他已经坚下一条心：让淮军去打楚军的仗，让左宗棠自己去说吧，反正帮忙又不是什么丢人的事，左宗棠还能拿自己怎样？

左宗棠说不得的苦恼是，楚军的军饷大部分来自收复失地的缴获与新复地区的税收，浙江是闽浙总督的地盘，楚军要将战火的经济损失降到最低，否则收复回来一个烂摊子，后续民政救济、恢复生产工作，比打仗还令人头疼。

因为楚军军纪严明，左宗棠一开始就看不惯淮军的"痞子气"。加之淮军士兵多来自地痞、流氓、叛军、黑社会，军纪松弛，形同强盗、土匪，虽然战场上打仗效率高，但对地方政事、民风后患很大。

令左宗棠尴尬的是，淮军有以"常胜军"为模板的现代西洋精良武器装备，有强大的军饷支持，论战斗力并不输于楚军，在人数上更有优势，战场效率比楚军高。楚军实效不如淮军，左宗棠缺乏底气，有苦难言。

李鸿章正是抓住左宗棠这根软肋，集中火力展开舆论回击。针对左宗棠发出的抗议，李鸿章表示不懂。他在给座师孙铭锵的信中说：

> 此间军事粗称顺手，欲保苏、沪不得不分攻常、嘉，而左公忌嫉之深，不以保土相谅，揆古例今，殊非常情。

大意是说，江苏跟浙江是邻居省，自己要保护苏州、上海，就不得不占领常州、嘉湖，左宗棠看淮军入境帮忙，觉得没面子，心生羡慕嫉妒恨，对自己的免费帮忙不但不表示感谢，反而还一肚子意见，翻开中国历史，从古到今找不到这样不领情的怪人。

显然，李鸿章对自己帮助左宗棠却费力不讨好也感到委屈，他觉得左宗棠这是狭隘的地方保护主义。

如果站到公事公办的角度，李鸿章这个观点也站得住脚。

淮、楚统帅之间的这起笔墨官司，终于越扯越复杂了。

左宗棠真是地方保护主义者吗？李鸿章如果不是故意装作不懂，可能并不是没有领会左宗棠的真实意思。

左宗棠脑袋里想的不是浙江一省，而是对太平天国作战军事一盘棋。此时，他已经在考虑攻破天京城后如何毕其功于一役，将逃逸出来的太平军一网打尽。因为太平军的后方大本营在广东嘉应州，天京城一旦攻破，十余万残余势力必从天京顺路转回。广东紧邻福建，剿灭太平军残余力量，又将是闽浙总督的任务，自己不可不未雨绸缪。站到全局去看，此时江苏的溧阳、句容和安徽的广德，都还在太平军手中。左宗棠因此判断，将来从天京城逃逸而出的太平军必然经由此路。基于此，他三次致信曾国藩，要他尤其注意广德方面的防守。

至此，我们可以看出各方的观念错位跟分歧的根本原因：朝廷考虑的是太平军、捻军全局；左宗棠考虑的是太平军全局；李鸿章考虑的是江苏、天京两地的大局；曾国荃考虑的是天京一局。每一方站在自己的立场，都有一个逻辑清晰的说法，道理上也都完全站得住脚。

说到这里，问题又回到了曾国藩身上。

导致问题的根源正在于，作为三军统帅，如果曾国藩此时能统一湘、楚、淮各军，让各省各地做到一盘棋，军令统一，令行禁止，这一切争议自然就都不存在了。

但曾国藩选择将左宗棠的意见束之高阁。

李鸿章也仿佛没有听懂似的，继续主动免费援助浙江。

这又是什么道理呢？

这事要怪曾国藩，也实在没有多少道理。不错，军令统一，令行禁止，这是军队一切行动听指挥的根本保证。但前提是左宗棠、李鸿章得听他的指挥。曾国藩已经明显感到，这两位能干的老部下实在是太能干了，能干到不但自己已经指挥不动，他俩甚至还想反过来安排自己一番。九弟这段时间倒是一直听自己的，这固然是不错，但随着吉字营实力大增，老九也开始有选择地听取大哥的意见：凡涉军事方面，他一直我行我素，'大哥说大哥的，自己打自己的；

至于学问、修身、政治周旋，他倒是一如既往，言听计从。

三人便有三条心，还让曾国藩怎么统一指挥？

更何况，曾、左、李还有个共同的上级叫慈禧，她才是大清真正的最高军事领袖。但湘军跟淮军既然"兵归将有"，她除了依靠曾国藩指挥三军，其实也基本被架空了。这应了那句俗话：头上安头。上面多出一颗脑袋指挥，还不如原来一颗脑袋直接指挥。这是曾国藩仿戚继光办团练之初就必然会有的结果，也是咸丰皇帝在世时一直防范的方面。

但即使没有架空，慈禧懂军事吗？她指挥三军的能力，不说比丈夫咸丰皇帝还要差，事实上跟农村老太婆水平差不多。三十七年后，她亲自指挥发动义和团与八国联军开战，失败后便化装成农村老太婆，带领皇室仓促逃亡西安。

慈禧此时高度信任并依赖的议政王奕䜣与朝廷一班军机大臣是明白人，逐渐也看出了问题，面对三军各行其是的局面，同样束手无策。怎么办？只能在草拟圣旨时，不停地做军事统帅们的思想政治工作，号召他们精诚一致，高度团结起来，"总以大局为重，不可稍存畛域之见""和衷共济，速竟全功，扫穴擒渠，同膺懋赏"。

凡是需要朝廷号召的事，基本上都等同空话。真正团结一致的军队，是不需要朝廷任何号召的。越是号召大家以大局为重，越是没有人看得见大局，最终没有了大局。这应了老子一句名言："六亲不和，有孝慈。"君父没有了权威，底下兄弟互夺，个个口称忠心孝顺，君父身边却看不见一个孝子。

正是由于朝廷缺乏统一战略部署，曾国藩节制乏力，地方军事山头蠹立、各抱地势、钩心斗角，最终导致地方尾大不掉，这才是导致各大统帅之间争抢地盘并相互指责的根源。但当时三位统帅都不这么想，全在专注于就事论事，相互排斥、指责，内卷日趋严重了。

左宗棠开始怀疑，李鸿章此举，是否经过曾国藩的授意？要不，李鸿章怎么敢如此放心大胆来浙江抢地盘？

如果是，曾国藩的用心就值得揣测了。

因为，天京城一旦攻破，太平军必然迅速撤离。太平军一旦从广德撤出，江西、浙江、福建、广东将是其转移路线。端掉天京，曾国荃倒是大功告成了，

第六章 对簿朝堂

但闽浙总督左宗棠的军事压力反倒空前增加，剿灭太平军残部的工作，才刚刚开始。

这莫不是曾、李师徒联手，提前在给自己下套？精明善算如左宗棠，不可能不事先想到这一层。以左宗棠"操心危、虑患深"的性格，他甚至已经对太平军的转移路线，提前做过数次沙盘推演，以便提早作出应对部署。

事实上，左宗棠的预测一点儿没错。同治三年（1864年）7月19日，曾国荃率领五万吉字营湘勇攻破天京后，大批太平军果然从安徽广德一线狼奔豕突，纷乱撤离。各地三十余万名太平军纷纷响应会合，逃军自江西、福建集结后再转入广东，欲另辟新首都，以图东山再起。

擅长"打计算仗"的左宗棠，明明提前算出了最后的结局，也知道解决的办法，却只能在事后眼睁睁看着问题朝着最坏的可能发展，等发生后再由他一人去设法事后弥补，他的憋屈感还真不是一般的忍耐力可以承受得了的。

巧者劳，智者忧。一眼便预见结局的人，操心总是比别人重，忧虑也总比他人多，这是个人宿命。

后来发生的一切，完全朝着左宗棠此时的预判在走：天京城被攻破后，朝廷任命左宗棠督办福建、江西、广东三省军务，负责清扫太平天国残余三十余万人。同治五年（1866年）2月9日，左宗棠统率三省各地十余万名清军，在广东黄沙障将最后十余万名太平军战败，解散六万余人，太平天国至此全部结束。这是后话。

眼下，不管湘军内部还存在多少问题，老天保佑，凭借曾国荃、李鸿章、左宗棠在自己的地盘里都超级地能干卖力，太平军无论转移到哪里，都像狼入虎山。

太平天国政权的历史下课铃，在炮火轰隆声中，即将叮咚敲响。

双簧自保

|一|

左、李打口水战加笔墨官司那会儿，统领五万吉字营的曾国荃根本没有时间和心思去理会这些，他正在专心致志炮制他的"铁桶围城"战术，全神贯注瞄准天京城。

处在对太平天国作战核心战区，战场苦累，对老九根本就不是难事。他的烦恼来自慈禧的催促，压力来自上下的关注。

全国上下每天都在盯着他，社会通过书信跟口耳传闻，在相互传递一场"围城直播"。连续看上三个月还没有攻下，议论声又起。被所有人盯着干事情，是最难干的事情了，舆论就是力量，又不能阻止别人不直播，如果自己也去边听边看，被舆论牵乱了专注力，失败是分分秒秒的事。

曾国荃此时只想打自己的仗，听任别人去直播跟议论。慈禧的目光看过来，就不同于民间议论了。太后正按大清天字号重点工程的目光催逼他，让老九感到犹如一道暗夜电光照眼，比太平军的刀枪还厉害。

老九主动拒绝淮军前来联合会攻金陵，慈禧通过几方奏折的矛盾分歧，逐渐发现了原因。她之所以还容忍"曾家军"独攻金陵，完全看在曾国藩的面子上。面子当然有作用，它可以挡住暗夜电光，但如果长久没有胜仗，它也可能变得一钱不值。一旦攻坚战旷日持久且累月无功，慈禧也可以安一个贻误战机之名，对主将量刑定罪。

独贪其名者，必然承受独家风险，这是世事规律。

霸蛮的曾国荃，无论内心执念还是行动气派，比大哥都要更加刚硬有力，行动洒脱且无拘束，因此办起事来痛快淋漓，他根本就不怕承担独家风险。他确定想要做的事，便不顾一切，地雷阵敢蹚，万丈深渊敢跳，哪怕用血肉之躯挡大炮子，只要能推倒天京城墙，一拍大腿就干。

第六章 对簿朝堂

追溯湘勇围攻天京，起于同治元年（1862年）3月。其时，曾国荃率吉字营部众从安庆誓师出发，沿江浩荡北进。

湘军统帅曾国藩部署，由湘勇猛将曾贞干、鲍超所部分头围攻皖南芜湖、宁国（今宣州市）；彭玉麟所部水师负责运输接济。到4月中旬，湘勇水陆配合，连续攻占皖北巢县、含山、和州三城，攻下江防要隘裕溪口、西梁山两地。随后，又相继攻克皖南繁昌、南陵、青阳、石埭、泾县等州县。进入5月，又一鼓作气，打下当涂、芜湖、秣陵关、大胜关。

到5月30日，湘勇水师已经攻占江心洲，将战船停泊在护城河口；曾国荃所部吉字营扎营金陵雨花台。曾贞干所部也随后赶到，两部湘勇兵临天京城下，对太平天国首都开始构成合围之势。

同治元年（1862年）7月，随湘勇水陆各营以"扎硬寨、打死仗"的布阵法朝天京城步步推进、持续施压，天京城外围的太平防军开始抵挡不住。7月11日，天京城西南的屏障宁国府被湘勇攻破；太平军首领杨辅清、洪仁玕率师从皖南回援天京，试图趁夜偷袭，同样被湘勇击退。

困守城中的天王洪秀全心神已乱，8月6日，他火急催逼在江苏与淮军对垒的忠王李秀成率师回援。9月14日，李秀成遵命督率太平天国十三位王爵，领兵二十余万，号称六十万大军，在苏州东坝会齐，浩浩荡荡赶回天京。

10月13日，二十余万太平军集结到天京城外，两军攻守战拉开架势。

李秀成倚仗人多势众，掌控了战场主导权。他联合天京城内守军，对湘勇主动发起首轮猛攻。

见太平军来势凶猛，湘勇果断避其锋芒，坚壁固守不出。

11月3日，太平军集中优势力量攻击湘勇东路，试图从这里撕开一道防线。李秀成亲自指挥，太平军士兵奋勇当先，用大炮轰塌吉字营驻雨花台军营附近的两处营墙。曾国荃则沿用围攻安庆城的老办法，指挥将士拼命抵抗，太平军往返冲杀五六次，始终无法突破防线。

李秀成开始派出大量工兵挖地道，试图挖进雨花台军营，将吉字营前敌指挥部一锅端掉。曾国荃针锋相对，指挥湘勇跟太平军展开"以挖对挖"战术，太平军挖到哪里，湘勇就跟到哪里挖穿。每挖通一处，或用毒烟鼓风熏入；或将屎尿大桶大桶往里面灌；或打下木桩，牢牢堵住洞口。太平军辛辛苦苦挖出的地道，全这样功亏一篑。

到 11 月 26 日，太平军已历近半月猛攻，伤亡惨重，仍无法突破防线，不得已，李秀成下令撤围。其后兵分两路：侍王李世贤率部退守秣陵关；忠王李秀成率部进入天京城复命。

太平军首次主动进攻告败。

见李秀成回城，洪秀全心意大乱，对他作出象征性处罚，革除爵位。

为打破吉字营的"铁桶围城"战术，洪秀全亲自部署战略，责令李秀成领兵渡江，西袭湖北，以调动湘勇前去营救，来减轻天京城外围的压力。

同治元年（1862 年）12 月，李秀成奉命率部将统领数万名太平军从天京下关渡江，相继占领含山、巢县、和州。

到同治二年（1863 年）2 月底，李秀成率领第二批太平军渡江，于 3 月占领浦口，4 月又占领江浦。

进军到安徽六安后，正值时岁青黄不接，军食奇缺，加之沿途防堵甚严，李秀成只得放弃原定进军计划，于 5 月 19 日撤六安之围，折往寿州，随即东返。

此时，围困天京的湘勇还在源源不断赶来集结，已陆续增援到三万余人，6 月 13 日，湘勇一鼓作气，攻占了聚宝门外各石垒。

困居城内的洪秀全心意全乱，一夕数惊，急忙下令命李秀成率师迅速回援天京。

七天后，李秀成奉命率部由九洑洲南渡，回到天京。因沿途不断遭遇湘勇伏击，加之军食匮乏，饿死者不计其数，进入天京城内的太平军已经不到一万五千人。

洪秀全调虎离山的战略也宣告失败。

接连两次大挫，太平军开始向城内收缩。这客观上促成了湘勇得寸进尺的有利局面。

6 月 25 日，湘勇步步为营，相继夺回江浦、浦口。6 月 30 日，九洑洲又被夺回，太平军在激战中损失两万余人。至此，长江北岸已经完全被湘勇占领，天京城外的太平守军进一步内缩。

第六章　对簿朝堂

湘勇占领九洑洲后,鲍超率霆军南渡前来增援,扎营于神策门外沿江一带。9月,吉字营攻占天京城东南的上方桥和城西南的江东桥。到11月上旬,又连续攻占城东南的上方门、高桥门、双桥门、七桥瓮以及秣陵关、中和桥。至此,太平军在紫金山西南的要塞全部失守,天京城完全变作一座孤城。

同治二年(1863年)11月25日,曾国荃率军进扎天京城东孝陵卫。至此,天京城外通道又被切断一条,天京城内只有太平门、神策门尚可与外界相通,外援基本断绝。

孤守无援,困饿待毙,首都岌岌可危。

太平天国要想不亡,余下只有一条出路,考虑另寻安身之地。眼见已彻底无望打破曾国荃罩下的"铁桶"人墙,12月21日,李秀成及时向洪秀全建议迁都("让城别走"),但不知出于何种考虑,洪秀全严词拒绝。

此时吉字营围城已经两年,湘勇内部开始出现一些疲态。因攻城主导权掌握在湘勇手中,所以与困守城中太平军士气还是完全不同。

为了振奋劳师久战的疲乏士气,曾国荃开始在军内大面积散布"打南京,发洋财"口号[①],以此作为军事动员令。这跟曾国藩之前教他们规规矩矩传唱的《爱民歌》完全是另一套话语系统,五万名打着哈欠、揉着眼睛的将士,瞬间眼放精光。像是将一圈鲜美的肥羊照片摆到了饿狼眼前,狼群流涎的口水,几乎可以将照片上的羊羔消化掉。这些昔日在家耕地作田的湖南山民,到哪里去找这一辈子都难得一逢的暴发机会?个个血脉贲张,全身上下都充满着用不完的力气。五万双亮闪闪的眼睛盯紧城池,仿佛可以照亮天京半边城墙。

在曾国荃这样一番铁血功利的鼓动下,同治三年(1864年)2月28日,吉字营一鼓作气,意图趁势攻占紫金山巅的天保城。3月2日,曾国荃率部进驻太平门、神策门外,至此完成对天京城的全部合围。"曾铁桶"的绰号自此不胫而走,成了曾国荃身后的代名词。

曾国荃开始下令士兵攻打城墙。3月14日,湘勇首次尝试用云梯爬城,被守城太平军刀矛炮火打得纷纷坠地。硬攻不成,曾国荃决定改用李秀成前面

[①] "打南京,发洋财"的口头禅此后数十年内在湘乡当地流传,作为"暴发"的代名词。

用过的办法，挖地道。

从 4 月开始，湘勇选择在朝阳、神策、金川门外三处同时挖掘十余处地道。太平军则采用前面湘勇对付李秀成的办法，一面组织力量从城内对挖，一面构筑月城，以便城墙轰塌后，还可以继续组织有效对抗。

此时，困守天王府坐以待毙的洪秀全，内心已经彻底崩溃，接近癫狂状态，跟他第四次秀才落第后的状貌极为相似。绝望之中，天王服毒自杀。幼天王洪福瑱（洪天贵福）即位，太平天国一切军政事务归李秀成执掌。

关于洪秀全自杀的真相细节，曾国藩在同治三年（1864 年）7 月 31 日的日记中有这样一段最为真切的记载：

> 熊登武挖出洪秀全之尸，扛来一验，胡须微白可数，头秃无发，左臂股左膀尚有肉，遍身用黄缎绣龙包裹。验毕，大风雨约半时许。旋有一伪宫女，呼之质讯。据称道州人，十七岁掳入贼中，今三十矣，充当伪女侍之婢，黄姓。洪秀全于四月廿日死，实时宪书之廿七日也。黄氏女亲埋洪秀全于殿内，故知之最详。

根据曾国藩的描述，时年五十岁的洪秀全，服毒自杀时间在同治三年（1864 年）5 月 25 日，其时头发已经掉光了，胡子也微微变白。五十岁是男人身体、思想同时达到成熟巅峰的黄金年龄，五十二岁的左宗棠，此时正身强力健，可以接连几天加夜班。

洪秀全处男人的春秋鼎盛之年，身体居然衰退得如此厉害，推测原因，固然因洪秀全自咸丰三年（1853 年）春占领金陵后，便再未离开过半步，严重缺乏军旅生活火烈的激情锻炼；但更主要的原因，恐怕还是自太平天国建立国号后，洪秀全常年沉湎于生活享受，声色犬马，极尽奢华，其后宫佳丽数千人之多，精力逐年被消耗殆尽。

领袖奢靡无度，官场上行下效，客观上加速了太平天国新政权的堕落。

就在洪秀全自杀时，湘勇已经接近天京城墙的最后一块"硬骨头"：地保。地保是天京城的最后一道屏障，由数百名太平军精干守卫。尽管城内粮食、火药均严重匮乏，但此地火炮、弹药仍在源源不断运来，打得吉字营敢死队的兄弟们个个眼冒火星，恨不能飞身前去肉搏，将太平军士兵生吞活剥。

最后攻坚不下的焦灼关头，曾国藩的机要秘书，此时在负责给曾国荃做军事高参的赵烈文想出一个主意，用芦苇、竹枝、木条编织成丈余长、八尺高、两尺厚的篱笆，糊上泥巴，装在战车上，作为盾牌，攻城士兵紧跟其后，这样便可以逼近地保城。

曾国荃一拍大腿，就这么干！

吉字营敢死队推着这道稀奇古怪的篱笆盾牌挺进，距离地保城六七百米时，太平军被这个前所未见的怪物搞蒙了，不知道里面装载的是什么东西，他们使出了最后的撒手锏，动用开花炮弹。

炮声雷动，接二连三，近十个篱笆盾牌被轰得稀烂。但有三辆战车侥幸躲过弹雨，依然在顽强地顶着盾牌，冒死推进。

轰隆炮声突然中断，篱笆战车四周一片静寂。吉字营敢死队一愣，突然反应过来，瞬间欣喜若狂：城内已经没有开花炮弹了！

事实上，最后还有五发开花炮弹。因压在底层受潮，全成了哑炮。

吉字营敢死队抓准时机还手了！在篱笆盾牌的掩护下，炮手瞄准地保，发出第一枚开花炮弹，后继炮火猛烈跟进，城墙连片崩塌，太平军尸骨横飞。数百名敢死队员蜂拥而上，一举攻占地保。

这座俗称"龙脖子"的堡垒，是天京城外最后一个据点。地保易主，城破已经只在早晚。

湘勇入驻地保，时间为同治三年（1864年）7月3日。

湘勇将士站在地保，已经可以居高临下俯视天京城，城内一举一动，尽入眼底。曾国荃下令在地保山麓修筑数十座炮台，对城内太平军日夜发出轰击，目的是压制太平军的炮火，掩护工兵挖掘地道。曾国荃同时安排士兵在地保山麓与城墙之间，填塞大量芦苇、蒿草，上覆沙土，高与城齐，他将这周长九十里的天京城，当作待烧红的大瓦窑，为最后攻城做足准备。

7月18日夜，李秀成得知湘勇将于次日攻城，紧急选派千余人换上湘勇服装出城，试图破坏太平门一带的城墙地道，被及时发现，只得折回。

7月19日凌晨，担任主攻天京城墙任务的湘勇部队集结到太平门外，待命攻城。

正午时刻，曾国荃一声令下，吉字营将领李臣典指挥数百名士兵，同时点燃了埋在天京城墙太平门地道里的三万余斤火药。顷刻间，地道犹如闷雷，同时轰隆炸响，嗡嗡声持续不断。忽然霹雳一声，有如天崩地裂，令城内居民魂魄俱散。二十余丈的天京城墙随烟而起，土石滚落，烟尘弥漫遮天，天京内城轰然洞开。

五万湘勇将士杀声如潮，蜂拥而入。

曾国荃冲在前面，亲自率领吉字营官兵从缺口处冲进城内。

五万士兵分成四路人马，分别进攻天王府、神策门与仪凤门、通济门、朝阳门及洪武门。

湘勇水师各营会同吉字营将士夺取水西、旱西两门。抱着"打南京，发洋财"信念的湘勇将士，开始了自征战以来最疯狂的抢夺，筐装的金银财物成了他们渴求已久的战利品。为争夺财物内讧也异常激烈罕见。一些来不及逃跑的女子被凌辱。首先攻入城内的湘勇将领李臣典依仗身强力壮，接连强奸了十个被活捉的太平侍女，他似乎仍意犹未尽，不久便站立不稳，倒地七窍流血，精尽人亡，年仅二十七岁。

李臣典是湖南省宝庆府人，十八岁从军，最初是老湘营首领王鑫的部下，后随曾国荃支援江西，隶属湘勇吉字营。因攻取天京城居首功，李臣典功列部将第一，朝廷在大封群臣时锡封其一等子爵，赏赐黄马褂、双眼花翎，加赠太子少保，谥忠壮，在其战斗过的吉安、安庆、天京三地各建专祠。只是，没有倒在战场，却葬身花月之下的一代功臣李臣典，再也无福消受了。

到7月19日傍晚时分，天京全城各门相继为湘勇各部攻占，占据金陵长达十一年的太平天国政权，一片降幡露出石头，金陵王气风流云散。

李秀成在7月19日凌晨自太平门败退后，立即赶回天王府，独自带上幼天王洪福瑱，安排数千名文武将领护送，从旱西门突围出城。湘勇将领陈湜所部发现后阻击，李秀成转上清凉山出城。是夜，又折回太平门，伪装成湘勇，从城墙大缺口冲出，向孝陵卫方向奔去。其后，李秀成与幼天王在乱军中失散，分道奔逃。

三天后，李秀成在距天京城六十多里外的方山的一座寺庙内休息，被当地百姓发现，将他接回家藏了起来，但很快就被人出卖，做了俘虏。

曾国荃一见李秀成，两腮呼呼鼓着粗气。此仇不报，更待何时？！他想起战死的兄弟们，分外眼红，拿起一把锥子，"啪"的一下，刺中李秀成大腿，鲜血如注。

李秀成面不改色地看着他说：你这样做不是疯了吗？我们不过是各为其主罢了。

曾国荃仍不解恨，准备亲自动手，对李秀成动用剐刑，将他一刀一刀切成肉片。

赵烈文在边上提醒他：李秀成是朝廷点名的重犯，未经朝廷同意，不能杀死。

曾国荃悻悻一甩手，安排手下做了一个大木笼子，将李秀成关押进去。

其后，曾国藩亲自主持审讯。8月7日，在李秀成写完供词后，曾国藩未经朝廷批准，私自判处斩刑。李秀成时年四十一岁，跟淮军统帅李鸿章同龄。

轶史传闻，曾国藩审问期间，李秀成钦佩曾国藩的学问静养功夫，劝他带头造反，自己愿意效死忠。曾国藩默然不应。这是曾国藩其后将李秀成自述的供词涂改后再抄录朝廷的重要原因，也是曾国藩不按慈禧要求押送北京审讯的主要原因。万一李秀成说出曾国藩意想不到的话来，令人需要承担的政治风险，必然超过地震跟台风。

这些都是后话。因为湘勇攻占天京城这天，曾国藩正静坐在安庆城内的两江总督府，对这一天字号喜讯尚浑然不觉。

| 二 |

同治三年（1864年）7月19日晚10时许，已经连续几昼夜没有合眼的吉字营统领曾国荃尽管疲惫不堪，仍不忘安排幕僚抢在第一时间给朝廷写奏报，以八百里加急特快专折报捷，同时向湘军统帅曾国藩送去一份奏折快报抄件。

将上奏的捷报匆匆浏览一遍，曾国荃睡眼惺忪，嘴角含笑，"扑通"一下躺到床上，鼾声如雷。如此不吃不喝，三天后醒来。这两年多欠下的觉，终于一次补睡完了。

7月21日深夜3点，住在安徽省安庆城总督署内的曾国藩接到了快报抄件。

终于等来了！

曾国藩出离喜悦，这夜再睡不着。回想十二年来对太平军作战无数次的出生入死，顿感天地苍黄翻覆。"天当尽头疑无地，水到中心却有山。"十二年来，多少挫折、委屈、焦虑、绝望、等待，陆续在脑海闪过，又一片一片飞走。

7月25日，攻占天京城后第六天，曾国藩坐在两江总督署办公桌前，颤抖着提起笔，起草他一生中最重要的一份奏折——《奏报攻克金陵尽歼全股悍贼并生俘逆酋李秀成洪仁达折》。这封长达五千余字的奏折，详细汇报了具体如何攻占天京的过程，其中有这样一段核心关键的文字：

> 经过曾国荃亲讯，李万材供称：城破后，伪忠王之兄巨王、幼西王、幼南王、定王、崇王、璋王乘夜冲出，被官军马队追至湖熟桥边，将各头目全行杀毙，更无余孽。又据城内各贼供称，首逆洪秀全实系本年五月间官军猛攻时服毒而死，瘗于伪宫院内，立幼主洪福瑱重袭伪号。城破后，伪幼主积薪宫殿，举火自焚等语。应俟伪宫火熄，挖出洪秀全逆尸，查明自焚确据，续行具奏。

在这份捷报里，曾国藩向朝廷传达了两个核心信息：

其一，象征太平天国政权的洪秀全在城破前几天已经服毒自杀，其余各王也都被湘军打死，作为威胁大清王朝安全的太平军势力，已经被湘军消灭了。

其二，作为继承洪秀全王位的幼天王洪福瑱已经自己堆柴火将自己烧死了。也就是说，作为潜在威胁大清王朝的反对政权，同时不存在了。

写完这份生平分量最重的奏折，曾国藩恭恭敬敬将它装进匣内，在总督署衙门举行最隆重的"拜折"仪式，再用八百里加急送往北京。第二天一早，曾国藩乘坐火轮，从安庆城出发前往金陵，向有功的吉字营将士表达慰问。

曾国藩到后，洪秀全的坟墓被找到了，尸体被曾国荃指挥湘勇挖了出来。头号敌人身死既然不能解恨，曾国荃命令士兵将洪秀全的尸体放在大炮口，一炮打进了湍急的河流中，让梦中仇人葬身鱼腹。

朝廷接到捷报，当即下圣旨封赏：曾国藩为一等毅勇侯，曾国荃为一等威毅伯。

朝廷上下，都沉浸在额手相庆的喜气之中。

出人意料的是，8月7日，左宗棠第一个站了出来，他给朝廷上表一道奏折，陈述了一桩天京城破之后的惊天大秘闻：

> 据金陵逃出难民供：伪幼主洪福瑱于六月二十一日由东坝逃至广德，二十六日，堵逆黄文金迎其入湖州府城。查湖郡守贼黄文金、杨辅清、李元继等皆积年逋寇，贼数之多约计尚十余万，此次互相勾结，本有拼命相持之意；兹复借伪幼主为名号召贼党，则其势不遽他窜可知。且江西兵力渐集，李世贤、汪海洋诸逆如不得逞于江西，则遁入浙、闽，复与湖州踞逆相首尾，亦未可知。

左宗棠根据从金陵逃出的难民招供得知，太平天国幼主洪福瑱并没有被抓住，更没有被处死，而是在7月24日由东坝逃至广德，被太平军将领黄文金迎入湖州府城。太平军残部试图借幼主名号，召集余众，东山再起。而江西方面的太平军余部李世贤、汪海洋诸将也都还在蠢蠢欲动，试图死灰复燃。

左宗棠说：他们即使不能在江西建立根据地，也必然还会窜入浙江、福建，与两广太平军大本营各据地势，威胁朝廷安全，以全局眼光看，东南大部中国，还没有收复，太平军有卷土重来的危险。

慈禧太后接报，勃然大怒，当即在批文中责问曾国藩：你上报称洪福瑱已经"积薪自焚"，毫无证据。说南京叛军已经全部剿灭干净，是在撒谎。南京到底逃出多少人？你老老实实查清楚再报上来，将防范不力的将领名字查报上来，一定要从重从严处理！

批示原文为：

> 据曾国藩奏：洪福瑱积薪自焚，茫无实据！似已逃出伪宫。李秀成供：

> 曾经挟之出城，后始分散；其为逃出，已无疑义。湖熟防军所报斩杀净尽之说，全不可靠！著曾国藩查明。此外，究有逸出若干？并将防范不力之员弁从重参办！

从圣旨凌厉少文的语气看，当出于慈禧的亲手批示。太后亲笔批示，之后只在同治四年（1865年）贬斥议政王奕䜣时再出现过一次，奕䜣被剥夺议政王官职，只保留恭亲王封号。慈禧秀女出身，二十六岁前凭借陪丈夫咸丰皇帝批示奏折的经验积累，勉强已经能读懂文言，属于自学成才者。

据贴身服侍过慈禧的德龄公主在《清宫二年记》一书中披露，垂帘听政后，朝臣凡上奏章，她一般习惯性用指甲在关键处划几道印记，由军机大臣根据当面口授内容再细加揣摩，拟笔批示圣旨。这次她难得一见首次执笔批示，可以看出，为了对付曾国藩，她按照日后对待议政王奕䜣的火力，两眼冒光，赤膊上阵了。

曾国藩接到圣旨，惊得差点僵住。幼天王到底是死是活？他其实也没有把握。这件事情事关重大，因为在确定洪秀全自杀属实之后，这是天京城破后最重要的大事。谎报事实，涉嫌欺君。

曾国藩内心感到有点发虚。天京城破时，他尚在安徽省安庆城，战场实情全据曾国荃汇报，其实也多属听闻，有瞎子打拳听风响的猜测。但他在关键事实方面，动过几处手脚，比如洪秀全去世的日期，明知是5月25日，他在奏折中却说成是6月，这样改动的目的，是让朝廷感觉出，洪秀全系湘勇猛烈攻城所逼死，而不是自然病故，以此加重曾国荃的功劳。这是秉持诚字为官的他心虚的原因所在。

独自静坐于守阙斋中，镇定内心之后，曾国藩决定积极站出来为自己辩解。

8月30日，曾氏再次上奏说，太平军十分狡猾，有人说幼天王已经毙命，黄文金还活着，对于这种不确定性的事情，古往今来经常会发生，不妨等到湘军最终查明真相后再说。潜台词是，左宗棠的举报，真实性值得怀疑。

说完这些，针对左宗棠同时举报吉字营湘勇放走数千太平军逃往广德方向，曾国藩以攻为守，向朝廷反过来举报，左宗棠的楚军也不干净，打下杭州城后，曾有十余万叛军逃出，而左宗棠在报告上称只有几千人。

第六章 对簿朝堂

慈禧太后终于看到了两人相互攻击,内心一阵轻松。近来,她一直担心曾、左联合起来威胁朝廷。她听出,曾国藩在转移话题。回头一想,浙江已经收复,于今不存在后患,若细加追究,一无对证,二无价值,三得罪左宗棠。而金陵才打下,逃兵全是后患,不追究不行。

慈禧太后用同治帝名义下圣旨说:曾大臣,一码归一码,我现在只跟你说金陵逃兵与伪幼主潜逃。左宗棠如实举报你,属于公事公办,你不要有意见。他也说了,虽然举报你了,以后还是会和你同心协力,不会带一丝成见。左宗棠正直能干,朝廷还有更重要的事情,更远大的目标,需要该大臣来完成。

潜台词是,你应该向左宗棠学习,成为一代名臣,不要辜负朝廷众望。

批示原文为:

> 朝廷于有功诸臣,不欲苛求细故。该督(左宗棠)于洪幼逆之入浙则据实入告,于其出境则派兵跟追,均属正办。所称"此后公事仍与曾国藩和衷商办,不敢稍存意见",尤得大臣之体,深堪嘉尚。朝廷所望于该督者,至大且远,该督其益加勉励,为一代名臣,以副厚望。

从语气跟文字水平看,这份批示应该是慈禧授意军机大臣拟定的,不是亲笔。这说明她内心已经有所缓和。慈禧太后虽然不懂治国,对政治愿景也完全茫然,但她精通权术,尤其懂得如何凭借绝对权力来控制大臣,以保证大清皇室的安全。继上次挑拨曾、左争竞心理,她这次故意当面褒奖左宗棠而贬低曾国藩,目的是激起曾氏的怒气,以加深二人关系的裂痕,让曾、左自觉对立,相互牵制,最终达到"以湘制湘"目的,防备发生不测。

曾、左笔墨争论,在朝堂内外你来我往,犹如一场大戏。

|三|

事实真相呢?

左宗棠的举报没错,洪福瑱确实从南京逃到了湖州。

直到同治三年（1864年）10月25日，洪福瑱才被江西巡抚沈葆桢抓获，押入席宝田部兵营。同年11月3日，洪福瑱被押解到江西南昌。按规定本应送北京刑审，为了顾及曾国藩颜面，沈葆桢安排南昌知府许本埔就地审讯，只将结果上报朝廷了事。拿到交代材料后，慈禧太后授权沈葆桢就地处决。11月18日，沈葆桢将洪福瑱绑赴南昌市内一处商业集中地，凌迟处死。

至此再看左宗棠举报曾国藩的奏折，留下两个疑问：

其一，他是怎么得知洪福瑱逃脱的？

其二，他为什么要第一个站出来举报昔日的顶头上司？

关于第一点，据正史记载，左宗棠手下总兵刘明灯在安徽歙县打了个胜仗，意外俘虏了李秀成的干儿子李士贵。李士贵见过幼天王，经不起刘明灯的严刑拷打，当场招供。左宗棠得到确证消息，立即上奏举报。

对于第二点，不但时人多数不解，即使后世，依然有人在问：作为曾经相继做过曾国藩的助手、副手、帮手，彼此并肩抗敌的亲密战友，左宗棠为什么要第一个站出来检举揭发曾国藩？

个性刚直，真话直说，只是一个方面。

左宗棠并不是不懂策略，为了讲真话而不计后果的人。

在国家大事面前，左宗棠擅长策略表述。例证是，他任陕甘总督后期，甘肃发生了特大地震。因清政府并没有救灾机制，最终仍全部需地方自行负担，皇帝只负责以天灾自警，报灾只会干扰战事，左宗棠选择不报。几个月后，他避重就轻，从余震地带四川上报死了几百人，轻松遮盖过去。"假话全不说，真话不全说"的政治智慧，左宗棠运用起来也是娴熟自如。

左宗棠擅长军事策略，楚军战场多胜仗，敌人多以为神，其实哪里有那么高明？他首先赢在洞察全局，制定战略，然后深入细致的逻辑推导，将各种可能性做成思维导图，方方面面全部想一遍。比如他平定陕甘，靠"先陇后回"战略；收复新疆，依赖"先北后南，缓进急战"战略。

超强的政治智慧、军事能力，迁移到应对复杂的朝堂人事上来，左宗棠当然明白，兔死狗烹，鸟尽弓藏。太平天国平定后，朝廷与湘军之间，会有一次大较量。自己作为曾国藩曾经的副手，在大功告成之日，有如楚汉时的韩信，

第六章 刘簿朝堂

倒向哪边哪边赢。

后来的事实，朝着左宗棠的预判发展。

曾国荃打下天京城后，朝廷对曾国藩猜忌防范达到极点。慈禧太后下旨，公开批评曾国藩说：你率部攻克金陵，居然让李秀成带领洪福瑱蒙混过关，一千余名太平军化装成湘勇逃出，仗打得并不漂亮。

同时，朝廷开始追查金陵城内金银财宝的下落，要曾国藩如实报来，如数缴公，因为这些不是私物，而是公产。

曾国藩没有料到朝廷会来这手。为应付慈禧的秋后算账，曾国藩不得不临时编造事实敷衍上奏：

> 历年以来，中外纷传洪逆之富，金银如海，百货充盈；臣亦尝与曾国荃论及：城破之日，查封贼库，所得财物，多则进奉户部，少则留充军饷，酌济难民。乃十六日克复后搜杀三日，不遑他顾，伪宫贼馆，一炬成灰。逮二十日查询，则并无所谓贼库者。讯问李秀成，据称：昔年虽有圣库之名，实系洪秀全之私藏，并非伪都之公帑。

他明确回复慈禧：第一，太平天国并没有专门用来私藏巨额公款的所谓"圣库"；第二，天京城内诸王宫殿内的财产，全被城破时的战火给烧光了。虽然这两个调查结论完全出自曾国藩的想象跟杜撰，完全有违理学为官以"诚"事上的人臣之道，但朝廷在咄咄逼人，他除了作假应付，别无他法。

但朝廷还在步步紧逼，甚至破天荒要求曾国藩将湘勇十二年来的军费开支，列成一个明细表，到户部报账。这明面上是抚慰，其实是在暗地统计调查湘勇的老底，以摸清各部人数跟分布底细，提前应对不虞的兵变。朝廷财政年入不超过一千万两，曾国藩旗下团练兵，历年开销早已过一亿两白银，朝廷根本没有能力补偿这笔巨额欠账。

湘勇各营闻讯果然大哗。不说金陵财宝早抢夺一空，被曾国荃用作兑现"打南京，发洋财"的承诺，当成奖品全部发给了部下，已经用大船运回湖南各地。湘勇十二年的账目，多年来全靠自筹自用，根本无从稽查。朝廷之前多年不闻不问，听任湘勇自生自灭，现在打下了金陵，挽救了大清王朝，朝廷却要秋后算账，这是哪门子道理？

慈禧之所以一反常态骤然变脸，意在逼曾国藩造反，以试探他的真心，测出他的底线，寻找应对之策。

湘勇各将大多是草莽出身的武夫，不懂政治策略，被朝廷一激，纷纷上当，果真动了拥曾国藩黄袍加身的念头。

部将们确实将慈禧想简单了。事实上，朝廷此时已对金陵作了严密军事布防，派出蒙古亲王僧格林沁、江宁将军富明阿、镇江守将冯子材，分别屯兵金陵城四周，紧盯吉字营的一举一动。三人已经接到朝廷密令，一旦发现湘勇有变，当即以诛乱杀叛罪围剿，务必赶尽杀绝，不留后患。

曾国藩内遭猜忌，外临兵威，如临深渊，如履薄冰。作为忠君的一代著名理学家，他确实无意造反，每天在反复念叨着一句话："倚天照海花无数，高山流水心自知！"

作为并列的两大湘军统帅，最后胜利的前夜，曾、左同时看到了，太平天国平定后，朝廷已经外重内轻，全国有生的军事力量，已经控制在曾国藩、左宗棠、李鸿章三人手中。

这意味着什么？湘军只要趁势再上，振臂一呼，朝廷势必危如累卵。

慈禧是一个控制欲极强且懂得如何运用权术控制臣僚的人。面对朝廷军权被湘军完全架空，她也有难言的苦衷，自己曾经最需要依赖的人，如今居然成了对自己威胁最大的人。她手上缺乏足够的军事实力，只能运用政治权力来控制，但一味地权力高压，等于逼曾国藩军事倒戈，并不明智。她只能通过着意挑拨，极力分化瓦解，让湘军内部来互相牵制，以实现"以湘制湘"，成功化解外重内轻的潜在危机。

为了在明面上给到曾国藩兄弟俩及湘勇诸将及时以敲打警告，慈禧用同治皇帝的名义，下发了这样一道敲山震虎的圣旨：

曾国藩以儒臣从戎，历年最久，战功最多，自能慎终如始，永保勋名。惟所部诸将，自曾国荃以下，均应由该大臣随时申儆，勿使骤胜而骄，庶

第六章 对簿朝堂

可长承恩眷。

圣旨语气虽然委婉含蓄，但潜台词却很明白：对于有学问、道德、修养的曾国藩本人，朝廷还是十分放心的，但包括曾国荃在内的湘勇诸将，到底值得朝廷放多少心，就不大好说了。因此，曾国藩要对突然胜利的部将严加管束，避免他们"骤胜而骄"，犯下颠覆性的大错误。曾大臣应该知道，朝廷既然能够让湘勇诸将享受胜利带来的尊荣，当然也随时可以因犯错将他们打下地狱。

朝廷对曾国藩的防范已经到了这份儿上，左、李同处风口浪尖，不得不考虑进退两路。李鸿章是曾国藩的学生，朝廷对他不抱多大希望。左宗棠有八年在湖南巡抚衙门工作，楚军出山后，名义上隶属曾国藩，事实上是一股相对独立的力量。如果左宗棠也倒向曾国藩，朝廷必然危在旦夕。一旦左宗棠与曾国藩不和，朝廷可稍微放心，凭楚军再加上八旗、绿营，慈禧仍有实力来制衡曾国藩的嫡系湘勇。

以"打计算仗"著称的左宗棠，经过一番推演计算，掂量出其间的轻重。"物壮则老，是谓不道。"他知道，眼下局势已如高空落重，湘军事业到顶后开始面临下坠。如何顺势利用慈禧的"以湘制湘"策略，避免让朝廷对湘军有尾大不掉的担忧，让这场电闪雷鸣的危机平稳化解？

主动制造与曾国藩不和。

动笔墨总好过动刀枪，这样不但可以保住曾国藩，也可以自保。

因为事先想好演戏，左宗棠在举报时，将尺度、分寸拿捏得很稳。细看同治三年（1864年）8月7日举报原文，隐藏在《攻巢湖郡安吉踞逆迭次苦战情形折》中，这份奏折用三千余字详细报告楚军攻打巢湖、安吉两地太平军的实际情形，仅在倒数第二段用二百余字的内容说出幼天王逃离的事实，像是漫不经心的顺笔。为了防止这仅仅二百来字的内容刺激到慈禧，左宗棠在最后表明自己将与曾国藩、杨岳斌、李鸿章、沈葆桢四人将叛逃的太平军打扫干净的构想，其云淡风轻的表述，根本看不出着意举报的痕迹。

左宗棠表态愿意与曾国藩继续精诚团结的原文是：

且江西兵力渐集，李世贤、汪海洋诸逆如不得逞于江西，则遁入浙、闽复与湖州踞逆相首尾亦未可知。臣惟有与曾国藩、杨岳斌、李鸿章、沈葆桢慎以图之，以冀稍纾宸廑。

事实上，就在这份奏折写成后，左宗棠又安排幕僚抄写了一份，提前寄给了曾国藩，以让他事先有充足的应对准备。后面会有事实例证。

如果左宗棠真要跟曾国藩过不去，会专折详细奏报，至少也会写个折片，而不是夹藏在文字角落里。何况，左宗棠知道，幼天王逃走这个惊动朝野的大事，曾国藩靠瞒是肯定瞒不住的，迟早会被人捅出来。一旦他人举报，曾、左必然同时陷于被动。慈禧不但怀疑曾国藩瞒天过海，而且会猜测左宗棠居心不良，何况他本人已经知道实情，朝廷稍一盘问，便会内心发虚。从自己人口里说出来，可以争取主动权。

后来的事实，再次朝着左宗棠的预判发展。

部下簇拥曾国藩，欲效赵匡胤陈桥兵变。当时社会纷纷传言："三千里长江上下，无一船不挂曾字旗！"朝廷一听，这不是本朝前所未闻的军阀吗？虎视鹰瞵，警惕万分。

曾国藩在咸丰四年（1854年）初发布《讨粤匪檄》时，公开宣称只捍卫儒家文化，并没有宣布保卫大清朝廷。他当时只一心想着号召传统知识分子一起来保家卫国，不料到现在已经成了一个沉重的政治包袱，这让慈禧更加有理由加重猜忌。因为在乾隆修撰《四库全书》之前，捍卫中华传统文化与反清复明语义极为相近。曾国藩熟读经史，深知功高震主、至功无赏的道理，加之功成之后的湘勇仗势在南京一带放肆，迅速沦落为哥老会帮会成员，也让他深感头疼。这样一支暮气深重且严重黑社会化的军队，哪怕真想倒戈，也没有能力再成大事了。

反复权衡，他决定自表忠心，请求自剪羽翼。

当时，让清廷顾忌的湘勇嫡系部队，超过十万人。其中，鲍超的霆军两万多人，虽已调往江西，改由沈葆桢指挥；曾国荃统领的五万吉字营，此时正盘踞在金陵，如虎狼居于卧榻之侧，成了让朝廷最不放心的军队。

第六章 对簿朝堂

曾国藩决定，先拿湘勇王牌部队吉字营开刀。

同治三年（1864年）8月21日，他亲自出面主持，一次性裁掉一半，留下的两万五千兵，一万人守南京城，一万五千人调到城外去打游击。

曾国藩不但裁兵，还要裁将，首功之臣曾国荃，又被排在第一位。

同治三年（1864年）9月21日，曾国藩事先瞒着曾国荃，以病情严重为由，强行奏请朝廷将九弟开缺，回湖南湘乡老家养病：

> 伏查臣弟曾国荃，春夏之交，饮食日减，睡不成寐，臣曾陈奏一次。然以一人而统九十里之围师，与群酋悍贼相持，自无安枕熟睡之理，亦系将帅应尝之苦，臣尚不甚介意。迨克城之后，臣至金陵，见其遍体湿疮，仍复彻夜不眠，心窃虑之。近十数日不得家书，询之来皖差弁，知其肝火上炎，病势日增，竟不能握管作字。

曾国藩在慈禧面前奏称，曾国荃因常年打仗过劳，已经患上湿疮跟肝火上炎两种职业病，病情如今发展得十分严重，手已经握不稳毛笔。

事实上，四十岁的曾国荃，正值年富力强，补睡三天大觉后，身体好得又能斗牛，哪里有半点病？接到"被生病"的准假条，气得果真大病一场，悻悻回到湘乡。

慈禧悬心初定。她安排军机大臣拟了一道圣旨，让负责传旨的湖南地方官到湘乡，当面念了一大通表扬他的话，同时奖赏六两人参，作为慰问品。

曾国藩虽然生性懦缓，但处事果断，当年办湖南审案局的杀伐决断之气，才是他最真实的性格。最近六年来的黄老道家的优容、恬静，只是他用作处理官场人事的君子风度而已。在大是大非面前，他没有犹豫，拿出办团练之初的大气魄，继续大幅裁兵。

到同治四年（1865年）3月，吉字营的守城部队被曾国藩砍头截尾，裁得只剩两千人。慈禧太后接到报告，终于眉开眼笑。在表扬曾国藩的同时，令军机大臣拟一道由曾国荃出任山西巡抚的圣旨。

曾国荃此时正窝在老家，被大哥与朝廷内外施压，早已搞得一肚子火，干脆托病抗命。出不出山，今生功业反正就这样了，还不如待在乡下。何况，他打下太平天国首都的功劳太大，完全有资格摆谱。慈禧不得不迁就他，又追加一道新旨：

　　着毋庸开缺，赏假六个月，在籍安心调理，一俟病体稍愈，即行迅速北上。

到同治五年（1866年）3月12日，距离曾国荃收复金陵过去一年八个月后，朝廷再下发一道圣旨，不再要求他去山西省做父母官，而是改任做湖北巡抚。曾国荃接旨，没有再拒绝，他于4月21日从长沙起程，5月1日便抵达武昌城接印任事。

这次之所以不再托病抗旨，主要是因为，在老家已经窝了近两年，心气被消磨得差不多了。何况，总在拒绝，一旦真正惹恼了慈禧，最后受伤的肯定还是自己，他不能不有所顾忌。

一场山雨欲来的危机终于平稳化解。

一年后，曾国藩开始考虑将湘勇正名为湘军。

事实上，早在咸丰十一年（1861年）底，即同治皇帝继位之初，在两江总督任上的曾国藩，就开始在给朝廷的奏折中偶尔使用"湘军"一词。但随后又改回"湘勇"，可能他觉得，此时亮出名号，还是有点敏感。到同治三年（1864年），他又数次在奏折中写上"湘军"一词，其后又游移不定，团练、兵勇、船勇、湘勇，仍在交替使用。

"湘军"一词真正得到朝廷认可并向全国公开，已到同治六年（1867年）。这年，曾国藩为历年来战死的湘勇步兵、湘勇水兵，以及在攻打南京战争中予湘勇事业以支持而遇难的官员、乡绅，各建立了一座昭忠祠，并亲笔撰写了《金陵湘军陆师昭忠祠记》《金陵湘军水师昭忠祠记》《金陵军营官绅昭忠祠记》。至此，"湘军"成为官方公文中通行名词。这距离咸丰三年（1853年）湘勇将领王鑫首次挂出"湘军"旗号遭曾国藩撤除，已经过去十四年，曾氏政治谋略之远，隐忍力之深，略见一斑。

左宗棠因及时举报曾国藩，被朝廷引为心腹。其直接结果是，楚军胜利后既没有遭遇防范，也没有被要求裁兵。楚军在浙江、福建两省养精蓄锐，此时已达五万余人，左宗棠顺势将所部转正，安置做地方部队。

在政治战略上，左宗棠走对了毕生最为关键，也最为重要的一步。靠着这一步，他成就了自己。

| 四 |

同治六年（1866年）9月25日，朝廷平调闽浙总督左宗棠出任陕甘总督。

朝廷之所以要调派左宗棠前赴陕甘，主持摇摇欲坠的危局，因为前任陕甘总督杨岳斌无法胜任其职。杨岳斌是咸丰三年（1853年）在衡州起步的湘勇水师统领，经曾国藩鼎力保举，由武职改为文职，出任陕甘总督。

因杨岳斌军事能力有限，战略布局失误，在他治理下的大清西北无论军政还是民政，都呈现出一片混乱，各种社会矛盾交织，民族矛盾叠加，冲突全面激化。大西北数百万平方公里领土被英、俄等列强觊觎，兴风作浪者从中挑唆，有脱离中国的危险。这种面临崩裂的危局需要有绝大才能者前去挽救，接管其职事。

闽浙总督管辖福建、浙江两省，陕甘总督管辖陕西、甘肃（含新疆）两省，前者富庶，后者贫瘠，名义上是平级调动，事实上等于降级谪官。左宗棠其时正在福州筹划中国一件开天辟地的大事，创建福州船政局，完全抽不开身。

左宗棠向朝廷申请创办船政的规格，按国家六部（工、刑、兵、礼、户、吏）之外新开"海部"的构想在办理。但陕甘事情复杂艰难，举国之内又只有左宗棠一人能够胜任，绝对再找不出第二人，慈禧不得不以近乎央求的语气，要左宗棠同意出任。为了弥补朝廷对左宗棠造成的亏欠，慈禧在圣旨中甚至不惜以私人名义许诺，等该大臣平定陕甘，不难再调回闽浙。

左宗棠筹建的福州船政局以及创立海部的构想，不得不暂缓，他向朝廷保举前江西巡抚沈葆桢出任船政大臣，代自己专办福州船政局，作为中央正部级直管企业的配置办理。经左宗棠"三顾沈庐"的诚邀，沈葆桢同意出山接任。

沈葆桢以非凡的勇气、过人的能力，在左宗棠打好的基础上，其后相继造出近四十艘中国国产的现代化轮船。福州船政局由此成了中国近代海军建设的开端，南洋海军的组建通过他得以实现。因一年的开创奠基作用，左宗棠成为"中国近代海军之父"。

陕甘战事紧急，原本一心在治理闽浙、筹建中国海防的左宗棠，不得不放下民事、政事，继续率兵上战场。他筹建国家"海部"的构想，直到去世那年（1885年）才最终得以实现，中间一耽搁便是十九年。这是后话。

接到朝廷改调陕甘的任命书，左宗棠没有作任何推辞，毅然担起治理大西北的重任。同治五年（1866年）12月16日，左宗棠离开福州，誓师大西北，楚军又开始大规模招兵买马。

左氏助手、楚军副统帅刘典回湖南招募了两万人马带去陕西。到收复新疆前夕，左宗棠旗下的西征军人数已经多达八万七千余人，此外，河南的嵩武军首领张曜、四川的蜀军首领徐占彪也归于左氏旗下，加上各省支援部队及八旗军，总人数已经超过十万，这种来自中国五湖四海的军队规模，彻底打破了湘军专用湖南兵将的惯例，左宗棠也成为真正意义上的全国第一军事统帅。

在大西北十四年，左氏控制着数倍于法国面积的领土（陕甘所辖新疆地区达一百六十六万平方公里，相当于三个法国），完全可以独立成国，朝廷依然没有采取任何措施加以防范。

慈禧太后高度信任背后，与左宗棠在同治三年（1864年）主动制造与曾国藩不和，应该说存在一定的前因后果关系。当然，跟左宗棠到任后以忠诚之志平乱治民，捍卫国疆，让朝廷发现其人已经无人可以替代，是更为重要的原因。

后世有研究者推测，左宗棠举报曾国藩，是意气用事，闹个人攀比，恩将仇报。这大约是未经世事的书生之见。在现实中操作大事的人，每临大事有静气，首先理性考虑的必是现实功利，而不是个人情绪与意气。何况，政治变幻、军事风云，险象环生，要成就大业，在"道"的背面没有"术"，不可能成功。左宗棠早年在湘潭周家入赘、在安化小淹设馆，常年底层生活经验，让他不但懂"术"，也会用"术"，只不过，他"以术运经"，智慧地将"术"依于"道"而已。

因为举报曾国藩动静太大,全国上下猜测纷纭。不等后世来质疑,就在当时,社会已经流传曾、左负气、妒忌的传闻。对于这些传言,左宗棠选择沉默。毕竟动机猜测,既无法证实,也无法证伪,自己主动站出来辩驳,反倒授人口实,越搅越浑,越描越黑。

但左宗棠与曾国藩既然已经主动导演了这幕"失和"大戏,在凌厉、强悍的慈禧太后主导的皇权高压的环境里,还得继续演下去,这一演,两人八年不通私信。

| 五 |

在不通私信的这八年里,曾、左并非没有交往。

两人在国家公事上最醒目的一次互动,莫过于曾国藩在亲身剿捻失败后,主动向左宗棠推荐将领刘松山。

刘松山(1833—1870年),湖南湘乡七都山枣人,早年曾在湘乡一带当长夫。咸丰三年(1853年),王鑫脱离曾国藩的湘勇,独门独户,自创老湘营,刘松山加盟其中。

左宗棠的楚军,班底的四分之一来自王鑫身后的老湘营,其后每次扩招,主要增加老湘营人数。创办楚军时,他大胆起用杨昌浚、刘典、蒋益澧这些被曾国藩弃而不用的人才,用二流人才成功打造出一流军队,却始终没有注意到刘松山。

咸丰八年(1858年),曾国藩第一次发现了刘松山。这年10月31日,他召见两个营官,其中之一是刘松山。曾氏当天的日记记下此事,后面附有一句对他的评价:"不言而善战,挺拔明白。"即是说,刘松山不善言谈,但会做事;为人正直,看事透彻。

三年后发生的一件事,让曾国藩看到,起用刘松山没有看错人。

咸丰十一年(1861年),湘勇营在徽州城遭遇太平军夜袭,众将士惊慌溃散。刘松山孤身挺出,将战旗往脚下一插,对逃兵喊话:"我是第四旗刘松山!大家不要退!"众将士这才在纷乱中稳住阵脚。

同治三年（1864年）7月，湘勇攻下南京后，面临大幅度裁撤，曾国荃的吉字营首当其冲。所有人都没料到，刘松山所部老湘营留了下来。

更让众将没有想到的是，同治四年（1865年），曾国藩奉命北上剿捻，奏请从征的唯一湘军嫡系，又是刘松山所部老湘营。根据曾国藩的保举，刘松山出任甘肃肃州镇总兵，调皖南镇，归曾国藩节制。

同治五年（1866年），刘松山指挥老湘营，败捻军首领张宗禹、牛洛红于湖团。再战，败其于徐州西，追剿入河南。张宗禹踞西华，牛洛红踞上蔡，设伏万金寨，试图抄袭湘军。刘松山与李祥和联手，在双庙、郾城、南阳、新野节节追杀，张宗禹被迫逃窜入陕西，捻军自此分成东、西两部，不能复合。

曾国藩最初确定剿捻战略为"重点防务、坚壁清野、画河圈围"，着力修建工事，被动防御。这一招不但没能抵住捻军，反而让捻军越打越大，陆续窜入河南、湖北、江西，威胁到北京安全。

两年剿捻无功，同治六年（1867年）3月，慈禧太后临时换帅，将曾国藩调离剿捻前敌总指挥部，命他在江南制造总局下设造船所试制船舰，剿捻事权由李鸿章、左宗棠联手取代。

曾国藩对本人剿捻无功深感抱愧，及时向朝廷举荐刘松山入楚军。

左宗棠得到刘松山，喜出望外，及时给朝廷上一道奏折，明确表示对曾国藩的感激之情：

> 臣与曾国藩议论时有不合，至于拔识刘松山于凡众中，信任最专，其谋国之忠，知人之明，非臣所及。

左宗棠自述感激原因：刘松山本是王鑫旧部，我十余年前即知晓此人，但没有感觉他有什么特殊才能。刘松山从湖南随征入安徽，为曾国藩所赏拔，这才从稠人广众中脱颖而出。我曾私下评论曾国藩素称知人，晚年得到刘松山，尤其能证明他识人具有卓见。

刘松山能同时得到曾国藩、左宗棠的赏识，在湘军史上是极为罕见的一例。一般情况是，曾国藩认可的人才，左宗棠认为偏庸懦；左宗棠赏识的人才，曾国藩认为偏粗勇。

刘松山跳出了"非左即曾"的人才观偏差,我们从曾国藩早年的评价中或许可以找到答案:"不言而善战,挺拔明白。"

曾国藩用人遵守四条原则:"带勇之人,第一要才堪治民;第二要不怕死;第三要不计名利;第四要耐受辛苦;大抵有忠义、血性,则四者相从以俱至。"

左宗棠用人基本原则就两条:第一是"廉干",第二是上战场能身先士卒,敢于拼命打硬仗。

显然,曾国藩看中刘松山"挺拔明白";左宗棠看中刘松山"不言而善战"。

刘松山带领的老湘营,战斗力确实超出楚军其他各部。左宗棠剿灭捻军,依赖其为主力;平定陕甘回军,又赖其为开路先锋;刘锦棠接任后,发展到两万人,是收复新疆的先锋主力部队。

同治七年(1868年)8月27日,朝廷在剿灭捻军后论功行赏,要求左宗棠简拔将士随军西征。左宗棠推举刘松山所部老湘营,将领中战功卓著的达十五人,包括易德麟、章合才、萧章开、陶定升、唐光辉、李云贵、何作霖、黄万久、易致中、余虎恩、胡文贵、杨清源、李就山、陈广发、杨世俊。这些人才,全都是曾国藩当年解散湘勇时雪藏下来的精锐与骨干,足见曾氏支持之实诚,这比左宗棠从咸丰五年(1855年)起连续两年支持曾国藩湘勇营二百九十万两军饷银,已经有过之而无不及。

同治三年(1864年)打下天京后,左宗棠与曾国藩在朝廷面前唱双簧,如今曾国藩已成两江总督、淮军军事顾问,负责剿捻后勤,对朝廷的威胁基本消除,慈禧不用再担心"臣重压君",所以左宗棠把握时机,专门上一道奏折,称赞曾国藩知人有明,表扬刘松山"作战有方",这也算是人情回报。

客观地说,曾国藩识刘松山于草莽,证明他确有"知人之明",如今大义举荐给左宗棠,于公于私,称得上是真正的"谋国有忠"。

这里顺带再说一说刘松山的故事。

剿灭捻军后,刘松山在平定回军起义中也有不俗的表现。

同治九年(1870年)2月,回军在陕西渠南,踞石家庄及马五、马七、马八诸寨,负隅抵抗。刘松山先破石家庄,督攻马五寨,纵火焚寨门。最后攻破城门的一刻，一颗炮子飞来，正中刘松山左乳，不幸翻身落马。

诸将飞马过来探视，刘松山痛骂："别管我！整队速攻！毋乱行列！"士气复大振，一举攻破马五寨。

他带伤继续指挥作战，因伤势过重，回营后不幸病死。

为感念刘松山在楚军攻坚战中所起到的中流砥柱作用，同治九年（1870年）2月26日，左宗棠专门向朝廷上一道《刘松山剿贼大胜中炮阵亡现筹办理情形折》，请求朝廷按提督阵亡的待遇给予抚恤，并赐谥号"忠壮"，入北京昭忠祠，在陕西、甘肃两省立专祠纪念，得到朝廷批准。

刘松山死后，十六岁的侄子刘锦棠接过老湘营统领的重担。锦棠人如其名，为左宗棠功业"锦上添花"，也算是曾国藩举荐刘松山的间接遗泽。

曾、左在国事上最后的交集，是如何应对同治九年（1870年）发生的天津教案。

曾国藩其时以钦差大臣身份处理此案，虽然法国领事丰大业挑事在先，但中国群众举报查无实据，他本着诚字原则，通过处罚国内官员及涉事民众，来求得法国的谅解。左宗棠则反对惩罚本国群众，只接受适当赔款，他主张以理、势相争，发动群众来扭转中法外交败局。两人在国事上的分歧依然存在。

左宗棠站在自己的角度，这样评价曾国藩处理天津教案之失：

> 曾侯相平日于夷事又少讲求，何能不为所撼！彼张皇夷情，挟以为重，与严索抵偿，重赔恤费者，独何心欲？

意思是说，法国人借教会传教之名，在中国土地上气焰嚣张，曾国藩被法国人的气势震慑住了，对内处置涉事的官员跟群众，对外以重金赔偿来求得息事宁人，其用心立意本身存在问题。

可见，就在两人私下关系已经厚到义薄云天的前提下，依然没有因私情而将国事敷衍得一团和气，这样公私分明的旧交"诤友"，古往今来并不多见。

左宗棠此时或许在想，重任在肩，朋友之交，来日方长。两人私交叙情，有的是时间，等含饴弄孙时再和和气气把酒叙旧，也不迟。

其时，六十岁的左宗棠身康体健，精力过人，有如中年，这得益于他运用《易经》的哲学原理节欲养生。他没有料到，专事养心不擅养生的曾国藩，会衰老得如此之快。人各死生有定，老朋友一旦要永远离开，是根本来不及打招呼的。

| 六 |

同治十一年（1872年）3月12日，曾国藩在南京两江总督府内的西花圃散步，突然感到双脚一阵发麻。长子曾纪泽扶父亲回书房休息，不久，曾氏便端坐在椅子上去世，享年六十一岁。

三十六七年的故交，突然间阴阳两隔，左宗棠像当头挨了一棒，许久没回过神来。

忍看"诤友"离去，回顾并肩点滴，左氏十分悲痛，他没有想到曾国藩这么早离世。曾氏的道德人品，令他无限怀想。回想两人第一次合作时，左宗棠说"惜其来之迟也"，如今却是"去之何其早也"。

这位十八年前被自己用"崩溃疗法"成功骂活过来的亲密战友，十一年前被自己从祁门死神剑下救出的顶头上司，历年来肩任家国重任而不堪其累，只因本着诚字原则处理天津教案，出于一番仁民好心、至诚公心，最终却里外不是人，"外惭清议，内疚神明"，精神与身体同时急遽衰退，如今不幸驾鹤西去，再也没能回来了。

对镜自览，自己也年近花甲，初现衰老迹象，不知何日将是结局。

一代人生死契阔的故事，难道就这样没有预兆地戛然而止了？

想到这里，左宗棠更加伤感，不禁落下泪来。樊燮案当年那样揪心，他没有哭，但此时眼泪像断线的珠子，大颗大颗地往地上掉。回想历次分歧、矛盾，他实在不想与这位宅心仁厚的大哥争执，心中不禁满是懊悔。待情感平复下来，啜泣声断，他又觉得，历年来所有的争论，还是完全有必要的，朋友相交可以重情，国事面前，自己不能感情用事。

左宗棠写信安排在湘阴老家的儿子左孝威，要他带四百两白银，前去湘乡曾家吊孝，并亲笔题写挽联寄回相赠，公开高度评价曾国藩：

> 谋国之忠，知人之明，自愧不如元辅；
> 同心若金，攻错若石，相期无负平生。

针对两人八年不通音信，社会传言多端，左宗棠在家信中夫子自道："曾国藩去世，我深感悲痛，不单是失去他，国家时局更让人担心，我与他的交游、情谊，历历回想起来，也不能无动于衷。我作挽联的两句话，是二十多年交情的纪实。我说'谋国之忠，知人之明，自愧不如元辅'，早年在给朝廷的奏折中就多次说过，不是今天才说出来的。'君臣朋友之间，居心宜直，用情宜厚。'我以前给朝廷的奏折，每次写好后都抄录了一份寄给他，两人之间并没有隔阂，更没有城府，不是外界猜测与想象的那样。我与曾国藩以前有过争论，那是因为价值取向不同，办事方法有异，争论的方面，从来只围绕'国事、兵略'展开，丝毫没有涉及私情。两人的交情，不是那些未历重事、不负责任的人猜测的那样，更不是喜欢捕风捉影、拿意气用事来揣度的人想象的那样。"

> 曾侯之丧，吾甚悲之。不但时局可虑，且交游情谊亦难恝然也。已致赙四百金，挽联云："知人之明，谋国之忠，自愧不如元辅；同心若金，攻错若石，相期无负平生。"盖亦道实语。……吾与侯所争者国事、兵略，非争权竞势比。同时纤儒妄生揣拟之词，何值一哂！

在这封书信里，左宗棠向儿子首次透露出一个藏匿颇深的细节，左宗棠举报曾国藩的奏折，之前已经抄写过一份提前寄给他，曾国藩早有心理准备。下面这段话可以印证：

> 从前彼此争论，每拜疏后，即录稿咨送，可谓锄去陵谷，绝无城府。

换成白话，左宗棠说："我跟曾国藩以前围绕国事发生争论，凡是要上报朝廷的奏折，写好后都抄录了一份，同时提前寄给了对方，我们都没有任何遮掩，彼此在对方面前都是透明的，没有用任何心机。"

第六章 对簿朝堂

这从背面进一步印证,两人出于自求保全,在慈禧太后面前联手演了双簧。如果真心要参倒曾国藩,或者给予其一记重创,左宗棠一定不会事先让他知道,而且会用专折强力弹劾。

这就容易理解,曾国藩为什么反过来举报左宗棠打下浙江时放逃十余万太平军这种时过境迁、毫无杀伤力的信息。

举报前,左宗棠掂量过,在攻下天京这样的大功劳面前,逃出洪福瑱与李秀成,并不会给曾国藩带来实质性的伤害,隐瞒不报才有无法预估的政治后果。

类比去看,这与半个世纪后梁启超与蔡锷联手反袁世凯演的双簧异曲同工。蔡锷假装与梁启超政见不合,公开决裂,在报纸上发表文章批评说:梁老师反对帝制,是书生之见。但书生手无寸铁,也没什么杀伤力,任他造舆论得了。如果不是蔡锷发起护国运动自曝,梁、蔡失和的传言,后世也会凿成史实。

因为相互默契,彼此心领神会,曾国藩对左宗棠事实上心存感激。所以他晚年曾低调地说:"论兵战,吾不如左宗棠;为国尽忠,亦以季高为冠。国幸有左宗棠也。"

曾国藩晚年不但时刻关注左宗棠的一举一动,而且经常跟家人谈起左宗棠,语气充满了肯定。同治十年(1871年)8月31日,曾国藩在《致澄弟沅弟》家信中谈及,已经预见到左宗棠晚年将要成就的千秋伟业,肯定中隐约流露出钦羡之情:

> 左帅平定甘肃之后,恐下文尚长,亦由天生过人之精力,任此艰巨也。

另据一则幕僚笔记,楚军西征期间,曾国藩与朋友私下谈及左宗棠,这样比较评价说:

> 诚然,此时西陲之任,倘左君一旦舍去,无论我不能为之继,即起胡文忠(胡林翼)于九原,恐亦不能为之继也。君谓为朝端无两,我以为天下第一耳。

意思是说，如果左宗棠不去做陕甘总督平定大西北，他现在肩上扛着的那些老大难的事情，不说换作我干不了，就是将胡林翼从地下喊起来，让他去干，我想他也没这个能力去干成，你们都说左宗棠的办事能力在当今朝廷内无双，我以为他是天下第一。

退居二线后的曾国藩，仍如此关注左宗棠的一举一动，且毫不吝惜地给予最高评价，进一步辅证朝堂争执是在演双簧。

透过"失和"的表象深入去看，曾、左晚年虽然私下不通音问，但暗中支持始终没有停歇。左宗棠西征军军饷，部分来自各省协饷作抵押的海关税银，曾国藩在两江总督任上及时供给协饷，每年逾百万两之巨，可见实诚。

但曾国藩去世后，文人笔记中多见左宗棠私下场合聊起曾国藩，与曾国藩本人的言论大相径庭，多是在人前批评与贬低曾国藩。

核对正史，考证轶史，不能说全无其事，但其中不乏夸大、添加，包括捕风捉影、向壁虚构。

左宗棠因有"人格洁癖"，兼为人明白、看事透彻，执着于以"清"字待友，在与朋友私下书信中确实批评过不少人。曾国藩、胡林翼两人就都被他多次批评过；李鸿章、郭嵩焘等人，也在交往中发生过许多不快。

上述朋友，以胡林翼最能容纳左宗棠。左、胡无论公私大小，虽有批评指正，但从来没有直接冲撞，是知己。

曾国藩最能接受左宗棠。两人分歧诸多，但事实上从来没有发生过不可调和的对抗，属"诤友"。

左、李则不然，无论国事、私事，矛盾重重，冲突剧烈，是敌友；左、郭则公私混杂，左理性而郭感性，郭爱之欲左生，恨之欲左死，属骂友。

胡林翼曾总结自己与左宗棠的相交之道，颇有心得，从中大致可以看出左宗棠在朋友圈中的为人：

> 谋人忠，用情挚而专一。其性情偏激处，如朝有诤臣，室有烈妇，平时当小拂意，临危乃知其可靠。

第六章 对簿朝堂

意思是说，左宗棠为朋友办事最实心靠谱，跟朋友交往时感情真挚、深厚、专一，但他的性格存在偏激的地方，就好比国家有正直的大臣，家庭有泼辣能干的妻子，平时批评起人来偶尔会让人感到不中听，但当你遇到危机需要帮助的时候，他会是你第一个想到最靠得住的人。

同时代人物中，称左宗棠日常责骂曾国藩，其代表性人物，是左宗棠的湖南湘阴同乡、发小兼亲家、晚年骂友郭嵩焘[①]。

左、郭之交，应了中国那句俗话，"恩生于害，害生于恩"。两人虽然私交甚深，但恩怨同样极大，可谓凶终隙末。

左、郭私恩的缘起，可以追溯到咸丰九年（1859年）。其年，左宗棠卷身樊燮案，凶险莫测，郭嵩焘作为咸丰皇帝的贴身秘书，极尽褒奖，当面大力举荐。他将此事写成日记，抄录了一份寄给左宗棠。其后，他又联络同事潘祖荫，在朝堂之内积极展开营救。

私怨起于两人共事。同治四年（1865年）郭嵩焘担任广东巡抚后，因为基本不懂带兵打仗、军事部署，广东一省岌岌可危。作为闽浙总督，左宗棠正以钦差大臣身份督办广东、江西、福建三省军务，成了郭嵩焘的顶头上司。

因为郭嵩焘崇尚愚拙，心性善良，内心干净到透明，兼不懂为官手腕，每入官场，总是跌宕起伏，沐火浴雪，生不如死。为了保护郭嵩焘免遭两广总督瑞麟倾轧，同时将他从对太平军作战的生死战场上保全下来，左宗棠据实向朝廷陈述，郭嵩焘"勤恳笃实，廉谨有余，而应变之略非其所长"，举荐楚军部将蒋益澧取代。此举虽然将广东军事危机成功化解，但在私情上彻底得罪了发小郭嵩焘。

郭嵩焘天性情绪浓烈，心性敏感，思想深刻，他不但不懂得最起码的为官权术，而且有着与曾、左一样刚强、倔强的湖南人根性，又执着于自身的贞洁与孤傲，凡事将自己作为标尺，去丈量所有交恶过的同僚，因此骂人最多，对自身损伤也极大。

[①] 郭嵩焘，1818—1891年，乳名龄儿，学名先杞，字筠仙，号云仙、筠轩、仁先，别号玉池老人，湖南省长沙府湘阴县城西人，中国首任驻英法公使。

虽然他本人之前曾几次辞卸广东巡抚，终未被朝廷批准，但当左宗棠真正将他解脱下来，他陷入了禅宗说的"我执"，并没能去体会左宗棠的良苦用心，反而猜疑左氏在对他落井下石。郭嵩焘此后日记，多次记载梦中左宗棠自扇耳光道歉。

左、郭交恶后，郭嵩焘一直孜孜于在朋友圈辩白。同治六年(1867年)7月，曾国藩因支持左宗棠而批评郭嵩焘，郭嵩焘去信纠正曾国藩说：

> 公与解释旧嫌，以济公家之急，此盛德事也；附会左君以咎鄙人，则过矣。

意思是说，曾兄为了国家公事，出于一番公心，让冤家宜解不宜结，这是您的大德；但您跟左宗棠站到一边，一起来指责归咎于我，认为是我的问题，我认为说错了。他甚至跟曾国藩说，左宗棠有饭前先骂曾国藩，骂完才吃饭的习惯。

郭嵩焘日记中，左宗棠是一个忘恩负义的小人，其后期最重要的职事，仿佛是一日三餐骂曾国藩。

因郭嵩焘本人做过兵部侍郎，担任过首任驻英法公使，其本人地位特殊，日记在其身后传播颇广，这导致左宗棠虽然在学者圈备受尊重，但在文人圈声名不佳。一些文人因完全认同郭嵩焘其人，爱屋及乌，仅凭他在私人日记中的一面之词，便以"左负郭"为基准线，将左宗棠的所有行迹全部往这根主线上关联，结果越看越像。耐心读完郭嵩焘日记，一旦先入为主，便再无兴趣了解左宗棠其人。

这大概就是"害生于恩"了。

人生天地之间，人情债最难还。被动欠下别人的人情，日后总要以成倍的代价付出，大到让人付不起。左、郭交情，不外于此。

事实上，在正史记载中，曾国藩身后，左宗棠既不刻意拔高，也无故意贬低。他评价曾国藩历经岁月洗磨，至今仍有着流俗所难理解的公正、客观。

《铜官感旧图序》就是一例。

生死激评

| 一 |

铜官山在湖南宁乡靖港对岸,晋代在此地开办铜矿,设官管理,故得名。

光绪三年(1877年)暮秋时节,湖南长沙籍离退休官员章寿麟从南京回家,坐船逆流而上,自洞庭湖转入湘江,途经铜官山,触景生情。想起二十三年前曾国藩在此地跳水自杀的往事,他将船停下来,画了七幅画,取名"铜官感旧图"。

章寿麟自述当时的创作情境与心境:

时隔二十三年,我再次站在铜官山上,看秋风激荡水波,听树木呼然作声,恍惚又回到当年那场惊心动魄的厮杀,又见到曾国藩在这里指挥湘勇奋勇作战的情景,内心波澜起伏,莫可名状地感到悲怆。

二十三年,弹指一挥间,倏忽逝去。如今,曾公死去也已经五年。大人物的死,真是像泰山梁木轰然崩折那样,令人无限痛惋。物是人非,人间惆怅。我决定用图画将当年故事画下,让后人通过它记住这段历史。

我首先申明,作这样一幅画,并不影响曾国藩的伟大。他以一等毅勇侯留名后世,一生的事功,历史已经记下,不是一幅画可以抹杀的。我就在想,曾公这样的一代伟人,绝对不是平白无故降生,也绝不可能平白无故死掉。二十三年前,我救不救他,他都会逃过一劫。

由此可见,带兵打仗,是人间一大难事。即使是像曾公这样的人,仁厚、智谋、英勇、大义,也不免要受到挫折。他的过人之处,在于从不被挫折折服。挫折折不断他,困难压不垮他,相反,他会迎难而上,振翅高飞,越飞越高、越精彩。因为曾公的定力不是一般人可以达到的。他早已将生死置之度外,像唐代名臣李光弼、宋代名将韩世忠那样,败不辱身,舍身殉国。曾公当年在这里跳江自杀,绝对不是作秀,而是真心想死,以身殉国。

想到这里,章寿麟欣然提笔,为《铜官感旧图册》写下自序。

图文作好后，章寿麟想听听更多当事人的意见，便邀请左宗棠、王闿运、李元度等二百多位官场大佬、文化名人一同来品鉴。

出人意料的是，怀旧风一经刮起，众人兴趣空前强烈。围绕它作的文、赋、诗、题词、作曲，达二百余篇（首），章寿麟儿子将这些文字整理成四册书，题名《铜官感旧图题咏》，公开出版发行。

章寿麟之所以如此重视这段历史，因他当年一手救活过曾国藩。

〔二〕

关于这段史实的详细经过是：

咸丰四年（1854年）3月下旬，曾国藩决定攻打靖港前夕，有了与太平军拼死一搏的想法。他给幕僚李元度与陈士杰口授两千余字的遗书，称自己一旦战死，就按此向朝廷汇报。

李元度、章寿麟第一次见到这种架势，预感到情况不妙，请求随部队同行。

曾国藩拒绝说，你们的谋略，我已经记下，但你俩都不能上阵杀敌，去了反倒不安全，我还要安排亲兵保护你们。

李元度决定瞒着曾国藩，私授幕僚章寿麟，要他悄悄躲进曾国藩座船的后舱，一旦发现意外，如此这般行事。

不出李元度意料，靖港会战一经打响，湘勇一败涂地，曾国藩情急之下，跳进湘江自杀。

亲兵当即下水营救，曾国藩气得胡子都直了，破口大骂，命令放手。眼看头顶就要没于江中，章寿麟"扑通"冲进湘江，抓起曾国藩就往船上拖。

曾国藩惊讶地问："你怎么来这里了？"

章寿麟按李元度之前的密授说："我从长沙赶来报喜的，湘潭打了大胜仗，援军大部队正开过来。"

曾国藩一听，不再寻死，任章寿麟托起，上了船。

章寿麟等人用快船将曾国藩紧急运到罗泽南行营，再由行营返回长沙水陆洲（橘子洲）行营。

到长沙后一问，曾国藩才发现上当了，湘潭并无捷报，又要寻死。他气息奄奄地躺在床上，将军械等战备物资逐一清点，一手交给在湖南巡抚衙门指挥军事的幕僚左宗棠，预定在料定完后事再死。

如本书开头所述，左宗棠对曾国藩实行"崩溃疗法"，骂得他不想自杀；父亲曾麟书也写信来，骂得他不敢自杀。

4月29日傍晚，湘潭快马加鞭传来捷报，湘勇消灭太平军一万余人。曾国藩闻讯转恼为喜，翻身下床向朝廷写奏折报喜。

湘军事业渐至勃兴后，因军功升官晋爵者数千人。历年来，由曾国藩保举的三品以上官员近千，章寿麟却意外遭遇冷落。

曾国荃打下南京后，曾国藩拜相封侯，众文武再论功行赏，诸多低级武官与士兵都得到了提拔，一时成为"显贵"，章寿麟却仍然只得到个泰州知州。其后，他被调到军中管理营务，始终没有得到显著的提拔。

直到同治十一年（1872年）3月12日，曾国藩南京任上病故，章寿麟仍只是个知州。

章寿麟对仕途终于心灰意懒了。五年后，带着失意与情绪，他自请开缺，休归长沙。

归程中，他作图七幅。二百多篇题跋、题识，图文并茂，壮观有如史诗。

| 三 |

《铜官感旧图题咏》蔚为大观。最醒目的有三篇：左宗棠的序、李元度的记、王闿运的诗。

李元度（1821—1887年），字次青，湖南平江人。前面说到左宗棠在咸丰十年（1860年）春去安徽宿松大营与曾国藩聚谈，将左氏从湖北英山大营接来的便是他。

李元度跟湘军的渊源，最早起于曾国藩。

李元度十八岁中秀才，二十二岁中举，但参加了六次会试，均没有考中。其后以举人出任湖南黔阳教谕（相当于怀化地区教委主任）。咸丰三年（1853

年），曾国藩在湖南办团练，李元度得知，颇为感奋，当即写去一封长达数千字的建言书，侃侃而谈如何办团练。曾国藩觉得文章有气魄，将李元度招募进幕府，担任机要秘书。

因为曾国藩的信任与偏爱，李元度在军营内得到重用，在担任机要秘书的任上得以迅速成长。李元度也忠心耿耿，一心追随。曾国藩其后湖南靖港跳水、江西湖口自杀，两次都得到李元度的及时救护，宾主关系更加亲近。在曾国藩的鼎力保举下，咸丰七年（1857年），朝廷授予李元度以记名道员，加按察使衔，赐号"色尔固楞巴图鲁"；咸丰八年（1858年），又实授浙江温处道道员。

在咸丰十年（1860年），曾国藩和李元度骤然翻脸。

其大致经过是：曾国藩为解祁门之困，派李元度率三千平江勇去守徽州城，约定守满半月。李元度到后只守得三天，便弃城逃跑，且将消息隐瞒下来。徽州失守，祁门洞开，后果出人意料的严重，曾国藩所在祁门大营被十余万名太平军重重包围，前敌总指挥部差点儿被一锅端。

曾国藩怒不可遏，直接上奏弹劾，一心要治李元度重罪，两人就此彻底闹翻。

《清史稿·李元度传》对李元度徽州弃城一事的记述是：

> 十年，曾国藩督师皖南，调元度安徽宁池太道，防徽州。至甫三日，贼由旌德纠合土匪散军入绩溪丛山关。遣同知童梅华、都司单绥福率千人往援，败挫。贼趋郡城，元度退走。国藩奏劾，褫职逮治。

作为曾国藩当年的贴身机要秘书，李元度是将章寿麟暗藏船舱的主使，对此事最有发言权。

李元度在光绪五年（1879年）作《题铜官感旧图》，不仅第一次向外界披露了当年不为人知的隐情，并专门发表了看法。

李元度的看法，概括起来主要有四条：

其一，章寿麟一手救起曾国藩，功高盖世。表面上看，他是"手援一人"，事实上呢，是"手援天下"。

其二，曾国藩终身没有报答章寿麟，主要是因为章寿麟有古代高洁名士之风，像古人介子推，自己不站出来要官，官职自然没有轮到他。

其三，关键还是曾国藩没办法报答章寿麟。不提拔固然让人指责忘恩负义，提拔则更麻烦，自己跳水自杀就成了装腔作势。既然当年真心想死，就不应报答他。不但不能报答他，反而还要责怪他。

其四，曾国藩没有提拔章寿麟，无关紧要，这不会掩盖章寿麟"手援一人，而援天下"的历史功劳。

文章里，李元度对曾国藩"忘恩负义"其实颇有微词，甚至不惜在文尾搬出曾国藩祖父曾玉屏对章寿麟的高度评价，并以"当代介子推"作比，隐约传达出对曾国藩不报恩的抑郁与愤懑。推其心意，跟他守徽州城弃逃后遭曾国藩弹劾有一定关系。

李元度热心写作此文，因为章寿麟隐藏于曾国藩座船跟到靖港，是他授意的。真要论私恩，李元度才是当之无愧的第一人。

曾国藩的贴身幕僚传出此文，社会负面反响可想而知。

光绪八年（1882年）8月，七十一岁高龄的两江总督左宗棠接到邀请，为该书作序。

作为亲历见证者，左宗棠的评价怎样？众人在翘首中猜测。

当负面评价如潮跟来，左宗棠站在公正、客观的角度，除陈述事实跟表述观点之外，侧重对曾国藩的学问修养和精神价值给予充分肯定。

他针对李元度的《题铜官感旧图》，写下《铜官感旧图序》。

左宗棠的看法，概括起来，也是四点：

其一，平定太平天国，在当时看是大事，但放进中国历史中去看，并不算什么了不得的大事。何况，曾国藩个人的历史作用，也没有今天吹捧者说的那么重要。他当年没有战死在铜官，对个人来说是幸运的，但如果说战死了，湖南就没有继起者站出来平定天下，恐怕也不是那么回事。

其二，曾国藩当年被困靖港自杀，这种志气应该充分肯定。他跳水绝对不是在装腔作势，为什么有此一说？他一心为国，不瞻前顾后，不患得患失，忘记了毁誉，也顾不得吉凶、荣辱。任何办大事的人，都需要达到这个境界，才有望最终成功。

其三，曾国藩毕生追求的，不是简单的事功，而是伟大的精神价值。为了保持精神价值的纯洁，他不会拿国家权力来做交易，更不会拿地方官当私人奖品。他没提拔章君，既不是"提拔不合适"，更不是"不提拔更不合适"。

其四，我今天之所以站出来说一下，是因为社会对我与他的关系议论纷纷，许多停留在猜测、想象与攻击，需要有人站出来秉公持论。没错，我与曾国藩在带兵打仗的战略、治事安民的方略上，意见多有不一致，我从来就没有回避这点。但我们的私交一直在，从来没有因公事不合而伤害私情，这点大家都看到了。我做两江总督后，将曾国藩在两江任上的那一套逐一改了过来。天下人理不理解，我不知道，也不想知道。因为这个并不重要。重要的是，我处事始终坚持两个原则：办事符合义理，内心感到安稳。如果曾国藩在天有灵，我们可以再论一论"国事、兵略"，我还是坚持自己这两个原则。

左宗棠序文一出，时人评价"亢而侮"，口气大，看不起曾国藩。对他充分肯定曾国藩学问、修养跟精神价值的地方，时人仿佛视而不见，颇有围观看热闹的心态。

站在左宗棠的角度，不将曾国藩拔高到"先生不出，如苍生何"的高度，自有他的逻辑。其时新疆已经收复，这是比平定太平天国更为伟大的事业，他有底气来客观评定。左宗棠以过来人的体验，以君子人格、天下大义为尺度，跳出了"私恩"与"回报"这种将权力当作个人奖品的庸俗化的猜测与想象，站在历史与精神价值的角度，确实高屋建瓴。

左宗棠的公正与客观，跟王闿运比较起来更加明显。

王闿运（1833—1916年）字壬秋，又字壬父，号湘绮，世称"湘绮先生"，咸丰二年（1852年）湖南举人。

作为晚清著名的经学家、文学家、教育家、社会活动家，王闿运身上最醒目的标签，还是"晚清第一纵横家"。

王闿运早年随军机大臣肃顺充当家庭教师，咸丰十一年（1861年）11月2日，慈禧发动辛酉政变，肃顺作为顾命八大臣之首被处斩。王闿运作为"肃党余孽"，被朝廷通缉，不得已，四处潜逃，秘密加入曾国藩幕府。

出入曾国藩幕府期间，王闿运曾怂恿曾国藩倒戈称帝，曾氏以茶水代墨，在桌上书写"狂妄",委婉予以谢绝。王闿运见纵横计不成,极为失望,不久离去,以教书育人为业。光绪五年(1879年),他来到四川,主持成都尊经书院,在这里教出了学生廖平,廖平其后又带出了学生康有为。

其后十余年,王闿运分别主讲于长沙思贤讲舍、衡州船山书院、南昌高等学堂等,充任山长。他一面教书育人,一面著书立说,其间还带出大画家齐白石。

辛亥革命前,王闿运又着力栽培青年杨度,传授其"帝王术"独门秘诀,鼓励他拿袁世凯做政治实验。进入民国后,王闿运应袁世凯之邀,出任过一段时期的中华民国国史馆馆长。一旦预感到袁世凯称帝危机,他不辞而别,提前半年挂印逃回湘潭云湖桥,隐居起来。蔡锷其后在云南发起护国运动,袁世凯当了八十三天皇帝便被活活气死,王闿运因事先避祸,有幸未被洪宪帝制卷入,成功躲过一劫,最终活到1916年,享年八十三岁,无疾而终。

王闿运一生读书、著书、教书,涉猎广泛,生前著有诗集、文集、日记等,是晚清名副其实的文化大师。

因为有大学问藏身,加之资历日老,声名远扬,在文化人主导一切的社会环境里,王闿运是大清官场内的"明星学者"。其人一生纵横江湖,桀骜不驯,见大官则藐之,骂官员无数,大清不下十位总督、巡抚,曾被他当面教训得面红耳赤,毕恭毕敬。

王闿运几次出入曾国藩幕府,备受尊重跟礼遇。一生"不谈过高之理,不行架空之事"的曾国藩,其实只将王闿运当作一个纯粹的学者看待,并不认同他有以学问指导帝王的政治才能。毕竟王闿运大才子气十足,对政治、军事、经济实务皆眼高手低。王闿运发现曾氏心意后,内心颇为受伤。

凭借学问毕生纵横官场与学界的王闿运,仿佛是为否定曾国藩而生。他作《湘军志》,客观真实地将曾国藩带湘勇以来的烧杀掳掠悉数记下,传之后世。

曾国藩去世后,他赠送挽联,不但极尽嘲讽,而且对其人基本否定:

平生以霍子孟、张叔大自期,异代不同功,勘定仅传方面略;
经术在纪河间、阮仪徵而上,致身何太早,龙蛇遗憾礼堂书。

上联讥其无相业，下联讥其无著述。要事功没事功，要文章没文章，而且还死得太早，曾国藩无一可称之处。

这里不妨比较李鸿章所赠挽联，可以看出两人的评价，完全是两个极端：

师事近三十年，薪尽火传，筑室忝为门生长；
威名震九万里，内安外攘，旷世难逢天下才。

李鸿章将自己看作曾国藩的"第一学生"，认为自己得到了曾师毕生的理学真传。曾师军功威名之高，当今世界第一；其政治才能之大，在有清一代独一无二。

王闿运这次积极回应章寿麟的邀请，挥笔写下长篇叙事诗《铜官行寄章寿麟题感旧图题咏》。诗歌的主体内容，以他一贯总体否定的风格，态度"嚱而慢"——即将曾国藩当成一个玩笑，语气轻慢。

王闿运在诗中描述，曾国藩亲临战阵的狼狈情形是：

板桥漂破帅旗折，铜官渚畔烽明灭。
岂料湘潭大捷来，千里盗屯汤沃雪。

意思是，靖港战斗一打响，湘勇士兵架在船与船之间的浮板被打得随水漂走了，旗手高举呐喊助威的帅旗被打断了，铜官江岸边的烽火台也被太平军打得熄火了。曾国藩的内心，瞬间成了雪茫茫的冰寒世界。他没料到，其后湘潭大获全胜，捷报像仲夏的阳光一样照过来，曾国藩的内心里激动得像一锅刚烧开的水。开水浇在冰心里，不知道是应该高兴呢，还是应该出离高兴呢？真是令人百感交集呀！

他对事后以救曾国藩为功的文人学者，也附带给予冷嘲热讽：

一胜申威百胜从，塔龙如虎彭杨龙。
时人攀附三十载，争道当时赞画功。

第六章 对簿朝堂

王闿运说：湘潭大捷一仗打出了威风，定下湘军大局，此后的胜仗像湘江水，源源而来，这多亏了水师统领彭玉麟、杨岳斌这两位如龙似虎的猛将。湘军遭遇战场挫折时，没看见有人前来表功；曾国藩功成名就之后，每个人都来找他攀关系，表功劳，这帮趋炎附势之徒，没有骨头，媚态十足，令人嗤笑。

他认为章寿麟作画目的不纯，是为了攀附曾国藩的名声，向后世表个人赫赫之功。

清末江西派词人、画家夏敬观读完铜官主题诗文后，站出来发表读后感说：左宗棠的序，王闿运的诗，将当时的前因后果说得最为详细。熟知过程后，我发现曾国藩根本就没有什么值得今人学习的地方，他一生之所以能够成功，完全靠运气。论才能、识见，他在江忠源之下，如果江忠源不早死，就没有后来的曾国藩了。

原文是：

> 案此图题咏，自以左序、王诗为能详言当时之事实，故郑诗特表而出之。曾文正功业之成，出于天幸。当日论其才识者，谓出江忠源下，使江在，无曾也。

夏敬观将曾国藩与江忠源作比较，最终得出"曾不如江"的结论，如果曾国藩地下有知，一定会用三角眼死死盯着他看。历史不能假设，局外人来评价，仅凭一时观感，知之片面，观点偏失，每况愈下，真应了曾国藩在世时的一句口头禅："王小二过年，一年不如一年。"

多种观点摆到一起，谁客观谁偏激，一目了然。

时人比较三篇文章，结论是左宗棠立意高、心怀大，评价最为客观、公正。

曾国藩中年以"法家"霹雳手段为官，固然会得罪不少人，但他晚年以"黄老"优容行事，脾气、性格几乎全然不见，为什么身后仍留下诸多非议？

只能说，在官场执权柄办事，总会得罪人。事过之后，利益与情感交错，会留下诸多积怨。秉公会得罪恩亲，持私会遗臭后世。

比较可以看出，左宗棠以刚直个性行事，固然得罪过不少人，曾国藩又何尝可以排遣议论？足见世道人心之复杂，客观公正处世之难，居高位者必承不虞之谤。

这也提醒今人，后世对这段历史的评价，很难说谁是最终结论，只是某个具体角度里的观察与判断而已，其观点的价值，主要是给读者提供判断的依照。

左宗棠既然在曾国藩身后能如此客观、公正，两人被传得沸沸扬扬的举世风雨的"失和"，究竟还有怎样一番不为人知的内情？

如此"失和"

|一|

曾国藩去世后,关于曾、左"失和"的传闻,"瑜亮之争"的猜测,始终不绝于耳。左宗棠自己也被困扰到了。

怎么向后世掀开笼罩在两人之间层层虚掩的纱幕?

左宗棠大概想到了,后世来了解两人之间是非恩怨,不大可能像当事人一样,全面地知道私下里的交契。不知内情者会反过来怀疑,他对曾国藩的态度转变何以会如此之大!所以左氏要儿子左孝威去曾家时先为自己解释一句:我对曾国藩的观点自始至终没有变过,用"谋国之忠,知人之明"这两句话在挽联里褒奖曾国藩,事实上在历年来给朝廷的奏折中已经多次写过,并不是在他去世后才突发奇想,临时冒出来的。

俗话说:"吊死问生,无非人情。"曾国藩治丧期间,左宗棠安排左孝威带上他书写的挽联,以及在长沙准备的猪、羊礼品,外加四百两白银前去吊孝,并要他亲自做一篇祭文现场追悼,这已是朋友之间比较隆重的礼节。

曾国藩身后,廉洁家教起了作用。曾纪泽遵父亲遗训,丧事只收礼品,不收分文礼金,左孝威赠送的四百两白银同其他人一样,原封不动地被退了回来。

去吊孝之前,左孝威对父辈之间的恩怨,确实也不太清楚。在家信中,他之前陆续读过父亲对曾国藩的一些观点,印象中有褒奖、有贬责,总体似乎不太高。他当然也知道父亲举报曾伯父放走幼天王之事,但并不了解内中曲折原委,所以担心自己到了曾家,会遭遇白眼跟唾沫。

为了打消儿子的顾虑,顺带让后世看清其中的曲折内情,左宗棠将自己与曾国藩,类比成明朝的杨嗣昌与黄道周。

杨、黄故事,成了今天掀开曾、左"失和"的最后一道纱幕。

[二]

杨嗣昌（1588—1641年），字文弱，号苦庵，湖南武陵县碴口坡人，历任明王朝杭州府学教授、南京国子监博士、户部郎中、礼部尚书、东阁大学士等官职。

崇祯十年（1637年），明末农民起义席卷中原，时任兵部尚书杨嗣昌主持镇压，剿抚兼施。他采用"四正六隅""十面之网"战术围剿，取得阶段性成功。一年内，张献忠、罗汝才等农民军兵败降明，李自成在渭南潼关南原遭遇洪承畴、孙传庭埋伏，带着残部刘宗敏等十七人躲进陕西东南商洛山中。

黄道周（1585—1646年），字幼玄，号石斋，福建漳浦铜山（现东山县铜陵镇）人，做过翰林院修撰、詹事府少詹事，至南明隆武时，任吏部兼兵部尚书、武英殿大学士。崇祯九年（1636年），黄道周担任詹事府少詹事，兼翰林侍读学士，充经筵日讲官。

黄、杨交集，发生在崇祯十一年（1638年）。

是年冬，十五万清军兵分三路，第四次南下征伐，紫禁城内震动。

战还是和？崇祯皇帝举棋不定。杨嗣昌手握兵权，力主议和。

黄道周作为文官，坚定主战。他愤然指斥杨嗣昌私下"妄自议和"。崇祯十一年（1638年）8月，崇祯皇帝紧急召开御前会议，黄道周不顾皇帝尊严，"与嗣昌争辩上前，不少退，观者莫不战栗"，现场争论之烈，就差没打起来。

崇祯皇帝一开始赞成杨嗣昌主和。他痛骂主战的黄道周"一生学问，只办得一张佞口"，将黄道周看成能言善辩之徒。黄道周在大庭广众下与皇帝辩解："忠佞二字，臣不敢不辩。臣在君父之前独独敢言为佞，岂在君父之前谗谄面谀者为忠乎？"意思是说，只有悄悄在皇帝面前打大臣小报告才叫"能言善辩"，在大庭广众之下痛批阿谀奉承者，这叫忠心耿耿。

他据此反问崇祯："忠佞不分，则邪正混淆，何以治？"陛下连谄媚奉承与忠心耿耿都分不清楚，请问朝野上下如何能做到风清气正？

臣子凭刚直之性当众批评皇帝，后果相当严重。黄道周因此被连贬六级，调任江西按察司照磨。照磨是官名，正八品，掌管磨勘和审计工作，另肃政廉访司监察官也称照磨，负责"纠弹百官非违，刷磨诸司文案"。

杨、黄性格不同、政见相反，最后命运结局，也全然不同。

大明朝廷开始采信杨嗣昌的"主和"方针，到崇祯十四年（1642年）2月，李自成攻陷洛阳，福王朱常洵被杀死。3月5日，张献忠杀襄王朱翊铭于襄阳西门城楼，朝野震惊。

"主和"主来国破家亡，杨嗣昌羞愧难当，上吊自杀。

黄道周因上次指责崇祯皇帝，被记恨于心。崇祯十二年（1640年），江西巡抚解学龙以"忠孝"为由，向朝廷举荐黄道周入内阁宰相（内阁辅导）。崇祯皇帝余怒未消，下令将解学龙与黄道周一并逮捕入狱，罪名是"伪学欺世"。廷杖八十，充军广西。

但这次惩罚非但没有整倒黄道周，反倒让他声名远扬，朝野盛传"天下称直谏者，必曰黄石斋"。颇有点"国家不可一日无黄道周"的味道。

其后，崇祯皇帝再次回想起黄道周最初的谏言，突然反悔，下旨将黄道周复官，入京召见。

但一切都已经来不及了。河南此时已被李自成攻占，关外皆被清军占领。天下残局，非破即败，黄道周心灰如死，告病辞官，回到福建漳浦，结庐在先人墓侧，专心著述，从此不问世事，终老草野。

显然，左宗棠在这里将曾国藩比作杨嗣昌，将自己比作黄道周。

| 三 |

在儿子左孝威面前，左氏以杨、黄类比曾、左，一定经过深思熟虑。晚清内忧外患，朝廷随时可能颠覆，与明末确实极为相似。

但颇富戏剧性的是，杨、黄的官职，与曾、左比较，则调了个位置：左宗棠后来官至东阁大学士，与杨嗣昌一样，黄道周晋升武英殿大学士，又与曾国藩一样。杨是"行动派"起家，黄是"学院派"起步，这点与曾、左比较，也反过来了。最根本的不同还是：杨、黄"不和"，换来大明灭亡；曾、左"失和"，带来同光中兴。

左宗棠年轻时曾自题挽联，预言自己一生将"为樵为渔，访鹿友山中，订鸥盟海上，消磨锦绣心肠，逍遥半世"，推测毕生可能将成为一个著书立说的民间士人。这个想法事实上并没有实现，倒是黄道周，最终如愿以偿。如果清王朝在光绪初年放弃对边疆用兵，黄道周晚年的归宿，很可能就是左宗棠人生的彩排。

历史经常会有着惊人的相似，但没有完全的相同与重叠。左宗棠与曾国藩事实都是特定历史时期偶然出现的同时代人物。——左宗棠天资奇高，太平时代，更有可能完成进士学习，做个科班"学院派"，周旋于官场；曾国藩守拙尚勤，中人之资，更接近民间"行动派"，在乡野民间著书立说，藏之名山，传之其人。

但遭遇乱世，一切都戏剧性颠倒了。左宗棠因读"实学"而耽误八股，意外沉寂底层，却又因祸得福，锻炼出一流的办事能力；曾国藩苦读理学，凭实力、运气加关系，青年入仕，又因办事才能欠缺，在官场内摸爬滚打，锻炼出一流"情商"，成为一代政治家、文化大家。

如果生于太平盛世，颠倒过的经历很可能再颠倒回来。果真那样，则两人皆有可能同归于平庸：曾国藩的智慧很可能应对不了复杂的理工技术活；左宗棠的性格与气质，也做不了长袖善舞的词工文臣。

如此看来，历史人物有时是阴差阳错造就的。

曾、左同时出现的偶然性中的必然性同样表现在：如果中国不是人情社会，凭关系、人情不能出人头地，则曾国藩很难在青年时期脱颖而出；如果不是身处乱世，让办事能力有了施展平台，则左宗棠终身都将埋没于乡野。

这是早年科场与官场一路绿灯的杨嗣昌、黄道周关系中所没有的。或者说，是与之完全相反的。

人不能两次踏入同一条河流，事实上，完全相同的历史人物，也不可能再次出现。

身处"三千年未有之大变局"的时代，作为挽王朝狂澜与开时代风气的两位历史伟人，曾、左身后的议论与传闻，如陆游诗所言："斜阳古柳赵家庄，负鼓盲翁正作场。死后是非谁管得？满村听说蔡中郎。"

历史就是这样,当时是正剧,过后成戏剧。古今多少事,逐渐变成街谈巷议,在坊间流传,曾、左事迹,没有例外。

曾、左晚年被后世多议论"失和",两人在世时真真假假,也有意闹出一些故事,为后世留下茶余饭后谈资,以增加人生趣味。

但这并不是说,曾、左之间不存在分歧。

无论历史其时,还是今天去看,两人从天资、性格到价值观念,事实上一直存在着诸多的不同。

第七章

矛盾与分歧

　　曾、左性格同样刚强、倔强，因所处位置不同，此后越走越远。坚守"拙诚"的曾国藩顺应时势，抱紧理学；坚信"朴强"的左宗棠听从内心，践行实学。两人如一枚硬币的两面，左宗棠站到阳面，曾国藩守住阴面。两人均做到极致，最终形成四大区别。

理学的隐衷

| 一 |

在曾国藩的记忆里,祖父星冈公曾玉屏对自己早年影响最深。

星冈公毕生有两大过人之处:一是"威仪言论,实有非常雄伟之概",在农村颇有威望;二是"型于家,式于乡邑",在家族与乡里是人格典范与道德楷模。

祖父身上的领导者气质,对曾国藩行的是"身教"。

五岁启蒙,六岁入家塾,十五岁那年,曾国藩去湘乡县参加童子试,考了第七名。但直到二十二岁,去长沙府连考七次后,才取得秀才功名。

曾国藩天资不太高,一则广为流传的逸事,似乎可以侧面印证。

为备考秀才,曾国藩不分昼夜背书。一天晚上,他同往常一样,在家读书。一篇不到三百字的文章,念了几十遍,还背不下来。一个小偷悄悄潜到门边,躲在屋檐下,单等曾国藩睡着了,摸进房内行窃。

夜深了,独曾国藩房中还亮着灯。小偷在窗外等,曾国藩坐在屋内背书。小偷将他念叨的内容全部记了下来,曾国藩仍在翻来覆去地背。小偷又气又急,霍地站出来,冲曾国藩大吼一声:"还背你个头,我听你念都背得了!这么蠢,你还读个鬼书?!"骂完,一字不落背诵一遍,扬长而去!

曾国藩张口结舌,面红耳赤。

轶史不一定真实发生过,但即便是编造,也编得合情合理,与实际情况比较相近。

曾国藩自知天资不高。他说:

> 余性鲁钝,他人目下二三行,余或疾读不能终一行。他人顷刻立办者,余或沉吟数时不能了。

即是说，曾氏天生反应慢，别人看书已经过两三行，他按平时最快的速度，还看不完一行。别人立刻能办好的事，他想了老半天，还不知道怎么办。

这应该不是曾国藩的自谦之词，是他在对比胡林翼、左宗棠等时贤之后清醒的自知。梁启超有句评价他的话，可以侧面予以辅证：

> 文正固非有超群绝伦之天才，在并时诸贤杰中称最钝拙。

意思是说，曾国藩天资实在普通平常，在晚清名臣里最笨拙，行动最为迟钝。

俗话说，勤能补拙。人天生资质高低，跟一个人事业的高度、成就的大小，并没有必然联系。

跟天资聪颖、个性刚直的左宗棠善于利用自身个性缺陷"化短为长"一样，曾国藩根据自身的天资特性，笃信"拙诚"，做足"笨"功夫，"以天下之至拙，胜天下之至巧"。驽马十驾的方法，积累起来也十分了得。

《近百年湖南学风》一书对这点深有洞悉，一语中的：

> 曾国藩以愚直成其忠诚，及宗棠以刚愎成其鸷锐，则皆善用其短。

曾国藩其后的会试经历，充分印证了上述观点。

|二|

道光十八年（1838年），二十七岁的曾国藩赴京会试，考进三甲第四十二名。

如本书开头所述，曾国藩进翰林院找关系的那段经历，逐渐激活并锻炼了他"学关系、用关系"的潜能。周旋关系的能力，是政治家最重要的一项基本功。

一般具备周旋关系能力的人，因其道德、学问无法精深，这种潜能往往为一种权谋、智术。曾国藩以其"素怀澄清之抱"的阔大胸怀、格局，成功地避开了这点。

第七章 矛盾与分歧

曾国藩自小生活在湖南湘乡。湘乡属湖南"梅山文化"的核心地区，这一文化最基本的特征，是霸蛮，也就是坚定、执着，知其不可为而为之。

作为受霸蛮文化浸染而成长起来的乡下读书人，在最初进翰林院做词工之臣的日子，曾国藩与后来的左宗棠一样，明显保留有湖南民间士子正直敢言的生猛血性。

道光三十年（1850 年）3 月到咸丰二年（1852 年）7 月，曾国藩响应咸丰皇帝广开言路的号召，先后上了五道"进言疏"——《应诏陈言疏》《议汰兵疏》《备陈民间疾苦疏》《平银价疏》《敬呈圣德三端预防流弊疏》——奏疏内容直指朝政弊端，批评皇帝个人缺点。其中，以《敬呈圣德三端预防流弊疏》出言最为大胆。

咸丰皇帝其年二十岁，嘴上没毛，办事不牢。为树立威信，他自称身备三种美德："谨慎、好古、广大。"为示宽怀广大、从谏如流，他向臣下公开征集对自己的批评意见。曾国藩备受感奋，照实指出皇帝身上存在三大缺点：

其一，抓小放大，没有眼光；

其二，追求表面，不求实际；

其三，刚愎自用，出尔反尔。

此时的曾国藩已经看出了自道光朝以来朝政的积弊，本着一颗血诚忠心，在皇帝面前真话实说，表现出一个耿骨忠臣的气节跟担当。上奏之前，他甚至揣摩了一下，感觉皇帝看后可能会不高兴，便在文末袒露心迹：我今天为什么敢大胆批评皇上？绝不是借这次上言的机会偏激犯上，为自己沽名钓誉。古往今来，刚正直臣要担当社稷，就应敢于坚持真理、仗义执言，而不是溜须拍马，阿谀奉承，只说好话讨皇上欢心，我就是照着这个道理跟要求去做的。

> 此三者辨之于早，只在几微之间。若待其弊既成而后挽之，则难为力矣。臣谬玷卿陪，幸逢圣明在上，何忍不竭愚忱，以仰裨万一。虽言之无当，然不敢激切以沽直声，亦不敢唯阿以取容悦。

这种口气，跟后来的左宗棠出山入仕为官面对慈禧太后时，如出一辙。咸丰皇帝看后果然大怒，气得将奏折一把摔到地上，叫来军机大臣，要拿曾国藩问罪。冒犯天颜，不判个杀头，也得将牢底坐穿。

曾国藩在京城人缘不错，有大臣立即站出来保护他。大学士祁寯藻、季芝昌极力在皇帝面前替他求情。理由是"君圣臣直"。正因为皇上天生圣明，胸怀包容一切，本朝才出了曾国藩这么个口无遮拦的直臣，皇上应该为自己感到高兴才对。

咸丰皇帝为挽回颜面，转怒为喜。曾国藩侥幸躲过一劫。

这次惊险的遭遇对曾国藩刺激很大。他知道，自己明明是对的，最后却不得不违心认错。但自己认错有什么用？朝政照样无能，吏治照样腐败，国家照样无望。作为正直、有良知、敢担当的官员，欲进不能，欲退不得，他开始陷入苦闷。

这段孤苦无助的京官生涯，消磨着曾国藩的血诚与正直。

帮他摆脱这种想为又无为矛盾的，是理学。

|三|

曾国藩的理学启蒙老师是唐鉴。

唐鉴（1778—1861年），善化（长沙）人，翰林出身，住在北京，做过太常寺卿，人称"理学大家"。

北京有个湖南会馆，平时主要供湖南籍学子、商人歇脚、聚会。逢年过节，京官也常出席，以联乡谊，在这里曾国藩得以结识唐鉴。

道光二十年（1840年），曾国藩根据"行卷"惯例，在北京碾儿胡同登门拜访唐鉴，执弟子之礼，当面向他请教理学。

唐鉴告诉曾国藩，要读懂理学，需要把握三条原则：

第一，读理学以《朱子全书》为宗；

第二，《朱子全书》最宜熟读，即以之为课程；

第三，为学只有三门，曰义理，曰考核，曰文章。考核之学多求粗而遗精，管窥而蠡测；文章之学，非精于义理不能至；经济之学，即在义理之中。

第七章 矛盾与分歧

在唐鉴看来，朱熹的理学，是主流正统学问；理学的精华，在"存天理，灭人欲"。因为人无论资质高低，生而皆有人之为人的本能欲望。怎么去除本性中的欲望杂念，让心灵无限接近"天理"，让行为、习惯符合社会的人伦、纲常？对照《朱子全书》写读书笔记，经常自我检查、反省。

唐鉴认为，世上学问看似五花八门，真正的学问只有三门，一曰道德政治学，二曰调查考据学，三曰文艺学。技术类的经济学呢？根本没有这回事。什么时候搞懂了道德政治学，什么时候就搞懂了经济学。

唐鉴这些观点，对苦闷中的曾国藩有如醍醐灌顶。

在唐鉴的启发下，曾国藩苦读修炼，自觉大有长进。道光十三年（1833年），他就读岳麓书院，学的便是正统程朱理学，早年已经打下扎实的基础，学起来自然比一般人更快。

追溯起来，宋明理学的创始人，是湖南道州人周敦颐。北宋天禧元年（1017年）5月5日，周敦颐出生在湖南道州营道县营乐里楼田村。他一生中做过中下层官员，晚年在湖南道州月岩山中悟道，通过观察月亮的三种变化（上弦月、满月、下弦月），突然得到天启的力量，悟得了理学的核心思想理论基础。

周敦颐通过《太极图说》一文，将理学的核心思想理论基础严谨精密地阐述了出来：

无极而太极。太极动而生阳，动极而静，静而生阴，静极复动。一动一静，互为其根。分阴分阳，两仪立焉。阳变阴合，而生水火木金土。五气顺布，四时行焉。五行一阴阳也，阴阳一太极也，太极本无极也。

五行之生也，各一其性。无极之真，二五之精，妙合而凝。乾道成男，坤道成女。二气交感，化生万物。万物生生而变化无穷焉。

唯人也得其秀而最灵。形既生矣，神发知矣。五性感动而善恶分，万事出矣。圣人定之以中正仁义而主静，立人极焉。

故圣人与天地合其德，日月合其明，四时合其序，鬼神合其吉凶。君子修之吉，小人悖之凶。

故曰："立天之道，曰阴与阳。立地之道，曰柔与刚。立人之道，曰仁与义。"

又曰："原始反终，故知死生之说。"

大哉易也，斯其至矣！

这篇汪洋恣肆的宏文告诉我们，理学的思想原点，在无极，也就是天理。天理的根本，在阴阳平衡、万物和谐。

天理平衡与和谐的规律，作为宇宙至高之理，人类只能遵守，不能违背。

周敦颐之所以创立理学，从时代背景去看，主要有两大原因：

其一，中国经过唐朝大繁荣之后，帝国集权优势已经到达顶峰，朝廷官僚制度日臻完善。与之同时，官僚体制的弊端也日益暴露，最根本的问题，是皇权与相权冲突加剧，皇权代表的是至高无上的皇帝一人的权力，相权代表的恰恰是整个主流文官集团的权力。也就是说，皇权与相权，在统一的对面，存在着对立的因素。

其二，随着农耕文明日益成熟，社会生产力逐步提高，从自然经济开始发展出商品经济，商业区与居住区交错，商业伦理与儒家伦理错位，义利冲突日显。自由的商业贸易，让社会自由度增大，人的欲望开始日益舒展。儒家仁、礼正统思想，不但与势、利的商业现实对立冲突，更为严重的是，它与佛教的众生平等观念，道教的无为、自由观念各执一端，无法兼容。说得更简单一些，孔子跟孟子开始失灵了。

商业自由时代，群众拜佛求道者日益增多，社会价值观开始走向多元，社会思想逐步变得混乱。宋朝的社会现实是，《金瓶梅》式世俗欲望流行于市井民间。"人欲"上天，"人伦"落地，国家意识形态进一步走向散乱。

为了解决这一迫切的现实问题，周敦颐巧妙地将儒家、佛教、道家三种思想打通融合，以儒家仁爱、君子之道为骨架，以佛教、道家的世俗关怀为血肉，将佛教文化儒家化，道教文化儒家化，经过这"两化"之后，创立了源于儒学但区别于儒学的理学。

|四|

理学对大宋王朝最大的功劳，是在一个思想逐渐走向多元且日益混乱的时代，再次统一了全国知识文化界的主流思想，确定了一种主流核心价值观。

理学为读书人核心回答了两个问题：一是本体论问题，二是心性论问题。

就本体论而言，万物的本源是什么？

理学回答："太虚之气。"

由"太虚之气"的本源，可以得出一个推断，"天即理"。通俗地说，宇宙内至高无上的规律是理。

就心性而言，人性从哪里来？心、性、情三者关系怎样？

理学回答："心之本体即是性，是未发之中；心之作用便是情，是已发之和。"

通俗地说，人性只有通过人心才能表达出来，因此，人心是人天生就具备的本质。藏在内心时，它是良知；表达出来时，它是情感。

万物的本源是天理，人心的表达是人欲（情感欲望）。二者经常会发生不一致的情况。也就是说，人心的欲望往往不符合自然的规律。因为自然的规律是一切恰到好处，欲望却具备贪婪的特性，它总是会让人的行为表现得过头。为了让人心的表达合乎天理，人需要节制甚至牺牲自己的欲望，以合乎自然的规律。

理学应商品经济势、利的现实需要而生，它主张节制与牺牲人欲，很大程度上帮助朝廷解决了当时社会普遍的价值观混乱问题。

理学在周敦颐身后迅速壮大，发展出两大主流学派：一派以程颢、程颐、朱熹为代表，认为理是永恒的、先于世界而存在的，世界万物皆由"理"派生；一派以陆九渊、王阳明为代表，坚持心外无物，心外无理，人心是派生世界万物的本原。

在王阳明一脉的理学家看来，一切皆由心生，世界万象，不外于心。这点与中国本土佛学——禅宗——在原理上相通。区别是：禅宗偏向哲学，理学继承儒学；理学属伦理学，有强烈的现实性；禅宗属玄学，有鲜明的思辨色彩。

清朝沿袭明朝体制，在国家意识形态上推崇理学，治理作用十分明显。

什么原因呢？

人类社会出现的一切问题，从源头上说，确实可以归结为天理、人欲两大问题。

理学的现实意义表现在：尊崇天理，可以解决君臣矛盾；节制人欲，可以解决社会矛盾。君臣矛盾一旦化解，朝廷政令便可畅通；社会矛盾消解，群众便会安分守己。

政令畅通，官员必然有为；群众安分守己，社会自然和谐。天下秩序井然，国家犹如大同之世。

正如儒学抓住了关键字"爱"，理学抓住了关键字"心"。人类社会一切纷争，理论上全部可以通过"爱"来化解，人类社会的一切问题，又确实全部由"心"引起。——正如只要人人都献出一点爱，世界将变成美好的人间；只要人人都能够"明心见性"，则人间火焰山都是清凉地。

清朝立理学为国学，除了因为理学的纲常、伦理，最适合由奴隶制直接向帝国制过渡的满洲八旗贵族，还因为清朝民族矛盾加剧，还遇到了许多前朝未见的时代新问题。

清朝的时代新问题主要体现在三个方面：

其一，清朝的社会生产较明朝有新发展。康熙年间，中国人口首次突破一亿；到乾隆末年，再破三亿。人口多，第三产业人口增加，资本力量增强，人口流动加速。民众物质生活改善，人欲激发，社会矛盾叠加，越来越难以管理。

其二，佛教传播的众生平等价值观此时已深入人心，平等价值观严重冲击儒家的伦理等级，威胁到清朝的皇权制度，帝国亟须以理学的纲常伦理来稳定皇权。

其三，道家哲学崇尚顺应天性，适应自然，客观上支持个人的欲望生活。在全球化到来的时代，宋明《清明上河图》式的市井生活，《金瓶梅》式的个人情欲生活，对清朝的家族社会伦理也带来了震荡。

更令朝廷不敢有丝毫大意的是，西方的工商业文明与技术理性在顺治、康熙两朝时便开始潜入中国，从道光皇帝开始，清朝帝国遭遇到三千年来从未有的新问题：海禁大门被西方列强用坚船利炮轰开，商业文明带来西式"契约、平等、民主"新观念，这些与中华传统完全异质的价值观念，极大地冲击着帝国制度的根基。

朝廷的办法是，固守传统文化，排斥外来文明。

如何固守传统文化？如何排斥外来文明？

最关键的办法是，通过朝廷教化，让群众守住自己的心。

要让全国群众守住自己的心，关键靠掌握了文教的批量读书人代表朝廷，以道德去教化。

读书人教化的目的在改变人心。

读书人要改变人心，关键在改变己心；要改变己心，关键在修炼心性；要修炼心性，关键在记日记。即每天将言行记录在案，供自我检查和反省，矫正偏差与错误，将人欲控制在天理与良知的范围之内。

正是在这样一种历史时势与全球化的格局中，曾国藩选择继续苦攻理学。

|五|

在苦闷中狠习理学，坚持下来，效果明显。这并不奇怪，这种学问谁学都会有效果。凡事首先反思自己错了，则皇帝总是对的；自己内心无欲无求，古井无波，则世界一切变化，确实影响不到自己。所谓"汝未见到这世上还有西方国家，则西方国家与汝心同归于寂，便知西方世界不在汝心之外"。

曾氏修炼到一定程度后，唐鉴又及时给他介绍了另一位理学大家——倭仁。

倭仁（1804—1871年），字艮峰，又字艮斋，蒙古正红旗人。他因讲程朱理学精深独到而得到清廷重用，先后晋升为工部尚书、文渊阁大学士，是朝廷煊赫的实权人物。

曾国藩第一次见到倭仁，执弟子礼。

倭仁在唐鉴传授纯粹学术观念的基础上，对曾国藩进一步提点，将他所习的理学从治学修身引向治国理政。

倭仁告诉曾国藩：治学重在修身，修身重在"写日课"，日课最重要的方法，是抓住自己每天的心念，认真研究，通过静坐、写日记自省，开展相互讨论，将一切不合圣人之道的杂念，消灭于闪念之间，按照圣贤标准要求自己，将学术、心术、治术联通一气，这样就可以增长学问、提高修养，治国的本领同时也就具备了。因为，"心之善恶之幾，与国家治乱之幾相通"，每个人内心善、恶的念头，跟国家太平还是混乱的道理，是完全相通的。

这里的幾，就是微，微小、微细，比喻人的动机、念头。人的念头看上去很细小，但影响力不小。

那段时间，曾国藩在日记里记述了老师唐鉴对倭仁的一句评价，可以看出其发自内心的敬佩程度：

> 用功最笃实，每日自朝至寝，一言一动，坐作饮食，皆有札记，或心有私欲不克，外有不及检者皆记出。

意思是说，倭仁老师学理学，用理学，功夫做得最扎实，他每说一句话，每做一件事，都用笔记下来，尤其是自己一旦有私心杂念，或者有不检点的行为，一定会及时记在日记本里，不断自我修正言行，做到外合天理，内合良心。

压制欲望杂念，规以圣贤善念，追求超贤成圣，曾国藩用心苦习，进步很大。到咸丰三年（1853年）出山办团练时，他已经练就了出色的理学修身功夫。

因为理学专注于整理自己的内心，长期坚持下来，人可以锻炼出钢铁般的意志力与超凡入神的定力。读书不能改变人的性格，但可以改变人的气质。多年苦习理学，给曾国藩气质上带来最明显的变化，是道德文化日益融进他的骨血，他的身体逐渐成了传统理学的载体。

理学在观念上带给曾国藩的最大启发是：世上最复杂莫过于人，人最复杂莫过于心；凡事先从人心入手，着眼解决人的思想问题，则其他问题迎刃而解。

这当然是十分深刻的。《尚书·大禹谟》有四句话："人心惟危，道心惟微；惟精惟一，允执厥中。"说的就是这个道理。

按照这一观念的启发，出山带兵后，曾国藩看重军事动员会，军队将士平日里以儒家经典的忠、孝、廉、节来激发其本性中的忠诚与勇气，持续强化，成为习惯，变成本能。

第七章 矛盾与分歧

在曾国藩的教导下,湘勇尤其看重军队宣传,行军打仗先唱《爱民歌》:

> 三军个个仔细听,行军先要爱百姓。
> 贼匪害了百姓们,全靠官兵来救生。
> 第一扎营不贪懒,莫去民家取门板。
> 莫拆人家搬砖石,莫踹禾苗坏田产。
> 莫打民间鸡和鸭,莫借民间锅和碗。
> 第二行路要端详,夜夜总要支帐房。
> 莫进城市进铺店,莫向乡间借村庄。
> 无钱莫采道边菜,无钱莫吃便宜茶。
> 更有一句紧要书,切莫掳人当长夫。
> 第三号令要声明,兵勇不许乱出营。
> 走出营来就学坏,总是百姓来受害。
> 或走大家讹钱文,或走小家调妇人。
> 爱民之军处处喜,扰民之军处处嫌。
> 军士与民如一家,千记不可欺负他。

因为曾国藩治军牢牢抓住了"军心"这个根本要素,所以湘勇心性最强,血性敢死,勇敢为天下之冠。这是咸丰皇帝咸丰二年(1852年)在全国一口气任命了四十三名帮办团练大臣,最终只有曾国藩的湘勇团练成大气候的一个重要原因。

曾国藩办团练,集中在两个方面下苦功:一是训打仗之法,二是训做人之道。他训练军队的基本方法,也集中在两点:一是训练队伍,二是训练技艺。

所谓练技艺,就是训练每个士兵的作战能力,追求一人能敌数人;所谓练队伍,就是训练团队整体作战步调一致的高质量配合,追求数百人如一人。

理学家内心明白,要让士兵在战场上一人能敌七八上十人,这只是口号跟理想,基本上没有可能实现,毕竟士兵都属血肉之躯,并不是超人;但要让三五百军人步调一致如一人,乃至让三五千、三五万军人团结如一人,是通过努力完全可能实现的。

但前者无法实现的口号跟理想，作用力也不是没有，有时恰恰非常之大。曾国藩自述口头号召跟背后目的之间存在差别："练者其名，训者其实。"通俗地说，让一个士兵敌十人，则能敌二三人已经相当不错；如果放弃这一口号跟理想，则有可能二三人敌一人，其中差出六倍。核以事实，湘勇以一敌三的情况经常发生，绿营以三五敌一则十分普遍，这就是有无口号跟理想造成的差别。

在现实中成就事业的人，对口号跟理想的作用不言自明，往往能够无师自通。

要让百千乃至数万军人上了战场团结如一人，这一目标跟理想虽然完全一致，但要真正完全做到，谈何容易。统帅在背后不知要如何绞尽脑汁，跟部下做思想引导。曾国藩自述其中的艰辛体验是："不敢说法点顽石之头，亦欲苦口滴杜鹃之血。"

"顽石点头"出自佛教一则典故，佛祖释迦牟尼说法时，顽劣的石头被佛法感化，也听得连连点头。意思是道理说得透彻，使人心服。"滴杜鹃之血"出自杜鹃啼血的典故，传说杜鹃鸟昼夜悲鸣，啼至血出乃止。意思是苦口婆心，劳心费神至极。

这样训练军队的效果，无疑是十分明显的。湘勇士兵按照主帅修炼身性的要求锻炼内心，造成意志力特别坚强。湘勇吃得苦，霸得蛮，不怕死，耐得烦，敢于"扎硬寨，打死仗"，原因在此。

曾国藩治军首重军心，其身后影响同样深远。毛泽东后来受《爱民歌》启发，最初借鉴它制定出红军的"三大纪律六项注意"。后经实践不断完善，增为"八项注意"：说话和气；买卖公平；借东西要还；损坏东西要赔；不打人骂人；不损坏庄稼；不调戏妇女；不虐待俘虏。

1947年10月10日，毛泽东发表《中国人民解放军总部关于重新颁布三大纪律八项注意的训令》。将它以命令形式固定下来，成为全军统一的纪律。

《爱民歌》与"三大纪律八项注意"都是用艺术的形式，对军纪做出具体规定；后者站在前者的基础上，更加通俗、贴切，因此流传更广，影响更大。

|六|

经朝廷大力推动，理学成为清朝的"国学"。

在官方与民间普遍推崇理学的时代大环境里，左宗棠早年也曾尝试以理学修身，但坚持一段时间后，他放弃了。原因是，时刻如临深渊、如履薄冰，不但压抑本性，而且还做不到。他改奉先秦儒学。先秦儒学自由得多，适合个性生存，与天性吻合。

左宗棠不再用理学修身，因为理学确实需要有充分的心理准备，跟充足的内心承受力。曾国藩有句理学名联，略见一斑：

战战兢兢，即生时不忘地狱；
坦坦荡荡，虽逆境亦畅天怀。

这道出了理学修身的两个阶段：开始时刻，自我审查头脑中的杂念、不检点的行为，发现浑身上下尽是缺点，分分秒秒都有问题；待自己将内心端正到"诚意、正心"成为日常生活习惯时，便逐渐会发现，自己的思想干净到已经没有杂质。

一旦修炼到没有杂质的程度，则意志力坚如钢铁，无论碰到多大的困难，都不会再畏畏缩缩，一切可以坦然应对。

道光十七年（1837年），左宗棠担任渌江书院山长期间，从朱熹书中借来一句"涵养需用敬"用作修身。人需要有敬畏之心、畏天命、畏大人、畏圣人之言。话虽然出自理学家之口，但其实是借用《论语·季氏》的观点。

左宗棠不迷信理学，还因他长驻民间，不像曾国藩在官场上遭遇那么多麻烦，需要正心来应对，所以不但难以学来，学好了也没处用。

进京参加会试之前，左宗棠入城南书院，曾国藩入岳麓书院。道光十八年（1838年）会试后，前者处江湖之远，后者居庙堂之高。先秦儒学与宋明理学，在两人身上逐渐泾渭分明，导致两人在价值取向上日益分歧。

"卫道"与"创新"

|一|

与曾国藩常年醉心理学不同，左宗棠早年读四书五经，十七岁自学顾炎武、顾祖禹、齐召南所著的理工技术类经世致用杂书，知识结构是"儒学"加"实学"。

"儒学"加"实学"，与理学迥然不同。其间的具体差别是：

"理学"源于儒学，是儒学的改造与创新；儒学政治理念是"君权天授，三纲五常"，理学政治理念是"理高于势，道统高于治统"。理学借"天理"限制君权，对儒学有所突破，这是它的积极意义。

但理学的弊端，在于一面极力维系儒学主张的礼仪等级，一面主张"存天理，灭人欲"，过分强调"修炼心性"，对人的天性造成压抑。尤其是，理学主张"心外无物"，对读书人而言，最为突出的负面作用是引导士大夫同时回避社会现实问题。

不可否认，先秦儒学也有不适应时代的地方。比如，按宗法伦理将人划分为贵族、平民两大等级，主张"礼辨异"。在众生平等已经传播了一千多年后，显然已经不合时宜。

但儒学有十分可贵的两点：一是教读书人敢于直面社会现实，以士弘毅，任重道远；二是不主张思想一统，唯我独尊，明确反对读书人意、必、固、我。

春秋战国时期，儒家与道家、墨家、法家并列，作为一种学说，与百家争鸣，充满生机与活力。汉武帝"罢黜百家，独尊儒术"后，儒学成为显学。但问题也因"独尊"而起：士人只许背诵经典，不许发挥，更不许质疑，这就限制了独立思考。没有独立思考，学问就成了教条，而无法探索真理，儒学逐渐失去了本来的活力。这是孔子当年没有想到的。

民国知识分子于右任看出了问题的症结，在《悼汉武帝陵》一诗中痛批汉武帝：

第七章　矛盾与分歧

绝大经纶绝大才，罪功不在悔轮台。
百家罢后无奇士，永为神州种祸胎。

他指责的是"独尊儒术"，而不是儒学本身。

左宗棠习儒学能得其精华，恰恰得益于他二十六岁后便放弃科考。不为科考，则不用"独尊"，死搬教条，拜倒门下，盲信背诵，而是结合实践，批判思考，质疑经典，得出新解。

左宗棠读《论语》视角与时人大为不同。比如，《论语》中，樊迟问孔子如何种庄稼，被孔子当面痛骂。左宗棠读到孔子反对士人种庄稼，解释为儒学本意是要求士人关注天下大事，没有时间跟精力拘泥于具体小事，而不是带头反对读书人参加劳动。这个见解别开生面，深刻独到，事实上也确实更符合孔子的本意。

但同时代多数读书人按照自己偏颇的理解，将体力劳动与脑力劳动完全割裂，以孟子的"劳心者治人，劳力者治于人"为教条，最终四体不勤五谷不分，空守道德学问而不懂得实践。

左宗棠在两千年后习读儒学，再续贤人旧梦。他"自小慕古大人节"，一心向往做个士人君子，便拿《论语》里这段话来对照要求自己。

子贡问曰："何如斯可谓之士矣？"
子曰："行己有耻，使于四方，不辱君命，可谓士矣。"
曰："敢问其次？"
曰："宗族称孝焉，乡党称弟焉。"
曰："敢问其次？"
曰："言必信，行必果，硁硁然小人哉，抑亦可以为次矣。"

这是子贡向孔子请教如何做士人君子，孔子跟子贡讲了士人君子的三个层级。

最高层级的标准是：自身有操守，在做事时有知耻之心，代表国家出使外国，可以不辱使命。

次高层级的标准是：同一宗族的人称赞他孝顺父母，同乡的人称赞他尊敬兄长。

最低层级的标准是：说话一定会守信用，行动一定会有结果。

其实，孔子列出的这三个标准，无论是春秋时期还是清朝，对读书人而言，都有点高了。

比如子贡再问："当今的掌权者怎么样？"

孔子答："噫！这些人的气量狭小，见识狭窄，像是厨房里的小工具，算个什么东西！"

儒学的君子人格，无疑寄寓了一种极高的人格理想。如果说它有问题，那就是理想过高，一般人根本无法达到。

我们对照孟子教育齐宣王，可以很清晰地看出这点。

孟子当年要齐宣王做个有德行的君主，齐宣王死活不同意上道德高台，怕自己上去之后下不来。他说自己爱好靡靡之音，好色，好财，好货，跟普通群众差不多。

可见，道德标准过高，不是没有问题，最根本的问题是"道德绑架"。它最容易逼人伪装，伪装不成，就干脆作假。这是清朝官员普遍言行不一的根源。

回看太平天国起事之初，咸丰皇帝先后派出赛尚阿、徐广缙两位大员代表自己前去督战，两人不约而同畏缩惧战，却"麻起胆子"，一路给青年皇帝写胜仗假报告，其寡廉鲜耻，已经接近无耻。是他们天生就人品卑劣吗？恐怕不是。更多是被朝廷道德高调跟战争的险恶环境给逼出来的。国家承平百余年，文强武弱，他们早已习惯了官场内世俗文法，以为平日里少说话、多磕头，击鼓传花，便可一生平步官场，所以既没想过担当，也没有能力担当。两人可以说代表了当时主流官员的正常反应，曾国藩和左宗棠同时挺身而出，反倒是时代特例。

清朝高级官员饱读儒家经典，书本上的道德情操能够倒背如流，不需要群众或民间乡绅给他们上课。可见官员的知行有时是彼此分开的。如果他们能够始终做到知行合一，则上述一切问题就全都不存在了。

儒学如果不用来治国，而仅仅用作个人修身，以提高自身日常生活中的道德品质，便不存在这个弊病。

曾、左同样生活在清王朝，左宗棠为什么没有被理学同化？

|二|

十八岁那年，左宗棠听从城南书院山长贺熙龄的教导，潜心读完《皇朝经世文编》，并从书摊上淘来一大摞"实学"课外书自学，以"经世致用"的治学方法潜心时务。这些书籍给他带来最根本的变化是，一方面具备了办事能力，另一方面也有了变革现实的想法。

"经世致用"的治学方法，源自公羊学。

这是一门强调干预现实、变革现实的学说。

公羊学是研究以《公羊传》来解释《春秋》的学问。

《公羊传》为战国齐人公羊高所著，最初只有口头流传，汉初才成书。汉朝何休作《春秋公羊解诂》，提出"三世说"："据乱世、升平世、太平世"，人类社会沿着这三个方向顺次循环发展，螺旋式进化。

汉武帝、汉宣帝时，公羊学中发育出新的一脉，叫今文经学。

今文经学包括"今文经"与"经学"。汉代通用隶书，口传的经书用隶书记录下来，叫今文经。经学则指分析儒家经典。今文经学是从古代经典中寻找干预现实、变革现实的方法。

今文经学一经兴盛，古文经学即出来挑战。南北朝时，玄学兴起，今文经学渐衰，淡出历史舞台。

清代朴学兴起，今文经学千年后被重新发现。

清朝渐兴今文经学，缘于民族矛盾突出，社会问题丛生，朝廷"独尊理学"，固然可以解决读书人的心灵问题，却并不能解决多少国计民生的现实问题。明末清初，王船山、顾炎武、黄宗羲等一批民间独立士人，隐居乡野著述，播下变革现实的启蒙火种。

顾炎武说："天下兴亡，匹夫有责。"这唤起一批想担当起天下兴亡，承载起民族希望的读书人，去寻找担当与承载之道。朝廷因为需要读书人来解决现实问题，故对新思潮一开始也睁只眼闭只眼。趁着这寸光一闪的思想自由空间，今文经学迅速发展壮大。

清朝今文经学的旗手与干将是刘逢禄与魏源。

经世致用是今文经学最基本的治学方法。

今文经学与理学，两种思想的实践差别在哪里？

面对社会现实问题，理学称不是世界出了问题，而是人心出了问题，只要每个人平息自己内心，社会就一团和谐，不会再有问题；今文经学则强调，社会出了问题，是现实世界的问题，必须通过物质与技术的手段去解决。问题解决了，人心才会和谐。

两种学说，都能自圆其说，不能说谁对谁错，只能说谁更适合。

太平盛世，理学相对更适合。因为人类社会的一切问题，确实可以追究到人心。贪婪是人的本性之一，而人的欲望又没有穷尽，只要放纵人性，鼓吹人欲，超过了平衡点之后，奢靡将被主流社会肯定，社会再发达、物质再丰富，人的幸福指数也不会高，社会问题一点也不会少。但只要关闭贪婪跟欲望的闸门，所有人的内心都能安于现实，认为当下社会能够承受的问题不是问题，社会就被认为真的没有问题了。

但在衰世与乱世前夜，今文经学无疑更适合。毕竟，社会问题摆在那里，放任下去，势必日益严重，积重难返，单靠几个读书人内心自我调节，没有现实行动配合，无法真正解决。明明是天空有阴霾，理学家偏说是心灵阴霾，只要自己闭上眼睛，就不再有阴霾，这只能躲过一时，第二天早晨睁眼开窗，阴霾只会加重再来。当社会的阴霾遮天蔽日，国计民生已成问题，民众忍耐力会超过极限，直接引发社会剧烈震荡。

太平天国运动出现，正是因为群众的忍耐已经打破极限。

曾国藩后期也发现了理学的局限，用理学倡导内心自律，作用式微。太平天国运动被平定后，人心寡廉鲜耻趋向势利的方面反而变本加厉。同治六年（1867年），他跟幕僚赵烈文说："近日有人从京城来，说现在的风气大坏，白天抢劫、满大街乞丐，有的人家里的女人连衣服都没有，民穷财尽，我担心这世道要变。"

曾国藩由此总结，社会大乱之前，会出现三种征兆：

其一，无论何事，不分黑白；

其二，善良的人，越来越谦虚客气；卑劣之人，越来越猖獗胡为；

其三，社会问题极其严重后，凡事皆被合理化。

曾氏晚年虽然看出了社会问题的症结，但因理学长于自我剖析、短于运用技术手段解决实际问题，所以更多的时候，他只能起到"发倡议"与"开先河"的作用。

社会期望手握国家权柄的大臣，能够切实帮助他们解决生活中的实际问题，而不是只能给到精神安慰。因此，面对主流理学，有人讽刺闭门修心的理学家："无事袖手谈心性，临危一死报君王。"意思是理学家平时不擅长干实事，一旦大难临头，马上自杀殉国，以求保全个人名节。

当曾国藩坚持的一种观念走进了胡同，走在另一条道上的左宗棠便会站出来纠偏。

| 三 |

正是由于看清了社会问题的根源，天下大乱之际，左宗棠对理学家的表现心存不满。咸丰七年（1857年），左宗棠去信批评曾国藩"自私、怕死"，缺乏敬业精神。顺带牵出他的理学老师唐鉴，指责他已经八十岁的老人家，平时口颂"圣贤之道"，宣称"民胞物与"，碰上太平军一路攻城略地，便张皇失措"由金陵避贼南来"，不住在长沙城安定人心，反而一个人躲进宁乡的山林中避祸去了。

左氏虽然措辞激烈有违古礼，但道理其实都是对的。

凭空谈心性，以死报君王，事实上也是理学家最后的必然选择。理学讲忠君，鼓吹道德政治学，以维护朝廷正统纲常，对技术类学问不闻不问，导致自身缺乏必要的办事能力，左宗棠第一次见面便看出曾国藩"才具稍欠开展"，身上理学气过浓。

勇毅的曾国藩，在翰林消磨，擅长词工，短于办事，带湘军十二年，制定战略、带兵冲锋陷阵，事实上水平比较一般，他最得心应手的，还是学问修身、政治运筹。他一生三次自杀，根源在理学毒害。

左宗棠有先秦儒学引路，实学垫底，便不会有自杀以谢君王的举动。他一生征战时间超过曾国藩一倍，在官场、战场不是没遇到过大挫折。事实为例，同治六年（1867年）左宗棠督师剿灭捻军，遭遇过局部大失败。同治十一年（1872年），他竭尽全力扳倒乌鲁木齐提督成禄，差点遭慈禧罢官。光绪元年（1875年），左宗棠统率十余万大军收复新疆，置身人地荒凉的西北大漠，艰难困苦比平定太平天国时期更多。他均没有知难而退，更没有想过自杀以谢君王。

左宗棠自觉迎难而上，原因是先秦儒学并不压抑人性，实学也反对理学的空谈。因此，左宗棠没有曾国藩式的思想困境。换句话说，他只有具体的战事烦恼，并无思想观念的压力。

知识结构不同，面对晚清大变局，曾、左办事方法分歧也进一步扩大。

| 四 |

19世纪60年代，西方技术强势输入大清国。这种被国人称为"奇技淫巧"的东西，力量超乎寻常得强大，曾国藩开始积极思考应对之策。他的总体思路是"经济之学即在义理之中"。用今天的话说，就是以政治经济学解决一切社会经济问题。

在竞争日趋激烈，个人私利被唤醒的环境里，曾国藩发现继续固守理学传统，已经捉襟见肘，他需要融会工商业文明的义利观，来破解现实困境。在如何融会"义利"这一点上，他依然以理学为根本，借用唐鉴的教导，"抓理学，促经济"。

具体方法有二：

其一，以反对"窃外夷之绪，崇天主之教"的名义，通过剿灭太平军"立功"，来捍卫儒家正统，守住帝国皇权制度。

其二，通过正人心、办洋务，身体力行，来"立德、立言"，证明帝国皇权制度的合理。

以理学为价值原点，洋务运动大潮中，曾国藩办的第一家企业，是咸丰十一年（1861年）创办的安庆内军械所。这是一家官督官办的军工企业，创办的目的，是发展壮大清王朝的军事工业。

比较左宗棠发展洋务的方法，因为没有局限在传统理学给定的思想框架内，他以几千年的中华文化为本位，学习借鉴西学的技术，力图将"西方科技本国化"。

更确切地说，在应对晚清大变局的过程中，左宗棠跳出了传统理学"义理"的局限，他开始以"利益"为着眼点，力图通过学习西方科技来重塑中华传统文化。他办的第一家企业是同治五年（1866年）动工的福州船政局，这是一家为捍卫中国主权、保卫中国海疆而设的国防企业。光绪三年（1877年），左宗棠创办甘肃织呢总局、兴修水利，则是以西方现代工业来改造中国农耕文明，创办民族轻工业，着眼从经济利益的角度改善民生。

继续深入去看，无论是平定太平天国运动，还是进行洋务运动，左宗棠始终没有曾国藩的"卫道负担"。

曾国藩的"卫道"思想则一以贯之。咸丰四年（1854年）初，在衡州练成水师后，他发布《讨粤匪檄》，明确办团练的目的是捍卫中华传统文化，抵制西方基督文明。

当时的时代背景是，咸丰元年（1851年），洪秀全发布《奉天讨胡檄》，檄文将满汉民族矛盾作为核心标靶，声明集中攻击清王朝。檄文开头便说：

> 夫中国首也，胡虏足也；中国神州也，胡虏妖人也。中国名为神州者何？天父皇上帝真神也，天地山海，是其造成，故从前以神州名中国也。胡虏目为妖人者何？蛇魔"阎罗妖"邪鬼也，鞑靼妖胡，惟此敬拜，故当今以妖人目胡虏也。奈何足反加首？妖人反盗神州？驱我中国悉变妖魔？罄南山之竹简，写不尽满地淫污；决东海之波涛，洗不净弥天罪孽！

爱新觉罗家族由此被孤立。面对皇朝危机，咸丰皇帝希望曾国藩能够旗帜鲜明地站出来宣布"勤王"，而不是只关心"卫道"。因为"勤王者"会以死保卫满族人做皇帝，至于中国信什么教、行什么文化，无所谓。"卫道者"就完全不同了，只要保住中华传统文化就可以了，至于谁来当皇帝，无所谓。朝廷生怕曾国藩最后变节反叛，剿灭洪杨后即令他迅速自剪羽翼，根源在此。

左宗棠既不主张"勤王"，也不主张"卫道"。他出山带兵的初衷，是保卫家乡，维护一个诗书礼教的社会环境。他为官后，致力于通过创办书局、书院来传播诗书礼教，专注以技术手段来解决家国面临的实际问题。他的具体做法是尝试创"新道"，逐步建立以工业体系立国的儒教文明，以这一"新道"来救世。

在学习西方技术、应对中西外交方面，曾、左也表现出明显的不同：曾国藩站在中华传统文化的本位，只是主张"资夷力以助剿济运"；左宗棠则一开始就接过魏源"师夷长技以制夷"的主张，主张积极向西方学习，以西方优秀的科学技术来改造中国传统文化，以对抗西方国家的入侵。在曾国藩以"诚"字原则处理天津教案时，左宗棠甚至想到利用群众的力量跟法国对抗。

当曾国藩沉心于传承与践行传统理学时，左宗棠对如何学习西方科学技术，已经开始详细研究阐述。他说：西方技术精巧高明，中国不能因为自己拙劣不如人还心安理得；西方有先进科技，中国不能再以没有先进科技为荣，以有先进科技为耻，这是搞颠倒了。

> 泰西巧，而中国不必安于拙；泰西有，而中国不能傲以无也。

清朝最大的问题是，很多人把聪明才智都用到钻研八股、空读政治学术这些大而无当的"虚事"上来了，外国人的聪明才智，则都用到科学技术这些"实事"上去了。

> 中国之睿智运于虚，外国之聪明寄于实。

两种思维，造成的差别是，中国人将政治学术看成立国之本，将科学技术看成细枝末节，相反，外国人将科学技术作为立国之本，不把政治学术当一回事。

第七章 矛盾与分歧

> 中国以义理为本，艺事为末；外国以艺事为重，义理为轻。

左宗棠说：这两种价值取向完全相反，各行其是，到底哪种好，哪种坏，我说不上来，那就搁置争议，存而不论。总体比较说，在科学技术方面，中国当前不如外国，这是事实，必须真心予以承认。怎么对待这个事实呢？我的想法是，中国人承认西方人是老师，向他们虚心学习科学技术，就可以了。如果说，中国只要政治学术就可以，没必要发展科学技术，让外国人独自去鼓捣好了，这种想法属于闭目塞听、夜郎自大，是不行的。

> 谓我之长不如外国，藉外国导其先，可也。谓我之长不如外国，让外国擅其能，不可也。

站在经世致用的角度，左宗棠可以看作继魏源之后的今文经学学者。这就不难理解，魏源死后，他的后人为什么请左宗棠为新版的《海国图志》作序。光绪元年（1875年）7月21日，左宗棠应魏源族孙魏光焘之请作《海国图志序》。文中，他明确将自己创办福州船政局、兰州机器局等近代民族重工业，归因于受魏源"师夷长技以制夷"的启发：

> 书（《海国图志》）成，魏子殁。廿余载，事局如故，然同、光间福建设局造轮船，陇中用华匠制枪炮，其长亦差与西人等。艺事，末也，有迹可寻，有数可推，因者易于创也。器之精光淬厉愈出，人之心思专一则灵，久者进于渐也。此魏子所谓师其长技以制之也。

作为思想家的魏源，观念在当时比较激进，他主张"变古愈尽，便民愈甚"。意思是，将老祖宗的虚文丢得越干净，给百姓带来的好处就越多。

作为实干家的左宗棠，要将今文经学的观念、思想落实到行动实践上，言谈自然要趋向务实，他用行动在实现"变古便民"。要说两者的不同，思想家的主张尽可能地在超前；实干家则必须踏着社会与人生的实际说话。如果实干家左宗棠以超前五十年到一百年的观念治理其当下，那么对百姓不是福音，而是灾祸。这是办事的重臣与敢为天下先的学者截然不同之处。

魏源的"变古愈尽"与曾国藩的"守古应变"，刚好构成两个极端，导致曾、魏毕生几乎没有过交往。

| 五 |

曾、左"守古应变"与"变古便民"的观念分歧，面对时代商业大潮涌起表现为，曾国藩着眼政治学术，利用发展洋务来稳固帝国制度；左宗棠则着眼科学技术，利用洋务富国强民。科学技术事实上已经在酝酿共和观念的萌芽。

两种价值取向在实践上的差异因此也比较明显。

以培植近代商人为例，胡雪岩在左宗棠"变古便民"这一思想下成长起来，最终办成了商业帝国。他凭借实力投身国际商业资本竞争，将蚕丝产业发展成国际金融资本。曾国藩虽然开启洋务运动先声，但既没有培养出标志性的商人，也没有培育出标志性的产业。

深入剖析胡雪岩发迹，主要依托两项：阜康钱庄与胡庆余堂。阜康钱庄是当时中国最大的私营银行；胡庆余堂是当时中国最大的私营药房集团公司。胡雪岩通过左宗棠承包国家服务项目，再利用民间商人的身份代表国家对内盘活社会零散资源，对外与各国商团斡旋，才得以运作成功。

回到胡雪岩的商业实践中去看，他向英国渣打银行首期贷款五百万两白银一事。借钱是用来资助大清攻打阿古柏非法的"浩罕国"政权，而英国与俄国是"浩罕国"的幕后支持国。新疆问题的本质是大清国与英国的冲突。英国背后暗中支持阿古柏侵占新疆南北全境，俄国只是借口代中国保管伊犁，虽然它企图从英国手中再抢夺新疆，但还没有付诸行动。如果清政府出面，从英商手中借银攻打英国全力扶持的阿古柏"浩罕国"伪政权，基本成功无望。

胡雪岩以民间商人身份，避开政治红线，成功将"政治问题"转化成"商业问题"，接近于学者黄仁宇说的将"道德问题"还原为"技术问题"。胡雪岩之所以纵横商场畅通无阻，主要得益于左宗棠"商资商办"的观念，在发展民族工商业的自主性上,左宗棠对他完全放权。

换位比较,一目了然。如果按曾国藩"官督官办"的方法,则不存在私营业主胡雪岩代朝廷借款一说;即使按李鸿章"官督商办"的方法,私营业主胡雪岩的借款方案,也需向朝廷报批,最终肯定无法通过。

政治与商业,有不同的现实逻辑,有各自的发展规律。鲜为人知的是,胡雪岩的商业运作存在一些不为外道的"黑幕"。据作家二月河披露的轶史,胡雪岩之所以成功从渣打银行贷款,一方面靠利诱渣打银行中国区经理哈代,将他拉下水,合吃利息回扣(年利率百分之一十八,两人对半分);另一方面则使用美人计,诱使哈代上钩,派军警抓现行,再立为证据,逼迫哈代签字。这两点有点接近现代的"商业谍战"了。用曾国藩"官督官办"的政治眼光看,胡雪岩"政治错误"相当严重:前者属私分国利,犯欺君之罪;后者则是明显的"国际商业讹诈"行为。

任用多面而复杂的胡雪岩发展商业以支持军事,如何驾驭,前无先例。左宗棠的原则,不求全挑剔。

左氏主要看中胡雪岩两点:一是有强烈的民族情怀、爱国心;二是有超凡的商业才华。对商人来说,这就足够做企业家了。

在左宗棠看来,商人有民族情怀、爱国心,具备商业才华,便是"德才兼备"。何况,胡雪岩急公好义,有豪侠气概。毕竟,楚军西征时已经深入戈壁大漠,缺粮缺饷迫在眉睫,如果还在个人私德上标准严苛,要用"道德完人",不说根本找不到这种人,自然也无法办成事。对真正的爱国者而言,坐看军人饿毙,忍看国土沦丧,株守"道德完人"又有何用?

用现代眼光看,胡雪岩不是"道德完人"。他甚至存在一定程度的个人私德问题。他虽然在商业道德上曾立下"戒欺""真不二价"规矩,是为商人的百年楷模,但事实上他的私德有亏,导致当时社会颇有异言。左宗棠对此不予追究。

比如,胡雪岩广纳妻妾,有人举报给左宗棠,左宗棠说:

> 人必好色也,然后人疑其淫。谓其自取之道则可耳。

意思是，胡雪岩平日好色，所以别人总怀疑他是个"淫鬼"，这怪不得别人；私德招忌是他自己的事，种什么因得什么果，自己的选择自己负责，社会舆论压力已够他喝一壶了，我没必要再动用公权力，在他头上敲一棒子。

这就是左宗棠本着"以术运经"原则对商人灵活性与原则性的把握与运用。以曾国藩的眼光看，胡雪岩不但商业手段不符合"政治经济学"，仅他因好色闹出的绯闻，便是私德堕落，足以因事废人。他娶的十二房姨太太，号称"东楼十二钗"，挑战淳朴风俗，搅动世道人心。

可以说，没有左宗棠，就没有胡雪岩。左宗棠与时俱进的"先进观念"，曾国藩不能接受。曾国藩的做法，左宗棠也总要加以修改，甚至否定不用。

"礼治"与"法治"

站在政治的角度比较，在治国理政方面，曾、左的做法也大为不同。

光绪八年（1882年）初，左宗棠出任两江总督后，第一件事是将曾国藩在任时颁布的政策、法规逐一改掉。

导致两人这方面存在差异的根本原因在于：面对晚清全面衰败的大变局，曾国藩仍在相信道德的力量，他希望通过以身作则、率先垂范，来实现"以德治国"。左宗棠则不然，他相信个人私德、社会道德，但不相信以德可以治国。左氏清楚，人心幽深唯危、贪财好利，单纯的道德说教，如不能凭借强力的法制做支撑，只能起到迂腐的道德说教作用，并不能真正解决现实问题。

放进五千年大历史中观照，古代大哲老子总结中国历史发展的趋势，曾有过一句预言："失道而后德，失德而后仁，失仁而后义，失义而后礼。"

意思是，先民最先崇尚的是道。道不管用了，人们崇尚德；德不管用了，人们崇尚仁；仁不管用了，人们崇尚义；义不管用了，人们崇尚礼。晚清时局，似乎可以再续上一句："失礼而后法。"礼不管用了，人们崇尚法。意思是，礼仪规矩既然无法约束人心，只能换以严刑峻法。

可以看出，面对历史以来道、德、仁、义、礼、法每况愈下的现实，曾国藩仍想着以理学苛求，用天理规范人欲，以"礼治"为救世良方，让中国重回"道统时代"；左宗棠则以儒学加实学做灵活变通，将天理与人欲适当分开，事实上在朝着"法治"的方向迈步。

这是"法后王"与"法先王"的区别。

关于国家、民族未来的方向，一个往后看，一个朝前看，两种价值取向在国事上差异如此之大，在于两人"诚意、正心"阶段，修身的原点不同。

"自律"与"自由"

|一|

曾国藩用理学修身，体系化在其被钦点翰林之后。

其时，他亲手立下"五箴"：立志、居敬、主静、谨言、有恒。

"立志"，即确定个人的理想；"居敬"，即以孝心侍奉父母；"主静"，即经常观照自我内心；"谨言"，即严格按照儒家礼仪待人接物；"有恒"，是每天不间断地坚持做到前面四点。

以理学定志，曾国藩着眼于以仁爱治民。他说：

> 君子之立志也，有民胞物与之量，有内圣外王之业，而后不忝于父母之生，不愧为天地之完人。

意思是说，君子立定志向，第一要有爱心，将天下百姓都看作自己的同胞，将天下万物都当作自己的伙伴；第二要有境界，对内以圣人的标准要求自己，对外以王者的风范率先垂范，这样才不愧对父母的养育，成为一个道德人格无可挑剔的"完人"。

既然立志要做光宗耀祖的"完人"，必然需要在"内圣"上狠下功夫，将自己的言行做到无限接近孔孟的教导。曾国藩言出行随，在修身上首先拿自己无情开刀，对自身缺点毫无保留地抛弃。步进弱冠之年，他取号"涤生"，意思是"自我革命，重获新生"。他在日记中这样自我勉励：

> 涤者，取涤其旧染之污也；生者，取明袁了凡之言。从前种种，譬如昨日死；以后种种，譬如今日生。

"涤"就是洗涤，每天不断清洗自己以前沾染的坏习气，以保持心灵的纯洁，行为的高洁。"生"就是新生，受明朝人袁了凡的启发，将过去有缺点的我，看作已经死去的我，将改正缺点后的我，看作重新获得生命的我。用民国学者梁启超的话说，就是"以今日之我，挑战昨日之我"。

曾国藩通过理学修身，对提高个人道德，无疑起到了相当程度的正面积极作用。

类比佛学，更加一目了然。二者同样是具备心理学功能的学问。佛学认为，人每一刹那会产生八万四千个念头，表现为贪、嗔、痴。人的正念、正见只有一条，就是初心，其余皆是邪念、邪见、边见。人类痛苦的根源，源于人有贪婪心、愤怒心和执着心。诵读佛学经典是为了"自净其意"，以去掉邪念、邪见、边见，悟得"无上正等正觉"，往生"西方极乐世界"。

"西方极乐世界"到底在哪里？

禅宗说，不在别处，就在你自己心里。因为一切皆因心起，万物生灭，都是人心生出来的。宇宙万物，原本"不增不减，不生不灭，不垢不净"。

基于这一原理，佛学修身，全在修心。

拿吃饭这件事来说，食欲原本是人最基本的人欲，先秦儒家认为"食色性也"，追求"食不厌精，脍不厌细"，承认人的世俗欲望。佛学却将食物当作生存的工具，将能够满足人心欲望的方面，全部予以剔除，要求信徒"食存五观"，粗食穿肠过，营养身体留：

第一，思念食物来之不易；

第二，思念自己德行有无亏缺；

第三，防止产生贪食美味的念头；

第四，饭食只作为疗饥的药；

第五，人为修道业而受此食。

一句话，人吃饭只是为了活着，而不是为了享受。

佛学跟理学完全相同的地方，是主张"苦修"，狠斗欲字一闪念。这并非没有作用，也不是不见效果。跟佛学持戒、精进，便能够严格规范人的言行一样，理学"自净其心、自戒其行"，确实可以让人的行为，最大限度地符合内心的良知。

良知高于理性。理性来自头脑，良知是理性之后人心的感觉。理性有它本身的局限性，通过理性分析，我们从这个角度看发现自己对，换个角度又发现不对；人每做一件事，不可能用几天、几月的时间去思考自己到底对与不对，再得出自己行为的依据。现实中，人们往往是凭瞬间的感觉、凭心灵的直觉，得出一个个准确的判断，知道何去何从，用于为人处世、待人接物。

但理学究竟不同于佛学，其根本的区别在于：佛学修行限于个人，且完全自愿；理学修身带有强制性，其目的是治国。

理学作为大清王朝的国家意识形态，用它治国带来的根本问题在于政治人物通过行政权力要求他人"自净其意"。因为良知本来存在于每个人固有的内心世界，去除内心的杂念，也是每个人自己的事情，类似于"忏悔"与"自省"。减少多余的奢侈欲望，消除不正当的杂念，完全要靠每个人自身努力，他人无能为力，否则就是越俎代庖、鲁侯养鸟。

将理学上升为国家意志，即是借助权力帮他人减少欲望，消除杂念。实践证明，这样对国民性进行改造，非但不能取得成功，个人因压抑反而容易走向异化。

以理学作为大清国的"道统"，曾国藩因此在后世获得"卫道士"称号。曾国藩捍卫的宋明理学，固然包含传统优秀的一面，但他连传统中的落后、腐朽、专制一并捍卫，无疑有点走历史回路的意味。

真正在为学、为人方面终生以曾国藩为模板的民国人物是蒋介石。蒋介石不但研读了曾国藩的全部遗著，对他的学问终生不疑，而且学曾国藩每天记日记。作为隔代知己，蒋介石的军事能力，几乎是曾国藩的翻版。

末代皇帝溥仪在《我的前半生》一书中说，大清帝国本在洪杨之乱时就已行将覆亡，是汉族地主"曾国藩、左宗棠之流"挽救了过来。他将曾、左并称"卫道士"，只说对了一半。曾国藩带兵的初衷，是为了保卫五千年中华传统文化不被西方侵蚀、异化；左宗棠入幕的直接原因，则是为了保卫湖南家乡父老免于熊熊战火。两人一开始都没有捍卫大清政权的动念。

曾国藩剿灭太平军只是手段，根本目的是捍卫封建道统；而左宗棠的军事行动只是为了镇压内乱，捍卫疆土。何况，左宗棠主战的主要事功不在平定洪杨之乱，而在创建海军、剿灭捻军、平定陕甘内乱、收复新疆、护卫台湾等方面。

因为以先秦儒学修心，没有理学的桎梏，作为政治家的左宗棠，虽然同样肩负国家、民族重任，但内心始终要轻松洒脱得多，表现要人性得多，也自由得多，最接近先秦儒学"率性之谓道"的追求。

|二|

先秦诸子，多信奉自由，以道家为最。

道家集大成者庄子，当年在濮水河边钓鱼。楚王派两位大臣去找他，恭敬地邀请他说："楚王仰慕先生，特请先生去楚国做宰相。"

庄子拿着钓竿一动不动，半晌才开口说："听说楚国有一只大神龟，已经死去三千年了，楚王还将龟壳挂在大庙里，天天烧香跪拜供奉，对不对？"

两位大臣忙点头："对的，对的。"

庄子说："那我问你们，这只乌龟是情愿死后留几块骨壳受人祭拜呢，还是乐意自由自在地活着，拖起尾巴在泥巴里爬？"

两位大臣异口同声地回答："当然是宁愿自由自在地活着，拖起尾巴在泥巴里爬。"

庄子笑了："那你们两个现在可以回去了。我也愿意拖起尾巴在泥巴里爬。"

日常家庭生活中，最能看出一个人真实的一面。率性、自由的左宗棠，最明显的特点，是真实。

他二十岁那年跟妻子周诒端结婚，夫唱妇随三十余年，自始至终琴瑟和鸣。因周诒端二十一岁起接连为左宗棠生了三个女儿，岳母王慈云担心左宗棠断绝香火，通过相面断定周诒端的随身丫鬟张茹有"宜男相"，遂出面做主，将张茹许配给左宗棠作妾，让家无定所的他享得一份"齐人之福"，张茹其后果然生了三个儿子。

光绪七年（1881年）底，左宗棠由军机处外放为两江总督，慈禧太后考虑到左氏妻妾均已去世，身边需要一位细心的女人来照顾，便将青年侍女章才人赐予了他，以照顾他的日常起居。

章才人出生于陕西西安。俗话说，"米脂的婆姨，绥德的汉"，章才人是一位姿色出众的美女。左宗棠没有惺惺作态予以拒绝，而是从此一直带在身边。左宗棠去世后，章才人回到了湘阴柳庄，左氏后人将她赡养起来，一直活到了民国后期。左宗棠嫡长玄孙左文龙在幼年时曾亲眼见过她。

左宗棠以钦差大臣身份驻节甘肃兰州期间，没有带家室，陕甘总督署内除了亲兵，仅他一人。其时，英俄使者、官员、商人与他打交道者多，他们跟左宗棠交往后，流传出左宗棠一些逸闻，有两个版本：一个版本将左宗棠的私生活说得比较混乱，令闻者为他难堪；一个版本则说，他不近女色，有人猜测他"憎恶女性，不知出于天性，还是出于陈见"。但左宗棠对这些传闻都没有发表任何意见，可能他觉得不值得发表意见。

在对待"食色性也"这一问题上，曾国藩大为不同。

理学修身给曾国藩带来的根本困境是，他也有个血肉之躯，并不是神坛乌龟。

曾国藩跟妻子欧阳夫人相敬如宾，关系一直融洽，但他常安排妻子在夜间带家人、子女纺纱织布。

早年做京官期间，曾国藩晚上做梦，梦见别人得了好处，自己羡慕不已。醒来后他在日记里这样自我痛责：

> 昨夜梦人得利，甚觉艳羡。谓好利之心形诸梦寐，何以卑鄙若此，真可谓下流矣！

连梦里羡慕别人发财，都被看作是件卑鄙可耻的事情，曾国藩开始将自己无情解剖，有改造正常人欲的想法。

道光二十二年（1842年）底，致力于自我改造的曾国藩在日记中这样自我警戒：

> 早起，读《易·系》二章。饭后出，拜客一天，日旰方归。友人纳姬，

欲强之见，狎亵大不敬。在岱云处，言太谐戏。车中有游思。

朋友新纳了一个小妾，藏在内室不让见人。曾国藩满心好奇，强行要求多看一眼，并当面夸奖，说了几句挑逗性的话，还动手动脚，摸了人家不该摸的地方，坐轿回程时脑海里还一直浮现小妾的身影，有点魂不守舍。他回家马上写日记，责骂自己"禽兽不如"。

道光二十三年（1843年）2月25日，曾国藩又在日记中这样反省：

至海秋家赴喜筵，更初方归。同见海秋两姬人，谐谑为虐，绝无闲检，放荡至此，与禽兽何异！

朋友汤鹏（字海秋，湖南益阳人，道光三年进士）在家里办喜宴，邀请曾国藩参加，曾国藩见汤鹏纳的两个小妾长得十分漂亮，心神一下就飘了，跟她俩面对面开起有伤风化的男女玩笑。回去后想起来，懊悔不已，他觉得白天玩笑开得过分了，跟禽兽已经没什么两样。

尽管数十年如一日地要求自己不近女色，曾国藩的绯闻仍远远多于左宗棠。咸丰皇帝驾崩那年（1861年8月22日），曾氏冒着"大逆不道"的风险，纳了年仅十九岁的民女赵曼（一说陈海燕）做妾。可惜红颜薄命，此女仅陪伴曾国藩不到两年，便去世了。

这年10月10日，曾国藩在日记中这样评价新纳的小妾："前季弟代余买一婢，在座船之傍，因往一看视，体貌颇重厚，特近痴肥。"他嫌兄弟给自己买来的婢女呆头呆脑，长得太胖，难看死了。

女色无疑是人欲中最为强烈的一种欲望。强行与女色作了一辈子斗争的曾国藩，晚年出现"老房子着火"式的反弹，到老依然困溺其中。这似乎可以看作理学目标在"超人"，在清朝已经无人可以达到。

同治八年（1869年）4月14日，去世三年前，行年五十八岁的曾国藩还在写信与家人商议，准备花三百两银子买个小妾。他郑重其事地安排长子曾纪泽去办理这件事：

思在此买一妾服侍起居。而闻京城及天津女子性情多半乖戾，尔可备银三百两交黄军门家，请渠为我买一妾。或在金陵，或在扬州、苏州购买即可。言明系六十老人买妾，余死即行遣嫁。观东坡朝云诗序，言家有数妾，四五年相继辞去，则未死而遣妾，亦古来老人之常事。尔对昌岐言，但取性情和柔、心窍不甚蠢者，他无所择也。

曾国藩明确要求长子，可以帮自己从南京、扬州、苏州三地选妾，北京跟天津两地的女孩子就算了，原因是后两地的女孩子性格不好，脾气大。他的真实本意，大概还是想找个年轻漂亮、性格温和的女子，却不好将这层意思挑明了说。众所周知，千百年来南京、扬州、苏州三地盛产美女，古有"腰缠十万贯，骑鹤下扬州"一说。曾国藩跟长子辩解说，自己之所以在即将步入花甲之年时想娶小妾，是在模仿晚年的苏东坡，自己虽然来日无多，但死后可以让小妾改嫁，不耽误人。

曾纪泽（1839—1890年），其年已经三十岁，本人结婚也有十三年了，他回信委婉批评父亲此举过于轻率，后议才就此作罢。

事实上，青年时期的曾国藩，色欲之心、风流性情与一般名士无异，是一个有着正常人欲的血肉丰满的青年。他早年的一则隐秘真事，可以侧面看出这一点。

居北京翰林院期间，曾国藩曾给一个艺名叫"大姑"的勾栏女子写过一副对联："大抵浮生若梦，姑且此处销魂。"这种风流、浪荡，与经常出入于勾栏瓦舍的王闿运异曲同工。

通过前面的故事可以看出，毕生追求战胜自我欲望的曾国藩，就其人性本能而言，跟战国时期的齐宣王并没有什么不同。前面说到，齐宣王虽然贵为国王，但有着跟普通群众一样的凡俗人性、人情，他喜欢钱财，爱好美色，常听流行歌曲，他知道自己这些都是人性弱点，又不愿强行自我改造。所以，当孟子不远千里前来教育他时，他一开始就避而不见。

尊重人性的孟子，并没有高调地要齐宣王根绝人性本能的欲望，而是告诉他，你喜欢这些东西，再正常不过，普通群众也喜欢，错不在你的喜欢，而是你不愿与群众一起分享。

> 庖有肥肉，厩有肥马，民有饥色，野有饿莩，此率兽而食人也！

由此他得到的王道思想——"与民同乐"。

以绝对的"内圣"严格要求自己，追求实现"超我"的曾国藩，多数时候能够凭借超强的毅力，按捺住正常的"人欲"。他正襟危坐，眯起三角眼，冷眼向洋看花花世界。但问题也由此而生，因为本性被压抑，他的内心由此变得高深莫测起来。

理学修身过程艰苦，压抑天性过多，牺牲人欲巨大，道德示范甚微，曾国藩对此并非没有自我怀疑，也不是没有过反思。

同治五年（1866年）冬，曾国藩剿捻失败，连遭言官弹劾，他被迫辞去钦差大臣职务，不免心灰意懒。刚好，当年鼓动他出山创办团练的郭嵩焘，也被朝廷罢免了广东巡抚一职。两人书信往来，叹世风日下，人心不古。

曾国藩在信中不客气地对理学展开猛烈的抨击。他说：辛辛苦苦研究几十年，到今天才发现，原来理学只对君子有用，对小人没作用。君子修理学，越修越发现自己有问题，越有问题越严格要求自己，拿自己开刀，变本加厉，修到最后遍体鳞伤，一无是处；小人呢，根本不修理学，他们不信，也不懂，什么也不管，反倒在社会上吃香喝辣，飞黄腾达，越来越肆无忌惮。看来，这是一门专门毒害君子、纵容小人的"伪学问"啊，可把我们两个给害惨了。

其书信原文是：

> 性理之学愈推愈密，苛责君子愈无容身之地，纵容小人愈得宽然无忌，如虎飞而鲸漏。谈性理者熟视而莫敢谁何，独于一二仆讷君子攻击惨毒而已。

尽管发现理学在引领大清污浊官场、混乱社会风气方面，其作用如此乏力，但数十年持之以恒，钻研既深，理学已融进他的骨血，失意时的反感和厌恶，只是压抑太久的一时自我宣泄而已。何况，自己拿自己开刀，终究是刀尖砍刀背。

理学追求成圣的"道德之名"，晚年时开始像一道紧箍咒，牢牢地箍住了曾国藩。他终究不敢越雷池半步，来表达真实的人性。他只有不停地写日记、家书，隔空表白，来缓解压抑。由此，他成了后世人眼中的"圣人"，真实生活中的"伪道士"。

这世上真有"圣人"吗？更多恐怕是曾国藩的一种个人理想跟美好愿望。

被后世奉作圣人的孔子，早已警醒"圣人"名号的空洞与虚假，他自嘲说：你们都叫我圣人、仁人，你们就尽管吹吧，反正吹牛不犯王法。我哪里是什么圣人、仁人呢？我不过是个老老实实办事，踏踏实实教书的老先生罢了。

> 若圣与仁，则吾岂敢？抑为之不厌，诲人不倦，则可谓云尔已矣。

被后世称作"亚圣"的孟子，曾对先秦四位享有盛誉的圣洁人物做过评价：

> 伯夷，圣之清者也；伊尹，圣之任者也；柳下惠，圣之和者也；孔子，圣之时者也。

意思是说，伯夷是圣人之中最清高的人；伊尹是圣人之中最负责的人；柳下惠是圣人之中最随和的人；孔子则是圣人之中最识时务的人。

现代作家鲁迅据此半开玩笑，将"时"理解成"时尚"，说孔子大概是"摩登圣人"。当代作家易中天则进一步发挥说：孔子放在今天，大概可以叫"学术超男"。

"学术超男"只是学问好、名气大的常人。如果说，在春秋贵族崇尚道与德的时代，还有产生圣人的土壤，基本上能够做到名实相符，是真正的圣人，但在两千年后"礼失求诸法"的现实面前，还去追求做圣人，已如在沙漠种水稻，仅仅是寄托了一种美好的愿望。后世因为道德名人虚伪者太多，其实迹寡廉鲜耻令人触目惊心，社会转而相信一个个比人民群众有学问、有思想的常人。

清朝本无产生"圣人"的土壤跟环境，曾国藩还执着于"成圣"，如此霸蛮固执，注定只能成为悲壮的文化理想主义者。

处江湖之远的左宗棠，苦习儒学，不求"成圣"，反倒深得孔子的务实精神。

先秦儒学尊重人性、尊重个性，左宗棠虽然天性有偏激，但没有压抑，因此整体比曾国藩要显得阳光得多，也自由洒脱得多。今天我们读曾国藩总感到某种压抑、挣扎，读左宗棠却始终身心酣畅，原因在此。

比较去看，左宗棠的压力，来自办事；曾国藩的压力，却来自思想。

| 三 |

曾国藩中了"圣人"的毒，在晚清时局败坏、道德滑坡的逼仄现实里，他不停地写家书、日记，试图通过不断提升自我道德，来挽救日渐混乱的社会道德。他生前已经想到，文章内容主要是为了给后世看的，所以其阐述的道德规矩，不免留下刻意的痕迹。

越到晚年，曾国藩对死后到底能否"成圣"，越是感到揪心。同治六年（1867年），他与幕僚赵烈文一番密室私聊，针对清朝的国运，赵烈文说出了以下绝密预言：

> 天下治安一统久矣，势必分剖离析。然而主德隶重，风气未开，若无抽心一烂，则土崩瓦解之局不成。异日之祸，必先颠仆，而后方州无主，人自为政，殆不出五十年矣！

赵烈文预言，五十年内，清王朝会灭亡。其倾覆的方式是，清廷中央政府因抽心腐烂，最终被革命力量一举推翻；大清帝国在一瞬间土崩瓦解，国家陷入四分五裂，各地军人拥兵自重，实行军阀割据，国家从此陷入一段长时期的混乱。

曾国藩听后，产生强烈的认同感，不禁忧心如焚，恨不得自己立即死掉，一了百了：

> 吾日夜望死，忧见宗祐之陨，君辈得毋以为戏论。

宗祐即宗庙里藏神主的石室，借指宗庙、宗祠，引申指朝廷、国家。"宗祐之陨"指国家颠覆，朝廷灭亡。曾国藩提醒赵烈文，自己是严肃认真的，千万别拿这句话当作玩笑，可见其内心晦暗程度。

曾国藩之所以想以早死来保全名节，不单是水花镜月的"圣人"理想会落空，更关键还在于，他办团练之初发布檄文，虽号称"卫道"，但事实已经"勤王"。中华传统文化固然因为他竭诚的奋斗而保全下来了，对后世有再造之功，但大清朝廷也因为他的军事功劳起死回生了。大清王朝的兴亡，跟他个人的毕生名节，已经完全融为一体。如果身后一二百年才改朝换代，自己还可以安享"中兴名臣"的美誉；一旦清朝在五十年内倾覆，不但剿灭太平军的事业白搞了，个人道德名声也可能毁于一旦。

后事果然如他所担心的应验了，曾国藩去世三十九年后，大清王朝被孙中山、黄兴领导的辛亥革命推翻，曾国藩被革命党定义为镇压太平天国运动的"刽子手"，声名狼藉。

与曾国藩全副身心关注身后的道德名声不同，左宗棠目标既不在"道德之名"，也无意"文章之名"，而一心追求"一艺一伎之名"。这就不但跳出了"成圣"的陷阱，也跳出了世俗的名利牢笼。

左宗棠不是不看重道德美名与文章声名，而是在他看来，"道德之名"跟"文章之名"最容易作假，导致名不副实。古来多少道德名人，"举秀才不知书，举孝廉父别居；寒素清白浊如泥，高第良将怯如鸡"，奸猾且欺世盗名，为人所不齿；单纯的"文章之名"，又过于空洞，文章出名有时靠哗众取宠与朋友圈抬轿子、吹喇叭就可以获得，终归让人难以绝对放心。

"一艺一伎之名"则大为不同。人的专业技能本领跟做出来的成绩，摆在那里，别人都看得见摸得着，没办法弄虚作假。

左氏上述观点，集中体现在《名利说》一文：

> 名有三，曰道德之名，文章之名，一艺一伎之名。古人吾弗能知，吾思夫今人之于名。以道德名者，人因其道德而名之乎？抑已因其名而道德者也？或市于朝，或市于野，归于厚实已矣。以文章名者，亭林顾氏所谓巧言令色人哉？负盛名招摇天下，屈吾身以适他人之耳目，期得其直焉，不赢则又顾而之它尔。以一艺一伎名者，其名细，今之君子不欲居，然亦百工之事也。吾益人而不厉乎人，尽吾力食吾功焉，斯亦可矣。顾伎庸术劣，抑人炫已以求自利者又何比比也！

在晚清以德治国的悲凉现实里，左宗棠从时代的夹缝中找到了一条新路。他别于传统的新观点是：人凭真话就可以生存，自然不需要构造假话自累；人凭能力办事可以成功，便不需要作假自污；既然凭事功就可以传世，当然不需要自塑为"圣人"，便能流芳百世。

左氏安心做个保全天性、自由自在的常人。尽管他"自小慕古大人节"，一心向古代先贤看齐，但事实上是一位"有缺点的真君子"。

做人真实，做事实在，不唱高调，既不靠道德垂世，也不求文名传人，左宗棠事实上并不真的是谦称的"婞直狷狭"之人。从青年时代起，他站到低处，以"涵养需用敬""养天地正气"为准绳，不断矫正个性中的性格缺点，完善自我人格，一心向古代的仁人志士看齐，最终在道德、人品上可圈可点，人格高于同时代多数正襟危坐的"正人君子"。

将曾、左这样一番深入比较之后，今天可以得出哪些新的认识？

"圣人"与"神人"

| 一 |

因为五千年的传统文化源远流长，曾国藩身后一百余年，一直被文人学者看作"圣人"。理由是，他"立德、立功、立言，为师、为将、为相"。

按照中国传统的价值观念来看，这个评价并没有什么不对。虽然如前所论，"圣人"目标远超常人，清朝人事实上根本无法达到，但不能将这一追求看作没有价值。

作为一种个人追求的理想跟美好的愿望，在个人修身而不是治国方面，曾国藩本人确实有着十分重要的社会道德自律示范价值。因为文化与精神的价值，是人类得以存在的根本，存在于人的理性之上。"圣人"无疑凝聚了传统文化的精神与价值，是一个社会的水土与植被。我们不能因为清朝没有出过"圣人"，就否定古代存在过真正的"圣人"，尤其不能否认先圣在教导个人立德、修身方面所具备的极其重要的人文价值。否定"圣人"身上凝聚的传统文化的精神与价值，除了会将国人引向混乱，没有什么现实意义。

但以现代眼光从弊端看，理学家立德、为师不乏空洞。立功、为将，则又非曾国藩本意追求。

曾国藩军事成功，主要依赖左宗棠、李鸿章、曾国荃、鲍超、李续宾、李续宜等一班实干军人，这是后世史家共识。曾国藩战略、战术不行，他真正的功劳在作为政治家驾驭全局，长袖善舞，容人有量，统率有功。

湘军包括湘勇、楚军、霆军、老湘营、湖北绿营，事实上山头林立，整体合作松散，曾国藩只是名义上的最高统帅。这导致他始终也没有弄明白，最后怎么就平定了太平天国运动？他晚年还是没有想通这点，跟朋友欧阳兆熊私下里这样总结："不信书，信运气，公之言，告万世。"

从这里再深入去看，前述曾氏一生三次变化，全是晚清的环境逼出来的。

人生立世，不到万不得已，不会想着摇身苦变。理学无法教人办事，真要办事，只能临阵磨枪，曾国藩因此换到以残酷著称的法家。但法家又过于酷烈，不但遭朋友指诟，还得罪官场，他被逼再次摇身一变。最后遁入黄老道家，清心寡欲、优容、恬静，这下才真正安全。这一观点，前文已经详细阐述过，这里可以对照印证。

比较去看，左宗棠信奉先秦儒学加实学，本色立世，则完全没有出现这种窘况。先秦儒学作为价值指针，可以看作政治学；实学作为办事能力，可以看作技术学。既有政治方向，又有技术能力，何必画蛇添足，摇身苦变？

曾国藩真正名副其实的是"立言"与"为相"。虽然身后有论者质疑他没有专门的学术著作，称不上严格意义上的大学问家，但他一千五百万字的书信、奏折、诗文、日记足以成一家言，则毋庸置疑；其"湘乡派"散文，足以启一代文风。尤其是，作为政治领袖，他带出的湘军，从中走出总督、巡抚二十七人；作为相国，他提携人才，影响一时，泽被后世，同时代无第二人能及。比较去看，同为"中兴名臣"的左宗棠，一生提携、栽培的督抚官员，仅有十二人，已远为不及。

单从起用人才、谋求历史建树而论，曾国藩可称一代政治大家、学问大家。同样以古人立德、立功、立言看左宗棠，放进三千年未有的晚清大变局中观照，在帝国制度向共和制度转型的历史关口，左宗棠跟现代价值观念更为接近：

他的立德，见于以"王道"立官品，以中庸人性化标准垂范百官，以先秦儒学规子弟、正人心；他的立言，见于八百万字的奏折、书信、诗文，其中不乏深刻与前瞻性的思想，以及优美辞章；支撑起左宗棠一生事业的根本，是"霸道"立功，他成了自唐太宗以来一千二百余年里对中国领土主权贡献最大的人。

著名学者钱基博正是基于这点，认为左宗棠书生带兵，一生纵横东西数万里，其全面捍卫国疆的事功，是五千年来中国第一人：

历古以来，书生戎马，而兵锋所指，东极于海，西尽天山，纵横轶荡，未有如宗棠者也。

评价历史人物，王船山也有一句名言：

> 有豪杰而不圣贤者矣，未有圣贤而不豪杰者也。

意思是说，中国几千年的历史人物，有些人称得上是豪杰，但不一定是圣贤；而但凡是称得上圣贤的人，一定是豪杰。

后世有学者据此判定，曾国藩是"圣贤"，左宗棠是"豪杰"。

事实果真如此吗？且看左宗棠本人怎么说。

咸丰十年（1861年）2月1日，左宗棠致信郭嵩焘，这样解释说：

> 文辞雅赡，才人也；倜傥权奇，豪杰人也。然皆不任为将。

意思是说，文章写得好，那是才子；潇洒建功立业，那是豪杰。这两种人，我都不任用他们做将。左宗棠发现，郭嵩焘眼中的豪杰，隐含了枭雄的意思。左宗棠都不用豪杰担任将领，可见即使是他提携的广东巡抚蒋益澧，恐怕都不仅限于豪杰，何况是他本人？

左宗棠没想过要做豪杰，仍硬将他按在"豪杰"的位置上，未免过于生硬。

精通理工技术的左宗棠，事实是一个大文人。

比较曾、左两人文化水准高低，钱基博同样有一个判断，可供今人参考：

> 曾国藩学力胜而资禀拙，每有累句；宗棠则天分高而功夫浅，不免拙笔。

意思是，曾国藩的文化积累比左宗棠深厚，但文章才气不足，笔下文字经常出现重复啰唆；左宗棠文章才气固然高，但文化积淀方面不如曾国藩，在内容的广度上比不上。

如此说来，两人文才互有短长，不分高下。

曾国藩是有清一代的第一文化大家，基本已属定论。左宗棠的文才，在晚清同人之中，大约只是中上，所以在当时很难说是文化大家。只是在传统文化出现断脉之虞的当下，他才称得上是一流的文化大家。

|二|

中国历代文学成就各有侧重，唐诗、宋词、元曲、明清小说、晚清对联。活跃于晚清文化界的左宗棠，一生作过不少名联。

道光二十六年（1846年）11月，贺熙龄卒于长沙，三十四岁的左宗棠题赠挽联：

> 宋儒学，汉人文，落落几知心，公自有书贻后世；
> 定王台，贾傅井，行行重回首，我从何处哭先生。

同治六年（1867年）秋，五十五岁的左宗棠北上剿捻，路经武汉黄鹤楼，他欣然应邀为汉口湖南会馆题联：

> 千载此楼，芳草晴川，曾见仙人骑鹤去；
> 卅年作客，黄沙远塞，又吟乡思落梅中。

两联文采风流，颇见功力。

左宗棠最见智慧的一副对联，是他题写新疆昭忠祠的一联：

> 日暮乡关何处是；
> 古来征战几人回。

上联取自唐代诗人崔颢的《黄鹤楼》："日暮乡关何处是？烟波江上使人愁。"下联取自唐代诗人王翰的《凉州词》："醉卧沙场君莫笑，古来征战几人回？"

为什么要在新疆昭忠祠大门上摘录前人诗句，再粘接成这副对联，而不亲笔自创？其动心起念是，跟随左宗棠西征的湖南籍将士，有多少已经埋骨边疆，再也看不见家乡的山水，回不到湖南的故土。在安土重迁、落叶归根的传统中国人看来，左宗棠得给湖南的父老乡亲们一个交代。

左宗棠本人无论怎么说，都不具备信服力。他借用古人的话来回答：古来为保家卫国征战四方的人，多少人战死沙场便马革裹尸还，有几个是活着回去的？军人战死固然可惋可叹，但为国捐躯，是军人的一种荣耀。

将两句古诗借用到这里，不但可以让家乡父老信服，而且可以让左宗棠跟诸将心安。

对古人诗句信手拈来，结合情景细细品味，已臻绝妙。

左宗棠作书法，以"端秀"（端庄、秀丽）为标准，自成一体，堪称上品。当代商人李嘉诚将左宗棠题于江苏无锡梅园的一副篆体联贴挂于办公室：

发上等愿，结中等缘，享下等福；
择高处立，就平处坐，向宽处行。

联意隐含了左氏一生为人处世、待人接物的中庸大智慧。

左宗棠对传统经典了然于心，其见识之深，运用能力之强，弥补了他在广度上的不足，以至于光绪皇帝老师翁同龢跟他当面交流后，自称"服其经术气"。这样一位文化大家，简单"豪杰"二字，确实也难以概括。

评定历史大人物，需要时间，尤其是事功过于彰著者，其身后牵动甚大，声名难免几经沉浮，这本属正常现象。诸葛亮从精英走进民间，为世人广知，已到明朝，前后历一千余年。从左宗棠光绪十一年（1885年）去世，到2022年也才一百三十七年，今天我们来深入认识他，只能说是一个开始。

站在历史事功的角度考察，事实上左宗棠已经超过了他青年时代的偶像——"中国智圣"诸葛亮。他是名副其实的"神人"。

|三|

东西方文化源头，将超越常人能力的人，一概称为"神人"。西方奥林匹斯神系，尊奉的就是这类人。

中国本土文化，一开始不重道德，而重事功。《黄帝内经》的《天元纪大论》记载：

> 故物生谓之化，物极谓之变，阴阳不测谓之神，神用无方谓之圣。

意思是说，万物的生长叫作化，生长到极致叫作变，阴阳变化难测，叫作神，能够灵活运用神的原则，而又不拘泥于某种方法，叫作圣。

"神人"的本义，指知识渊博、技能超群、事功盖世的人。左宗棠在挽胡林翼一联中说："世治正神为人，世乱正人为神。"便是此意。中国神话有"精卫填海""夸父逐日"，有尝百草的"医师神农"，有治水有方的"工程师大禹"，他们同以事功传后。

比如发明杂交水稻的科学家袁隆平，就被国人称作"当代神农氏""米神"。湖南怀化人更是亲切地叫他"米菩萨"，它象征了民间对超凡的钻研与执着精神的顶礼与致敬。

人的本性原本自由、丰富，有贪婪、懒惰、自私之心，个人如此，群体如此，民族也是如此。人类与社会发展进步的历程，就是不断克服人性弱点的过程。科技、军事领域尊奉"神人"，可以确定社会发展的方向目标，让每个人自觉克制人性懒惰、自私，成为引领一个民族向上的精神力量，而不需要继续去依赖空洞无效甚至适得其反的道德说教。这是五千年来古代大智者的"不言"智慧。后世试图凭借逻辑理性解决现实大困境的学者，其"已言"的内容，总归流于表面，归于皮相。

中国传统文化的源头，虽然一直缺乏高度抽象理性的"科学精神"，但却可以追索出技术。只是，几千年少有人重视技术，反而津津乐道"封神演义"，醉心怪力乱神，弄得国人越来越迷信，到后来竟然相信刀枪不入。百余年来的事实证明，科学技术才是真神，可上九天揽月，可下五洋捉鳖。

今天来看，"圣人"与"神人"的区别，可以看作曾国藩与左宗棠人生终极目标的不同——曾国藩凭道德追求流芳后世，左宗棠凭事功追求身后不朽。

曾、左于同治十一年（1872年）、光绪十一年（1885年）相继去世，前者享年六十一岁，后者享年七十三岁。"圣人"与"神人"两种价值取向的竞争，却没有因两人的生命终止而随之停止。

曾国藩以理学道德修身，其身后正面积极的影响前文已述。左宗棠以实学办事，其观念、方法，在身后迅速成为时代主流。由曾国藩发起的洋务运动，在三十年后，催生出日益成熟的科学与进步观念，逐渐成为时代潮流，理学政治自觉让位于科技实学，中国新式学堂应运而生。

光绪二十三年（1897年），清末进士熊希龄沿城南书院、湘水校经堂一脉，请两江总督刘坤一拨盐厘加价银七千两作经费，共募集一万五千两白银，在长沙小东街建立时务学堂。

时务学堂的功课，吸取了左宗棠当年"儒学加实学"搭配经验。具体分为两类：

其一，普通学，包括"经学、诸子学、公理学、中外史志及格算诸学之粗浅者"；

其二，专门学，包括"公法学、掌故学、格算学"三种，《春秋公羊传》《孟子》后来成为主课。

再后，又加进西学"民权"思想。

光绪二十三年（1897年）8月28日，时务学堂第一次招考，录取学生四十名，十五岁的蔡锷被录取。

民国四年（1915年），三十三岁的蔡锷带着共和时代的新思想，在云南发起护国运动，帝制第一次回潮被打退；两年后，张勋复辟，再次被觉醒的国民武力打退。自此，共和长久取代帝制，成为不可逆转的历史潮流。

理学失去帝制的土壤，只限作个人立德、修身，在曾国藩身后依然起到过积极作用。

第八章

轶史与身后

　　理学家曾国藩天性中有幽默的一面，他只在维持个人政治形象时一本正经；实干家左宗棠平时心性自由洒脱，他只在人生庄重的场合才严格恪守古礼。一对原本各自独立相互成就的诤友，因为中国传统"名分"的拘限，曾氏高度在左宗棠晚年及身后成为天花板。

玩笑与客套

|一|

单个去看曾、左，两人均属阳刚之性，骨子里都有股湖南人倔强敢顶的蛮劲。

走进日常生活中比较去看，曾国藩与左宗棠之不同，犹如一枚硬币的阴阳两面。

两人在日常生活中是怎样一副形象？

胡林翼跟曾、左交往最近，关系最亲，他有一个亲身交往观察后的真确描述：曾、左平日里都是幽默风趣的性情中人，而且这种性情是与生俱来的，终身都没有改变。

《近百年湖南学风》一书如此记录了这段情节：

> 胡林翼每曰：涤帅德高而谨慎之过，季高才高而偏激之过，咸性情之所独至，不能易也。

尽管曾、左天生性情一样，但两人留给后世观感却完全不同。造成分别的原因是，左宗棠遵从自我天性，以真实、本我面貌行世；曾国藩压抑天性，以超我形象示人。

两人因性格、气质基本相反，言行风格总是大异其趣，越到后来越发明显。

左宗棠看不下去，有时故意跟曾国藩恶搞，以玩笑、戏谑的方式，来化解曾氏人为制造出来的庄严与神秘。

轶史记载，曾国藩有次给左宗棠写信，出于谦让用了"右仰"以示客套。这本是人际礼节，再正常不过，左宗棠却很是不快地说："他写了'右仰'，难道要我'左俯'不成！"

又有轶史披露，曾国藩去世后，朝廷赐谥号"文正"，左宗棠听说后，嘟嚷说:"他都'文正'了,我岂不成了'武邪'?"

还有一副多处被引用,至今已无法确切考证作于何时的对联。

曾国藩出上联:

季子自鸣高,仕不在朝,隐不在山,与吾意见常相左。

左宗棠对下联:

藩臣当卫国,进不能战,退不能守,问他经济有何曾?

还有一次,两人题联互讥。曾国藩说:"替如夫人洗脚。"左宗棠马上对:"赐同进士出身。"

上述轶史基本出自后人的杜撰,因为没有一处能找出对应的史实来加以印证,而且具体情景细节,也经不起研究推敲。左景伊在《我的曾祖左宗棠》一书中就表示,他不知道有上述对联,祖上也没有文字记载,在相关正史中没法查到。

虽然查无实事,但编得比较符合曾、左的性格逻辑,倒也不无价值,毕竟,它有助于后世立体地了解曾、左的"民间形象"。

因为,正史记载虽有不同,但与轶史、传闻异曲同工。

〔二〕

咸丰五年(1855年)起,曾国藩与左宗棠开始频繁通信,两人一直以"仁兄、大人、阁下"互称。在左宗棠方面,是据实称呼;在曾国藩方面,是自谦。自谦是清朝人遵循的惯例跟规矩,是中华文化五千年来的优良传统。

曾国藩官拜武英殿大学士后,左宗棠还是一等恪靖伯,官阶品级低出一等。根据清朝规矩,官阶品级低出者须自称"晚生"。

或许,左宗棠在常年交往的过程中,心理记忆已经将被自己两次救过的曾国藩,看成了"贤弟",他一时间对"晚生"之称不能习惯,写信以半开玩笑的口吻说：我比老兄只小一岁，可以算作是同龄人，说不上是"晚"，还是自称"愚弟"合适吧。

> 惟念我生只后公一年，似未为"晚"，请仍从弟呼为是。

曾国藩知道，他在跟自己开玩笑，何况，在左宗棠这个心地正直的大才面前被尊称为"老师"，他有点心虚；加之历年来被左宗棠批评的次数过多，形象秘密全无，权威根本树立不起来，因此故意装作认真地说："恕汝无罪。"这句话是当时流行的戏台词。可见，两人都当场面上的称呼是演戏，私下里更喜欢以真性情交往，并没有真拿它当回事。

曾国藩喜欢跟部下开玩笑，《水窗春呓》记载了李鸿章的一段回忆，可以侧证。

李鸿章说："在营中时，我老师总要等大家同时吃饭。饭罢，即围坐谈论，证经论史，娓娓不倦，都是于学问经济有益实用的话。吃一顿饭，胜过上一回课。他老人家又最爱讲笑话，讲得大家肚子都笑疼了，个个东歪西倒的。他偏不笑，以五个指头作把，只管捋须，穆然端坐，若无其事，教人笑又不敢笑，止又不能止，这真被他摆布苦了。"

到了私下场合，曾国藩确实也不喜欢客套，因为总在上面揣着、端着，做人太累，而且无益，虽然公开场合，他非常注重政治影响。

左宗棠毕竟是儒学信徒，礼制是儒学之本。称谓虽是形式，但是礼制的日常体现，抛弃形式，像老虎被剥下虎皮，内容跟着流失。基于此，但凡到了公开场合，左宗棠也十分注意形象，从不打马虎眼。

左宗棠入主湖南巡抚幕僚期间，在朋友圈里逐渐形成一个奇怪的特点，他常以"今亮"自署其名，将自己看成是"当代诸葛亮"。令人啼笑皆非的是，因为这一名号，他跟曾国藩之间还闹过一段小插曲。

具体经过是：咸丰四年（1854年）12月3日，曾国藩统率湘勇攻占湖北武昌城，湖南方面给朝廷列保举名单，推举左宗棠为知府，名字放在第一位。

左宗棠得知，坚决不干。他找上门去反对，诸葛亮的穿戴，是羽扇纶巾。

你们以"蓝顶"夺了他的"纶巾",以"花翎"取代他的"羽扇",这是在拿我的偶像诸葛亮开历史玩笑。你们赶紧改,不改的话,我就发誓不跟你们合作了,我一个人躲进深山老林里,让你们一辈子也找不到。再说了,国藩兄率兵攻打武昌城,我没有半分功劳,你们却趁机保举我,这摆明是让我难堪。男子汉大丈夫,要做大官,靠堂堂正正的真本事就可以做到,为什么要冒名顶功、浑水摸鱼?何况,你们给我保的官位太小了,我根本看不上,你们真要保举我,就直接保举我做巡抚、总督得了。你们保举"当代诸葛亮"做县长,这岂不是太荒唐了点?国藩兄是正人君子,绝对干不出这种事,我猜是罗泽南、胡林翼这两个家伙背后撮合着,背着国藩兄偷偷摸摸将我写上保举名单的。唉,他们这些家伙,让"当代诸葛亮"无功受禄,真是让我坐立不安啊。

原文是:

> 吾非山人,亦非经纶之手,自前年至今,两次窃预保奏,过其所期。来示谓以蓝顶花翎尊武侯,大非相处之道。此次克复武昌,吾相距七百余里,未尝有一日汗马功劳,又未尝偶参帷幄计议,何以处己?何以服人?方望溪与友论出处,"天不欲废吾道,自有堂堂正正登进之阶,何必假史局以起?"此言即是。吾欲做官,则同州直隶州亦官矣,必知府而后为官耶?且鄙人二十年来,所尝留心自信可称职者,唯督抚而已。以蓝顶尊武侯而夺其纶巾,以花翎尊武侯而褫其羽扇,既不当武侯之意,而令此武侯为讪笑。特将蓝顶花翎原璧奉还。

当时,湘军阵营内以诸葛亮自居者有三人,罗泽南自称"老亮",刘蓉人称"小亮",左宗棠自命为"今亮"。与罗、刘对历史上的诸葛亮名声不大在意不同,左宗棠一旦发现有玷污诸葛亮清名的,必然第一个站出来力争,直到对方给诸葛亮恢复名誉。

痴迷程度如此之深,朋友圈不免会有磕碰,大家不得不格外留意,怕惹得左宗棠不高兴。到后来,朋友圈干脆将古、今诸葛亮等同于一人,如果谁口头上夸奖诸葛亮,等于直接表扬左宗棠。这种半真半假的玩笑,在左宗棠拜相后,直接影响到了官场。

光绪元年（1875年），在陕甘总督左宗棠的督办下，甘肃贡院如期落成。这是五千年来甘肃第一个文教基地，是左宗棠在西北的一大德政，甘肃当地书生、学者、官员感恩戴德，思图报答。

这年，甘肃在本省兰州的贡院举行自发明科举制度以来的首场乡试。主考官出试题——《诸葛大名垂宇宙》，仿佛是在为左宗棠量身定做。四千余名秀才在考卷上借分析、评论历史上的诸葛亮平定、开发大西南的成功经验，来为左宗棠平定大西北笔记其事，为西征军即将出征收复新疆的时代壮举出谋划策，加油鼓劲。应该说，这个考题巧妙地将公、私两方面同时兼顾到了，虽有秀才人情，但不算是"文化贿赂"。

左宗棠收复新疆后，声名已经如日中天，他非但没有以事功超越诸葛亮而自高其名，反而更加注意维护诸葛亮形象。

轶史记称，某天，两个林姓官员闲聊，当着左宗棠的面开玩笑。一个说："此诸葛之所以为亮也。"意思是，这就是诸葛亮真正高明，且为人所不及的地方啊。左宗棠听得抚须大笑。另一个说："此葛亮之所以为诸也。"意思是，诸葛亮有什么了不起？跟臭皮匠差不多，现在全国遍地都是。左宗棠当场敛容。

左宗棠既然将诸葛亮尊奉为偶像，其本人平日里不敢有丝毫的亵渎，自然也不容别人信口雌黄。林姓官员张口一句就将诸葛亮贬了，老左不生气才怪。

俗话说："不疯魔，不成活。"左宗棠对偶像诸葛亮如此痴迷跟维护，大概已经到了"人我不分，古今一体"的程度。这在局外人看来，不免十分可笑，但当事人的内心体验，我们也完全不知道。正如克勤禅师的一首悟禅诗所说："金鸭香炉锦绣帷，笙歌丛里醉扶归。少年一段风流事，只许佳人独自知。"

通过这件事，大概也可以看出，真正能够成就历史大业的人，时刻在珍藏呵护着一颗真挚、执着的心。

轶史记载，曾国藩去世后，长沙中山路船山祠堂边设有曾文正公祠。左宗棠收复新疆后回乡省亲，顺道前去祭奠。作为晚清最具个性魅力的"明星官员"，左宗棠衣锦还乡，引得全省上下轰动，数万人挨挨挤挤，等待围观。左宗棠其时乘坐一架八人大轿。围观者人流如织，长沙街巷又过于狭窄，轿子过不去。左宗棠干脆掀开轿帘，下轿笑着跟围观者拱手打招呼：你们是要看宰相耶？宰相就是这个样子。我就是你们要看的左三嗲嗲！

这种老顽童式的可爱，其亲近、平实的风格，像极曹操。曹操当年西征马超、韩遂，韩遂的士兵争着看他，曹操走到他们面前大声说：你们是想看曹操吧？告诉你们，他和你们一样，也是个人，并没有四只眼睛两张嘴，只不过比你们多了点智慧罢了。

左宗棠进曾文正公祠，按照礼仪，该跪就跪，该拜就拜，一点也不含糊。仪式完毕后，左宗棠要亲兵揭开神帐，看曾国藩的木像。仔细端详了一会儿，他摸着胡子点头称道："涤生，生前哪得有此！"

这则故事，让今人得以窥见左宗棠在曾国藩身后的一些情景。

日常生活中，曾、左在起居、饮食方面虽同为持身严谨之人，但也呈现两种不同的风格。

与内心不乏幽默感却习惯正襟危坐的曾国藩不同，日常生活中，左宗棠以自由洒脱的真性情与人说话。闲暇时分，他喜欢不拘一格地与身边人开玩笑。

六十九岁那年，他回到长沙司马桥，某天跟家人喝茶话旧。左氏主动比较说：湖南从历史到今天，只有本朝出了三个拜相封侯级的人物：陶澍、曾国藩和我。陶澍拜相了，但是没有封侯；曾国藩拜相封侯了，但晚年没有回家；只有我，既拜相封侯了，如今又衣锦还乡了。

家人笑问：难道您就没有不如他俩的地方？

左宗棠摸着胡子笑道：当然有哇，你看，我的胡子就没有他俩长嘛。

家人笑得直不起腰。

比较那些充满生活原味的玩笑可以发现，曾国藩偏文雅、含蓄。

曾国藩日记中记有一事：某次，政府公文为了彰扬他，将他的头衔列了一大串，他皱着眉头批下一首打油诗："官儿尽大有何荣？细字太多看不清。删去几行重刻过，留教他日做铭旌。"他调侃官方对自己的介绍文字太多了，那些啰啰唆唆的头衔一大堆，刊刻出来其实根本就没人看，等自己死后写在旗子上就可以了，没必要现在拿来罗列浪费精神。

晚年的左宗棠身体有点发胖，他多次在信中跟儿子说自己"胖得已经让自己讨嫌"。

为什么要讨厌身体发胖？倒不是担心影响健康。因为在古人看来，官员发胖不是好事。俗话说，心宽体胖，说明官员平日里可能不想事。成语"食言而肥"，《诗经》指斥"硕鼠"，说的都是体胖的人。古代文官崇尚修长的竹，瘦长的仙鹤，似乎官员长相清癯才是"正相"。

虽然官员胖瘦跟官德、官品完全没有关系，但左宗棠在这一点上似乎一直颇感纠结，希望自己最好能够瘦下来。四十八岁那年，曾国藩用"精壮"描述他的长相，皮肤晒黑了，他似乎对这副体态最为满意。

智性且率性的左宗棠，从小就不安分守己，有点调皮，进入官场后，他很不喜欢沉闷枯燥的工作环境，有时跟身边工作人员开玩笑，来活跃办公室里的气氛。

据一则流传甚广的轶史记载，某天饭后，左宗棠问亲兵，让他们猜猜看，自己肚子里装的到底是什么东西？

有人猜，是"绝大经纶"。有人说，是"雄兵百万"。左宗棠连连摇头，说不是的，不是的。

最后，一个熟悉左宗棠平时玩笑风格的亲兵说，左大帅的肚子里装的是牛板筋。

左宗棠听完哈哈大笑，连连点头称是。

左氏坚信自己是"牵牛星下凡"，牛板筋当然是牛最好的美食。

跟普通人生活在一起，左宗棠最喜欢听身边人说实话，并不喜欢听吹牛拍马的话，只要是实话，哪怕对方玩笑开得过分，也没有关系。

推想起来，左宗棠喜欢开这种民间生活的玩笑，主要是方便拉近其与工作人员的距离。身边人一番哄堂大笑之后，与自己工作起来才可以无拘无束。

左宗棠这种使其与普通工作人员打成一片的玩笑，曾国藩不喜欢开，曾国藩只与李鸿章等高级将帅玩冷幽默。他有一副对联，道出了为什么不喜欢与普通人开玩笑的原因："大处着眼，小处着手；群居守口，独居守心。"

曾、左之间真真假假的玩笑与恶搞，至曾国藩去世而结束。

回报与非议

|一|

曾、左生前虽然有过不少口舌之争，但确实如左宗棠所言，曾、左之交"居心直，用情厚"，两人公事坦诚正直，私交其实一直深厚。两家人的关系，在左宗棠晚年也越来越亲近。

这从曾国藩身后发生的几件事情上可以窥见一二。

因为左宗棠曾举报曾国藩放走了幼天王，同治三年（1864年）后，朝野都认定曾、左已经交恶，加之两人私下再无书信往来，更加坐实这一揣测。所以，曾国藩去世后，亲朋故旧都猜测他会利用显赫权势，压制曾氏后人。

但左宗棠用事实的做法，打破了预定的人设。左宗棠晚年对曾国藩的后人，不但在生活上给予关照与帮助，在事业上也极力予以扶持。

曾国藩为官十分清廉，其总督任上每年四万两白银的俸禄，大都当作工资发给了一班幕僚，去世前仅留下一万余两。因生前门生故吏遍布天下，来湘乡吊丧者绵延数里，丧宴摆了上千桌，存银完全捉襟见肘。丧事办完，积蓄全空，曾氏后人衣食无着，不得不经常向亲朋故旧求助。

左宗棠得知后，立即从俸禄里抽出几百两银子赠送。曾纪泽最困难的时候，左宗棠一次性赠给他四百两银子。左宗棠其时一妻一妾、四子四女，每年生活费二百两。对照可以看出，这笔钱用于日常家庭生活开支，已经比较宽裕。

其后，左宗棠又在经济上接济过曾国藩的次子曾纪鸿。

为什么要同时厚待曾国藩两个儿子？左宗棠在致朋友李勉林的书信中说出了其中一些缘由：

> 吾辈待其（曾国藩）后昆，不敢以此稍形轩轾。上年弟在京寓，目睹栗诚（曾纪鸿）苦窘情状，不觉慨然为谋药饵之资，殡殓衣棺及还丧乡里

> 之费，亦未尝有所歧视也。

意思是说，因自己前面赠送了曾纪泽四百两银子，现在曾氏次子曾纪鸿家里困窘，做叔叔的为了表示在两个晚辈面前一视同仁，不让外人觉得厚此薄彼，对大侄子有所偏心，所以在他最困难的时候也赠送相当数量的银子。

这似乎有点将曾国藩的两个儿子当亲侄子对待了。

曾国藩最小的女儿曾纪芬在《崇德老人纪念册》中记称，左宗棠晚年心慈重情，她很愿意接近。丈夫聂缉椝二十七岁那年，还没有找到合适的工作，她建议去南京两江总督府拜访左宗棠。左宗棠见面一番交流，颇为欣赏聂缉椝的才能，提拔他做了两江营务处会办。

两江营务处是左宗棠收复新疆后在南京设立的军事筹划机关，相当于参谋处。

其后，左宗棠对他悉心栽培，几次用力提携。光绪八年（1882年）春，聂缉椝随左宗棠出省阅兵。当时上海制造局已经开办，许多官员前来求任，左宗棠端茶送客后，独留聂缉椝小坐一会儿，跟他交心道："仲芳（聂缉椝字），你都看到了，今天来找我帮忙的人，只为求官发财，我对他们感到失望；只有你是冲着干一番事业来的，你可以担当大事，好好努力。"

> 若辈皆为贫而仕，唯君可任大事，勉自为之也。

带在身边亲手教授的那段日子，左宗棠像待儿子一样待聂缉椝。在左氏的用心栽培之下，十数年后，聂缉椝分别在江苏、安徽、浙江三地担任巡抚，成为曾氏显赫的后人。

左氏这种待曾氏后人爱才如子的情谊，甚至胜过待亲生儿子。

左宗棠生有四子。长子孝威早年跟父亲去兰州军营锻炼过一年；四子孝同在左宗棠收复新疆期间被带到兰州，左宗棠抽空教他写了一年多文章。次子孝宽、三子孝勋，都安分守己，在湖南老家读书、做事，因两人天资稍弱，左宗棠让他们自食其力，并不给予特别关照。孝同在左宗棠去世多年后官至江苏提法使、布政使，这是通过自己扎扎实实奋斗上去的，并没有得到父亲在世时半点人情关照。至于是否有人因感左宗棠生前旧恩，在其子身上给予适当报答，今天已无从得知了。

从中看出，聂缉椝确实有真才实学，否则左宗棠不可能给予特别关照。

左、聂两家关系处熟后，左宗棠特邀曾纪芬到两江总督府的家里做客。

见面后，左宗棠为打开话题，明知故问：涤生兄是猴年生的吗？

曾纪芬说：羊年。

左宗棠说：哦，大我一岁，你就将我当叔叔吧。

他交给曾纪芬一项任务，在两江总督府内找到曾国藩当年住过的卧室。那段时间，他将曾纪芬当女儿看待，关系近得胜过亲人。

两家关系熟络后，左宗棠一次当面开玩笑说：满小姐已认我家是她的外家了。曾纪芬仔细琢磨这句话，自己内心里还真将左宗棠看成"干爹"了。

之所以厚待曾国藩后人，是因为左宗棠交友奉行前面所说的"居心宜直，用情宜厚"原则。虽然两人一生完全是相互帮助，互相成就，左宗棠还曾两次救命于曾国藩，对曾国藩确有恩情，但毕竟自己在同治元年（1862年）做上浙江巡抚，出自曾国藩一手举荐，做人不能"忘恩"；再则，他确实没有计较曾、左私交中的意气，意气之争大多停留在玩笑阶段，当不得真，尤其不应影响到后人。

中国人习惯，同龄人生活中喜欢以玩笑相互打击为乐，尤其在关系亲近的男人之间。左宗棠虽然位高权重，令时人感到高不可攀，但生活中也是常人，尤其爱开玩笑。

轶史记称，左宗棠晚年，应了中国一句古话，"树老根多，人老话多"。中国自古以来是人情社会，左宗棠偏偏忌讳任人唯亲，所以在总督任上时，他对求情的官员特别有一手，见面就滔滔不绝地说自己的故事，从楚军东征说到西征军远征，从曾国藩说到自己，将工作汇报当成听英模报告，让对方只能听，没有机会求情，时间一到，端茶送客。

这本是左宗棠管理下属的一种策略，但却因此得罪了不少官员，他们见求事不成，恼羞成怒，添油加醋，传播左宗棠对曾国藩的批评，说左宗棠喜好自炫功绩，当着人面夸耀显摆，句句都在贬低曾国藩。话一经传开，越传越失真，传到最后，左宗棠俨然每天都在对曾国藩泼妇骂街了。

曾、左身后许多逸事传言，基本上出自这些人的手笔。不能说他们全无事实根据，但肯定有所改装或添加，所以只能算是被得罪者的一家之言，当然可以当茶余饭后的笑谈，此外似乎也并没有更多的历史价值。

|二|

还有一个令今人奇怪的现象，左宗棠晚年时，社会流行批评曾国藩而肯定左宗棠。

原因呢？

曾国藩晚年因处理天津教案不当，"外惭清议，内疚神明"换来如潮的讥评。左宗棠后期平定大西北、收复新疆，护卫台湾，巨大的历史功劳摆在那里，再加上两次入值军机处，权势显赫，想攀附者比比皆是，朝野上下一片褒奖，其中不乏吹捧谀辞。

晚清工商业兴起，人心日益势利，高官权势一旦散去，攀附者急遽离去，甚至恩将仇报。曾国藩幕僚薛福成出于公道，很不满意这种现象，不仅仅是因为曾国藩去世后门庭逐渐冷落，让他感到人情浇薄，世态炎凉。

薛福成在《庸庵笔记》中这样分析：

现今社会上普遍流行褒左抑曾，为什么？因为曾国藩已经去世，批评他没有风险，但左宗棠还活着、位高权重、声名显赫，批评他容易自惹麻烦。现在的人真是太势利了，在曾、左晚年"失和"这件事情上，即使偶有议论左宗棠不对，也认为左宗棠只有两点做得不对：一者他是曾国藩举荐才独立创建楚军的，他出山后却老在否定曾国藩的意见，使他难堪；二者左宗棠办事"不感私恩，专尚公义"，为了国家大义，大公忘私。

薛福成说：这两点明是批评左宗棠，实则是在表扬左宗棠，我以为都没说到点子上。问题的关键是，曾国藩实心举荐左宗棠，左宗棠却争强好胜，声望、功劳全盖过曾国藩，现在全国人民一致褒左抑曾，我担心这件事让后世知道了，他们会拿曾国藩作反面教材，不敢再举荐比自己优秀的人才了。照这样发展下去，世道人心难道不是会变得越来越坏吗？

其批评时人、忧患时世的原文是：

> 且文襄意气之矜忮，素著于时，彼亦以为偶一纪述，毋宁抑曾而扬左。抑曾则断无后患，抑左则或招尤悔，此又因畏之之心，转而为誉，亦人情所时有也。呜呼！世风之偷薄久矣。余尝怪世之议者，于曾左隙末之事，往往右左而左曾，此其故亦有两端：一则谓左公为曾公所荐，乃致中道乖违。疑曾公或有使之不堪者，而于其事之本末，则不一考焉；一则谓左公不感私恩，专尚公义。疑其卓卓能自树立，而群相推重焉。斯皆无识者流也。夫公义所在，不顾私恩可也。若既受其荐拔之恩，复挟争胜之意以求掩之，又得群无识者助之以取胜，而名实两全，则人何惮而不背恩哉？余恐后之在上位者，以文正为鉴而不敢荐贤也，此亦世道之忧也。

薛福成站在中国几千年传统文化心理的角度，担心"受人滴水之恩，必当涌泉相报"的传统情义文化遭到此例破坏，确实令人深思，尤其在百年之后，背信弃义者日渐普遍的时候。因为情义是中国文化之魂，如果做人可以忘情弃义，而且还能得到主流人群的舆论肯定，则人之为人的基本价值遭遇严峻挑战。

社会是建立在道德之上的。道德是通过舆论约束人们言行的准则和规范，说到底是人与人交往时应该遵守的规矩。法律是道德的底线，负责人群中概率极低的大道德沦丧方面的惩罚，比如抢劫、偷盗、杀人等。人们日常生活中，每天小道德的应用何止成千上万处，只要将其中几处交给法律去管制，大多数人都会感到生活荆棘，引起不适。比如规定晚辈见长辈、学生见老师必须致意问候，否则将会被公安机关管教。道德是空气、阳光、水，绝大多数人在绝大多数时候，是不需要感觉到它的存在的。一旦感觉到它的存在，社会就已经出问题了。

薛福成站在传统道德的角度看，确实说到了点子上，也道出了后世的尴尬。

中国传统规矩，教出徒弟打师傅是大逆不道。再有大才的人，也需要提携，需要平台，离开提携与平台，难以成功。

但站到晚清社会的文化心理去看，薛福成无意中忽视了关键的一点，左宗棠因个人有"人格洁癖"而将"天下大义"置于"私人情义"之上，这些绝大多数都是曾国藩在世时接受了的，否则曾、左在断绝私交后不会有前文中的暗中支持。当事人的感受比旁观者的观感当然更为重要。以个人观感移情历史当事人的感受，只能作为一种个人意见，而不能作为论定的社会根据。同时，承受属下的挑剔与超越，本就是大政治家应有的胸怀，也是位极人臣者高处不胜寒的必然承担。

曾国藩对左宗棠的冲撞，确实有过一些意见，他在写给儿子的家信中曾这样说：

> 余于左、沈二公之以怨报德，此中诚不能无芥蒂，然老年笃畏天命，力求克去褊心忮心。尔辈少年，尤不宜妄生意气，著不得丝毫意见。切记切记。

曾氏将自己当年着力提拔的浙江巡抚左宗棠、江西巡抚沈葆桢放到一起，称两人曾经对自己有过以怨报德的行为，自己内心确实有疙瘩，但因自己克制了狭隘、忌妒之心，所以也就不计较了。他希望父辈恩怨一代而终，不要影响到后人。

曾国藩晚年笃信黄老，《老子》有言："受国之垢，是谓社稷主；受国之不祥，是谓天下王。"政治家的胸怀跟气量，是在为官实践中承污纳诟，这是道德垂世者的王者风范。

曾国藩无疑具备这种王者风范。

后世同时还应该看到，曾、左在断绝私下书信往来后，曾国藩对左宗棠事实上仍是十分欣赏的。在不因私废公方面，曾、左事实上一直有着心照不宣的默契，哪怕两人在朝堂之上，貌似闹翻。

读历史人物，观现实生活，我们经常可以看到，有官场好友因私废公，彼此相互吹捧、勾结，党同伐异；也不乏官场恶友以私谋公、公报私仇，彼此对峙、算计，人莫予毒。彼此同居高位，而能数十年如一日地做到居心直、用情厚，十分鲜见。

以今观古，曾、左一生"同心若金、攻错若石"的诤友风格，足为后世表率、百年典范。因为在两千余年的帝制史上，我们已经很难再找出一对如此紧密合作，同样位极人臣，却能将晚节跟身后皆处理得如此恰到好处、亲密有间的朋友。更不用说，历史上那些早年同舟共济，晚年反目成仇的位高权重者，多到令人触目惊心。

在人工智能进入生活的时代，智能机器人之间，能够做到让一言一行都符合标准规范。但人比智能机器多了情感与心意，而情感与心意是非理性、不确定性因素。儒学修身的作用，是建立在充分尊重人的情感与心意的基石之上的，不能用人工智能去类比。这也是在科技高度发达的时代，我们依然需要以儒学修身、以史明智的原因。对现实生活中最为理想的朋友关系典范，我们不能用理论去凭空作绝对理想化的勾勒，而只能到历史真实的人物中去寻求。

薛福成作为曾氏幕僚，其人文才、识见确实不俗，尤其是，他在光绪十二年（1886年）因公周游英、法、意、比西方四国，作下中西文化比较的游记文章，令人喜读。但即使他有不凡的眼光、贴身的观察，也未必就真正懂了自己朝夕相伴的理学大家高山仰止般的万千内心沟壑。

传闻中的曾、左争竞，或许还有更多不为人知的隐情。

二等侯之谜

|一|

后世以曾国藩为主线的历史研究者，经常无意间忽视一处史实，左宗棠在曾国藩身后，活跃长达十三年。

正是这关键的十三年，左宗棠将湘军的使命成功地由"安内"转向"攘外"：以兵威震慑住英、俄幕后支持的阿古柏政权，成功收复故土新疆；指挥恪靖定边军与法军在基隆激战，成功赶走侵台法军，护住祖国宝岛台湾。

由于左宗棠几次"攘外"成功，西陲从此永固，在三千年未有的大变局时代，中国近代工业化得以从逼仄、险恶的国际环境里闯出一条新路。湘军经左宗棠定鼎后，走到了一个新的高度，无论气象还是格局，都进一步为之阔大。

湘军开创兼集大成者曾国藩，固然经历常人不能承受之难，但后来居上者左宗棠，同样有难为人言的苦衷。站到继往开来者左宗棠的角度去看，曾国藩一生奋斗的高度，成了左宗棠头顶的天花板。

根据中国传统的情义文化观念，左宗棠作为曾国藩的副手创建楚军，无论声名还是影响，都不应该高于曾国藩，否则便会在无形中构成某种"冒犯"。

这一约定俗成的传统文化心理，事实上跟古代的嫡长子制一脉相承。是经过千百年反复检验后才逐渐定型的，无疑有着较强的现实合理性。

嫡长子制即根据儿子出生的先后次序，来确定尊卑次序，而不考虑其个人能力与家庭贡献大小。其中的道理是，家庭内部第一重要的是和谐稳定，其次才是考虑家族发展壮大。如果根据个人能力与家庭贡献，兄弟之间必然发生争斗，家中难有宁日，家族无从发展。

古代中国家国同构，我们通过唐太宗为争夺皇位而屠兄杀弟，康熙九子为夺嫡而大打出手，可以清楚地看出，嫡长子继承名分的重要性。所以，尽管不少嫡长子才干平庸、性格庸懦，但有他存在，便足以维系家庭内部的和谐稳定，这已经是对家族的最大贡献。

中国几千年来的长幼有序道德观念跟嫡长子制文化形成一个逻辑闭环，这是地球上许多古老的文明在天灾人祸跟内部冲突面前，相继突然消亡，而中华民族得以从古至今生生不息、延续至今的重要原因。也就是说，人伦是人类世代繁衍生息的根本，科学、技术都不是。

问题恰恰就在这里。传统的家族，今天事实上已经逐渐淡出了国人的生活，嫡长子制也尘封于历史。现实的生活环境完全改变了，观念的水位需要跟着变化。

用现代眼光观看历史，标准必然不再等同于古人。这是我们今天需要重新评价曾、左的时代原因。

今天我们如何来重新评价曾、左身后的价值？

|二|

民间认为，清朝共有二十四位名臣，曾国藩、左宗棠并列其中。

曾国藩作为晚清四大中兴名臣之首，没有争议。但放进二百六十八年的整个清朝去看，就历史功业的一面来说，除了有"大清开国第一重臣"之称的多尔衮论事功较左宗棠为高，其余如前朝隆科多、年羹尧、鄂尔泰，以及同朝的僧格林沁等人，无论事功还是文治，均难与左宗棠比肩。

有清一朝，封一等侯者十三人，其人大多身随时隐。随举有顺治朝的伊尔德（封"宣义侯"）、康熙朝的张勇（封"靖逆侯"）、田象坤（由袭爵以军功晋封）等人，今天已鲜有人知其名。以左宗棠功业之大，即使封赏一等侯仍嫌单薄，为何最终一个"二等恪靖侯"便匆促打发？

事实上，左宗棠成功收复新疆之时，朝廷便面临如何封赏的问题。有大臣建议封王，恭亲王建议封公。

慈禧最终将两种意见都否定了。理由是，本朝之内，任何人得到超过曾国藩的封赏，都不合适。

咸丰皇帝在世时曾许下诺言：谁取下金陵，便封谁为王。不料咸丰皇帝在

第八章 轶史与身后

咸丰十一年（1861年）驾崩，慈禧垂帘听政，最终食言。

十四年后，慈禧萧规曹随，封左宗棠为侯。其用意是，曾国藩与左宗棠两个侯，加起来等于一个王。

这有亲历者的史料作为支撑。薛福成在《庸庵笔记》中对于其中的隐情，如此记称：

> 曩闻粤寇之据金陵也，文宗显皇帝顾命，颇引为憾事，谓有能克复金陵者可封郡王。及曾文正公克金陵，廷议以文臣封王，似嫌太骤，且旧制所无。因析而为四，封侯、伯、子、男各一。曾文正公封一等毅勇侯，世袭罔替；曾沅甫官保封一等威毅伯，提督李臣典封一等子，提督萧孚泗封一等男。

意思是说，太平天国建都天京后，咸丰皇帝宣布，谁能打下天京，便分封作郡王。但待曾国藩打下天京，咸丰皇帝已经驾崩三年，慈禧召集文武百官开会讨论，官员们一致认为，封汉官为王，这事太突然，本朝没有此规矩。慈禧以此为据，最终将郡王分作侯、伯、子、男，逐一封赏。曾国藩封一等毅勇侯，曾国荃封一等威毅伯，李臣典封一等子，萧孚泗封一等男。

对于左宗棠最终封二等侯的曲折原委，薛福成同样有一段真实的记述与评议：

> 左文襄公之肃清甘肃新疆也，廷议援文襄公长龄平张格尔封公之例，拟封一等公爵。皇太后谓："从前曾国藩克复金陵，仅获封侯。左宗棠系曾国藩所荐，其所用得力之老湘营，亦系曾所遣，将领刘松山等，又曾所举也。若左宗棠封公，则前赏曾国藩为太薄矣。"乃议左公以一等恪靖伯，晋二等恪靖侯。所以不获一等者，示稍逊于曾公也。

意思是说，左宗棠收复新疆后，慈禧太后召集大臣开会讨论，廷臣建议朝廷参考本朝长龄封公的先例，封左宗棠为一等恪靖公。但慈禧斟酌后，认为不可。理由是，曾国藩当年打下金陵，才获得一等毅勇侯的封赏，左宗棠创办楚军,是由曾国藩举荐,左宗棠收复新疆的先锋主力部队老湘营和将领刘松山,由曾国藩赠送和举荐。如果左宗棠封赏公爵,则曾国藩的一等侯爵太低了。她最终决定将左宗棠封为二等侯,以表示比曾国藩稍微低一点。

作为曾国藩的心腹幕僚,薛福成这段记述可信度高,尤其是他所记录的当时舆论,不但切合历史实情,也符合慈禧性格。

总结起来说,慈禧将左宗棠由众望所归的一等公爵,降格为二等侯爵,主要基于以下三个方面的考虑:

第一,出身。左宗棠咸丰十年(1860年)出山创办楚军,出于曾国藩的保举,其后名义上多年是曾国藩的助手、副手跟帮手。

第二,人脉。左宗棠收复新疆所倚仗的先锋主力部队老湘营,是曾国藩裁撤湘军时保留下来赠送给左宗棠的,功劳首归于曾国藩,其次才算到左宗棠头上。

第三,平衡。慈禧顾虑,一旦将左宗棠封作一等公爵,则曾国藩的一等侯爵就被比下去了,朝廷不愿意扬左以抑曾,对不住故世的曾国藩。

慈禧站在大清王朝的角度,从官员人情方面平衡,自然有她的权衡考量。但今天如果能站到国家主权、民族大义的层面,则又有历史主事人所未能有的发现。

慈禧不放开奖赏左宗棠,更深层原因还在于,大清有一个绕不过的逻辑:左宗棠收复新疆,作用再大,也是民族性、历史性的;曾国藩节制湘勇攻克金陵,则具有政权意义。对执政的爱新觉罗家族而言,曾国藩挽救的是整个大清王朝,左宗棠只是保全了大清六分之一的疆土,根本无法相提并论。

根据这一逻辑,挽救大清政权比外收疆土主权更为重要。清廷代表国家政权,皇帝就是国家政权,国土只是皇家的私产。疆土主权则属于千秋万代的祖国,对应的是中华民族的共同利益,是不分朝代、不限时代的。

左宗棠对中华民族的疆土主权贡献再大,但朝廷在封赏时一定不能完全体现出来,否则会产生"民族利益大于清廷利益"的舆论导向,导致"朕即国家"变成"人民即国家",皇权制度从根基上被摇动。

同时,还有一个前面几次提到过的事实方面的原因:历年来,左宗棠为集中办事权,几次三番不惜冒犯太后。左宗棠跟曾国藩分道扬镳之后,他在朝堂之内已经没有依靠，慈禧成了他在朝中最大的依靠。左宗棠的忠心是慈禧高度认可的。但他的刚直几次逆了龙鳞，拂了慈禧的心意。

慈禧是一个凌厉、强悍的女人，对拂逆过自己的人，不但记在心里，打压起来也毫不心慈手软。她最终决定以二等侯封赏左宗棠，不排除以适当打压，作为对左宗棠历次冲撞的回应。

我们不免想知道，左宗棠本人怎样看待被封赏二等侯爵？

|三|

光绪四年（1878年），除伊犁外，新疆南、北领土全部重新安回中国版图。左宗棠用一种具有历史纵深感的眼光，与家人自评其功业为"自汉唐以来所创见"。他将自己定位成继唐太宗安置西域之后的祖国功臣。

对于朝廷即将赐予的封赏，左宗棠事先有过猜测，期许颇高。

但当真正收到二等侯的封赏时，他仍然乐于接受。

为什么不嫌其低？最为主要的原因是，左氏功名一直停留在举人，加之入张亮基幕府时已年满四十岁，起步太晚，故对一生结局预期不高，晚年无论得到朝廷任何封赏，事实上均属过望。

从二十六岁到四十岁，左宗棠以"湘上农人"自号，在湖南乡下耕读、教书，其时最大的梦想，只是著述有人读，死后有人来坟前焚香祭祀。

年近四十岁的左宗棠，以为自己必将以草野乡士之身，终老于林泉之下，身后只有子孙后代与几个有共鸣的读者还记得，不禁备感人生寂寞，身后萧条，颇为伤心。他青年时代确实梦想过拜相封侯，但做外公几年了，还沉寂草野，他基本已经死心。他没有想到，中年以后能够骤然发迹、实现拜相封侯的夙志，在中国历史上留下塞柳长青的一笔。

但既然已经成就了千古功业，心态较之前又有所变化，他并不在意在世时的社会评价，但十分在意身后的历史评价。

左氏没有料到，二等侯在身后像一道紧箍咒，将给自己带来诸多尴尬。

其一，左宗棠毕生功名止于举人，凭历史机遇跟个人能力崛起于陇亩，死后赢得"学问优长、经济闳远、秉性廉正、莅事忠诚"的官方评价，半生位高权重，声名显赫，后世便拿他做"草根逆袭"的励志教材。事实上，左宗棠的才气、机遇千年一遇，其励志作用并不具备普适性。

其二，左宗棠毕生耿介、刚直，童年时起便"慕古大人节"，他严格按照书本上刻录的古人道德标准要求自己，为了正义不惧腐恶，为了公理不惜得罪朋友，为了对抗强权不怕得罪政敌。他与部下虽然关系多数融洽，但得罪过的朋友与同僚诸多。后世有一些研究同时代人物的作者，便以"廉洁可辱"之法，将其"慕古大人节"的心念解读为"痴慢""傲气""情商太低"。

其三，二等侯的标签，让他身后百余年里，若有若无地存在于曾国藩的影子里。他因中年时期做过曾国藩的助手、副手跟帮手，十余年里一直是湘军系里的二号人物，待他晚年大成，没有人再想着去专门关注曾、左的不同，更没有人站到左宗棠的角度，去发现一个最基本事实，即他生平最重要的事功（收复新疆，促成新疆、台湾建省，办成中国第一家机器国货工厂等），均是在曾国藩身后所创建。

古往今来，历史人物均有"正史形象"与"民间形象"，一般相互补充，两面差别不大。但左宗棠的"正史形象"高大巍峨，"民间形象"轻慢痴傲，两面判若云泥，几难共存于一身，同属于一人。

| 四 |

事实上，作为一代名臣、晚清巨子，拙诚的曾国藩与朴强的左宗棠，站在五千年传统文化的阴、阳两面，既相互吸引，又互为补充，彼此默契合作，相互成就，最终形成一个圆融的整体。两人一生相交、相进、相合、相分的逶迤并进曲线，完好地展示了中国人精神的立体多面，印证了中华传统文化具备足够的丰富性。

正是这种阴阳互补、立体多面的丰富性，让中华民族拥有人类文化最大的弹性：在太平时世，中国人爱好中庸和平，懂得繁衍子孙，安享生活。一旦国家面临危亡，民族发生危难，在亿万最普通的人群中，总会产生出一两个力挽狂澜的大英雄，他们可以将所有国人保护起来，让国、民安然无恙。所以，尽管五千年来历史分久必合、合久必分，在无数次的治乱循环中，中国人总能有惊无险，生生不息。曾、左互补的阴、阳两面，缺少其中任何一面，都会令人有遗珠之憾。

如果将圆融的整体分两面去看，我们又可以发现：立足文化阴面的曾国藩，一生最清晰的主线，致力于"内圣修身"，目标在追求道德学问垂后，风化人心。占据文化阳面的左宗棠，一生最醒目的轨迹，专注于"外王立功"，目标在实现事功人格照史，激荡千秋人心。

两人一生不同之处，应了孔子"仁者乐山，智者乐水"的名言。曾国藩是梅山文化养育的宠儿，左宗棠是八百里洞庭哺育的骄子。

仁者是劳累的。

曾国藩一生确实都在劳累中度过：在功业方面，他因忠诚而身累；在思想领域，他因至诚而心累；在生活细处，他因勤慎而言累、行累。

智者是孤独的。

左宗棠一生"廉不言贫，勤不言劳"，真我风采，自由洒脱，几乎没有过功业、思想、生活方面的忧累，但他毕生始终有一种挥之不去的孤独感。这是一种来自灵魂深处的孤单。无论是作为建功立业者，还是作为思想者，随着晚年智慧日见成熟高妙，他的孤独感便愈是强烈。

带着一种独立苍茫的孤独感，左宗棠一生结交了几位像王柏心那样的民间隐士，彼此通过书信酬答，来得到心灵的寄托。对于官场诤友曾国藩，知己胡林翼、郭嵩焘，这些原本对他了解颇多的朋友，左氏本人却始终感到有一层隔膜。他认为，曾国藩只看到了自己的表面，胡林翼、郭嵩焘虽未停留在表面，但也不能知他的心。

左氏在晚年如此袒露心迹：

> 涤公谓我勤劳异常，谓我有谋，形之奏牍，其实亦皮相之论。相处最久、相契最深如老弟（郭嵩焘）与润公（胡林翼），尚未能知我，何况其他？此不足怪。所患异时形诸纪载，毁我者不足以掩我之真，誉我者转失其实

耳。千秋万世名，寂寞身后事，吾亦不理，但于身前自谥曰"忠介先生"，可乎？

意思是说，曾国藩说我是个勤劳的工作狂，在政治、军事方面有战略眼光，他将这些话写进了保举奏折里，这些认识其实都是表面的。跟我认识最久、交往最深的朋友郭嵩焘、胡林翼，尚且不能真正懂得我的心，何况其他朋友呢？这样看也就不觉得奇怪了。我最担心的，是那些记载在庙堂之上和江湖之间的白纸黑字，等我死后，就都成了认识、了解我的权威文字根据。有根据这些文字来毁谤我的人，但他们批评的左宗棠，事实上只是挂了真实左宗棠名字的一个不相干的人而已。也有根据这些文字来夸赞我左宗棠的人，但被夸赞的那个人，也不是真实的左宗棠，我感到受之有愧。要管好身后的事情、名声，我没有这个能力，只能听之任之。趁现在我还活着，自己给自己封一个谥号，就叫"忠介先生"最合适。

"忠介先生"可以看作左宗棠的"自谥"。

他所谓的"忠"，即忠心不二，心意集中，专注执着，有敬业精神，有理想情怀。所谓"介"，即耿直，有骨气，高人格，重操行，尚气节。

忠、介两大特点，再加上左氏毕生重"心术"，以良知、良能来定用舍行藏，三者交融于一体，真实的左宗棠，已经有点接近民间文学中"自降其心、自服其行"的孙悟空形象。尽管其刚直、霸气的一面过强，灵活、王气的一面存在一定程度的不足。这大约正是他既显得品性独立，又总感到与时贤有隔膜的主要原因。

中国五千年文化，经历朝历代反复淘洗、扬弃，有一个十分重要的优良传统，几千年一直完好地保留了下来，叫素封。素封是无官爵、封邑而富比封君的人，专门用于民间口碑流传，与官封既各自独立，又相辅相成。比如孔子，在后世被素封，名曰"文宣王"。如果"忠介先生"就是左宗棠的素封，在清朝灭亡之后，它比二等恪靖侯的官封事实上更令人心仪。

毕竟，人在世时，无论功名多么威烈，地位多么显赫，现世的地位、名誉、爵位、风光、荣耀，统统都会随身死而变化，时间会反复扬弃，待一切浮华散尽，最终只剩下内核。在没有任何外力跟利益的支配下，内核中依然留驻人心的东西，才是真正打动人心的东西，也是其人一生真正活出过的价值。

曾国藩、左宗棠一生的交集故事，至此也就讲完了。本书站到左宗棠的角度，真实呈现曾、左一生交往的全景，目的在于让读者在比较中得以看清，两位联手开创晚清中兴的主推手、领路人，是如何从点头之交走向蜜月合作，又从亲如一人逐渐回归到亲密有间的诤友，通过比较得以看清曾、左的相同与不同，更主要是得以看清左宗棠在晚清大变局时代里独异的价值，看到他将传统文化跟办事能力完美融会于一体，在体、用方面可以带给我们的启发跟借鉴。

曾国藩一生厚重、丰富的价值，已有诸多研究者精深的作品全方位给予了展现。本书选取的仅是他与左宗棠交集的部分，而不是他一生全部的内容，曾国藩更多的重要价值，自不待笔者再去画蛇添足，班门弄斧，楼上建楼，盼读者朋友们识之。

附录一

清史稿·左宗棠传

左宗棠，字季高，湖南湘阴人。父观澜，廪生，有学行。宗棠，道光十二年举人，三试礼部不第，遂绝意仕进，究心舆地、兵法。喜为壮语惊众，名在公卿间。尝以诸葛亮自比，人目其狂也。胡林翼亟称之，谓横览九州，更无才出其右者。年且四十，顾谓所亲曰："非梦卜夐求，殆无幸矣！"

咸丰初，广西盗起，张亮基巡抚湖南，礼辟不就。林翼敦劝之，乃出。叙守长沙功，由知县擢同知直隶州。亮基移抚山东，宗棠归隐梓木洞。骆秉章至湖南，复以计劫之出佐军幕，倚之如左右手。僚属白事，辄问："季高先生云何？"由是忌者日众，谤议四起，而名日闻。

同里郭嵩焘官编修，一日，文宗召问："若识举人左宗棠乎？何久不出也？年几何矣？过此精力已衰，汝可为书谕吾意，当及时出为吾办贼。"林翼闻而喜曰："梦卜夐求时至矣！"

六年，曾国藩克武昌，奏陈宗棠济师、济饷功，诏以兵部郎中用，俄加四品卿衔。会秉章劾罢总兵樊燮，燮构于总督官文，为蜚语上闻，召宗棠对簿武昌，秉章疏争之不得。林翼、国藩皆言宗棠无罪，且荐其才可大用。詹事潘祖荫亦诵言总督惑于浮辞，故得不逮。俄而朝旨下，命以四品京堂从国藩治军。

初，国藩创立湘军，诸军遵其营制，独王鑫不用。宗棠募五千人，参用鑫法，号曰"楚军"。十年八月，宗棠既成军而东，伪翼王石达开窜四川，诏移师讨蜀。国藩、林翼以江、皖事急，合疏留之。

时国藩进兵皖南，驻祁门，伪侍王李世贤、忠王李秀成纠众数十万围祁门。宗棠率楚军道江西，转战而前，遂克德兴、婺源。贼趋浮梁景德镇，断祁门饷道。宗棠还师击之，大战于乐平、鄱阳，僵尸十余万，世贤易服逃，而徽州贼亦遁浙江。自是江、皖军势始振。

十一年，诏授太常寺卿，襄办江南军务，乃率楚军八千人东援浙。朝命国藩节制浙江，国藩荐宗棠足任浙事。宗棠部将名者，刘典、王开来、王文瑞、王沐，数军单薄，不足资战守；乃奏调蒋益澧于广西，刘培元、魏喻义于湖南，皆未至，而宗棠以数千人策应七百余里，指挥若定，国藩服其整暇。已而杭州陷，复疏荐之，遂授浙江巡抚。

时浙地唯湖、衢二州未陷贼，国藩与宗棠计，以保徽州，固饶、广为根本。奏以三府属县赋供其军，设婺源、景德、河口三税局榷之，三府防军悉隶宗棠。贼大举犯婺源，亲督军败之。

同治元年正月，诏促自衢规浙。宗棠奏言："行军之法，必避长围，防后路。臣军入衢，则徽、婺疏虞，又成粮尽援绝之势。今由婺源攻开化，分军扼华埠，收遂安，使饶、广相庇以安，然后可以制贼而不为贼制。"二月，克遂安。世贤自金华犯衢州，连击败之。而皖南贼复陷宁国，遣文瑞往援，克绩溪。十一月，喻义克严州。二年正月，益澧及高连升、熊建益、王德榜、余佩玉等克金华、绍兴，浙东诸郡县皆定。

杭州贼震怖，悉众拒富阳。时诸军争议乘胜取杭城，宗棠不喜攻坚，谓皖南贼势犹盛，治寇以殄灭为期，勿贪近功。乃自金华进军严州，令刘典将八千人会文瑞防徽州，以培元、德榜驻淳安、开化，而益澧攻富阳。劾罢道府及失守将吏十七人，举浙士吴观礼等赈荒招垦，足裕军食。四月，授浙闽总督，兼巡抚事。刘典军既至皖南，遂留屯。益澧攻富阳，军仅万余人，皆病疫，宗棠亦患疟困惫，富阳围久不下，乃简练旧浙军，兼募外国军助之攻。七月，李鸿章江苏军入浙攻嘉善，嘉兴寇北援，于是水陆大举攻富阳，克之。

益澧等长驱捣杭州，魏喻义、康国器攻余杭。宗棠以杭贼恃余杭为犄角，非先下余杭，收海宁，不能断嘉、湖援济，躬至余杭视师。是时皖贼古隆贤反正，官军连下建平、高淳诸邑。金陵贼呼秀成入谋他窜，独世贤踞溧阳，与广德贼比，中梗官军。鸿章既克嘉善，上言当益军攻嘉兴。会浙师取常州，而广德贼已由宁国窜浙。宗棠虑贼分扰江西、福建，乃檄张运兰率所部趋福建，召刘典防江西。海宁贼蔡元隆以城降，更名元吉，后遂为骁将。三年二月，元吉会江苏军克嘉兴。杭州贼陈炳文势蹙约降，犹虑计中变，乘雨急攻之，夜启门遁，杭州复，余杭贼汪海洋亦东走。捷闻，加太子少保衔，赐黄马褂。

移驻省城，申军禁，招商开市，停杭关税，减杭、嘉、湖税三之一。益澧为布政使，亦轻财致士，一时翕然称之。群贼聚湖州，乃移军合围，先攻菱湖。三月，江苏军克常州，贼败窜徽、婺，趋江西。世贤踞崇仁，海洋踞东乡，宗棠以贼入江西为腹心患，奏请杨岳斌督江西、皖南军，以刘典副，从之。六月，曾国荃克江宁，洪秀全子福瑱奔湖州，俄复溃走，磔于南昌。七月，克湖州，尽定浙地。论功，封一等恪靖伯。

余贼散走徽、宁、江西、广东，折入汀州，福建大震。乃奏请之总督任，以益澧护巡抚，增调德榜军至闽。四年三月，江苏军郭松林来会师，贼弃漳州出大埔。五月，进攻永定。世贤、海洋既屡败，伤精锐过半，归诚者三万。宗棠进屯漳州，蹑贼武平。于是贼窜广东之镇平，而福建亦定。

乃檄康国器、关镇平两军入粤，王开琳一军入赣防江西，刘典军趋南安防湖南，留高连升、黄少春军武平，伺贼进退。六月，贼大举犯武平，力战却之。世贤投海洋，为所戕，贼党益猜贰。诏以宗棠节制三省诸军。十月，贼陷嘉应，宗棠移屯和平琯溪。德榜虑帅屯孤悬，自请当中路。刘典闻德榜军趋前，亦引军疾进。猝遇贼，败，贼追典，掠德榜屯而过，枪环击之，辄反走。是夜降者逾四万，言海洋中炮死矣，士气愈奋。时鲍超军亦至，贼出拒，又大败之。合闽、浙、江、粤军围嘉应。十二月，贼开城遁，扼诸屯不得走，跪乞免者六万余，俘斩贼将七百三十四，首级可计数者万六千，诏赐双眼花翎。

五年正月，凯旋。宗棠以粤寇既平，首议减兵并饷，加给练兵。又以海禁开，非制备船械不能图自强，乃创船厂马尾山下，荐起沈葆桢主其事。会王师征西陲回乱久无功，诏宗棠移督陕、甘。十月，简所部三千人西发，令刘典别募三千人期会汉口，中途以西捻张总愚窜陕西，命先入秦剿贼。陕、甘回众数至百万，与捻合。宗棠行次武昌，上奏曰："臣维东南战事利在舟，西北战事利在马。捻、回马队驰骋平原，官军以步队当之，必无幸矣。以马力言，西产不若北产之健。捻马多北产，故捻之战悍于回。臣军止六千，今拟购口北良马习练马队，兼制双轮炮车。由襄、邓出紫荆关，径商州以赴陕西。经营屯田，为久远之规。是故进兵陕西，必先清关外之贼；进兵甘肃，必先清陕西之贼；驻兵兰州，必先清各路之贼：然后馈运常通，师行无阻。至于进止久速，随机赴势，伏乞假臣便宜，宽其岁月，俾得从容规画，以要其成。"

六年春，提兵万二千以西。议以炮车制贼马，而以马队当步贼。捻倏见炮车，皆不战狂奔。时陕西巡抚刘蓉已解任，总督杨岳斌请归益急。诏宁夏将军穆图善署总督，宗棠以钦差大臣督军务。分军三道入关，而皖南镇总兵刘松山率老湘军九千人援陕，山西按察使陈湜主河防，其军皆属焉。松山既屡败捻，又合蜀军将黄鼎、皖军将郭宝昌，大破之富平。捻掠三原，沿渭北东趋，回则分党西犯，麇集北山。宗棠以捻强于回，当先制捻。檄诸军凭河结营，期蹙而歼之泾、洛间。捻乘军未集，又折而西渡泾、渭，窥豫、鄂。已而大军进逼，势不复能南，乃趋白水。乘大风雨，铤走入北山。宗棠防捻、回合势，且北山荒瘠，师行粮不继，因急扼耀州。十月，捻败走宜川，别党果窜耀州，合回匪攻同官。留防军不能御，典、连升军驰救，大破之。

诸军将虽屡败捻，终牵于回，师行滞；而捻大众在宜川者益北扰延长，掠绥德，趋葭州，回亦自延安出陷绥德。宗棠自以延、绥迭失，上书请罪，部议革职。时北山及扶、岐、汧、陇、邠、凤诸回，所在响应。捻自南而北，千有余里，回自西而东，亦千有余里。陕西主客军能战者不及五万，然回当之辄败。松山等克绥德，回走米脂，捻复分道南窜。于是刘厚基出东北追回，松山等循西岸要捻。师抵宜川，回大出遮官军，留战一日，破之；而捻遂取间道逾山至壶口，乘冰桥渡河。宗棠奉朝旨，山右毗连畿辅，令自率五千人赴援，以刘典代督陕甘军。

是年十二月，捻自垣曲入河南，益北趋定州，游骑犯保定，京师戒严。诏切责督兵大臣，自宗棠、鸿章及河南巡抚李鹤年、直隶总督官文，皆夺职。宗棠至保定，松山等连破贼深、祁、饶、晋。当是时，捻驰骛数百里间，由直隶窜河南、山东，已复渡运越吴桥，犯天津。鸿章议筑长围制贼；宗棠谓当且防且剿，西岸固守，必东路有追剿之师，乃可挫其狂奔之势：上两从其议。于是勤王师大集，宗棠驻军吴桥，捻徘徊陵邑、济阳，合淮、豫军迭败之，总愚走河滨以死，西捻平。

入觐，天语褒嘉，且询西陲师期。宗棠对以五年，后卒如其言焉。

七年十月，率师还陕，抵西安。时东北土寇董福祥等众十余万，扰延安、绥德，西南陕回白彦虎等号二十万，踞甘肃董志原。松山至，破土寇，降福祥；而回益四出剽掠，其西南窜出者，并力扰秦川，黄鼎破之。宗棠进军乾州，谍报回巢将徙金积堡，分军击之，遂下董志原，连复镇原、庆阳，回死者至三万。督丁壮耕作，教以区田、代田法。择崄荒地，发帑金巨万，悉取所收饥民及降众十七万居焉。遂以八年五月进驻泾州。

甘回最著者，西曰马朵三，踞西宁；南曰马占鳌，踞河川；北曰马化隆，踞宁夏、灵州。化隆以金积堡为老巢，堡当秦、汉两渠间，扼黄河之险，擅盐、马、茶大利。环堡五百余寨，党众啸聚。掠取汉民产业子女。陕回时时与通市，相为首尾。化隆以新教煽回民，购马造军械，而阳输诚给穆图善。董志原既平，陕回窜灵州，化隆上书为陕回乞抚。宗棠察其诈，备三月粮，先攻金积堡，以为收功全陇之基。及松山追陕回至灵州，扼永灵洞。化隆惧，仍代陕回乞抚，谋缓兵，穆图善信之，日言抚，绥远城将军至劾松山滥杀激变。然化隆实无意降也，密召诸回并出劫军饷。十一月，宗棠进驻平凉。九年，松山阵殁，以其兄子锦棠代之，战屡捷，而中路、南路军亦所向有功，陕回受抚者数千人。及夺秦坝关，化隆益窘，诣军门乞降，诛之，夷其城堡。迁甘回固原、平凉，陕回化平，而编管钤束之，宁、灵悉定。奏言进规河湟，而是时有伊犁之变，诏宗棠分兵屯肃州，乃遣徐占彪将六千人往。

十年七月，自率大军由平凉移驻静宁。八月，至安定。寇聚河州，其东出，必绕洮河三甲集，集西太子寺，再西大东乡，皆险要。诸将分击，悉破平之。时回酋朵三已死，占鳌见官军深入，西宁回已归顺，去路绝，遂亦受抚。河州平。

十一年七月，移驻兰州。占彪前以伊犁之变率师而西也，于时肃州阻乱，回酋马文禄先已就抚，闻关外兵事急，复据城叛。及占彪军至，乃婴城固守，而乞援西宁。陕回白彦虎、禹得彦亦潜应文禄。会锦棠率军至，西宁土回及陕回俱变，推马本源为元帅。西宁东北阻湟水，两山对峙，古所称湟中也。贼据险而屯，俄败走，遗弃马骡满山谷，窜巴燕戎格。大通都司马寿复嗾向阳堡回杀汉民以叛。

十二年正月，锦棠攻向阳堡，夺门入，斩马寿，遂破大通，捣巴燕戎格，诛本源，河东、西诸回堡皆降。文禄踞肃州，诡词求抚，益招致边外回助城守，连攻未能下。八月，宗棠来视师，文禄登城见帅旗，夺气。请出关讨贼自效，不许。金顺、锦棠军大集，文禄穷蹙出降，磔之。白彦虎窜遁关外，肃州平。以陕甘总督协办大学士，加一等轻车都尉。奏请甘肃分闱乡试，设学政。

十三年，晋东阁大学士，留治所。自咸丰初，天下大乱，粤盗最剧，次者捻逆，次者回。宗棠既手戡定之，至是陕、甘悉靖，而塞外平回，朝廷尤矜宠焉。

塞外回酋曰帕夏，本安集延部之和硕伯克也。安集延故属敖罕，敖罕为俄罗斯所灭，安集延独存。帕夏畏俄逼，阑入边。据喀什噶尔，稍蚕食南八城，又攻败乌鲁木齐所踞回妥明。妥明者，西宁回也，初以新教游关外。同治初，乘陕甘汉、回构变倡乱，据乌城。帕夏既攻败妥明降之，遂并有北路伊犁诸城，收其赋入。妥明旋被逐，走死，而白彦虎窜处乌城，仍隶帕夏。帕夏能属役回众，通使结援英、俄，购兵械自备。英人阴助之，欲令别立为国，用捍蔽俄。当是时，俄以回数扰其边境，遽引兵逐回，取伊犁，且言将代取乌鲁木齐。

光绪元年，宗棠既平关陇，将出关，而海防议起。论者多言自高宗定新疆，岁縻数百万，此漏卮也。今至竭天下力赡西军，无以待不虞，尤失计。宜徇英人议，许帕夏自立为国称藩，罢西征，专力海防。鸿章言之尤力。宗棠曰："关陇新平，不及时规还国家旧所没地，而割弃使别为国，此坐自遗患。万一帕夏不能有，不西为英并，即北折而入俄耳。吾地坐缩，边要尽失，防边兵不可减，縻饷自若。无益海防而挫国威，且长乱。此必不可。"军机大臣文祥独善宗棠议，遂决策出塞，不罢兵。授宗棠钦差大臣，督军事，金顺副之。

二年三月，次肃州。五月，锦棠北逾天山，会金顺军先攻乌鲁木齐，克之。白彦虎遁走托克逊。九月，克玛纳斯南城，北路平，乃规南路。令曰："回部为安酋驱迫，厌乱久矣。大军所至，勿淫掠，勿残杀。王者之师如时雨，此其时也。"三年三月，锦棠攻克达坂城，悉释所擒缠回，纵之归。南路恟惧，翼日，收托克逊城，而占彪及孙金彪两军亦连破诸城隘，合罗长祜等军收吐鲁番，降缠回万余。帕夏饮药死，其子伯克胡里戕其弟，走喀什噶尔。

白彦虎走开都河，宗棠欲遂擒之，奏未上，适库伦大臣上言西事宜画定疆界，而廷臣亦谓西征费巨，今乌城、吐鲁番既得，可休兵。宗棠叹曰："今时有可乘，乃为画地缩守之策乎？"抗疏争之，上以为然。时俄方与土耳其战，金顺请乘虚袭伊犁。宗棠曰："不可。师不以正，彼有辞矣。"八月，锦棠会师曲会，遂由大道向开都河为正兵，余虎恩等奇兵出库尔。白彦虎走库车，趋阿克苏，锦棠遮击之，转遁喀什噶尔。大军还定乌什，遂收南疆东四城，何步云以喀什汉城降。伯克胡里既纳白彦虎，乃效力攻汉城。大军至，复遁走俄。西四城相继下，宗棠露布以闻，诏晋二等侯。布鲁特十四部争内附。

四年正月，条上新疆建行省事宜，并请与俄议还伊犁、交叛人二事。诏遣全权大臣崇厚使俄。俄以通商、分界、偿款三端相要。崇厚遽定约，为朝士所纠，议久不决。宗棠奏曰："自俄踞伊犁，蚕食不已，新疆乃有日蹙百里之势。俄视伊犁为外府，及我索地，则索偿卢布五百万元。是俄还伊犁，于俄无损，我得伊犁，仅一荒郊。今崇厚又议畀俄陬尔果斯河及帖克斯河，是划伊犁西南之地归俄也。武事不竞之秋，有割地求和者矣。兹一矢未加，遽捐要地，此界务之不可许者也。俄商志在贸易，其政府即广设领事，欲藉通商深入腹地，此商务之不可许者也。臣维俄人包藏祸心，妄忖吾国或厌用兵，遂以全权之使臣牵制疆臣。为今之计，当先之以议论，委婉而用机，次决之以战阵，坚忍而求胜。臣虽衰慵无似，敢不勉旃。"上壮其言，嘉许之。崇厚得罪去，命曾纪泽使俄，更前约。于是宗棠乃自请出屯哈密，规复伊犁。以金顺出精河为东路，张曜沿特克斯河为中路，锦棠经布鲁特游牧为西路；而分遣谭上连等分屯喀什噶尔、阿克苏、哈密为后路声援：合马步卒四万余人。

六年四月，宗棠舆榇发肃州，五月，抵哈密。俄闻王师大出，增兵守伊犁、纳林河，别以兵船翔海上，用震撼京师，同时天津、奉天、山东皆警。七月，诏宗棠入都备顾问，以锦棠代之。而俄亦慑我兵威，恐事遂决裂。明年正月，和议成，交还伊犁，防海军皆罢。

宗棠用兵善审机，不常其方略。筹西事，尤以节兵裕饷为本谋。始西征，虑各行省协助饷不时至，请一借贷外国。沈葆桢尼其议，诏曰："宗棠以西事自任，国家何惜千万金。为拨款五百万，敕自借外国债五百万。"出塞凡二十月，而新疆南北城尽复者,馈运饶给之力也。初议西事,主兴屯田,闻者迂之;及观宗棠奏论关内外旧屯之弊,以谓挂名兵籍,不得更事农,宜画兵农为二,简精壮为兵,散愿弱使屯垦,然后人服其老谋。既入觐,赐紫禁城骑马,使内侍二人扶掖上殿,授军机大臣,兼值译署。国家承平久,武备弛不振,而海外诸国争言富强,虽中国屡平大难,彼犹私议以为脆弱也。及宗棠平帕夏,外国乃稍稍传说之。其初入京师,内城有教堂高楼,俯瞰宫殿,民间讙(huān,喧哗,通"欢"。)言左侯至,楼即毁矣,为示谕晓,乃止。其威望在人如此。然值军机、译署,同列颇厌苦之。宗棠亦自不乐居内,引疾乞退。

九月,出为两江总督、南洋通商大臣。尝出巡吴淞,过上海,西人为建龙旗,声炮,迎导之维谨。

九年,法人攻越南,自请赴滇督师。檄故吏王德榜募军永州,号"恪靖定边军",法旋议和,止其行。

十年,滇、越边军溃,召入都,再直军机。法大举内犯,诏宗棠视师福建,檄王鑫子诗正潜军渡台湾,号"恪靖援台军"。诗正至台南,为法兵所阻,而德榜会诸军大捷于谅山。和议成,再引疾乞退。七月,卒于福州,年七十三,赠太傅,谥文襄。祀京师昭忠祠、贤良祠,并建专祠于湖南及立功诸省。

宗棠为人多智略,内行甚笃,刚峻自天性。穆宗尝戒其褊衷。始未出,与国藩、林翼交,气陵二人出其上。中兴诸将帅,大率国藩所荐起,虽贵,皆尊事国藩。宗棠独与抗行,不少屈,趣舍时合时不合。国藩以学问自敛抑,议外交常持和节;宗棠锋颖凛凛向敌矣,士论以此益附之。然好自矜伐,故出其门者,成德达材不及国藩之盛云。子四人:孝威,举人,以荫为主事,先卒,旌表孝行;孝宽,郎中;孝勋,兵部主事;孝同,江苏提法使。孙念谦,袭侯爵,通政司副使。

论曰:宗棠事功著矣,其志行忠介,亦有过人。廉不言贫,勤不言劳。待将士以诚信相感。善于治民,每克一地,招徕抚绥,众至如归。论者谓宗棠有霸才,而治民则以王道行之,信哉。宗棠初出治军,胡林翼为书告湖南曰:"左公不顾家,请岁筹三百六十金以赡其私。"曾国藩见其所居幕小,为别制二幕贻之,其廉俭若此。初与国藩论事不洽,及闻其薨,乃曰:"谋国之忠,知人之明,自愧不如。"志益远矣。

附录二

清史稿·曾国藩传

曾国藩，初名子城，字涤生，湖南湘乡人。家世农。祖玉屏，始慕乡学。父麟书，为县学生，以孝闻。

国藩，道光十八年进士。二十三年，以检讨典试四川，再转侍读，累迁内阁学士、礼部侍郎，署兵部。时太常寺卿唐鉴讲学京师，国藩与倭仁、吴廷栋、何桂珍严事之，治义理之学。兼友梅曾亮及邵懿辰、刘传莹诸人，为词章考据，尤留心天下人材。

咸丰初，广西兵事起，诏群臣言得失。奏陈今日急务，首在用人，人才有转移之道，有培养之方，有考察之法。上称其剀切明辨。寻疏荐李棠阶、吴廷栋、王庆云、严正基、江忠源五人。寇氛益炽，复上言："国用不足，兵伍不精，二者为天下大患。于岁入常额外，诚不可别求搜刮之术，增一分则民受一分之害。至岁出之数，兵饷为巨，绿营兵额六十四万，常虚六七万以资给军用。自乾隆中增兵议起，岁糜帑二百余万。其时大学士阿桂即忧其难继，嘉、道间两次议裁，不及十之四，仍宜汰五万，复旧额。自古开国之初，兵少而国强，其后兵愈多则力愈弱，饷愈多则国愈贫。应请皇上注意将才，但使七十一镇中有十余镇足为心腹，则缓急可恃矣。"又深痛内外臣工诏谀欺饰，无陈善责难之风。因上敬陈圣德预防流弊一疏，切指帝躬，有人所难言者，上优诏答之。历署刑部、吏部侍郎。二年，典试江西，中途丁母忧归。

三年，粤寇破江宁，据为伪都，分党北犯河南、直隶，天下骚动，而国藩已前奉旨办团练于长沙。初，国藩欲疏请终制，郭嵩焘曰："公素具澄清之抱，今不乘时自效，如君父何？且墨绖从戎，古制也。"遂不复辞。取明戚继光遗法，募农民朴实壮健者，朝夕训练之。将领率用诸生，统众数不逾五百，号"湘勇"。腾书遐迩，虽卑贱与钧礼。山野材智之士感其诚，莫不往见，人人皆以曾公可与言事。四境土匪发，闻警即以湘勇往。立三等法，不以烦府县狱。旬月中，莠民猾胥，便宜捕斩二百余人。谤讟四起，自巡抚司道下皆心诽之，至以盛暑练操为虐士。然见所奏辄得褒答受主知，未有以难也。一日标兵与湘勇阋，至阑入国藩行台。国藩亲诉诸巡抚，巡抚漫谢之，不为理，即日移营城外避标兵。或曰："曷以闻？"国藩叹曰："大难未已，吾人敢以私愤渎君父乎？"

尝与嵩焘、忠源论东南形势多阻水，欲剿贼非治水师不可，乃奏请造战舰于衡州。匠卒无晓船制者，短桡长桨，出自精思，以人力胜风水，遂成大小二百四十艘。募水陆万人，水军以褚汝航、杨载福、彭玉麟领之，陆军以塔齐布、罗泽南领之。贼自江西上窜，再陷九江、安庆。忠源战殁庐州，吴文镕督师黄州亦败死。汉阳失，武昌戒严，贼复乘势扰湖南。国藩锐欲讨贼，率水陆军东下。舟师初出湖，大风，损数十艘。陆师至岳州，前队溃退，引还长沙。贼陷湘潭，邀击靖港，又败，国藩愤投水，幕下士章寿麟掖起之，得不死。而同时塔齐布大破贼湘潭，国藩营长沙高峰寺，重整军实，人人挪揄之。或请增兵，国藩曰："吾水陆万人非不多，而遇贼即溃。岳州之败，水师拒战者惟载福一营；湘潭之战，陆师塔齐布、水师载福各两营：以此知兵贵精不贵多。故诸葛败祁山，且谋减兵损食，勤求己过，非虚言也。且古人用兵，先明功罪赏罚。今世乱，贤人君子皆潜伏，吾以义声倡导，同履危亡。诸公之初从我，非以利动也，故于法亦有难施，其致败由此。"诸将闻之皆服。

陆师既克湘潭，巡抚、提督上功，而国藩请罪。上诘责提督鲍起豹，免其官，以塔齐布代之。受印日，士民聚观，叹诧国藩为知人，而天子能明见万里也。贼自岳州陷常德，旋北走，武昌再失。国藩引兵趋岳州，斩贼枭将曾天养，连战，下城陵矶。会师金口，谋取武昌。泽南沿江东岸攻花园寇屯，塔齐布伏兵洪山，载福舟师深入寇屯，士皆露立，不避铅丸。武昌、汉阳贼望见官军盛，宵遁，遂复二郡。国藩以前靖港败，自请夺官，至是奏上，诏署湖北巡抚，寻加兵部侍郎衔，解署任，命督师东下。

当是时，水师奋厉无前，大破贼田家镇，毙贼数万，至于九江，前锋薄湖口。攻梅家洲贼垒不下，驶入鄱湖。贼筑垒湖口断其后，舟不得出，于是外江、内湖阻绝。外江战船无小艇，贼乘舴艋夜袭营，掷火烧坐船，国藩跳而免，水师遂大乱。上疏请罪，诏旨宽免，谓于大局无伤也。五年，贼再陷武汉，扰荆襄。国藩遣胡林翼等军还援湖北，塔齐布留攻九江，而躬至南昌抚定水师之困内湖者。泽南从征江西，复弋阳，拔广信，破义宁，而塔齐布卒于军。国藩在江西与巡抚陈启迈不相能，泽南奔命往来，上书国藩，言东南大势在武昌，请率所部援鄂，国藩从之。幕客刘蓉谏曰："公所恃者塔、罗。今塔将军亡，罗又远行，脱有急，谁堪使者？"国藩曰："吾计之熟矣，东南大局宜如是，俱困于此无为也。"嵩焘祖饯泽南曰："曾公兵单，奈何？"泽南曰："天苟不亡本朝，公必不死。"九月，补授兵部侍郎。

六年，贼酋石达开由湖北窜江西，连陷八府一州，九江贼踞自如，湖南北声息不相闻。国藩困南昌，遣将分屯要地，羽檄交驰，不废吟诵。作水陆师得胜歌，教军士战守技艺、结营布阵之法，歌者咸感奋，以杀贼敢死为荣。顾众寡，终不能大挫贼。议者争请调泽南军，上以武汉功垂成，不可弃。泽南督战益急，卒死于军。玉麟闻江西警，芒鞋走千里，穿贼中至南昌助守。林翼已为湖北巡抚，国藩弟国华、国葆用父命乞师林翼，将五千人攻瑞州。湖南巡抚骆秉章亦资国荃兵援吉安，兄弟皆会行间。而国藩前所遣援湖北诸军，久之再克武汉，直下九江，李续宾八千人军城东。续宾者，与弟续宜皆泽南高第弟子也。载福战船四百泊江两岸，江宁将军都兴阿马队、鲍超步队驻小池口，凡数万人。国藩本以忧惧治军，自南昌迎劳，见军容甚盛，益申儆告诫之。而是时江南大营溃，督师向荣退守丹阳，卒。和春为钦差大臣，张国梁总统诸军攻江宁。

七年二月，国藩闻父忧，遽归。给三月假治丧，坚请终制，允开侍郎缺。林翼既定湖北，进围九江，破湖口，水师绝数年复合。载福连拔望江、东流，扬飙过安庆，克铜陵泥汊，与江南军通。由是湘军水师名天下。林翼以此军创始国藩，杨、彭皆其旧部，请起国藩视师。会九江克复，石达开窜浙江，浸及福建，分股复犯江西，朝旨诏国藩出办浙江军务。

国藩至江西，屯建昌，又诏援闽。国藩以闽贼不足虑，而景德地冲要，遣将援赣北，攻景德。国荃追贼至浮梁，江西列城次第复。时石达开复窜湖南，围宝庆。上虑四川且有变，林翼亦以湖北饷倚川盐，而国藩又久治兵，无疆寄，乃与官文合疏请国藩援蜀。会贼窜广西，上游兵事解，而陈玉成再破庐州，续宾战殁三河，林翼以群盗蔓庐、寿间，终为楚患，乃改议留国藩合谋皖。军分三道，各万人。国藩由宿松、石牌规安庆，多隆阿、鲍超出太湖取桐城，林翼自英山乡舒、六。多隆阿等既大破贼小池，复太湖、潜山，遂军桐城。国荃率诸军围安庆，与桐城军相犄角。安庆未及下，而皖南贼陷广德，袭破杭州。

李秀成大会群贼建平，分道援江宁，江南大营复溃，常州、苏州相继失，咸丰十年闰三月也。左宗棠闻而叹曰："此胜败之转机也！江南诸军，将蹇兵疲久矣。涤而清之，庶几后来可藉手乎？"或问："谁可当者？"林翼曰："朝廷以江南事付曾公，天下不足平也。"于是天子慎选帅，就加国藩兵部尚书衔，署理两江总督，旋即真授钦差大臣。是时，江、浙贼氛炽，或请撤安庆围先所急。国藩曰："安庆一军为克金陵张本，不可动也。"遂南渡江，驻祁门。江、浙官绅告急书日数十至，援苏、援沪、援皖、援镇江诏书亦叠下。国藩至祁门未数日，贼陷宁国，陷徽州。东南方困兵革，而英吉利复失好，以兵至。僧格林沁败绩天津，文宗狩热河，国藩闻警，请提兵北上，会和议成，乃止。

其冬，大为贼困，一出祁门东陷婺源；一出祁门西陷景德；一入羊栈岭攻大营。军报绝不通，将吏碟然有忧色，固请移营江干就水师。国藩曰："无故退军，兵家所忌。"卒不从，使人间行檄鲍超、张运兰亟引兵会。身在军中，意气自如，时与宾佐酌酒论文。自官京朝，即日记所言行，后履危困无稍间。国藩驻祁门，本资饷江西，及景德失，议者争言取徽州通浙米。乃自将大军次休宁，值天雨，八营皆溃，草遗嘱寄家，誓死守休宁。适宗棠大破贼乐平，运道通，移驻东流。多隆阿连败贼桐城，鲍超一军游击无定居，林翼复遣将助之。十一年八月，国荃遂克安庆。捷闻，而文宗崩，林翼亦卒。穆宗即位，太后垂帘听政，加国藩太子少保衔，命节制江苏、安徽、江西、浙江四省。国藩惶惧，疏辞，不允。朝有大政，咨而后行。

当是时，伪天王洪秀全僭号踞金陵，伪忠王李秀成等犯苏、沪，伪侍王李世贤等陷浙杭，伪辅王杨辅清等屯宁国，伪康王汪海洋窥江西，伪英王陈玉成屯庐州，捻首苗霈霖出入颍、寿，与玉成合，图窜山东、河南，众皆号数十万。国藩与国荃策进取，国荃曰："急捣金陵，则寇必以全力护巢穴，而后苏、杭可图也。"国藩然之。乃以江宁事付国荃，以浙江事付宗棠，而以江苏事付李鸿章。鸿章故出国藩门，以编修为幕僚，改道员，至是令从淮上募勇八千，选良将付之，号"淮军"。同治元年，拜协办大学士，督诸军进讨。于是国荃有捣金陵之师，鸿章有征苏、沪之师，载福、玉麟有肃清下游之师；大江以北，多隆阿有取庐州之师，续宜有援颍州之师；大江以南，鲍超有攻宁国之师，运兰有防剿徽州之师，宗棠有规复全浙之师。十道并出，皆受成于国藩。

贼之都金陵也，坚筑壕垒，饷械足，猝不可拔。疾疫大作，将士死亡山积，几不能军。国藩自以德薄，请简大臣驰赴军，俾分己责，上优诏慰勉之，谓："天灾流行，岂卿一人之咎？意者朝廷政多缺失，我君臣当勉图禳救，为民请命。且环顾中外，才力、气量无逾卿者！时势艰难，无稍懈也。"国藩读诏感泣。时洪秀全被围久，召李秀成苏州，李世贤浙江，悉众来援，号六十万，围雨花台军。国荃拒战六十四日，解去。三年五月，水师克九洑洲，江宁城合围。十月，鸿章克苏州。四年二月，宗棠克杭州。国藩以江宁久不下，请鸿章来会师，未发，国荃攻益急，克之。江宁平，天子褒功，加太子太傅，封一等毅勇侯，赏双眼翎。开国以来，文臣封侯自是始。朝野称贺，而国藩功成不居，粥粥如畏。穆宗每简督抚，辄密询其人，未敢指缺疏荐，以谓疆臣既专征伐，不当更分黜陟之柄，外重内轻之渐，不可不防。

初，官军积习深，胜不让，败不救。国藩练湘军，谓必万众一心，乃可办贼，故以忠诚倡天下。其后又谓淮上风气劲，宜别立一军。湘勇利山径，驰骋平原非所长，且用武十年，气亦稍衰矣，故欲练淮士为湘勇之继。至是东南大定，裁湘军，进淮军，而捻匪事起。

捻匪者，始于山东游民相聚，其后剽掠光、固、颍、亳、淮、徐之间，捻纸燃脂，故谓之"捻"。有众数十万，马数万，蹂躏数千里，分合不常。捻首四人，曰张总愚、任柱、牛洪、赖文光。自洪寇、苗练尝纠捻与官军战，益悉攻斗，胜保、袁甲三不能御。僧格林沁征讨数年，亦未能大创之。国藩闻僧军轻骑追贼，一日夜三百余里，曰："此于兵法，必蹶上将军。"未几而王果战殁曹州，上闻大惊，诏国藩速赴山东剿捻，节制直隶、山东、河南三省，而鸿章代为总督，廷旨日促出师。国藩上言："楚军裁撤殆尽，今调刘松山一军及刘铭传淮勇尚不足。当更募徐州勇，以楚军之规模，开齐、兖之风气；又增募马队及黄河水师，皆非旦夕可就。直隶宜自筹防兵，分守河岸，不宜令河南之兵兼顾河北。僧格林沁尝周历五省，臣不能也。如以徐州为老营，则山东之兖、沂、曹、济，河南之归、陈，江苏之淮、徐、海，安徽之庐、凤、颍、泗，此十三府州责之臣，而以其余责各督抚。汛地有专属，则军务乃渐有归宿。"又奏："扼要驻军临淮关、周家口、济宁、徐州，为四镇。一处有急，三处往援。今贼已成流寇，若贼流而我与之俱流，必致疲于奔命。故臣坚持初议，以有定之兵，制无定之寇，重迎剿，不重尾追。"然督师年余，捻驰突如故。将士皆谓不苦战而苦奔逐，乃起张秋抵清江筑长墙，凭运河御之，未成而捻窜襄、邓间，因移而西，修沙河、贾鲁河，开壕置守。分地甫定，而捻冲河南汛地，复突而东。时议颇咎国藩计迂阔，然亦无他术可制捻也。

山东、河南民习见僧格林沁战，皆怪国藩以督兵大臣安坐徐州，谤议盈路。国藩在军久，益慎用兵。初立驻军四镇之议，次设扼守黄运河之策。既数为言路所劾，亦自以防河无效，朝廷方起用国荃，乃奏请鸿章以江督出驻徐州，与鲁抚会办东路；国荃以鄂抚出驻襄阳，与豫抚会办西路；而自驻周家口策应之。或又劾其骄妄，于是国藩念权位不可久处，益有忧谗畏讥之心矣。匄病假数月，继请开缺，以散员留军效力；又请削封爵，皆不许。

五年冬，还任江南，而鸿章代督军。时牛洪死，张总愚窜陕西，任柱、赖文光窜湖北，自是有东西捻之号。六年，就补大学士，留治所。东捻由河南窜登、莱、青，李鸿章、刘长佑建议合四省兵力堵运河。贼复引而西，越胶、莱、河南入海州。官军阵斩任柱，赖文光走死扬州。以东捻平，加国藩云骑尉世职。西捻入陕后，为松山所败。乘坚冰渡河窜山西，入直隶，犯保定、天津。松山绕出贼前，破之于献县。诸帅勤王师大至，贼越运河窜东昌、武定。鸿章移师德州，河水盛涨，扼河以困之。国藩遣黄翼升领水师助剿，大破贼于茌平。张总愚赴水死，而西捻平。凡防河之策，皆国藩本谋也。是年授武英殿大学士，调直隶总督。

国藩为政务持大体，规全势。其策西事，议先清陇寇而后出关；筹滇、黔，议以蜀、湘二省为根本。皆初立一议,后数年卒如其说。自西人入中国,交涉事日繁。金陵未下,俄、美、英、法皆请以兵助,国藩婉拒之。及廷议购机轮,置船械,则力赞其成,复建议选学童习艺欧洲。每定约章,辄诏问可许不可许,国藩以为争彼我之虚仪者可许,其夺吾民生计者勿许也。既至直隶,以练兵、饬吏、治河三端为要务,次第兴革,设清讼局、礼贤馆,政教大行。

九年四月,天津民击杀法领事丰大业,毁教堂,伤教民数十人。通商大臣崇厚议严惩之,民不服。国藩方病目,诏速赴津,乃务持平保和局,杀十七人,又遣戍府县吏。国藩之初至也,津民谓必反崇厚所为,备兵以抗法。然当是时,海内初定,湘军已散遣,天津咫尺京畿,民、教相閧,此小事不足启兵端,而津民争怨之。平生故旧持高论者,日移书谯让,省馆至毁所署楹帖,而国藩深维中外兵势强弱,和战利害,惟自引咎,不一辩也。丁日昌因上奏曰:"自古局外议论,不谅局中艰苦,一唱百和,亦足以荧上听,挠大计。卒之事势决裂,国家受无穷之累,而局外不与其祸,反得力持清议之名,臣实痛之!"

国藩既负重谤,疾益剧,乃召鸿章治其狱,逾月事定,如初议。会两江缺出,遂调补江南,而以鸿章督直隶。江南人闻其至,焚香以迎。以乱后经籍就燔,设官书局印行,校刊皆精审。礼聘名儒为书院山长,其幕府亦极一时之选,江南文化遂比隆盛时。

国藩为人威重,美须髯,目三角有棱。每对客,注视移时不语,见者竦然,退则记其优劣,无或爽者。天性好文,治之终身不厌,有家法而不囿于一师。其论学兼综汉、宋,以谓先王治世之道,经纬万端,一贯之以礼。惜秦蕙田五礼通考阙食货,乃辑补盐课、海运、钱法、河堤为六卷;又慨古礼残阙无军礼,军礼要自有专篇,如戚元敬所纪者。论者谓国藩所订营制、营规,其于军礼庶几近之。晚年颇以清静化民,俸入悉以养士。老儒宿学,群归依之。尤知人,善任使,所成就荐拔者,不可胜数。一见辄品目其材,悉当。时举先世耕读之训,教诫其家。遇将卒僚吏若子弟然,故虽严惮之,而乐为之用。居江南久,功德最盛。

同治十三年,薨于位,年六十二。百姓巷哭,绘像祀之。事闻,震悼,辍朝三日。赠太傅,谥文正,祀京师昭忠、贤良祠,各省建立专祠。子纪泽袭爵,官至侍郎，自有传；纪鸿赐举人，精算，见畴人传。

论曰：国藩事功本于学问，善以礼运。公诚之心，尤足格众。其治军行政，务求蹈实。凡规画天下事，久无不验，世皆称之，至谓汉之诸葛亮、唐之裴度、明之王守仁，殆无以过，何其盛欤！国藩又尝取古今圣哲三十三人，画像赞记，以为师资，其平生志学大端，具见于此。至功成名立，汲汲以荐举人才为己任，疆臣阃帅，几遍海内。以人事君，皆能不负所知。呜呼！中兴以来，一人而已。

后记

热闹与安静

这部作品写于四十五岁之年，到动笔来写后记时，四十七岁又过去了一月。

两岁的差距，是青年到中年的距离。身体既然已到抛物线的顶点，心态对应着发生微妙的转折。

回看2018年秋，《左宗棠：家书抵万金》开印时，我去到北京新华印刷厂，从清晨8点忙到傍晚6点，为首批读者签满两千五百本新书。待回到北京的青年湖南路住地，北国星空湛蓝，心境清湛辽远。

其时，《左宗棠》系列写了十一年，出版到第三部，第四部紧跟着要出版。谁料，其后种种原因，闭关长沙，不计年月埋头读书，转眼又过去四年。

青年黄金期既然如昙花故去，在书房中修养心性，也是一种自在方式。只是，偶然回头，才发现自己得预习"奔五"了。

站在四十七岁的年龄点上，生命确定走到中点。也就是说，到了需要自我小结一下前半生经历的时候了。

前半生经历，多年求学，七年新闻，十年商会，一直写作。

影响我前面四十六年轨迹至深的人，是父亲。

一

父亲名徐友明，生于1951年，出生在湖南省祁东县一个普普通通的农民家庭。

爷爷青年时期当过兵，曾在山东台儿庄打过日本鬼子，身体受过五处重创，左眼被打瞎，完全依靠运气从死人堆里侥幸存活下来，这才有了父亲七兄妹。

父亲是长子，后面跟有三个弟弟、三个妹妹。成家前夕，父亲听从爷爷的建议，开始学做石匠。看中这门手艺，是因为爷爷白手起家，父亲只分得半间土屋，经济朝夕拮据，数石匠工价最高。

青年时代做石匠的经历，锻炼出父亲一身蛮力，让他颇有点西楚霸王项羽"力拔山兮"的豪气。再加上他青年时期又曾专门拜师学武，体魄英武过人。我自小的记忆里，父亲强烈自信，相隔三米以内，能明显感觉到他辐射出来的气场。

凭着强烈的自信跟豪壮胆气，父亲三十六岁前遇到人喜论武，爱好跟人比试高下。因此之故，我从小在父亲那里听来的，全是他在外面跟人比智斗狠。父亲在饭桌上说得最多的故事，是自己怎么从赢到赢，让别人输得口服心服。这让我的童年跟少年阶段，一度生活在他强大自信营造出来的气场里。

父亲三十八岁那年，海南省已经成立经济特区。他得知消息，立即从家乡组织一帮兄弟，赤手空拳跑去办砖厂。海南环海多云，经常连月阴雨，砖厂无法晒泥坯，最终被迫关停。父亲再谋出路，承包了一个挖地沟、埋电缆的工地项目。他将工地划块分包到人，以此来调动一帮在家乡时平白惹事的小伙儿卖力干活，四个月干下来，提前完成验收。在这里，他赚到了第一桶金。

父亲因忙于工地管事，接连三个月忘了给家里写信。老家的两亩水田，由母亲负责打理。母亲出生在一个文化人家庭，肩膀脆弱，性格敏感，凡事考虑自我，根本无力担起家庭农活。她见父亲几个月无信，猜疑不已，便要读初中的我，骑上父亲留在家里的那辆飞鸽牌自行车，去镇上发电报，谎称"母病，速归"。父亲接报，以为母亲病危，再无心工地。加之年关在即，他决计乘船归乡。建筑团队跟着散了，海南之路中断。

1990年，家事既齐，母亲支持，父亲再去深圳闯世界。

他孤身一人跑到深圳，通过徐氏远房宗亲，进了罗湖体育场建筑工地。他在家时原本没有砌过砖，更没有刷过墙，为了实现承包工地的梦想，父亲在施工员面前冒充大工师傅，揽下砌砖、粉墙的专业活。内行看门道，很快穿帮了。粉刷墙面不平，不能透光，专业的施工员怀疑他在冒充大工师傅，准备辞退。不知道父亲用的什么理由，最终成功说服施工员，又继续干了下去。他边做边学，进步飞快，一个星期后便无可挑剔了。

在罗湖体育场立定脚跟后，父亲开始寻找承包工地的机会。就在他干劲十足地走在发财梦的路上时，母亲在老家为种田争水，因骂人被打了。母亲六神无主，喊我马上要父亲回来帮她撑腰。父亲又被我一封电报吓得立即回乡，处理纠纷。他去深圳的路又中断了。

接连两次意外，事业总在腾飞期被迫中断，父亲不无沮丧。权衡之下，他放弃了外出闯世界的念头，为了照顾家庭，更为了让我与妹妹在高中阶段能够安心读书，他选择在家乡寻找发财机会。

父亲在湖北打工时，偶然看到一台旧式二手拖拉机，只要七百块钱。他以为不过是二辆自行车的价钱，当即买下。后费尽周章，从湖北开回，从此在方圆几十里内帮乡人运货。这台拖拉机传输动力仍靠皮带，实在过于老旧，属于淘汰版本，一旦坏了，连替换零件都买不到。偏偏它老是出故障，父亲便霸蛮自学开拖拉机，兼修理拖拉机。几年下来，他成了里手。因此之故，我初中阶段每逢节假日，经常被他喊去，帮他在边上递零件，或者磨气门，尽是些枯燥无聊的活。

我内心极不情愿，表示要在家看书。父亲说：读书是在学校里的事，回家是用来帮我干活的，要不老师放学干什么呢？

1992年，父亲嫌开拖拉机赚钱太少，不能实现他想要的美满富足生活，便又琢磨出一个发财新门路：养猪。

其时，中国农村几乎全是家庭散养，每年一两头，留待过年杀。父亲想做的是养猪专业户。这在20世纪90年代初，是一件极其新鲜的事。因为不再采用几千年来妇女、儿童扯猪草，再配一大碗米，用大锅烧熟了喂，而用米糠加玉米，粉碎后圈栏直接生喂，乡人觉得这个做法过于荒唐冒险，不可能做得成，弄不好会死光。

父亲一旦确定要做的事，从不管别人怎么看。他按照自己的规划，买回两头三十多斤的小母猪。一年半后，成熟的母猪接连生下二十多头小猪仔。他全部精心喂养起来，六七个月后出栏，四百来斤一头。这跟几千年的老办法比较起来，有点像卫星高科技养猪法了。

这种低成本、高效率的专业化养猪方法，让父亲很快实现了他的发财梦，他如愿以偿地赚到了第二桶金。

只要能赚到钱，父亲是那种特别有毅力，且能够坚持到底的人。他全副身心钻了进去，几年内便自学出了一门拿手的养猪技术。一头猪从出生到出栏，全过程已经没有能难倒父亲的。他养猪的十五六年里，没有发生过一次性接连病死几头猪的情况，更不用说发生因猪瘟全场死光的事，虽然这类事情在别的地方经常发生。

方圆四五十里，跟着父亲学养猪的人多了起来，登门求他上门看猪病的人，也陆续多了。父亲十分乐意做这些事情，被别人需要的满足感，帮助别人带来的成就感，于他是比赚钱本身更快乐的事。后来，父亲精通到能预测全国猪价的市场行情，哪年涨价，哪年跌价，涨到何等程度，跌到什么地步，没有一次看走眼。

但父亲从来没有一次性赚到超过三十万块钱。他似乎更在意过程中的成就感，喜欢跟别人滔滔不绝讲述他的故事，尤其爱好向别人传授自己独到的养猪经验。我后来发现，父亲喜欢被众人关注，尤其享受在稠人广众中鹤立鸡群，这一特性在他十一二岁时事实上就已经表现了出来。

小学五年级的毛笔书法课堂上，同学全在规规矩矩认真练字，父亲却琢磨怎样才能让全班同学都惊叹佩服自己。他突发奇想，要同桌用蘸满墨汁的笔，在自己眼睛周围画出两个大圆圈，再画上两大笔八字胡须。

父亲突然站起来大喊："同学们，快来看啊！"同学的目光齐刷刷看了过来，瞬间呆了，接着哄堂大笑。老师闻讯过来，被父亲的出格形象吓了一跳。用今天的话说，这是将书法课当绘画课了，而且还是真人秀。当即让父亲罚站，帮他画眼圈跟胡须的同桌也被罚陪站。

父亲满脸通红，他没想到会挨罚，丑出大了。

父亲后来能够写得一手漂亮的钢笔字，用功不在课堂，而在平时。他一直以能写一手漂亮的钢笔字感到自豪，自称"大学边边生"（高中生）。父亲事实上只读完了小学，在新中国成立之初的一代人中，他已经算是知识分子。

我读小学时，父亲从朋友那里借来《当代》杂志，晚上跟母亲讲。

我念高中后，父亲先后买回犁田机、收割机，继续圆他的发财梦。可以说，新中国成立后农村每一拨时代潮流，他都赶上了，而且走在最前面，是名实相符的带头大哥。

因为既种田又养猪，家内事务自然极多。少年时代跟父亲一起劳动的那段经历，对我的身体跟精神产生了极大的影响。我家新房修建在平缓丘陵的平地上，上坡还有一百多米的土路，因雨水冲刷出坑洼，非常难行。父亲经常在晚上10点后装车运回饲料，卸在村里的晒谷坪上。他喊我跟他抬麻袋回家。二百斤的麻袋沉如铁石，父亲将一根棒子放到我的肩头，我在前，他在后，一步一步，抬着麻袋爬坡。等十多袋抬完，已是深夜十二点，我的肩膀被压得红肿起来，火辣辣地生疼。

曾国藩所谓湖南人"打落牙齿和血吞"的霸蛮精神，最初就是在这种生存环境里磨炼成的。

我后来得以知道，曾国藩、左宗棠都出生在湖南丘陵地区，在成长阶段同样经历过农耕生活的锤炼。

生于湘中耕读之家，曾国藩有八字家训："早、考、扫、宝，书、蔬、鱼、猪。"也就是说，读书与养猪，是曾家子弟的必修课。

家在湘北的左宗棠，同样明确告诫子孙："纵读数千卷奇书，无实行不为识字；要守六百年家法，有善策还是耕田。"读书跟种田，是左家子孙的传家宝。

今天关于湖南人"会养猪，会读书"的褒奖，最早便是从他俩的故事里传开的。

2007年，父亲五十六岁。想到替他规划晚年生活，我在长沙烈士公园边上选定一家近百平方米的超市，让他带上母亲一起开。后来的事实证明，这完全是个错误的决定。父亲其时仍力能扛鼎，根本耐不住没日没夜枯守超市的单调生活。他根本还没有老年人的概念。加之性格刚正，喜怒常挂在脸上，而不是笑脸相迎八方和气，他开超市并不怎么赚钱。没干满一年半，他便不管不顾地抛下超市，又回到老家养猪去了。

2018年初，六十七岁的父亲，仍在老家养了七八十头猪，能赚个七八万块钱，聊作养心之事。当时，他的病已经进入了癌症晚期，但本人完全无感。

直到疼痛难忍，他才去镇医院检查。医生分析不出结果，父亲打电话给我。我立即要妹夫开车将他接来长沙的医院，胃镜检查，高度怀疑是癌症。我跟父亲都不敢相信。接连换了几家医院，不幸确诊，是癌症中最无救治成功可能的低分化腺癌。家里猪栏里还关着的七八十头猪，父亲电话托付二叔跟三叔代卖了。

父亲不能接受化疗，带药去西双版纳疗养。半年后，父亲永远走了。六十八年的人生，如过隙之影。一切欢笑悲忧，随时光全部消失，如今仅留在我的记忆里。

总结父亲一生干过的事情，除了做石匠、学武跟过师傅，其余砌房子、开拖拉机犁田机收割机，以及干得最久的养猪，都是边干边学，自己鼓捣出来的。

就世俗成功而论，父亲一生实在普通又平凡。但中国乡间正是有着众多像父亲这样不肯屈从命运安排的普通平凡之人，他们保有民间淳朴自然的生猛血性，自强不息的进取心，尽管性格、才能存在这样那样的不足，但率真、自由的一生，身后留下一个个张扬着霸蛮精神的动人故事。

曾国藩曾将这种精神作过理性概括，取名"挺经"。他的爷爷星冈公就是这种湖南乡下有威望的长者，他主要是在爷爷的精神影响下成长起来的。

跟曾国藩受爷爷影响成长起来不同，左宗棠的第一任老师是父亲左观澜，一个性格平和冲淡的私塾先生。与左宗棠相似的清朝名人还有两位，陶澍的启蒙老师是父亲陶必铨，林则徐童年跟少年阶段的老师是父亲林宾日。

曾国藩天资受母亲影响较大，他性格中脆弱、懦缓的一面，便是母体的遗传。在父亲影响下成长起来的人，成年后性格可能都会表现出骨子里硬朗的一面。

二

我的童年对父亲最深刻的记忆，在四岁那年，我突发高烧。

晚上，父亲背起我，二叔陪同，去到一里开外的赤脚医生家里打针退烧。

回时已到次日凌晨。出医生家门百来米，路过两口池塘夹出来的一条宽阔马路，路边长有几棵梧桐，枝干婷婷，叶荫如盖。我突然看到，右边梧桐树上有两个全身光亮血红、身体像猴子一样的不知名动物，在上爬下窜，四下胡乱扮着鬼脸，动作、形态前所未见，模样极其恐怖。

我惊得瞬间透不过气来，手紧紧扳住父亲的脖子，哇啦指画，声竭失语。

父亲莫名其妙，二叔也不明就里。因为他俩确定什么也没有看到，但又都被我当时无法形容的动作给吓到了。

现在回想起来，很可能是当时高烧未退，眼前出现了某种瞬间的幻觉。人在精神气不足的时候，往往会看到一些无中生有的东西。祁东方言对此也有个解释，叫"阳辉矮"。意思是人在阳气不足的时候，会看到常人不能见到的事物。

后来，我从父亲那里偶然听来一则他少年时代的故事，发现父子两代间似乎存在某种巧合。

父亲十六七岁时，他的堂伯因急病去世，当晚家人守灵。父亲经过灵柩，走到家边的池塘岸。抬头骤然看见空中飘来一个硕大的光亮身影，形状似人，但无头有身，两只脚在空中大步流星，向对面山上急速跨去，匆匆数十步就跨出几里远。

这种因瞬间幻觉所异见到的东西，几千年来，在祁东乡下以前也有人见到过，所以家乡方言对此有取名，称作"家马"（读音嘎马）。究竟是什么含义，我也不得而知了。

父亲如遭雷击，手脚发抖，张口立定，魂魄全飞，当晚便病倒了。

病症拖延了一个多月，父亲逐渐面如菜色，赤脚医生束手无策。

时值仲春，春水暴涨，家边两里远有一座大水库，为防止洪水漫溢导致坝基坍塌，主动开闸泄洪，水库里蓄养多年的大鱼趁势逸出，乡人闻讯带上钉耙，守在溢洪道口前去捕捉。父亲养病居家备感无聊，也去一碰运气。说来也巧，他才走到，便看见一条黝青的大鱼趁汹涌水势翻越直下。父亲举起钉耙猛扎下去，抓中了。

这条近二十斤的草鱼，一家九口吃了几天。在衣食不足的20世纪60年代，这无异于中了巨彩。

父亲说，奇了怪了，自从扎中那条鱼，我的病也好了。他本人的解释是，病被大水给吓跑了。

我五岁前多病，胆子也小，晚上必守在父母身边，寸步不离。

后记 热闹与安静

五岁后,我胆子骤大,像换了个人,常独自出门玩,母亲每晚必得去村里挨门挨户找,才能喊回家睡觉。

上小学后,我开始不让父母省心,经常伙上村里的同伴,三五人偷偷逃学,用木棍、木板装上拖拉机弃用的轴承,做成滚珠车,在山上玩。

玩累了,就去打弹珠。一种小玻璃球,小指着地,用拇指弹,打中对方的弹珠,就赢得一颗。再或者将自行车车胎的气门芯拔出来,做小火枪,用火柴头或鞭炮做火药,用铁丝将气门芯口的火药压紧,再将图钉按在火药口,将橡皮筋拉起,扳手一弹,打中图钉,火药爆炸,"砰"的脆响,枪口冒火喷烟,乐此不疲。

小学三年级,班主任不能容忍我经常性的无故迟到、旷课,让母亲去学校做沟通。父亲这才得知真相,气得拳头咔咔响。他将我绑在柱子上,用竹条抽打。如果不是我那生于光绪十三年(1887年)的小脚姥姥过来镇住父亲,我可能要皮肉开花。

松绑后,父亲给我两个选择:或者继续读书,或者上山砍柴。要求是,读书就不能再逃学;砍柴则每天要砍满一百五十斤。我跟他签订了一个类似保证书的条约,选择砍柴。但因为年龄实在太小,每天都砍不满重量,只好乖乖地回到学校,从此彻底断了逃学的念想。

小学四年级时,父亲偶然从外公家顺手带回两本发黄的旧书,一本是《西游记》,另一本是《哲学漫谈》。

语文老师则推荐我订阅《小学生作文》,因为她发现我的作文不错。

我整个小学阶段的课外阅读,除了《小学生作文》,就是《西游记》跟《哲学漫谈》,再加上《重振精武》《说唐》《岳飞》之类的连环画。印象中小学六年级那年,从比我大七岁的小姑妈那里借来过一本金庸的《书剑恩仇录》。

因为课外书籍不多,我反复看,读得极其精细,边读边胡思乱想,几乎烂熟于心。

四年级后,我开始变得懂事,成绩也逐渐不错。小学六年级时,我代表洪塘冲小学去乡里参加小学生智力竞赛,但没有获奖。

到了初中,我的作文开始显现为一种特长。

因我所就读的枫树山乡中学比较偏僻，外界信息极少。初中二年级时，我突然有一种强烈的发表文章的冲动，每天脑子里想的事情，都是如何将作文变成铅字。

因为无处投稿，我想到一个土办法：先用钢笔写出一篇作文，再将书本、报刊上的文字一个一个剪下来，将饭粒揉成浆，逐个对应贴到作业本上。这样坚持半月，我的第一篇铅字作文诞生了。虽然字体不同，大小不一，版面眼花缭乱，但当时颇有一种成就感。

其年，我在杂志上偶然看到一则全国中学生作文竞赛的消息，获奖者可以去北戴河参加一星期的夏令营，获奖作品将结集成《太阳雨》出版。这则消息让我足足激动了一个星期。我将征文启事剪下来，夹在语文课本里，偷偷写出一篇作文，用邮票贴好，确定不会掉了，小心翼翼投进邮筒。

在接下来的几个月里，我开始满脑子幻想期待。一旦获奖，我将第一时间向父母报告这个喜讯。这对当时还没有跨出过祁东县境的我，可想而知，是多么巨大的诱惑。

暑假前夕，我收到一本从远方寄来的《太阳雨》，心脏激动得怦怦乱跳。我颤抖着双手，小心翼翼地翻，翻开后眼不离纸，在目录中翻寻我的名字。遗憾没有。再看一遍，还是没有。翻来倒去，反正是没有了。

那年暑假，这本《太阳雨》被我翻烂了，不少文章看了又看，几乎能够背诵下来。我对其中一首朦胧诗印象极深，今天还依稀记得最后几句：

　　所有的故事都已讲完

　　这才发现

　　昨夜为之震颤的

　　总是虚幻

记得书中有一篇获奖作文，写爷爷的暴脾气，作者用纯白描的手法，短短四五百字描画出一个古怪的爷爷晒太阳、抽旱烟、逗吓小孩的形象。我对这篇作文颇不以为然。我觉得跟我的爷爷极其相似，我写这个题材的话，可能比他更好,虽然我的爷爷不抽烟。

初中二年级的语文教师是胡晓玲女士,她欣赏我的文笔,经常将我的作文当作课堂范文,这对我是个莫大的鼓励。学校组织文艺竞赛,我们班抽到的是相声表演,胡老师要我写相声台词。我想了好一阵,不愿参加。我感觉相声是逗人笑的,文学怎么可以是逗人笑的呢?我不能接受。

因为作文好,在村人、亲朋好友中逐渐传开了,父亲在人前颇有几分得意,说:我屋里平伢子会写文章。

十二岁那年,因表叔在祁东县棉麻土产品公司做股长,父亲第一次带我到县城走亲戚。县城道路开阔,高楼连片,各类商品琳琅满目,有游乐设施散布公园,我第一次大开了眼界,回去后仍开心了很长一段时间。

升高中时,我遇到了尴尬。体育成绩差一分及格,没法录取。母亲外家有个堂叔在县教委工作,父母商量,带一些黄花菜、花生等土特产去县城登门求情。我负责在家挖花生,将花生果从花生苗上摘下来,挑到楼上去晒。

可能是他带去的那一大袋花生打动了堂叔,父亲回来说,堂叔答应帮我。

高中距老家有二十来里,平时寄宿。进高中第一天,父亲挑行李送我,尽管我已经比他高出近一个脑袋。正午烈阳下,父亲才将我送到,又要往回赶。看着父亲被晒成古铜色的脸,我突然想到,他回家仍要下地干农活,而我将坐在舒适的教室里,要到寒假才能再帮他干农活,对以前抗拒父亲安排的劳动的行为,隐约间有点后悔。想以前真应该多听他的话,父亲为了这个家,远比我要辛苦,鼻子不禁泛酸。

记得高中学费是四百六十元,相当于卖一头大肥猪。

高中三年,是我如鱼得水的三年。进校第一堂作业,是语文教师潘佑衡(亦写成潘佑恒)先生布置的,写进校第一印象。我那时颇有点李白式的年少轻狂之气,挥笔写下《祁东七中一瞥》。

潘老师对这篇文章尤其激赏,说还没有带过这么有天分的学生,给打了一百零五分。这种当着全班新同学的面逾格表扬,对意气少年带来的心灵激励,可以说是终生不忘的。

潘老师是一位守正出奇的老师,他喜欢凡事与众不同,因此总有一些出人意料的观点。比如，他坚信人名就是一个代号，因此要做到名实相符，名字尤其不能取得太大，否则是个心理负担，会压住自己成长。他这么说，也这么做。他给长子取名潘三五，因为出生在三月五日；次子取名潘八一，因为八月一日出生。坚决不取名"建军"之类的，因为做父母的都这么想，众人都一样，太俗气了。

他的妻子是他的学生。"师生恋"在当时属于"生活错误"，他被迫离开过教师岗位几年，在农村接受劳动改造。

因潘老师为人豁达洒脱，敢说敢骂，极具个性魅力，喜欢的学生追着他跑，不喜欢的学生背后说他坏话。遇上这样一位魅力型的老师，上语文课于我完全是一种享受。我至今仍记得他声情并茂地讲述《鸿门宴》时的情形。通过他抑扬顿挫激情入史的描画，刘邦跟项羽决战于垓下的扣人心弦的场景，在少年心里激起惊涛拍岸的心潮。

高中一年级期中，我得到校七宝山文学社刘波平老师的支持，组织校文学社四五十名社员，去到革命家陶铸家乡所在地祁阳浯溪旅游，拍了不少照片。我选了一张单人照送给潘老师，作为留念。照片背面，我引用了毛泽东《沁园春·长沙》中的几句，用钢笔书写，作为留言。我今天已经不记得，最早是从哪里知道这首词的了。潘老师夸赞我志向远大，回赠我一本叶永烈的《历史选择了毛泽东》。这是我生平第一次读到写毛泽东的书。我后来读过有关毛泽东的各类书籍不下两百本，最初大概就是受了潘老师的影响。

高中二年级的语文教师是刘世民，一位喜欢林语堂作品的谦谦君子。刘先生是一位和蔼可亲的长者，平时看学生总是笑眯眯的，没有一点架子。他欣赏我的文笔，但却不赞同我的文风。因我是语文课代表，经常要在自习课送全班的作文请他批改，某天，他从书架上找出贾平凹的长篇小说《浮躁》赠给我。这是我第一次读当代作家的小说。可能他很喜欢贾平凹的语言、文风，希望我能够好好学习一下贾氏的平和、含蓄。

高中二年级，我担任过一年的班级学习委员。语文固然是我的长项，最擅长的似乎还是物理，但数学变得日益难学。从初中起，我学数学就一直感到吃力，我发现再怎么努力，也只能排到全班二十名左右。这对总分前三的成绩，已经打眼了。后来我想明白了，物理相当于古代儒学的"格物、致知"，属于广义哲学的范畴；数学则依靠逻辑运算，属纯粹抽象理性的学科。前者靠悟性，后者靠智商。显然，我是悟性大于智商。也就是说，以几千年的传统观念来看，我是一个比较典型的文科生头脑。

记得初中毕业时，社会热衷报考中专。父亲说："考什么中专，要考就考大学。"

高中毕业时，摆在我面前的尴尬是，整个祁东县的高三文科直升班，录取率几乎是零。当时流行往届补习生，社会称之为复读生。县城三所重点高中的文理两科复读生，升学率最高的祁东一中，每年能考取三四百人，这意味着高中将有四年。

第一届高考，我正常发挥，没有上线。

父亲早年闯海南、下深圳的经历，在我心头埋下的种子，此时已经发芽。其时高中校园流行一句歌词："外面的世界很精彩，外面的世界很无奈。"我听懂了前半句。我跟父亲说，我要去广东打半年工，回来再读半年书，照样考上大学。

父亲一愣，将信将疑。但对我的态度表示赞许：有志气。

我跟随一个进工厂已有几年的同乡，第一站去到广州沙头角。第一次坐长途汽车出远门，路过广东虎门时，我惊讶地看到了林则徐雕像，有一种恍惚的时空穿越感。历史课本上讲述的故事，原来就发生在这里！

我进了一家生产塑胶电器产品的公司，这是一家香港驻广州的分公司。因为有高中毕业文凭，在进厂人员中已经属于知识分子。一番面试考核，我被安排到办公室做文员。

上班第一天，厂内不少工人经过时问我，为什么来这里？他们出奇一致地告诉我，能够高考上大学，就不要进工厂。

我告诉他们，我是先来打半年工，回去再考大学。

他们态度同样惊人的一致：如果家里不缺钱，最好现在就回去读书。

几天后，我总算弄明白了，艰苦的工厂，枯燥的工作，生存的艰辛，生活的寡淡，已经让他们形成了一种恨不能逃离的心理。这应该是20世纪90年代中期南下打工潮中，流水生产作业线上工人比较普遍的心态。

我在这里干了大约半月，便真切感受到了工厂人事的复杂，工作生活的单调。如我这种半是好奇、半是体验生活的心态，确实没法长期坚持下去。

在这里，我认识了一个贵州朋友。他连考了几次大学，每次都差一百多分，家里为供他读书，已经负了一身债。他极力怂恿我回去考大学。他已是有家室之累的人了，远没有我来去自由的轻松。从他身上，我第一次发现，在一个自己不喜欢的环境里工作，却无法自主选择离开，是一件多么令人忧伤的事情。我跟他不同，父亲不需要我赚钱，我这种打工，有点像记者体验生活。

但我并不急于回校。虽然预想困难不足，但毕竟不是莽撞出来的，有足够的心理承受准备。想着去工地或许要自由一些，我满怀憧憬，尝试着拨打从未谋面的远房叔叔徐小兵的BP机。之前，我只知道他在深圳粤通公路公司的一处工地当施工员，但不知道距离我有多远，想反正有车，可以找到。

小兵叔叔果真回电话了。他得知来意，第一句就没好气，劝我赶紧回去读书。我强调，自己过年后会回校。他要我在路边等。不到一个小时，一个留平头的精干青年，带着一个胖小伙儿，开着洒水车过来了。

平头青年随意看了我一眼，问："你就是徐志平？"见我点头，他手一招，上车吧。

洒水车开了二三十公里，将我带到一处由石棉瓦、竹竿、木板搭成的几千平方米的简陋工棚里。工地四周荒草蔓芜，人烟稀落。原来这里是深圳宝安区的一处在建公路，为两边修建工厂做物流准备。这种公路，当时属普通三级水泥路，二十五厘米厚，三十米宽。放到国内其他省市，相当于国道水平。

小兵叔叔是几年前高考落榜后来深圳当施工员的，因此很明白我当时的心态，大概是为了让我真正感受到工地艰苦，他开始分配我去铲草皮。在推土机推开路面前，沿道的杂草需要先用锄头挖掉，再铲开倒掉。

深圳的秋阳依然炽烈，一个星期下来，我的皮肤全晒黑了，跟在老家摘黄花时差不多。我庆幸以前跟父亲干过繁重农活，不用担心在这里晒晕或者中暑。

其后铲车、推土机、压路机开动起来。真正的铺路工作，铲砂石、灌水泥浆、平整路面，我完全吃不消。一帮来自四川跟湖南的民工，在热火朝天地铲砂石浆。包工头是广东潮州人，瘦高，说一口我完全听不懂的粤语。因为话少，言行之间颇有威仪，工人都有点怕他。就餐时，民工席地围坐，大碗喝酒，大块吃肉，跟我根本说不到一块。

在孤独但自由的工地上，我开始看书。我骑着自行车，去附近小镇书店，买来托尔斯泰的《安娜·卡列尼娜》、路遥的《平凡的世界》。每天上午，则像准点上班一样，去附近报摊买《深圳特区报》。孤独时，便拿笔摊开稿纸，跟高中时通过校园文学赛认识的好友罗伟华写信。她在云南报考，一年前已经考上了云南省公安高等专科学校。通过书信，她跟我分享边城警校惊险纷呈的生活，我跟她聊工地见闻，以及思想方面的苦闷。在等待收信的日子里，生活又多了一项期盼。

在工地干了一个月后，小兵叔叔开始安排我做些辅助施工员的工作，比如与外号肥仔的水车师傅一起，在修好的路面上洒水。有时也代他去计运土车每天的运输量，司机拉走一车土，用正字标一笔。运土车司机全靠运输量算工钱，从此经常跟我套近乎，请我抽烟，休工后还让我开着卡车，在旷野中学车。有一次，我打反了方向盘，差点儿开出马路。

小兵叔叔见我有空便在看书看报，便安排我去守夜。

所谓守夜，就是晚上提着矿灯，在工地上巡逻，防备盗贼出入与不虞变故。因为来工地偷工具、偷钱的贼时常有。为了打发巡查工作的寂寞长夜，我买了台收音机，美国、香港的电台都可以收到，但无论腔调还是内容，我都听不大明白，因为香港的粤语尤其难懂，兼收音机的杂音很大。

人看书最容易入神，我一旦看进去，便会对四周无动于衷。这样不着调的守夜，不久便出事了。某天凌晨四五点，小偷潜入工地，偷走了民工的作业工具，我对这一切浑然不觉。工人一早大哗，嚷成一团，而我才迷迷糊糊进入梦乡。小兵叔叔将我摇醒，责怪我失守。我不禁满脸通红，对自己的失职感到自卑，才知道要干好守夜，也不容易。

工地人员来自全国五湖四海，多为社会底层农民，他们为谋生才背井离乡。因为工地自由，广东开放，进进出出的人各色各样，他们从事的职业也复杂多样，不到一百人的工地，颇有点小江湖的味道。

一对来自四川的青年男女，隔几天便过来一次，见面总要搂搂抱抱，接吻互摸，动作十分亲昵，不像是情侣。我后来隐约听来，那女子是失足女，男的是组织卖淫的"鸡头"。农村人对这种事情尤其忌讳，一旦传回家乡，是要被乡人唾弃的。但处在由陌生人构成的底层社群中，他们全然无所顾忌，仿佛随处都是天堂乐土。民工们对此睁一只眼，闭一只眼，因为听说"鸡头"有哥儿们势力。民工白天干活已经足够辛苦，外出打工只为求财，不想给自己惹意外麻烦，尽管民工们经常为工作上的事情，在内部会大声争吵。

半年转眼过去，到了年关。结算下来，我领到三千多块钱工资。这是我第一次赚到这么一大笔钱，一时间不知道怎么花。我骑车去镇上商店转悠了一天，花掉八百多块钱，给父母跟自己各买了几件上好的衣服，塞进了一个大包里。

小兵叔叔说："你干脆等正月初三再回湖南，年前长途汽运费猛涨价，要三百多块，现在恐怕要六百多块了，出门在外赚钱不容易，何况，在我这里守年夜值班，还有双倍加班工资。"

正月初三上午，我搭乘从深圳宝安到湖南衡阳的长途汽运返乡，花了七十块钱。因是春运回程汽车，车上空空落落，只有几名乘客，司机为抢时间，车速近乎在飞，初四凌晨便到了衡阳汽车站。

半年后回家，父亲很高兴，他说："早跟你说了，在外面很难吧？这下你可以安心考大学了。"父亲其时正在圆一个大发财梦，眼看就要做成了。年前，他去陕西省农户家，挨村寻购了一卡皮（六十吨）的颗粒玉米，运回祁东县白地市镇售卖。先后两次发货，共购得两卡皮。

我无法预见到的是，仅仅三个月后，父亲便血本无归。我赚到的三千多块钱，还不足以填补亏损零头。

原来，父亲去陕西农户家逐村收购玉米时，他本人没经验，便请我在祁东县棉麻土产公司的表叔做参谋。表叔是个风流才子，会吹拉弹唱，写得一手漂亮的钢笔字，尤其善于交际，一壶酒可以从天亮喝到天黑，滔滔不绝。其人嬉笑怒骂，办事先喝酒，喝酒必吹牛，待酒劲上头，发表意见全看心情。农户几顿吃请，他心情大好，拍胸脯担保，帮我父亲收购了几十吨掺杂使假的玉米，其中有小颗粒石子，甚至掺水。

父亲为人比较"粗心",朋友说什么,他从不怀疑。这次去陕西,一方面他不懂行,另一方面他特别看重情面。他高度信任表叔,也不觉得自己信人过笃,虽然后面的亏损,全由他一个人担着。

父亲一生做生意七八次,次次严重亏损,基本都是栽在粗心、重情、过于信任他人这三点上。他每次都是通过干实事的钱去填补,最后两平,手头虽不缺钱,口袋也没有多少余钱。

父亲四十岁后,有算命先生给他看八字,送他四句话:"忙忙碌碌苦中求,何得云开见日头。非得祖宗家产立,但到中年衣食周。"父亲对此深信不疑。因为印之于事实,基本不差。我后来告诉他,对于他这一代人,这四句话用在谁身上,都会觉得在说自己。但父亲就是不信。

父亲一生不信命,不迷信,但信这四句话。

春节过后,我去祁东一中文科补习班报到,用在深圳赚到的钱,交了几百块的学费,开始准备还有四个多月的高考。因为前面半年没有摸过课本,再进教室,有点生疏,字老在眼皮底下晃动。我长时间静坐不动,尽量排除一切杂念,四个月里不闻窗外事,最终完全进入了状态。衡阳市最后一次高考模拟联考,我考进全班第三名,历史成绩第一。

历史老师周纯清先生刚好兼班主任,他对我十分看好,建议我准备填报北京大学。

从三天炎热的高考考场走出来,我感觉发挥得并不理想。考前半月经常失眠,不知是过度紧张,还是心理压力过大所致,或者兼而有之。7月中旬,待对完参考答案估分填报志愿,我的心彻底掉进了冰窖,可以确定,考砸了。

高考成绩出来那天,我惴惴不安,搭车去县城周老师家看分数。一个仅够上专科线的分数而已。全班这次上重点大学分数线的同学已近四十人。也就是说,我在考场上的发挥,放到班上,已是倒数第几。

我哭不出来了。从周老师家恍恍惚惚走出来,第一次体会到什么叫绝望跟残酷,这是在深圳打工时根本没有体会到的滋味。连我自己也不知道怎么回的家,状态接近于生死两界。

父亲十分意外,且感到愤怒,他怪我打工半年耽误了学习,是对他高度信任的欺骗。我既绝望又气愤,还没法解释。里外不对,无处发泄,便将自己关在楼上,每天除了吃饭,就是发呆,不知道下一步该怎么办。我居然还从来没想过,高考失利了怎么办。

两天后,我借口外出找朋友了解情况,到祁东县归阳镇段同学家。段同学有个同村朋友李,在湘潭师院读书,暑假留校,我们商议去找他玩。

在湘潭师院,我找到了李,在这里认识了上百名祁东同乡。祁东同乡会十分团结,平日里大家互帮互助,对我的到来,表示出格外的热情。

其时,紧邻的湘潭工学院学生会主席周双喜跟我一见如故。作为祁东同乡,他极力想帮到我,建议我调剂志愿,改旅游专业,因他在校宣传部做领导的一位同乡可以帮上我忙。我还从来没想过要学旅游专业,我原来一心想填报北京大学,估分时得知考砸后,我仍填报了湘潭大学新闻系。其他学校我看都没有多看一眼,哪里料到考砸后会如此落魄。

其时,我已经结识了曾健。曾健是1994年保送进湘潭师院的,在老乡群里威信最高。晚上八九点钟,我跟他打着伞,在校门边散步。他听了我的情况,也替我感到惋惜。他以极其平常的语气劝勉我:我觉得再回去复读,也没有什么必要了,你高中的底子既然这么好,在哪里读大学其实都差不多。你是有动力有目标的人,这是你让别人羡慕的一笔财富,其实大学生活也不过如此,进来后如果没有动力没有目标,也会感到挺无聊的。

他的这一番话,让已经没有任何挑三拣四资格的我,决定在湘潭师院留了下来。

这段底层社会的阅历跟考场受挫的经历,跟我十年后去左宗棠故居柳庄,看到他一个半世纪前三试落第,产生一种心理上的接近感,应该说存在着一定的前因后果关系。

三

以摔倒后干脆躺下来的坦然心态,接受考砸的现实,湘潭师院成为我新的成长起点。

事实证明曾健兄的话确有应验,湘潭火热激情的大学生活,让我快速修复挫败感,重新找回自信。因为高中底子不错,内心动力相对强烈,再加上有在深圳半年的社会阅历,凭着一支从未丢弃的笔,我开始向校园内外的报社投稿。文章名气逐渐传开了,我跟几位任课教师成了朋友,无话不谈,亦师亦友。

爽朗、正直的文学理论课教师王诚良先生,开始多次在校内校外向人推介我。

湘潭期间学习之外的经历,于我最重要的锻炼有两处:一是在湘潭师院图书馆组建了一届出色的学生自管部;二是去《湘潭晚报》实习,在社会上得到了立体的锻炼。

学生自管部是图书馆馆长直接成立并领导的学生自治组织。成员主要由各系宣传部长组成,职事除了日常配合馆内工作人员,另一项十分重要的工作,是协助校图书馆办好《读者天地》报。

我最初以部员身份参加自管部。一年后,经过内部推选提名、馆长认可,我成了新一届部长。部长负责全部新成员的招聘跟团队组建。我招聘了谌兵、李伏媛、余霞、蒋小东、许联芳等十三人进来。我的组织能力跟办报经验,在这里得到了初步的锻炼。这种众望所归齐心协力的组织能力锻炼,湘潭师院确实提供了一个十分合适的理想平台。

1998年下半年,写作学教师陈靖武先生推荐我去《湘潭晚报》实习。我高中时代做得最多的就是记者梦。实习期间,为了全心投入采访写作,我在湘潭汽车站边租了一间门面住下来,门店老板刚好在隔壁开了家饭店,房租每月五十块,伙食费三百来块。

跟着报社指导老师外出采访几次后,我摸到了门道,开始尝试独立做五六千字的专题报道。

第一篇关于湘潭蔬菜市场的深度调查,源于我跟编辑杨芳老师的一次偶然交流。

当年湘潭白菜大丰收,市场供过于求,导致价贱如泥。菜农将大车新鲜白菜运进,几分钱一斤也卖不动,还不够油费。新旧堆积,发黄变质,无奈之下,菜农只好将大车白菜送回去肥田。他们编出一句令人心酸的顺口溜:"种白菜为了什么?肥田。肥田为了什么?种白菜。"

杨老师听我说完，告诉我里面有大文章，可以深挖。比如，市场调节与政府调控为什么同时失灵？企业可以考虑为菜农找出路，将白菜作深加工，做成酸菜，便可以不受生产季节限制。湘潭到底有多少做蔬菜深加工的企业？如果不够，又是什么原因？政府部门能否出面帮菜农解决销路？同类问题，国内其他城市有哪些经验值得借鉴？

根据提示，我迅速确定采访提纲，现场调查，电话采访，不亦乐乎。晚上则伏在租住的门面内，用钢笔沙沙沙写出上万字的厚厚一摞稿子，忙到凌晨一两点。一个星期下来，对照批改提示，先后两易其稿，杨老师说，可以了，明天见报。

报道一出来，出人意料地引起社会多方反响。湘潭市政府来信表扬了报社，总编辑为此还在头版写了一篇小评论，作为专门回应。我这才意识到，媒体竟然有着如此巨大的威力！一种强烈的成就感涌上心头，其开心程度，堪比接到北大录取通知书。其后，我趁热打铁，不断总结摸索经验，一个多月接连写出四篇专版深度调查。

《湘潭晚报》采编部主任喻名乐看中了我。春节过后，他准备做一期元宵节后湘潭民工外出务工调查的专题特稿，并将湘潭大学新闻系四个大四的实习生交给我，要我带他们去车站、码头分头采访，由我主稿。实习结束时，喻主任在我实习鉴定一栏褒奖说，该生的新闻业务能力，超过了一般新闻专业本科生的水平。

如果说，深圳工地的底层生活经验，让我知道了书本以外的世界，报社实习的经历，则让我看见了广阔的社会天地。这让我逐渐告别初中《太阳雨》时的文艺味道，观察世界时不再总带着一双玄幻抽象的哲学眼睛。在初步了解社会的方方面面之后，我确立了这样一条人生道路："踏着社会与人生的实际说话。"

教我文学理论兼外国文学课的王诚良先生，其时对我的这一选择表示赞许。他觉得现代派文学跟朦胧诗一样过于玄虚，属于小众派，真正有成就的大家，多属现实主义作家。在他讲授的外国文学课堂上，我接触到欧美文学。正是受他的影响，我将巴尔扎克确立为自己的文学偶像。

后记　热闹与安静

作为19世纪伟大的批判现实主义作家，巴尔扎克一生有着疯子般的热情，傻子般的执着。他计划一生写作一百五十多部小说，结集为《人间喜剧》出版，虽然最终只完成了九十多部，数量已经足够惊人。

对现实的关注程度逐渐超过文艺跟哲学，还因为那段时间里，我从毛泽东的书里看到一句话，观念颇受触动。他说，读书人大多容易犯两个毛病：一是文人相轻，相互之间看不起；二是说过就完，没有行动，话虽然都对，但等于没说。

带着一种投身现实的热情，我走出校园。

1999年12月，21世纪到来前一个月，我到长沙黄兴路樊西巷报到上班。

我来长沙工作，出于偶然机缘。长沙一家省级电视台租来刊号办报，向社会公开招聘记者、编辑。我因写校联欢晚会开幕词而结交的一位主持人朋友，得知后精心准备了一番，赶去长沙应聘，结果没有通过，她向主编推荐了我。我将厚厚一摞成绩寄过去，通过了，无须面试。

去长沙报到那天，正值周末。自管部办公室主任谌兵等兄弟五人帮我提着行李，陪我来到长沙办报所在地——樊西巷内一栋别墅里。

主编是省财政厅一位刚退休下来的副厅长，待人和气，跟我很亲。记得那段时间，主编每天跟我在暖气洋溢的空调房里讨论版面、创刊词，其乐融融。当时大家围桌为"千禧年"到底是1999年还是2000年，观点不一，各自查阅史籍，引经据典，争得不可开交。但争论很快平息，因为投资人跟电视台争夺报社的法人归属权发生分歧，相持不让，宣告散伙，前后不过短短一个多月。

很快，我又有了新着落。一个叫何爱敬的中年海归，租用《科技导报》刊号，在岳麓山下筹办了一份《大学周刊》报。见面一番交流，何主编邀我做编辑部主任。

《大学周刊》办在长沙麓山南路矿业研究院内，以中南大学（时名中南工业大学）、湖南大学、湖南师范大学、湖南农业大学的学生为核心读者，向全国辐射。我在这里很快发展了一大批学生通讯员，中南大学的学生诗人李昪鸣，《湖大青年》主编唐小兵，湖南师范大学学通社社长李勇、社员蒋志臻，黑蚂蚁诗社社长邓赛等人，成了《大学周刊》的通讯员、特约撰稿人。

唐小兵其时喜欢哲学，经常跟我谈马尔库塞，因跟我是祁东同乡，彼此无话不谈，成了好兄弟。其时，参观岳麓书院凭湖南大学的学生证可以免门票，小兵用他的学生证陪我第一次走进这座千年学府。在赫曦台上，小兵跟我说起"福""寿"二字的掌故："福"字是某位皇帝题的，珠圆玉润，柔媚无骨；"寿"字是某位隐士写的，挥洒大气，风骨铮铮。

21世纪到来的第一年，在湖南核心高校区办这样一份《大学周刊》，可以说是抓准了时代脉搏。其时，功利主义跟人文情怀，开始在高校学生中发生激烈碰撞，我们的报纸及时给思维活跃的大学生提供这样一个观念交锋的平台，可以说是站到了时代的前沿。如果一直顺利办下去，应该会有前途。但我们都不曾料想，何爱敬主编因为办报资金短缺而四处挪借，不到半年，便债务累累，遭八方追讨。他没有任何征兆，突然玩失踪逃跑了。因债主过多，相继找上门来，《湖南广播电视报》作了一期专题报道，调查这场轰动一时的追债风波。直到今天，何爱敬在我们的视野里依然恒久消失，关于他逃逸的真情隐事，全部成谜。

之后，我去到《中国经营报》湖南记者站，作为见习记者栖身。

三个月后，筹备中的《潇湘晨报》大张旗鼓，全员招聘。我通过考试，开始了日报记者生涯。其后七年内，我先后跳槽去到《今日女报》做深度报道记者，红网做深度栏目《红外线》主编；在湖南经济网，也是我在新闻的最后一站，被聘作总编辑，统筹网站记者、编辑、技术人员九十余人。

新闻人的活动跟时间是比较自由的，从记者、编辑、主编到总编辑的阶段，我对社会的了解日广。这段"踏着社会与人生的实际说话"的媒体经历，为我广泛地接触了解历史与当下的湖南积累了丰富的素材，也为我后来研究写作曾国藩、左宗棠等一系列湖南历史人物，打下了扎实的见闻积累基础。

四

2007年，是我青年时期在职业选择上的转折之年。

这年，我开始考虑中断媒体职业生涯。其中一个重要原因是，朋友伍继延回湖南倡议发起成立全球湖南商会组织，并提出了前所未有的"湘商文化"概念。这跟我七年前在岳麓山下办《大学周刊》的情怀逻辑，事实上是一致的。我又复活了初出校园时的激情，找回意气风发的感觉。

商会顾名思义，是将商人组织起来，成立民间协会。商会跟曾、左、彭、胡组织团练的形式类似，在社会性质上同属于民间组织，只是前者以文，后者用武。

历史上有过农会，比如农业合作社，便是农民通过结社而组织起来的民间团体。历史上有过工会，工会是工人用来维权的民间组织。历史上更是一直存在着各种学会、研究会，它是读书人组织的学术交流的社会团体。社会群体分士、农、工、商，前面既有士人自办的各种学会、研究会，帮农民办的农会，帮工人办的工会。在市场经济社会里，士人帮商人群体建立商会，可以说是时势必然。

践行"踏着社会与人生的实际说话"，抱负一腔承接近两百年来湖南人物继往开来的历史热情，我们树起了"湘商文化"的旗号。从2007年到2017年，我作为"湘商文化核心人物"参与其中，配合第一发起人伍继延先生，将湘商商会组织从无到有，陆续倡导组建起来了。十年时间，全球范围内大大小小的湖南商会发展到近四百家，上百万商人入会。国内每个省都成立了湖南商会，市一级的湖南商会普及，县一级的湖南商会也星罗棋布。这是21世纪以来湖南规模数量最大、地域分布最广的民间组织。

作为曾经的媒体人，冲到时代的最前面，引领当代最为活跃的商人，世界在我眼前全方位地打开了。

十年里，在倡议成立商会组织方面，我主要做了两件事：

一是倡导、引领成立商人组织。作为首批发起人，在2007年审定《湘商宣言》，于首届湘商大会发布后，作为凝聚全球湘商组织的旗鼓与方向盘；在2017年独立起草发布《世界青年湘商联盟宣言》（简称"湘江宣言"），引领全球十五国青年湘商商会会长，联合成立世界青年湘商联盟，"湘商文化"得以承前启后，薪火接力。

这十年里，在直接组织成立湘商商会方面，我直接参与发起组建的湘商商会，也有大小数十家。

二是推动、传播历史文化。在推动商会发展方面，我主要的工作是梳理传承、开拓创新与传播推广将研究与实践相结合的"湘商文化"。

在梳理传承、开拓创新两个方面，我主要出版了两部图书，《经营天下的湖南人》《当商帮已成浮云》，将这两部作品作为湖南商会历史经验的借鉴，与当代发展方向的启迪；在传播推广湘商文化方面，我十年内到中国大多数省区，包括中国台湾地区以及海外部分国家，作了逾百场"湘商文化"主题演讲或讲座，通过文化与观念的力量，将商会团体凝聚起来，引导商会组织在历史的潮流中找准时代发展的方位与自身的时代定位。

按照前人立德、立功、立言的划分，组织成立商会似乎属于立功范畴。这可能是"踏着社会与人生的实际说话"自然而然会导向的结果。

湖南人历史以来重经世致用，而轻玄虚空谈，这一传统在近代通过陶澍得到确立。其后，"不行架空之事，不谈过高之理"的曾国藩，跟重视"实行""以术运经"的左宗棠，将这一特性进一步加以强化。

本着经世致用、实事求是的信念，从1840年到1949年，这一百零九年内，湖南先后涌现过五个人才群体，以及五次引领中国的思潮。

第一次，以陶澍、贺长龄、魏源为代表的经世思潮；

第二次，以曾国藩、左宗棠、彭玉麟、胡林翼为代表的洋务思潮；

第三次，以谭嗣同、唐才常为代表的维新思潮；

第四次，以黄兴、蔡锷、宋教仁为代表的共和思潮；

第五次，以毛泽东为代表的共产主义思潮。

湘商商会承接的，正是这样一种承前启后、继往开来的历史潮流。我们倡导发起"湘商文化"的初衷，是在市场经济的条件下，将商人群体定义为市场经济的组织者，民主政治的推动者，和谐社会的建设者，通过在社会主义制度里建立完善发达的社会民间自治组织，来推动国家从传统农耕社会向现代工商业社会成功转型，让商人群体在社会自治建设中承担起原本应有的时代使命与历史责任。这可以看作第五次历史思潮中的一波。

十年组织发起成立商会的经历，予我在写作方面的启发，是切身经历体验到，历史上重要事情的产生，在未确定之前，存在无数多种的可能性，实现的过程，也存在相当的偶然性。

以我发起成立的法国湖南商会为例。会长文菲是一位诗人、文学博士，她春节期间从巴黎回长沙，通过朋友邀约的文学聚会，跟我偶然结识。其间，一直交流文学话题。临分别之际，我才得知她原来在法国从商，建议她回法国一起来创立法国湖南商会。她考虑一番，觉得条件还不具备。

我邀请她参加"2013年度中国湘商力量总评榜"颁奖大会，跟湘商文化促进会会长伍继延先生直接见面交流商讨。她在长沙待了近月，准时参会。通过会议现场观感，她萌生了回法国组建湖南商会的想法。她通过发动法国两湖（湖南、湖北）同乡会成员，成功招募到近两百名会员及组织骨干。我给她发去国内成立商会的相关资料，她安排助理翻译成法文，向巴黎对口部门提出申请，获得通过。

2014年6月下旬，伍继延会长跟全球湘商联谊会会长周华松出面，联合组织了国内六个省的商会会长、副会长或秘书长共十六人，一同前去巴黎召开成立大会。一个原本没有任何眉目的民间组织，就这样在法国迅速诞生了。

这是我距离青年时代文学偶像巴尔扎克最近的一次，我同时走进了雨果笔下的巴黎圣母院。

法国湖南商会由此成为当代第一家欧洲湖南商会，德国湖南商会在次年迅速成立，其后各国相继成立。

经过十年的组建商会历练，我再去研究历史，对左宗棠与曾国藩在一些重大事件合作方面的理解，跟一般研究者、旁观者有了较大的不同。比如，对于左宗棠创办楚军之初到底是自己统带，还是交付刘蓉管带？分析其时的情景细节，我可以看出历史资料以外的细节原委，能够根据自身经验推己及人，更大程度地去接近，甚至还原历史真相。又比如，李鸿章在接到同意创办淮军的圣旨之初，为何不像曾国藩当年那样亲自回乡招兵买马，而选择坐镇安庆城，大张旗鼓招募四方？这跟商会联合起来召开联席会议，事实上只是形式上的不同，背后要考虑的人事因素，并没有本质的区别。

商会不同于学会、研究会、工会、农会的地方，在于商人是掌握了一定经济资源的群体。这意味着，各地湘商商会发起成立之后，作为发起人的历史使命，也就完成了，更多的管理工作，必须交给政府职能部门去做。

作为最初一批发起人，我在实践中对当代商人群体的观察是，改革开放后崛起的几批商人，他们从商的初衷，多数都是为了首先解决个人温饱，然后追求美满富足的幸福生活。这就决定商人群体在社会转型的时代里自身的丰富性跟复杂性，要用文化引领他们，有一个曲折的过程。

在商业元素已经渗透到生活各个环节的时代，我们应该怎么做？孟子言"以义为利"。这确实可以确立为商人群体最基本的价值观。

这十年极其丰富的经历，对我研究左宗棠与曾国藩直接的帮助是，虽然时隔百年，但事不同而理同，办事之人，面对不同的人，其人性、人情、人的感受，在重要的选择面前，是一样的。亲手发起、组织，再回头来研究历史，对历史人物在历史相似情景中交往情谊，便有躬身入局的洞悉感，而不再像独居书斋里研究曾、左，从书本到书本，从故纸到故纸，从理论到理论。对实践者来说，人物分析不是在实验室做模型研究，通过阅历、体验跟感悟循迹步史，以己证人，以事证史，融汇古今，可能更为真切。

这些体验跟感悟无疑是独特的，也不是所有人都会予以认同。有过同样经历的人，他们继续在现实中追求事功，我则一以贯之地坚持著述，因此显得颇为另类。

五

自2007年秋第一次走进左宗棠故居柳庄，回去后开始着手收集资料研究写作左宗棠，至今忽然已经过去十五个年头。

因为在2008年岁末便辞去了媒体职务，此后，我成了一个独立身份、自由写作的作家。

回想当初，之所以作出这种选择，主要是受了衡阳先贤王船山启发。王船山三十三岁之年，主动避开尘世嚣嚷，静居衡阳湘西草堂，投注研究、传承华夏传统文化，探寻时代思想凡四十年。学者刘献廷评价为"洞庭之南，天地元

后记　热闹与安静

气，圣贤学脉，仅此一线耳"。在王船山身后其作品影响到曾国藩、左宗棠、黄兴、谭嗣同、杨昌济等一大批历史大人物。

在明末清初商品经济日见繁兴，国家、社会观念酝酿从帝制向共和转型的历史前夜，王船山用他黄钟大吕般的自由书写，藏之名山，传之其人。清朝两江总督陶澍最早发现他超越时代的价值，评价为"天下士非一乡之士，人伦师亦百世之师"。

有衡阳先贤在前，虽不能至，心向往之。市场经济的社会大环境，为我像王船山一样相对独立的自由写作，提供了生存的土壤。

从 2003 年出版处女作《被透视的我们》起，无论日常事务多么繁杂，我从不搁下笔。用十五年时间专注一件事，迄今写成"左宗棠系列"作品七部，《左宗棠与曾国藩》是最后写成的一部，虽然它出版列在第五。

回看前面走完的四十六年，如果当初没有独立身份，不能自由写作，这些都没有办法做成。毕竟，像我这样自草野民间成长起来的心性自由的作家，创作的灵感来自个人无端崖的遐想，文笔的创见出自由己的自由心灵，如果作为一项重要任务，文字不一定合乎规范要求。

这些年来，我遭遇的困惑是，社会是一个热闹无边的大场，写作只需一方安静的方寸空间。在大场与方寸之间，我经常需要切换状态。前面二十余年，无论新闻采访，还是发起成立商会，都是一个十分热闹的事情，人容易沉醉于一时虚荣；写作则无论田野调查，还是收集资料，都是一次次枯寂、自话的心灵孤旅。伏案将思泉化成文字的过程，是如龟修身、如鸡孵蛋的状态。

置身热闹时间一长，心境很难快速归复于安静；在书房里安静自处一久，又经常需要加以调节，才能适应热闹的社会模式。多次在热闹与安静中切换，我逐渐转化出一种奇特的心境，热闹与安静同时变成浮游于心外的存在物，逐渐与我无关。

在社会急速向前的当下，选择做一个独立身份、自由写作的作家，除了需要能够恬淡自处于安静，还不得不直面一种现实的压力，就是养家。作家李敖说，他可以抛开一切杂务，每天读书、写作十六个小时，像颜回那样一箪食、一瓢饮，人不堪其忧，自己不改其乐。但他从不避讳谈钱。李敖说，自己的生活可以过得简单，但孩子要上学，生病了要去医院，所以他必须有钱。但真正的作家其实是不谈钱的，至少在内心里不能心存钱念，虽然每个人掩迹于日常琐细，均离不开柴米油盐酱醋茶。这是我写作以来的体会。对依靠市场生存的作家，确实存在悖论，无解。

科技让当下一日三变，每种新的科技产品一经走进千家万户，同时意味着人们观念的激变与存在的刷新。放进大历史中观照，今天我们仍处在一个社会观念前所未有地剧变的大时代，一切都充满了变数跟不确定性。

文理分科，让文化人的社会作用大幅度下降了。

人工智能写作与信息爆炸，让作家存在的必要性遭受挑战。

微信圈普及，人与人关系拉平，人不分行业、职业，统一用金钱作为标尺，几乎都可以作为"圈内同行"加以比较，人际关系变成世界最复杂的学问。

经济至上跟电子社交，让所有人随时互动所有人，人性的弱点全面激发出来，羡慕不再转化成传统的敬佩，而是恨。

菜市场大妈因网购送菜上门骤增，也面临失业危机。

一日三变的观念刷新，让到底有无恒定存在的精神价值，也遭到前所未有的挑战。

生活在科技主宰一切的时代，写作者感受到最直接的冲击，是社交因为分秒频密，微信朋友圈无形中将作者圈出离群索居的方外。

微信最适合使用的群体，是媒体从业人员、商会活跃分子，因为二十四小时在线是本职工作。我的选择恰好逆潮流而行。

十年前，一位来自清华大学的朋友，酒席间向我推荐微信。他说，微信可以将所有碎片化的时间全部有效利用起来。我当时无动于衷。2016年春，为了传播《左宗棠的正面与背面》一书，我不得不开了微信。五年下来，我发现朋友是对的，只是不全面，微信可以将二十四小时全部碎片化。

历年新闻与商会的经历，我当面结识已不下五万个朋友。经常有个设时限来闲聊的朋友，我也从此多了许多从微信朋友重新回到路人的朋友。

活到四十七岁，我不能确定习惯安静的意义。窗外是广漠的星空，我坐在方寸空间，寰宇中细小如尘。我每天埋头静写"左宗棠系列"，跟着地球以大约每秒三十公里的速度，在银河系内飞行，每一个下一秒，事实上都处在不同的空间里，经过之后不会重来，就像人不能两次踏入同一条河流。

天地转，光阴迫，一切都在变化。当青年突然变作中年，回头再去辨认往昔，没有哪一个瞬间可以确定是我。我是谁？我是十四亿分之一在太阳系空间运动轨迹中无数变化的现象总和。已经走过的四十六年，无论顺逆、荣枯，除了记忆之外，事实上一无所有。

在过程连绵的现象人生里，思考恒久的精神价值，我想起北大校长蔡元培的一段话。他说，人之所以享有权利，是为了更好地去尽义务。"人类之义务，为群伦不为小己，为将来不为现在，为精神之愉快而非为体魄之享受。"

人的一切权利，其实都是利己的，是对世界的索取。对我们最重要的自然资源——阳光、空气、水——都取之于大自然。作家作品的养分，同样也是索取。我笔下的左宗棠、曾国藩，素材或者来自其本人的手笔，或者来自研究者的著述，或者来自对前朝文物、遗迹的考察，这些都是原本就全部存在的，它们是作品的阳光、空气、水。我在写作时起到什么作用呢？生命的种子通过阳光、空气、水，可以创造出一个新的生命；我索取的这些素材，在消化吸收之后，通过自己的思维，站到自己的角度，运用自己的创见，创作出一个未曾有过的作品。

推及其他行业，大概也是如此。无论多大的企业，所用员工是别人的父母生的，自己没有半点功劳，人员属于社会资源；机器、厂房的原材料，是地球上本来就有的，属于自然资源。企业家唯一起到的作用，是将原本就有的社会、自然资源，运用智慧跟方法整合起来，通过组织群体有目的地劳动，创造出企业新的产品。

无论多么能干的企业家，终其一生，不能给地球增加一克重量。

作为官员的左宗棠，当年是明白这个道理的。他在做上浙江巡抚时说，官员在任上如果不能造福一方百姓，有如"宝山空回"。因为官员所调配的一切资源，无一例外来自社会跟自然；其本人唯一能贡献的，是智慧跟汗水。智慧运用是否得当，汗水付出是否足够，决定造福社会的大小。造福过小，迹近耽误或浪费。

作家尽义务在作品，企业家尽义务在产品，官员尽义务在造福社会，从这个角度看，各行各业虽然相隔如山，但其实又是完全相通的。

回想写作到四十七岁究竟是否尽了义务，最好莫过于假设，广漠人群中并没有我。

如果世界没有我，一切人、一切事，可以确定照样存在，研究左宗棠者也不乏其人。中国有我不多，无我不少。但站到肯定自己的角度，如果没有我，则这个版本的"左宗棠系列"应该是没有。不大可能存在另外一个人，跟我写得一模一样。即使真的存在"平行宇宙"，这种事情也完全没有可能发生。文化创作充满随机跟偶然性，又不是发明"天问一号"宇宙飞船。

回想从童年到四十七岁，仿佛是转眼之间。但回看四十七年经历过的事情，其实已经很久。久到只要自己真的不懒，根本就没有被埋没的可能；久到想起四十七年来消耗了多少物质资源，总要问一问对不对得起那些为我提供衣食跟生活方便的无数陌生的人们。

自然界无论成、住、坏、空，对宇宙来说，其实都没有意义；但细小如尘的人，生、老、病、死，每一件都是大事。

科技一日千里的时代，有科学家已经发现某颗行星全由钻石构成。这些钻石于我们没有意义，即使坐拥其上，也毫无价值，弄不好会饿死；如果火星此刻正在地震，或者火山爆发，哪怕剧烈到左右颠倒，上下失调，也是再正常不过的自然现象，谈不上意义跟价值。因为这些非凡的物质、超凡的力量，跟我们的生活完全无关。

如果地球上没有人，则地球大概跟火星一样。即使粮食照样生长，也只是在自生自灭，也许最终被动物吃掉，终归是没有人文意义的自然现象。但由别人付出劳动跟汗水的粮食，情况就截然不同了。我们会自觉关心他人，我们会生出恻隐之心、羞恶之心、辞让之心、是非之心，因为人的劳动，物质变成了人文现象。我们关心的其实不是粮食，是背后付出了劳动的、跟我们完全一样的人。

读书最根本的目的，在于明理；做人最重要的道德，在于心安。

心安观念源于孔子跟学生宰予在两千多年前的一场对辩，两千多年来，一直为中国人所信守与奉行。比如曾国藩，将"敬、勤、慎"三字作为毕生箴铭；左宗棠则践行"俭、静、专"规训，两人同将"心安"当作一生立身行世的标尺。

近些年来，我们似乎越来越笃信科技跟理性，因为科技、理性可以让生活更加美好。但由人与人组成的社会，究竟还是有许多由科技、理性解决不了的问题。老子说："天地不仁，以万物为刍狗。"每一个生命的结局，无论伟大还是平凡，最终不外是荒冢一堆草没了。对宇宙来说，人死如尘落，是自然现象；对人类自身来说，生死是哀凄荣辱的价值追问。

孔夫子当年批评原壤："幼而不孙弟，长而无述焉，老而不死，是为贼。"一个人在成年之前不学习做人的基本道德规范，成年以后对社会道德建设没有任何贡献，这样的人活了一辈子，相当于人类社会的小偷。

一生做到让自己"心安"，最终必然在人心里留有长久的记忆。曾国藩与左宗棠无疑都做到了这点。

徐志频于广漠书屋
2021 年 11 月 26 日